CATALOGUE

DES

MANUSCRITS PERSANS

PAR

E. BLOCHET

BIBLIOTHÉCAIRE À LA BIBLIOTHÈQUE NATIONALE

TOME DEUXIÈME

Nos 721-1160

PARIS

IMPRIMERIE NATIONALE

ERNEST LEROUX, ÉDITEUR, RUE BONAPARTE, 28

MDCCCCXII

CATALOGUE

DES

MANUSCRITS PERSANS

DE LA BIBLIOTHÈQUE NATIONALE

CATALOGUE

DES

MANUSCRITS PERSANS

DE LA BIBLIOTHÈQUE NATIONALE

PAR

E. BLOCHET

BIBLIOTHÉCAIRE À LA BIBLIOTHÈQUE NATIONALE

TOME DEUXIÈME
Nᵒˢ 721-1160

PARIS

IMPRIMERIE NATIONALE

ERNEST LEROUX, ÉDITEUR, RUE BONAPARTE, 28

MDCCCCXII

AVERTISSEMENT.

Le deuxième volume du Catalogue des manuscrits persans de la Bibliothèque nationale comprend la description des traités scientifiques et des livres de philologie qui ont été écrits en Perse, aux Indes et dans l'Empire osmanli, à laquelle on a joint celle des tezkérès ou anthologies biographiques qui ont toujours joui d'une grande vogue en Perse.

Le troisième volume contiendra la description des livres de poésie, des ouvrages littéraires, ainsi que des recueils de traités et d'opuscules.

Sauf d'honorables exceptions, les livres scientifiques et les traités de philologie qui ont été écrits par les Persans n'ont point l'importance de ceux qui ont été composés en arabe, et qui leur ont servi de modèles. Ce défaut est tangible surtout pour les traités philologiques dont aucun ne pourrait soutenir la comparaison avec le Kitab de Sibawaïhi, le Moghni d'Ibn Hisham, le Lisan el-Arab, ou le Tadj el-arous. On le remarque principalement dans les livres que les Persans ont écrits sur la grammaire de leur langue; non seulement, il n'ont pas su se délivrer du joug écrasant du paradigme du verbe trilitère, mais ils n'ont écrit aucun ouvrage qui puisse éclairer la syntaxe de la langue persane, au contraire des Arabes qui ont toujours, et avec raison, subordonné la morphologie, le صرف, que l'on apprend rapidement, à la syntaxe, le نحو, qui ne s'acquiert, quand on l'acquiert, que par une longue pratique des textes et par une lecture considérable.

Les ouvrages lexicographiques, qui sont en grand nombre dans la littérature persane, sont loin également de jouir de l'autorité du Lisan, du Tadj, ou même du simple Kamous, dont l'ordonnance a été si injustement et si âprement critiquée en Orient comme en Occident. Ce sont des livres tardifs et hâtivement écrits, qui ne sont que d'un secours médiocre pour l'étude de la lexicographie persane; ils sont loin de suffire à l'intelligence des textes, et ils ne serviront que de pis-aller jusqu'au jour où l'on aura dressé un dictionnaire en lisant systématiquement les bons auteurs, ce que Quatremère avait commencé dans la première moitié du dernier siècle, et ce qui l'a conduit aux résultats que l'on admirera longtemps dans son histoire des sultans mamlouks et dans celle des Mongols de la Perse.

Ce volume contient les notices des nᵒˢ 721 à 1160, rangées dans l'ordre méthodique suivant :

CATALOGUE

DES

MANUSCRITS PERSANS

DE LA BIBLIOTHÈQUE NATIONALE

SCIENCES.

ENCYCLOPÉDIES.

721

بحر الفوايد. Recueil encyclopédique rédigé par un auteur anonyme.

Le titre est inscrit sur la tranche du volume sous la forme بحر الفوايد في التصوّف «la mer des choses utiles à l'usage des Soufis....». Quoique les matières dont il est traité dans cet ouvrage ne soient pas toutes relatives à l'Ésotérisme et à la vie mystique تصوّف, il est certain, comme le montre le passage suivant : معلوم...كه علم شريفترين هدايت است (fol. 5 v°), que l'auteur appartenait au Soufisme modéré, et que le Bahr el-févayed a été composé à l'usage des adeptes de la doctrine ésotérique. L'auteur nous apprend dans sa préface qu'il rédigea ce traité encyclopédique en Syrie et qu'il mit cinq années à parfaire son travail; il dédia le Bahr el-févayed au grand atabek Alp Koutlough Tcha-Boukha Abou Saïd Arslan Aba ibn Ak-Songhor :

و این کتاب در انواع علوم در زمین شام... محقّق پنج سال جمع کردم بنام و لقب پادشاه عالم عادل نصرة الدين عماد الاسلام قطب الدولت و بها الملّة شرف الامّة قامع الكفرة و المشركين اُلُب قتلغ جبوغا الغ اتابك ابی سعید ارسلان أبه بن اق سنقر ظهیر امیر المؤمنین..... (fol. 5 v°).

IMPRIMERIE NATIONALE.

1

En l'absence de toute date plus précise, il est difficile de savoir exactement quel est cet atabek, dont les états ne sont pas indiqués, et qui était le
fils, ou le descendant, du célèbre Ak-Songhor, auquel Malik Shah Iᵉʳ donna,
en 481, le gouvernement d'Alep, où il mourut en 491. Son fils, Imad ed-
Din Zengi, reçut de Barkyarouk le gouvernement de toute la Syrie, il se
rendit maître d'Alep en 522, et fut assassiné en 541 au siège de la forteresse de Djaabar, après avoir guerroyé toute sa vie contre les Chrétiens.
Malgré cela, et quoique le titre de الكفرة والمشركين قامع ait été porté
couramment par les princes musulmans qui ont combattu les Francs en
Syrie à l'époque des Croisades, ce n'est évidemment pas d'Imad ed-Din
Zengi qu'il est question dans ce protocole, ni de Nosret ed-Din Émir-i
Émiran Mohammed ibn Zengi, frère de Nour ed-Din, prince de Syrie
(† 569), mais plutôt de Youzaba بوزابه (ms. بوزابه), fils de Zengi, et frère
du célèbre Nour ed-Din Mahmoud, souverain de la Syrie, et de Maudoud,
atabek du Diar Bekr. Ce Youzaba était vali du Fars, il se révolta contre
le sultan seldjoukide Masoud, s'empara d'Ispahan, fut battu à Hamadhan
et mis à mort en 541. Son neveu, Songhor, fils de Maudoud, fils d'Ak-
Songhor, ou, suivant d'autres, fils de Zengi, se souleva contre les Seldjoukides pour le venger et s'empara du Fars, où il fonda la dynastie des
atabeks Salghourides (Gouzidè, éd. Gantin, p. 426 et 436).

بوزابه peut être l'équivalent de ارسلان ابه, car, si les dictionnaires
mongols bouddhiques donnent arsalan comme la traduction du
sanskrit सिंह, le sens de ces noms d'animaux, n'est pas absolument fixe,
puisque le sultan du Caire Beïbars traduisait *bars* par des lions de pierre.
ابه est le mongol aba, forme apocopée de abatchi «chas-
seur», comme داروغه est apocopé d'une forme daroughatcht
prouvée par la transcription chinoise 達魯花赤 *ta-lou-houa-tchheu*.
Salghor est probablement un doublet, avec l'alternance *n=l*, de Songhor.
Tcha-Boukha «le taureau apprivoisé» est à rapprocher, comme forme, du
mongol tcha-boughou «cerf apprivoisé», s'il n'est pas la transcription de ce terme, ce qui n'est pas impossible.

Le Bahr el-févayed est divisé en 300 chapitres répartis en 35 livres, et
la doctrine qui s'y trouve contenue est illustrée par de nombreuses anecdotes, comme dans le Goulistan et dans les ouvrages d'éthique du Soufisme
moyen; sa lecture montre qu'il est tout à fait un livre destiné à l'instruction
générale d'un prince qui n'a pas le temps de s'attarder aux particularités;
une table générale très complète des chapitres de ce traité se trouve dans
la préface du Bahr el-févayed aux folios 6-11. Voici la liste de ces livres :
كتاب الجهاد (fol. 11), traité de la lutte contre les passions de l'âme;
كتاب الحكمة (fol. 29 v°), sur la manière de conduire sa vie; كتاب الدعا
و الاوراد (fol. 35 v°), sur les prières et les invocations; كتاب نصيحت الملوك
(fol. 39 v°), traité de la conduite que doivent tenir les rois; كتاب اخلاق

كتاب الصالحين (fol. 44 v°), sur les vertus et les mérites des Saints; حكايات الصالحين (fol. 51 r°), histoires sur les Soufis, à la suite desquelles vient (fol. 63 v°) un chapitre sur les préceptes ادب que les rois doivent observer; كتاب فردوس, manquant dans la copie; كتاب تربية الاولاد (fol. 66 v°), sur la connaissance معرفت au point de vue éso-térique; كتاب طلب لحلال و المعيشة (fol. 68 r°), sur les façons de vivre et de gagner son pain; كتاب محاسن الشريعة (fol. 74 v°); كتاب احكام (fol. 77 r°); كتاب اقطاع السلطان الكبائر (fol. 84 v°), traité sur les fiefs; كتاب لحقوق (fol. 88 r°), traité des droits et des devoirs des personnes les unes envers les autres; كتاب مشكلات الاحكام (fol. 92 v°); كتاب (fol. 103 r°); كتاب آداب الاسلام (fol. 112 v°); كتاب لحلال و لحرام (fol. 125 r°); كتاب در مناسك لحج (fol. 138 r°); كتاب معالجة الذنوب (fol. 144 r°), traité sur les propriétés cabalistiques des pierres précieuses; كتاب نوادر العلما لجواهر (fol. 146 v°), recueil de sentences des Ta-biïs, d'Abou Hanifa, de Shaféï et des grands docteurs soufis; كتاب جواهر (fol. 150 r°), recueil de sentences morales; كتاب محاسن الشريعة الكلام (fol. 159 r°); كتاب مناقب الائمّة (fol. 160 v°), mérites de Shaféï, Malik ibn Anès, Ahmed ibn Hanbal, Sofian el-Tsauri, etc.; كتاب جوابات الروم و الافرنج (fol. 163 v°), exposé des croyances des Chrétiens et des Grecs; كتاب اصول الدين (fol. 166 v°); كتاب الرد على الملحدين (fol. 176 r°); كتاب شرايع الاسلام (fol. 182 r°), traité sur la Prophétie; كتاب النبوّة كتاب تعبير, manquant dans la copie; كتاب عجائب الدنيا (fol. 189 r°); كتاب السلطان (fol. 197 r°); كتاب الاختلاج (fol. 201 v°); الرويا كتاب تذكرة الاخرة (fol. 202 v°), traité sur la conduite des rois; كتاب اللطائف والغرائب (fol. 207 r°); كتاب الوصايا (fol. 209 r°); كتاب الغرائب (fol. 211 r°), traité des merveilles du monde; (fol. 219 v°).

On trouve au commencement et à la fin de ce volume des notes en arabe sur les traditions, et des passages du Koran; le plus important est un fragment de commentaire sur le passage bien connu والتين والزيتون (fol. 3 v°).

Assez bon neskhi turc copié en 979 de l'hégire (1571 de J.-C.) par Abdi ibn Sheikhzadè Hosam. 225 feuillets. 20 sur 15 centimètres. Cartonnage turc. — (Ancien fonds 23.)

722

كتاب جامع العلوم . Traité encyclopédique des connaissances humaines, par l'imam Fakhr ed-Din ibn Omar el-Razi († 6o6 H.).

Le titre, que l'on rencontre dans d'autres exemplaires sous les formes جوامع العلوم et حقائق الاسرار فى حدائق الانوار , ne se lit qu'au recto du folio 3. Fakhr ed-Din raconte dans sa préface qu'il se rendit à Khvarizm خوارزم , attiré par la renommée du sultan ملك العالم سلاطين سلطان , ملوك بنى آدم جهان پادشاه خسرو ايران و توران Ala ed-Dounia wed-Din Aboul Mouzaffer Tukush ibn Khvarizmshah Bourhan Émir el-Mouminin (fol. 2 r°), et, qu'après avoir vécu durant trois ans dans cette ville, il fut admis dans la société du souverain qui le pria d'écrire un compendium des sciences musulmanes; il satisfit ce désir d'Ala ed-Din Khvarizmshah en l'année 574 (Ethé, Cat. d'Oxford, n° 1481). La Djami el-ouloum contient quarante sciences dont le détail est donné au folio 3 recto et verso; un exemplaire, conservé au British Museum sous ce titre, en contient 56, et le manuscrit d'Oxford 6o. Les quarante sciences dont il est traité dans le présent exemplaire sont les mêmes, et rangées dans le même ordre, que les quarante premières du manuscrit de Londres (Rieu, *Supplément*, p. 102). Il existe, sous le titre de حقائق الاسرار فى حدائق الانوار , une édition un peu plus complète de la Djami el-ouloum (Rieu, *Supplément*, p. 103). L'exemplaire connu par Hadji Khalifa (*Dict. bibl.*, t. II, p. 560) ne contenait également que quarante sciences. Le copiste a pris soin d'avertir (fol. 171 v°) que le manuscrit qu'il transcrivait était défectueux سقم , et qu'il n'a pu collationner sa copie. Fakhr ed-Din Razi fut l'un des auteurs les plus prolixes du vi° siècle de l'hégire et son activité s'étendit à toutes les branches des connaissances humaines.

Bonne écriture turque datée de 1131 de l'hégire (1718 de J.-C.), avec encadrements et frontispice en or et en couleurs. 171 feuillets. 20 sur 11 centimètres. Cartonnage turc. — (Schefer 87. — Supplément 1395.)

723

كتاب نوادر التبادر لتحفة البهادر . Encyclopédie, par Mohammed ibn Émin el-Millet wed-Din Aboul Mékarim Ayyoub ibn Ibrahim el-Donaïsiri.

Le titre de cet ouvrage n'est donné qu'au folio 3 recto sous une forme assez altérée et l'auteur se nomme dans sa préface (fol. 1 v°) محمد الفقير ابن سيّده وشيخه واستاده الشيخ القاضى الامام امين الملتوى الـديـن ابو المكارم ايوب ابن ابراهم الدنيسرى, ce qui montre qu'il avait été le disciple de son père et, plus simplement (fol. 156 r°), Mohammed ibn el-Kazi محمّد بن القاضى. Le Kitab Névadir el-tébadour li tohfet el-béhadour fut dédié par lui à un personnage dont le nom a été omis, mais qui, à l'époque de la composition du livre, soit 669 de l'hégire, commandait la forteresse de Kara-Hissar, et qui est qualifié d'émir sipehsalar : چون بارى عز وعلا برتو ضو ساطع و ضيا لامع وجود بر حجود امير سپهسلار اجل كبير سيـد الامرا ملك الكبرا ...... بر قلعهٔ قريهٔ قرا حصار تابانيد (fol. 1 v° و r°).

L'auteur donne (fol. 154 r° et suiv.) une liste des ouvrages arabes et persans qu'il connaissait, mais très souvent sous des formes altérées et difficilement reconnaissables, les كتاب القانون, كتاب الشفا, كتاب الحياة, كتاب الاشارات والتنبيهات, كتاب الحكمة الشرقية, كتاب الادوبة القلبية كتاب الانصاف والانتصاف, كتاب عيون الحكمة de Nedjm ed-Din Abou Ali el-Hoseïn Ibn Sina; le كتاب السلسبيل, le أنبا السبيل d'Anba el-Sabil; le كتاب كشف ما فى الدارين, le كتاب سرّ العالمين, le كتاب عين الحيوة كتاب معيار, le كتاب انوار المشكاة, le كتاب الرسالة القدسية, le المقاصد كتاب خزانة, le كتاب إحيا علوم الدّين, le كتاب معيار العل, le العلم كتاب الاقتصاد فى علم, le سر الهدى والامد الاقصى الى سدرة الـمـنـتـهـى الاعتقاد, tous ces derniers de l'imam Abou Hamid Mohammed ibn Mohammed el-Ghazali; les œuvres du sheïkh Shihab ed-Din el-Sohraverdi, l'auteur du Hikmet el-ishrak, qu'il nomme d'une façon bizarre شيخ شهاب الملك والاديان المقتول بالزور والبهتان رحمه الله; les livres de l'imam Fakhr ed-Din Mohammed ibn Omar ibn Hoseïn el-Razi, tels que le كتاب الخلص, كتاب سرّ المكتوم, le كتاب التلخيص sur la talismanique, le كتاب اختيارات الوقتية, le كتاب طيفانا, طوبيقا d'Aristote; le livre des «Quatre discours» كتاب المقالت الاربعة (sic) de Ptolémée; le كتاب بيان كتاب الصناعات de Sheïkh Ibrahim; le كتاب كفاية الطب, le النجوم كتاب بجل الاصول de Shahmerdan ibn Aboul Kheïr; le كتاب نزهة نامهٔ علائى de Goushyar; le كتاب الكناش de Yohanna, fils de Sérapion; le دخيرهٔ خوارزمشاهى كتاب منافع النجوم sur les talismans, par Ahmed el-Babéki, ou el-Babili; le كتاب التنجيم par Bédi Nishapouri; le كتاب دعوة

كتاب التبصرة فى الهيئة le ;par Abou Taher el-Barméki الكواكب sur
l'astronomie par Khiraki; le كتاب التفهم d'Abou Reïhan el-Birouni;
le التجارب كتاب par Yahya ibn Khaled; le كتاب الاسرار, اسما كتاب
والساعات الاوقات على الموكّل الملك le ;par Hermès العهود والمواثيق كتاب
sur les talismans, par Pline (ou Apollonius); le كتاب بخورات الروحانيات
par Abou Ishak el-Kindi; le كتاب الميدان sur les talismans et le كتاب
احضار الطوارق sur l'évocation des fantômes, tous les deux par Abou
Bekr ibn Wahshiya; le كتاب الميلاد فى مواليد الخلفا par Yakoub ibn
Tarik; le كتاب السبعين, le كتاب خواص الموازين, le كتاب صندوق
الحكمة, le كتاب الاجساد السبعة par Djaber ibn Hayyan el-Soufi. Parmi les
chroniques qu'il dit avoir utilisées, l'auteur cite le كتاب مجرد الحكايات par
Abonl Ala el-Daméghani; la chronique de Mohammed ibn Djérir el-Tabari;
le كتاب رياض الندبم le ;par Ibn Abil Dounia; le كتاب نسم التنسم
le ,كتاب المسالك والممالك et le livre de Maverdi el-Mausili. كتاب الاقاليم
Ces sources ne furent pas les seules sur lesquelles Mohammed el-Donaisiri
dit avoir travaillé, et il est extraordinaire qu'avec un si grand nombre
de bons auteurs, il soit arrivé à faire un livre aussi restreint et aussi insignifiant, mais il est vraisemblable qu'ils ne sont cités que pour éblouir le
lecteur par le développement d'une érudition factice et écrasante.

Trois dates sont indiquées dans la conclusion du Névadir el-tébadour
comme étant celles auxquelles cette encyclopédie fut terminée : celle du
26 Ramadhan 682 et celle de la 31e minute de la 7e heure du jeudi 2e jour
du mois de Moharrem de l'année 669 de l'hégire (fol. 156 r°), et l'auteur
a pris soin d'indiquer quel était l'horoscope de la ville dans laquelle il écrivait alors (fol. 156 r° et 157 r°), ainsi que la correspondance du 2e jour du
mois de Moharrem 669 avec les autres ères connues des Musulmans, soit
le 21e jour du mois d'Ab de l'année 1581 de l'ère d'Alexandre, le 16e jour
du mois de Aban de l'année 639 de Yezdégerd, le dernier roi sassanide.
Enfin, on lit, au verso du folio 157, cette épigraphe rédigée dans un arabe
très peu correct : ختمت هذه التحفة من اليوم للخميس الثالث من شهر
الرجب سنه احدى وثمان وستمابة, ce qui indique la date du jeudi 3 Redjeb
681. Il paraît impossible de concilier ces trois affirmations contradictoires.

Cet ouvrage est divisé en 12 sections intitulées فنّ, subdivisées en discours dont le détail est donné dans une liste malheureusement incomplète
qui se trouve dans la préface (fol. 3 r° et suiv.); son auteur en avait une
très bonne opinion (fol. 153 v°) qui n'est guère justifiée par ce qu'on y
trouve; c'est un résumé très ordinaire des sciences, telles que les comprennent les Musulmans, très vraisemblablement rédigé pour un homme

sans aucune culture, tel que devait être le commandant de la forteresse de Kara-Hissar, par un auteur d'une science fort restreinte qui savait l'arabe aussi mal que possible, et médiocrement le persan.

Cet exemplaire a fait partie de la bibliothèque du Sérail, comme on le voit par un cachet qui se trouve au recto du premier feuillet.

Début : شكر و ثنا ايزدرا كه از كمال حكمت و قوّة قدرت عالم كون

و فساد الفريذ چنانك از حضرتش ى سزيذ

Bon neskhi persan très vraisemblablement copié sur l'autographe par un certain Bou Bekr بو بكر ibn Yousouf ibn Khalid ibn Ali Shir ibn Alp Ghazi el-Kizshehri (القزشهرى) el-Farsi à la fin du XIIIᵉ siècle. 159 feuillets. 24 sur 17 centimètres. Demi-reliure. — (Supplément 1649.)

724

درّة التاج لغرّة الدُّباج. Encyclopédie des sciences mathématiques et philosophiques, par Kotb ed-Din Mahmoud ibn Masoud el-Shirazi.

Kotb ed-Din fut l'un des meilleurs élèves de Nasir ed-Din el-Tousi; il naquit à Shiraz en l'année 634, et il mourut à Tauris en 710, après avoir passé la plus grande partie de sa vie au service des souverains mongols de Perse, laissant de nombreux ouvrages écrits en arabe sur l'astronomie et les mathématiques. Ce livre a été composé pour l'usage de l'émir Ishakavand احكاوند, du Guilan occidental, dont la capitale était nommée Fouman فومن, et qui portait le titre de Émirè Doubadj اميرة دباج (Rieu, *Catalogue*, p. 434). Le Dorret el-tadj est divisé en une introduction, cinq livres جلد et un appendice. Le premier livre contient la logique; le second, la philosophie; le troisième, la physique; le quatrième, les mathématiques; le cinquième, la métaphysique. L'appendice traite des ousoul et des fourou فروع. de l'éthique et de la vie religieuse.

Le présent volume ne contie   que l'une des quatre sections (fenn) du quatrième livre, c'est-à-dire la traduction en langue persane des Éléments d'Euclide, divisée en quinze discours (makala); il devait contenir, comme l'indique un passage de la préface, deux autres chapitres traitant également de la géométrie et traduits de ايسقلاوس (sic) : فنّ اول در اسطقسات كه

عبارت از كتاب اقليدس است اول بدانك اين كتاب پانزده مقاله است

ما ده مقاله كه باخر آن لحاق كرده اند منسوب بايسقلاوس (fol. 1 vᵒ). Cet

ايسقلاوس est l'Ὑψικλῆς, disciple d'Euclide, dont parlent Hadji Khalifa (I,
381) et Fabricius (*Bibliotheca græca*, IV, 86); Hadji Khalifa rapporte, d'après
le Kazizadè-i Roumi (voir n° 785), que le véritable auteur du livre d'Euclide est Apollonius el-Nadjdjar et qu'Euclide n'a fait que publier et com-
menter l'œuvre d'Apollonius, pour le compte d'un roi d'Alexandrie, en
13 chapitres; ensuite, son disciple, Hypsiclès, retrouva deux autres livres
d'Apollonius, les 14° et 15°, qu'il publia et offrit au roi. Cet Hypsiclès, disciple d'Euclide, ne doit pas être confondu avec l'Ὑψικλῆς, contemporain de
Plutarque, dont parlent les scholiastes d'Euclide, lequel était un astronome
de l'école d'Alexandrie, et dont un ouvrage est conservé à Leyde (Fabricius, *Bibliotheca græca*, t. IV, p. 16, 20, 213). Le traité intitulé Ἀναφορικός d'Hypsiclès existe à Paris (Grec 453, 2342, 2347, etc.). ايسقلاوس,
pour ايسقلاوس), est la transcription du génitif Ὑψικλέους. Le traité des
ascensions d'Hypsiclès est cité par Hadji Khalifa (II, 213) sous le titre de
تحرير مطالع ايسقلاوس qui est la traduction littérale du titre grec Ὑψικλέους ἀναφορικός. Cet ouvrage (V, 152) est divisé en trois préfaces مقدّمة
et deux tableaux شكل; il fut publié par el-Kindi d'après la version de Kosta
ibn Louka قسطا بن لوقا el-Baalbéki, et également édité par Nasir ed-Din
el-Tousi.

Le traducteur persan de ces Éléments d'Euclide s'est servi de deux versions différentes du texte grec, l'une, celle de Hadjdjadj qui contenait 466 figures, et l'autre, celle de Thabit qui en contenait 476. Kotb ed-Din a pris
soin, dans cet exemplaire, de faire dessiner en rouge les figures empruntées
au manuscrit de Thabit et en noir celles qui proviennent de Hadjdjadj
(fol. 1 v°). Les sciences mathématiques sont nommées dans cette quatrième
partie du Dorret el-tadj, la science intermédiaire علم أوسط, ou علم رياضى;
dans la terminologie arabe المتوسطات désigne un recueil de 15 traités
de mathématiques que les étudiants lisaient entre les Éléments d'Euclide et
l'Almageste (Arabe 5974).

Bon nestalik persan de la fin du xv° siècle de notre ère. 243 feuillets. 18 sur
12 centimètres. Reliure en basane. — (Saint-Germain 383. — Supplément 352.)

<h1 style="text-align:center">725</h1>

نفائس الغنون فى عرائس العيون. Encyclopédie des sciences
musulmanes, par Mohammed ibn Mahmoud el-Amoli.

Mohammed ibn Mahmoud fut professeur à Sultaniyya durant le règne
du sultan mongol Oltchaïtou Khorbanda († 716 H.), et il écrivit des com-

mentaires sur les Koulliyyat du Kanoun d'Avicenne et sur celles du Kanoun de Shéref ed-Din Ilaki ايلاقى, ainsi que sur le مختصر فى الاصول d'Ibn Hadjib. Le Néfayes el-founoun est dédié au vizir de l'émir Djémal ed-Din Sheïkh Abou Ishak qui s'était emparé de Shiraz en 742 de l'hégire, au milieu de l'anarchie qui suivit la mort du sultan mongol de Perse, Abou Saïd Béhadour Khan, et qui régna sur le Fars et l'Irak jusqu'en 754 de l'hégire. Abou Ishak fut capturé à Isfahan, ramené à Shiraz, et tué en 758 par ordre de l'émir Moubariz ed-Din Mohammed ibn Mouzaffer, fils de l'émir Mouzaffer, le fondateur de la dynastie persane des Mouzafférides (Tarikh-i Kiptchak Khani, man. 348, fol. 406 v°). Le Néfayes el-founoun, qui se termine avec la proclamation du sultan Arpa Khan en 736 de l'hégire, est divisé en 2 tomes (kism). Le premier comprend 4 discours : littérature, droit, soufisme, sciences mondaines; le second contient 5 discours : philosophie pratique, philosophie spéculative, mathématiques, physique, sciences annexes des mathématiques. On en trouvera la liste très détaillée dans Rieu (Catalogue, p. 436).

Début : ... جد و ثنا و شكر بى انتها حضرت پادشاهراكه افكار از

Exemplaire de luxe; beau neskhi persan à encadrements et frontispice en or et en couleurs, copié en 1046 de l'hégire (1636 de J.-C.) par Mohammed Kasem. 495 feuillets, 31 sur 19 centimètres. Reliure orientale en maroquin fauve. — (Supplément 1058.)

726

رياض الناصحين. Traité encyclopédique, en persan, composé par el-Djami Mohammed ibn Mohammed ibn Sheïkh Mohammed el-Djami.

Le Riyaz el-nasihin fut écrit aux environs de l'année 835 de l'hégire, sous le règne de Shah Rokh Béhadour, d'après 444 (sic) des livres les plus réputés sur les ousoul ed-din, les fourou' ed-din, sur les ousoul el-fikh, les fourou' el-fikh, sur les 'akidât, les hadis, la médecine, la philosophie, les livres de soufisme, les tezkérés en prose et en vers. Cet opuscule, qui n'a aucune valeur scientifique, mais qui est assez bien fait, n'est pas cité par Hadji Khalifa.

Assez bon nestalik copié dans la Transoxiane vers la moitié du XIX° siècle. 107 feuillets, 18 sur 11 centimètres. Reliure boukhare en papier vert. — (Decourdemanche. — Supplément 1681.)

727

Fragments d'une encyclopédie, sans titre ni nom d'auteur.

Cet ouvrage comprend des extraits sur tous les sujets, sur la création de l'homme, sur sa nature, sa physiologie, des recettes industrielles et une théorie du monde céleste et terrestre qui se retrouve dans les traités du genre de l' عجائب الخلوقات وغرائب الموجودات de Kazwini et dans les livres soufis. Ces fragments qui occupent les feuillets 1-74 et 94-150 sont suivis (fol. 78 r°) d'un traité anonyme et sans titre sur la Divinité d'après les doctrines de l'Ésotérisme persan, qui commence par : حمد بيحد

و ثناى بى عدّ آن پادشاهيراكه از هيچ وجود كاينـات را بـه يـد قـدرت كاملـه خود بر انكيـخت........

Nestalik persan médiocre du milieu du xvii° siècle. 153 feuillets. 19 sur 15 centimètres. Reliure occidentale en basane pleine. — (Gaulmin; Regius 1549. — Ancien fonds 143.)

LOGIQUE.

728

Commentaire pour éclairer les difficultés d'un traité de logique de Djourdjani, par Zeïn ed-Din Mahmoud ibn Mohammed el-Hérévi.

Le titre de ce commentaire, ainsi que celui du traité qui lui sert de base, et le nom de l'auteur de ce dernier, sont à peu près illisibles par suite de l'état des premiers feuillets qui ont été mouillés et déchirés en plusieurs endroits. On y peut lire encore que l'auteur se trouvait dans le collège Shodja'yyi à Kandahar (sic), در مدرسة شريفة شجاعية تندها, occupé à l'étude des sciences théologiques et philosophiques, quand plusieurs de ses frères اخوان, qui lisaient un traité de logique en persan écrit par le Seyyid-i-Shérif, c'est-à-dire par Djourdjani كاشف حقايق نقليه مظهر انوار الهى, مظهر اسرار لا يتناهى استاد البشر العقل للحادى عشر وهو السيد الشريف

قدس الله سره اللطيف, lui demandèrent d'en écrire un commentaire qui leur permît d'en pénétrer les difficultés. Mahmoud ibn Mohammed el-Hérévi, résumant l'enseignement qu'il avait reçu de ses maîtres, rédigea le présent ouvrage. Cette œuvre fut entreprise sous les auspices de deux personnages dont les noms ont malheureusement disparu dans les lacunes et les déchirures des premiers feuillets; l'un, le constructeur du monastère حضرت امير كبير [سلطان] حضرت باني آن مدرسه, est qualifié de حامى بلاد اهل ايمان ماحى اثار كفر و طغيان ناصر شريعة قويمه سالك طريقة مستقيمه باسط مهاد عدل و انصاف هادم اساس جور و اعتساف مبيّن دقايق [فروع و اصول] جامع بيان معقول و منقول مقوى ارباب فضل و حال.....علم و كمال, et son nom est donné sous la forme Moughis ed-Daulèh wéd-Din Émir Shah Shodja; le second, son fils, porte les titres de.....

عاليجاه مملكت پناه خورشيد..........[فلك كمال؟] غرّة ناصيه دولت و اقبال........سپهر مهر معدلت و احسان مهر سپهر عاطفة و....... محيط مكرمت درياى رحمت سپهر معدلت خورشيد دولت حافظ بلاد الله ناصر عباد الله عون الضعفا و المساكين غوث الاسلام و المسلمين جامع الصفات المذكورة فى ايمه على ما يقتضيمه الولد سر ابيه; son nom semble être Moezz ed-Daulèh wéd-Din Mirza Shah Hasan, et il était encore vivant à l'époque à laquelle fut écrit ce commentaire sur Djourdjani. Il ne s'agit évidemment pas ici du prince mouzafféride Djélal ed-Din Shah Shodja, fils de Moubariz ed-Din Mohammed ibn Mouzaffer, qui fut le deuxième sultan de la dynastie des Mouzafférides du Fars. Le Seyyid-i Shérif, Ali ibn Mohammed el-Djourdjani, né en 740 à Taghou, près d'Astérabad, étudia au Caire, et fut l'un des auteurs les plus variés et les plus profonds du commencement de l'époque des Timourides; le sultan mouzafféride Shah Shodja le nomma professeur à Shiraz, et il occupa cette place durant dix années, jusqu'à ce que Timour, s'étant emparé de Shiraz (789), l'envoya à Samarkand, où il demeura jusqu'à la mort du conquérant; il s'en revint alors à Shiraz où il mourut en 816. La liste de ses ouvrages est considérable, et ils jouissent en Perse d'une réputation très méritée par leur science et la clarté de leur exposition; les plus connus sont le traité des définitions qui est peut-être son chef-d'œuvre, son commentaire sur le Tahrir el-kavaïd du célèbre Nasir ed-Din el-Tousi, un commentaire du Miftah el-ouloum de Sakkaki, et du Mavakif d'Adhod ed-Din el-Idji, ces ouvrages étant écrits en arabe. Le traité de logique écrit en persan dont le commentaire se trouve dans le présent manuscrit est celui qui est cité par Hadji Khalifa (t. III, p. 446), sous le titre de رسالة فى المنطق, et qui fut traduit en arabe par Mohammed, fils de Djourdjani. Hadji Khalifa cite trois commentaires de ce traité, deux par Aboul Baka ibn Abd el-Baki el-Hoseïni, le troisième par Isam ed-Din Ibrahim ibn Mohammed el-Isféraïni, lequel fut glosé en persan par un certain Mir Aboul Fath.

Début : ....که منطقی بهترین بنطق او زبان کشاینـد حمـد واجـب

وجود است که قصور...

Bon neskhi persan copié à la Mecque en 940 de l'hégire (1533 de J.-C.). 174 feuillets. 18 sur 12 centimètres. Reliure en maroquin rouge aux armes du roi. — (Vansleb; Regius 1524. — Ancien fonds 132.)

729

أَسَاس الاقتباس. Traité de logique, de rhétorique et de poétique, par un anonyme.

La date de la composition de l'Asas el-iktibas n'est point marquée dans la préface; cet ouvrage persan est évidemment différent du traité arabe qui porte le même titre et qui a pour auteur Ikhtiyar ibn Ghiyas ed-Din el-Hoseïni [897 H.] (Hadji Khalifa, *Dict. bibl.*, t. I, p. 264. et Fluegel, *Catalogue*, t. I, p. 308). Le Asas el-iktibas est divisé en 9 discours (makala) subdivisés en fenn et en fasl qui sont indiqués de la façon suivante :

مقالۀ ۲ (fol. 3 r°); مقالـه ۱ در مدخل منطق که آن ایساغوجی خواننـد

مقالۀ ۳ در عبارات (fol. 13 r°); در مقولات عشر و آنـرا قاطیغوریـاس خواننـد

و غرض ازیـن مباحـث اقوال جازمـه است و آنـرا باری ارمینیـاس خواننـد

(fol. 24 r°); مقالۀ ۴ در علم قیاس و آنـرا انولوطیقـای اول خواننـد (fol. 74

r°); مقالـه ۵ در برهان و علم و آنـرا اولولوطیغا دوّم خواننـد (fol. 143 r°);

مقالۀ ۷ در مغالطه (fol. 192 r°); مقالۀ ۶ در جدل و آنـرا طوبیقا خواننـد

مقالـه ۸ در خطابة و آنـرا ریطوریقا (fol. 225 r°); و آنـرا سوفسطیغا خواننـد

مقالـه ۹ در شعر آنـرا بویطیقا (fol. 230 v°); (man. بیمطوریقا) خواننـد

(fol. 253 r°). خواننـد

Le volume est incomplet de la fin, mais le neuvième discours est bien le dernier de l'ouvrage.

Les traités grecs, dont il est question dans ce livre persan, sont l'Εἰσαγωγή de Porphyre, les Κατηγορίαι, le Περὶ ἑρμηνείας, les Ἀναλυτικά, comprenant deux sections, les Ἀναλυτικῶν προτέρων βιβλία β', les Ἀναλυτικῶν ὑστέρων βιβλία β', les Τοπικῶν βιβλία η', les Περὶ σοφιστικῶν ἐλέγχων βιβλία β', qui réunis, forment l'Ὄργανον ὀργάνων; les Τέχνης ῥητορικῆς βιϐλία γ΄ et la Ῥητορικῆς πρὸς Ἀλέξανδρον βιϐλίον α΄; le Περὶ ποιητικῆς βιϐλίον α΄.

Début : ...... رب زدنى علمًا خداوندا متعلمان حكمت را بالهام حق

Bon neskhi persan du xviiiᵉ siècle. 259 feuillets. 24 sur 15 centimètres. Reliure en basane souple. — (Tholozan. — Supplément persan 1276.)

ÉTHIQUE ET MORALE.

730

اخلاق ناصرى. Traité d'éthique, par le grand astronome persan, Nasir ed-Din Mohammed ibn Mohammed ibn Hasan el-Tousi.

Khadjè Abou Djaafer Mohammed naquit à Tous dans le Khorasan le samedi 11 Djoumada 1ᵉʳ 597 de l'hégire et mourut à Baghdad le lundi 17 Zilhidjdja 672 de l'hégire (Rashid ed-Din, Djami el-tévarikh, man. 255, fol. 263 vᵒ), laissant un grand nombre d'ouvrages mathématiques et philosophiques. Nasir ed-Din Abd er-Rahim ibn Abou Mansour el-Mouhtashem († 655), qui fut gouverneur du Kouhistan au nom des deux princes ismaïliens Ala ed-Din Mohammed et Rokn ed-Din Khourshah, et qui se soumit sans difficulté aux Mongols le 17 Djoumada 1ᵉʳ 653 H., avait prié Nasir ed-Din el-Tousi de traduire en persan le كتاب الطهارة d'Abou Ali Ahmed ibn Mohammed ibn Yakoub Miskavaïh el-Razi (fol. 4 vᵒ). C'est à cet ouvrage, abrégé et traduit en persan avec des additions, que le célèbre astronome donna le nom d'Akhlak-i Nasiri, pour rappeler que sa composition fut inspirée par Nasir ed-Din el-Mouhtashem. La traduction est divisée en 3 discours (makala) subdivisés en sections (kism) et en paragraphes (fasl) : le premier discours traite du perfectionnement moral; le second, du gouvernement domestique; le troisième, du gouvernement des cités et des villes. Le détail en est donné aux feuillets 8 verso à 10 recto. L'original arabe, كتاب الطهارة فى تهذيب الاخلاق, est divisé en six livres dont le détail est indiqué par Hadji Khalifa (t. V, p. 112).

Abou Ali Ahmed ibn Mohammed ibn Yakoub Abou Ali el-Khazin, surnommé Miskouyè, et en arabe Miskavaïh, était d'origine persane, et il professa la religion mazdéenne jusqu'au moment où il se convertit à l'Islamisme (voir nᵒ 737); il atteignit de très grandes connaissances en philosophie, et écrivit des traités sur cette science, intitulés كتاب الفوز الاكبر et كتاب الفوز الاصغر. Il fut également l'auteur d'un assez grand nombre d'ouvrages dont les titres sont cités, pour ainsi dire sans aucuns détails, par Yakout el-Hamavi, dans son Modjem el-oudaba (t. II, p. 89-91); le principal est le

تجارب الامم وتعاقب الهمم, histoire générale du monde, des origines jusqu'en 369, dont le premier volume a été publié en fac-simile par Leone Cae-
tani, prince de Teano. Cette histoire, qui n'a aucune importance pour la
partie post-islamique, car elle est une copie de Tabari, en présente une
certaine pour la partie qui traite de la Perse ancienne, car l'auteur, par ses
origines, a connu quelques détails qui sont restés ignorés de son devancier.
D'autres sont le كتاب انس الغريد qui contenait des histoires, des vers, et
des proverbes, le كتاب المستوى, le كتاب ترتيب العادات contenant un choix
de vers, le كتاب الجامع, le كتاب جاودان خرد, et le كتاب السير. Miskavaïh
fut le trésorier, ou plutôt le bibliothécaire, du prince Adhod ed-Daulèh, et
il mourut le 9 Safar 421. Il était parvenu, à ce que rapporte Yakout, à des
stades élevés dans la hiérarchie du Soufisme.

Nasir ed-Din Abd er-Rahim el-Mohtashem fut nommé gouverneur de la
ville de Toun par Houlagou, et il mourut à un âge très avancé, en 655
de l'hégire.

Un passage de la préface (fol. 3 r°) pourrait faire croire que ce volume est
de la main de Nasir ed-Din el-Tousi : عرّر ابن مقالت و مؤلّف ابن رسالت
كويد عرّر اين كتاب كه موسوم است باخلاق ناصرى..., mais il ne faut
évidemment pas le comprendre dans ce sens, car on trouve à la fin le nom
du copiste sous la forme Mohammed ibn Abi Hamid el-Kébir ibn Abil
Barizi الكمسد دن اى البارصى.

Début : بسمله حمد ى حدّ ومدح ى عدّ لايق حضرت عزّت مالك
الملكى باشد كه همجنانك در بدو فطرت اولى وهو الذى بيدى لخلق...

Les premiers et les derniers feuillets sont couverts d'extraits arabes et
persans, dont les deux plus importants sont un fragment sur le قضا et sur
le قدر, et un extrait sur la métempsychose tiré de l'ouvrage intitulé
جواهر غياثيّة, avec quelques kasidas persanes.

Bon neskhi cursif du commencement du xiv° siècle de notre ère (une note
d'un possesseur au folio 181 v° porte la date de 752 H.). 186 feuillets. 18 sur
12 centimètres. Reliure orientale en maroquin brun. — (Ancien fonds 133.)

731

Le même ouvrage.

D'après une tradition consignée au recto du premier feuillet, cet exemplaire aurait appartenu à Nasir ed-Din, ou, tout au moins, aurait été copié
de son vivant.

Bon neskhi du xiv° siècle de notre ère. 209 feuillets. 22 sur 12 centimètres.
Reliure en maroquin brun estampé. — (Supplément 1076.)

732

Le même ouvrage.

Neskhi et nestalik persans passables de la fin du XVIᵉ siècle. 220 feuillets. 18 sur 13 centimètres. Reliure en maroquin noir estampé et doré. — (Brueys 28. — Supplément 101.)

733

Le même ouvrage.

Le premier feuillet, contenant le commencement de la préface, manque.

Assez bon nestalik persan à encadrements et à frontispice en or et en couleurs, daté de Redjeb 1023 de l'hégire (Août 1614). 176 feuillets. 23 sur 15 centimètres. Reliure en maroquin brun. — (Arsenal. — Supplément 104.)

734

اوصاف الاشراف. Traité d'éthique, par Nasir ed-Din el-Tousi.

L'auteur dit dans sa préface que, lorsqu'il eut terminé son traité d'éthique intitulé Akhlak-i Nasiri, il conçut le projet d'en composer un abrégé destiné principalement aux Soufis سالكان طريقه و طالبان حقيقه.

Il fut encouragé dans ce travail par le Sahib-i divan Shems ed-Din Mohammed ibn Béha ed-Din Mohammed el-Djouvéïni صاحب اعظم دستور العالم والى السيف و القلم قُدوة اكابر العرب و العجم شمس لِحَق والـديـن بهاء الاسلام والمسلمين ملك الوزراء فى العالمين صاحب ديوان المـمـالـك والاعيان... مفخر الاشراف. Le Sahib Shems ed-Din, frère de l'historien Ala ed-Din, fut le chef de l'administration de l'empire mongol de l'Iran depuis Houlagou jusqu'à l'avènement d'Arghoun (683 de l'hégire). Au mois de Rébi 2ᵉ 676, Abagha Khan l'envoya dans le pays de Roum, avec la mission de réparer les désastres que l'invasion mongole avait accumulés dans ce pays, et il s'en acquitta mieux encore qu'on n'aurait osé l'espérer (Djami el-tévarikh, man. 255, fol. 310 rº). En l'année 677, l'administration du Sahib Shems ed-Din fut violemment attaquée par toute une bande de gens dont l'instigateur était Khadjè Medjd el-Moulk, fils de Safi el-Moulk, qui avait été le vizir des atabeks de Yezd, et avait connu le Sahib Béha ed-Din, fils de Shems ed-Din, à Isfahan, ce qui lui avait valu la protection de Shems ed-Din. Ce Medjd el-Moulk accusa Shems ed-Din et son frère Ala ed-Din, gouverneur de Baghdad, de comploter de livrer

l'Irak-i Arabi aux sultans mamlouks du Caire, et de livrer au pillage les
finances de l'empire. Shems ed-Din essaya d'attirer Medjd el-Moulk dans
son parti en le faisant nommer gouverneur de Sivas, mais cet individu tira
de cette protection la preuve que ses accusations étaient fondées, et il continua sa campagne contre les deux sahibs. Medjd el-Moulk parvint à se
faire nommer inspecteur général des finances de l'empire, puis associé à
Shems ed-Din dans le ministère (679), ce qui lui permit de continuer avec
plus de violence ses attaques contre Ala ed-Din Djouveïni, de ruiner entièrement son crédit et de le faire traiter comme le dernier des criminels (680).
Shems ed-Din fut confirmé dans ses fonctions ministérielles par Ahmed
Takoudar, Ala ed-Din rendu à la liberté, et Medjd el-Moulk fut condamné
à mort (681). Ala ed-Din fut réintégré dans le gouvernement de Baghdad,
et il mourut en 681, au moment où le prince Arghoun recommençait de
nouvelles persécutions contre lui. Quant à Shems ed-Din, il perdit sa place
à l'avènement d'Arghoun, fut nommé au poste très inférieur de substitut
de Boukhaï, puis il tomba dans une disgrâce complète, et fut mis à mort
en 683, à Abhar. Boukhaï lui succéda dans le gouvernement de l'empire,
reçut de l'empereur de la Chine le titre chinois de tchheng-siang 丞 相
(684), puis il complota contre Arghoun et fut mis à mort en 687; il eut
pour successeur en 688 le vizir juif Saad ed-Daulèh qui fut mis à mort
en 690; celui-ci fut remplacé par Sadr ed-Din Zendjani à qui succéda Saad ed-
Din, dont les aventures tragiques avec Rashid ed-Din et l'audacieux Tadj
ed-Din Ali Shah rappellent singulièrement celles de Shems ed-Din et de Ala
ed-Din Djouveïni (Rashid ed-Din, Djami el-tévarikh, man. 255, fol. 312
et suiv., 316 r° et v°, 317 r°, 324 v°, 325 v°, 366 r°).

Début : سپاس بی قیاس پار خداۀۀرا سزدکه هیج عقلۀۀرا قوّت اطلاع
بر حقیقت او نیست و هیج دانشۀۀرا وسع احاطت بکنۀ معرفت او نه...

Ce manuscrit porte les ex-libris d'Abd Allah ibn Mohammed Mirek
میرك ibn Abd el-Hamid, avec la date de 1135 de l'hégire.

Bon nestalik persan à encadrements et à frontispice en or et en couleurs copié
en 1082 de l'hégire (1671 de notre ère) par un derviche haïdéri nommé Sikender
Kalender. 30 feuillets. 32 sur 18 centimètres. Reliure indienne en maroquin
rouge doré. — (Brueys 18. — Supplément 102.)

735

Le même ouvrage.

Manuscrit de luxe en bon nestalik indien tendant au shikestèh, du commencement du xviiᵉ siècle. Encadrements et frontispice en or et en couleurs. 46 feuillets. 19 sur 12 centimètres. Reliure indienne en maroquin noir estampé et doré.
— (Supplément 105.)

736

كتاب تنبيه الغافلين. Traduction du Tenbih el-ghafilin, écrit en arabe par Aboul Leïs Nasr ibn Mohammed ibn Ibrahim el-Fakih el-Samarkandi el-Hanéfi, exécutée par Abou Ishak Ibrahim Bidil ibn Mohammed el-Salihi ابن مُحَمَّد الصالحين (sic).

L'auteur de l'original arabe est mort en 375 de l'hégire (Rieu, *Catalogue*, p. 1064 et Hadji Khalifa, *Dict. bibl.*, t. II, p. 428); la date à laquelle cette version a été exécutée n'est point marquée dans la préface, et le traducteur se borne à dire qu'il l'a entreprise pour répondre au désir de quelques-uns de ses frères qui ne savaient pas l'arabe et qui ne trouvaient personne qui pût le leur expliquer en persan : در خواستند بعضى از

برادران و دوستان من تا.... ايشان كتاب تنبيه الغافلين بپارسى از

.... انك ايشانرا بهرة نبوذ اندر تازى (fol. 1 v°).

Cette indication reporte à l'époque où la langue arabe ayant cessé d'être d'un usage courant en Perse et dans la Transoxiane, on traduisit en persan un grand nombre d'ouvrages de théologie, c'est-à-dire vers le v° siècle de l'hégire. Le texte arabe du Tenbih el-ghafilin était divisé en 94 chapitres (Hadji Khalifa, *ibid.*); l'on n'en trouve que 93 dans la présente version, et la liste en est donnée aux folios 2-4. Le texte arabe paraît assez rare, il en existait, sous le titre de Libro Abisador llamado de los negligentes, une version espagnole écrite en caractères arabes (Arabe 774); Hadji Khalifa en signale une traduction turque exécutée en 1040 par un habitant d'Édesse. Abou Ishak Ibrahim appartenait vraisemblablement à la secte soufie.

Début : سپاس مر خدا ايرا كه ستايشها مرورا سزاست و وى بر خلق

..... خويش كامكارست و بادشاست

Beau neskhi persan copié en Shaaban 662 de l'hégire (juin 1264) par Mohammed ibn Masoud ibn Mohammed. 248 feuillets. 25 sur 17 centimètres. Cartonnage. — (Schefer 61. — Supplément 1368.)

737

ترجمة ذريعة الى مكارم الشريعة. Traduction persane avec commentaire du traité d'éthique écrit en arabe par Aboul

Kasem el-Hoseïn ibn Mohammed ibn el-Mofaddal el-
Isfahani, connu sous le nom d'el-Raghib el-Isfahani, sous
le titre de الذريعة الى مكارم الشريعة.

L'auteur arabe, qui mourut aux environs de l'année 500 de l'hégire, a
écrit un traité d'éthique plus connu que la الذريعة الى مكارم الشريعة,
et qui porte le titre de محاضرات الادبا (Rieu, *Catalogue of Persian man.*,
Supp., p. 106). Au témoignage de Hadji Khalifa (t. III, p. 334), l'imam
Ghazali appréciait tellement la Zéri'a qu'il en portait toujours un exemplaire
avec lui. Il existe deux versions légèrement différentes du traité d'el-Raghib
el-Isfahani qui sont évidemment dues au même traducteur persan; la première est dédiée à un souverain, nommé Djémal ed-Din Abou Ishak ibn
Mahmoud Shah, qui portait les titres de سلطان اعظم افضل سلاطين عرب

و عجم مؤسس قواعد نصفت و احسان و مرتض مقاعد معتصم امن
و امان... حافظ إحكام أحكام جهانبان... و معلّى رايات آيات
السلطان ظلّ الله في الارض في جمال لحق والدنيا والدين.... Ce prince

n'est autre que Abou Ishak, le plus jeune des fils de Mahmoud Shah Indjou,
qui fut l'adversaire des princes mouzafférides, et qui parvint à s'emparer du
Fars et d'Isfahan (voir n° 725). Il fut battu et dépouillé de ses États (758)
par le mouzafféride Moubariz ed-Din Mohammed († 765), père du sultan
Aboul Févaris Shah Shodja, le prince auquel est dédiée, comme on va le
voir, la seconde version de la Zéri'a d'el-Raghib el-Isfahani.

Quand la fortune des armes eut favorisé les princes mouzafférides, les
ennemis d'Abou Ishak, le traducteur inconnu de la Zéri'a retoucha sa traduction et la dédia, sous le titre nouveau de كنوز الوديعة من رموز
الذريعة الى مكارم الشريعة (voir le numéro suivant), au sultan mouzafféride
Aboul Févaris Shah Shodja, lequel, aidé de son frère, Shah Mahmoud,
avait renversé Moubariz ed-Din Mohammed en 760 (Kiptchak-Khani,
man. 348, fol. 406 v°). Le passage suivant de la préface montre qu'il
était familier avec les œuvres de la littérature ésotérique de l'Islamisme :

و مبين اين بجمله آنست كه نفايس مصنفات ائمّه دين كى ازين كتاب
مؤخّر افتاده مثل احيا علوم و جاويدان (حاوند .ms) خرد و ساير آنچه
ازين قبيل است از استخراج تلفيق الفاظ معانى اين كتاب خالى نيست
(fol. 8 r°). Le جاويدان خرد dont il est parlé ici est très vraisemblablement l'ouvrage qui fut écrit sous ce titre par Abou Ali Miskavaïh el-Razi
(n° 730), et dont il est parlé dans Yakout (Modjem el-oudaba, II, 91), ainsi

que dans Hadji Khalifa (Keshf el-zonnoun, I, 581). D'après ce dernier, le
Djavidan Khired était un traité attribué au roi pishdadien Hosheng, ce
qui montre qu'il était écrit en pehlvi; il fut traduit en langue arabe par
Hasan ibn Sahl, qui était le vizir de l'abbasside Mamoun, avec de fortes
abréviations. Ce fut cette version arabe que Abou Ali Miskavaïh donna
comme préface à son livre intitulé اداب العرب والفرس, sur lequel Hadji
Khalifa ne fournit aucun renseignement. Un exemplaire s'en trouve dans le
fonds arabe sous le n° 3957; d'après l'épigraphe de ce volume (fol. 1 r°),
il contient un recueil de sentences des Persans, des Indiens, des Arabes et
des Grecs, et il fut traduit, de la langue dans laquelle il avait été primitivement écrit اللسان القديم, en persan فارسى, par Kandjoud ibn Isfendiad
كنجود ابن اسفنديـاد, qui était le vizir du roi de l'Iran-shehr; il fut traduit
en arabe par el-Hasan ibn Sahl, frère du célèbre el-Fadl ibn Sahl, et terminé تمّم par Ahmed ibn Mohammed ibn Maskauyyah مَشكويّه (sic; il faut
lire Miskavaïh, ibn étant une faute). Dans la préface de cet ouvrage, Ahmed
ibn Mohammed ibn Yakoub Miskavaïh dit qu'il avait lu dans sa jeunesse
un livre de Abou Osman el-Djahiz, intitulé استطالة الفهم, dans lequel
il était parlé d'un livre intitulé Djavidan Khired, avec des éloges extraordinaires. Miskavaïh ne se donna pas de cesse qu'il n'eût retrouvé ce livre
en Perse chez le grand mobed مويدان مويد, et il en fut complètement en-
thousiasmé. Le Djavidan Khired avait été écrit par le roi Oshhendj اوشهنج,
forme arabisée de Hosheng, en zend Haoshyanha, pour son fils, et pour
les rois qui devaient après lui régner sur la terre d'Iran; Oshhendj, selon
Miskavaïh était tellement ancien que l'on ne connaissait pas de roi avant
lui; cette assertion, qui montre la profonde ignorance dans laquelle l'auteur
était de l'histoire de la Perse, et dont on trouve d'autres exemples dans le
Tedjarib el-oumem, est complètement erronée, car, avant Hosheng, vécurent
Mashyâ-Mashyânî et Gayomarth. Quoi qu'il en soit, le Djavidan Khired ne
s'étend dans le présent exemplaire que jusqu'au folio 7 verso, où Djahiz
affirme qu'el-Hasan ibn Sahl dit qu'il a terminé à ce point sa traduction des
feuillets du Djavidan, mais qu'il en a omis beaucoup, parce qu'ils lui
avaient été remis en désordre par un certain Dzouban دوبان, et qu'il
a seulement traduit les sentences qui se trouvaient entières sans se donner la peine de remettre le volume en ordre. On trouve ensuite des sentences du même genre, en particulier, celles de Bouzourdj Mihir (fol. 11 v°),
dont l'original était aussi écrit en pehlvi, d'Aderbad Mahraspand (fol. 31),
qui sont dans le même cas. Il y a dans le Djavidan des sentences qui ne
se trouvaient certainement pas dans un livre pehlvi, telle la suivante;
كلمة التوحيد راس اليقين المعرفة بالله, mais ces interpolations n'em-
pêchent pas la probabilité de l'existence de l'original pehlvi de ce livre.
كنجود est vraisemblablement Gandjpat; Isfendiad est bien la forme de

2.

moyen-persan d'où est sorti اسفندیار, et Iran-shehr, سدلس۱ وﮬ-۱۱‎, en pehlvi, est le nom antéislamique de la Perse.

Les deux versions de la Zéri'a sont divisées, comme l'original arabe, en 7 livres (fasl) subdivisés en 144 chapitres (bab), suivis d'une conclusion :

در بیان عقل و علم و نطق °۲ ;در احوال انسان و قوتهاء او و اخلاق او °۱
در بیان آنچه تعلق بقوی °۳ ;و آنچه تعلق بان دارد و آنچ ضدّ آنست
در بیان عدالت و ظلم و محبّت °۵ ;در بیان قواتها غضبی °۴ ;شهوان دارد
در بیان آنچه تعلق بصناعات و مکاسبت دارد و توابع اینها °۶ ;و بغض
خاتمة الکتاب در et ,در بیان افعال °۷ ;و آن انفاق است و جود و بخل
نصایح و مواعظ و بیان مقصود ازین تالیف (fol. ۱۳ r°).

La conclusion خاتمة الکتاب manque dans le présent exemplaire qui a des lacunes assez nombreuses.

Début : وبذكره استفتح وبكرمه استنجح وبحمده اخوض فی جمیع
الامور وبشكره......

Bon neskhi turc daté de Safar 926 de l'hégire (janvier 1520). 285 feuillets. 25 sur 17 centimètres. Reliure en maroquin rouge estampé et doré. — (Ancien fonds 21.)

738

كنوز الودیعة من رموز الذریعة الی مكارم الشریعة. **Autre version de la** الذریعة الی مكارم الشریعة (voir n° 737).

Des exemplaires de cette version de la Zéri'a existent à Londres (Rieu, *Supplément*, n° 146) et à Oxford (Éthé, *Catalogue*, n° 146) avec le même titre. Comme on le voit par la préface, cette traduction fut exécutée sous le règne du prince mouzafféride Aboul Févaris Shah Shodja Mouzafféri (760-786 H.) سر تاج داران السلطان الاعدل الافضل المطاع جلال لحقّ والدنیا (fol. 8 v°), et le traducteur fut encouragé dans والدین ابو الفوارس شاه شجاع sa tâche par son père, Shems ed-Din Hasan Zafir (Rieu, *Supplément*, p. 106).

La traduction proprement dite de la Zéri'a ila mékarim el-shéri'a ne commence qu'au folio 13 verso par اما بعد حكم فاضل متشرّع......
و عارف كامل متورّع ابو القاسم المدعو بالراغب الاصفهانی نوّر الله تعالی بانوار القدس مرقده...; elle est précédée d'une longue préface en style élégant, dont les premiers mots sont احسن كلامی كه بذریعة انوار معانی

ان قلوب ارباب تحقیق منوّر شود, et dans laquelle l'auteur expose les idées reçues dans l'Islamisme sur l'âme humaine et les divisions de la science. On y trouve (fol. 4 v° et suiv.) un résumé très succinct de l'histoire synchronique du monde rapportée aux quatre dynasties antéislamiques; elle se termine par un exposé des qualités que doit réunir l'homme qui veut arriver à la vie morale.

La division du el-Kounouz el-vadi'a est identique à celle de la version qui se trouve décrite dans le numéro précédent. Cet ouvrage se termine, comme l'exemplaire de Londres, par un appendice écrit par le traducteur sous le titre de فصل اخمل به الكتاب واوضح العذر فیه ما تعذر ایراده, en, qui est divisé en trois sections dans lesquelles en متون الفصول والابواب on trouve l'exposé de maximes et de préceptes moraux en usage chez les Arabes, les Grecs et les Persans, qui n'ont pu trouver place dans le corps de l'ouvrage (fol. 250 v°).

Cet exemplaire porte, au recto du folio 89, l'ex-libris de Mohammed Ali Hakim Kémal; il a été acheté par Otter à Isfahan.

Exemplaire de luxe en très beau nestalik persan à encadrements et à frontispices en or, copié en Rabi premier 1091 de l'hégire (avril 1680), pour un prince séfévi, nommé Mirza Shodja الحضرت سامی رتبت رفیعقدرت میرزای, par Fatiha Khwan (فاتحه خوان) ibn Hadji Nasr. 289 feuillets. 26 sur 14 centimètres. Reliure en maroquin noir. — (Otter. — Supplément 83.)

739

سلوة الصابرین وحلوة الشاکرین. Traité de morale mystique.

Suivant l'usage, ce traité est fondé sur des versets du Koran et les traditions. L'auteur qui, dans sa préface, se borne à se nommer ابن ضعیف (fol. 3 r°) rapporte qu'il vécut un certain temps dans la société محبة d'un sheïkh soufi جامع الفضایل السنیّة والشمایل الرضیّة, nommé Sheïkh Tadj el-Millet wéd-Din Ahmed, fils de Seyyid Shems ed-Din Mohammed, fils de l'émir Tadj ed-Din Ismaïl el-Shirazi el-Medjd el-Abédji محد الاحمی el-Shaféï. Ce fut sur les conseils de ce sheïkh que l'auteur composa ce petit traité qui fut terminé en l'année 785 de l'hégire.

Début : الحمد لله الذى اذهب عنّا الحزن ان ربنا الغفور شکور حمد ى عزّ وتنا ى عد خدایرا جلّ جلاله

Bon neskhi persan copié en Redjeb 833 de l'hégire (avril 1430) par un nommé Mahmoud ibn Ahmed ibn Hasan Ibrahim. 156 feuillets. 15 sur 14 centimètres. Demi-reliure. — (Supplément 138.)

740

لوامع الاشراق ى مكارم الاخلاق. Traité d'éthique, par Djélal
ed-Din Mohammed ibn Asaad-i Davani (ابن اسعد دوانى) el-
Siddiki.

Cet ouvrage est souvent nommé اخلاق جلالى du nom de son auteur,
Djélal ed-Din Davani, qui passait pour être le plus grand philosophe de son
temps, naquit en 830 de l'hégire dans le village de Davan, dépendant du
district de Kazéroun, dont son père, Saad ed-Din Asaad, était kadi. Il occupa
à Shiraz les fonctions de kadi du Farsistan et de professeur au collège Dar
el-Aïtam. Il mourut à Kazéroun en 907. Son traité d'éthique est dédié au
prince turkoman, Sultan Khalil, de la dynastie du Mouton blanc (fol. 4 v°,
6 r°), qui succéda en 882 à son père Nasr ed-Dauléh Hasan Beg Béhadour
Khan, plus connu en Occident sous le nom de Ouzoun Hasan (fol. 3 v°),
et qui fut renversé par son frère Yakoub Beg. L'auteur a consigné lui-
même ces détails dans une préface d'un style très emphatique qui rappelle
celui de Vassaf el-Hazret. Cet ouvrage est divisé en 3 chapitres لمعه subdivisés en لعه : le premier contient l'éthique proprement dite; le second,
le gouvernement de la famille, et le troisième, le gouvernement de l'État.
La principale source du Lévami el-ishrak est l'Akhlak-i Nasiri de Nasir
ed-Din el-Tousi.

Djélal ed-Din el-Davani fut l'un des auteurs les plus féconds de la
littérature musulmane, et Hadji Khalifa, dans son *Dict. bibl.*, cite un grand
nombre de ses ouvrages philosophiques et théologiques, en particulier des
commentaires sur des parties du Koran, des gloses sur les Adab de
Shems ed-Din Mohammed ibn Ashraf el-Hoseïni el-Samarkandi (I, 209);
l'اعودج العلوم, précis qu'il écrivit pour Sultan Mahmoud (I, 465); le
بستان القلوب (II, 51); des gloses sur le commentaire du تجريد الكلام de
Nasir ed-Din el-Tousi (II, 196); un commentaire sur le تهذيب المنطق
والكلام de Saad ed-Din Masoud ibn Omar el-Taftazani (II, 478); un
traité pour prouver la nécessité de l'existence de Dieu (III, 360); un sur
les actes d'obédience (III, 368); la رسالة ى التشبيه, traité sur le péché
d'assimiler la divinité à un être vivant (*ibid.*); un commentaire sur un
traité écrit par Nasir ed-Din el-Tousi sur l'essence de la raison (III, 387);
la رسالة الحورا والزورا, sur laquelle Kémal ed-Din Hoseïn ibn Mohammed
ibn Ali el-Lari écrivit un commentaire, traitant de la topographie de Baghdad (III, 392 et 544); un traité sur l'âme, intitulé رسالة ى علم النفس
(III, 421); des gloses sur les gloses de Djourdjani au commentaire de
Kotb ed-Din Mahmoud ibn Mohammed el-Razi de la Shemsiyyé de Nedjm

ed-Din Omar ibn Ali el-Kazwini (IV, 77); un commentaire de la préface du الانوار طوالع du kadi Abd Allah ibn Omar el-Beïdhawi (IV, 170); un commentaire sur les el-Akaïed el-adhodiyyè d'Adhod ed-Din Abd er-Rahman ibn Ahmed el-Idji (Arabe 6333).

Le titre et les divisions du Lévami el-ishrak sont indiqués au folio 7 recto; l'interprétation des premiers mots du titre par «Lueurs de l'Orient» est erronée, car les Ésotéristes musulmans désignent par اشراق et حكمة الاشراق la doctrine philosophique ordinaire et l'éthique du Soufisme, en faisant abstraction de sa partie métaphysique et cabalistique; on peut voir sur cette doctrine les renseignements que donne Hadji Khalifa dans son dictionnaire bibliographique (t. III, p. 87 et suiv.); les principaux dogmes de cette philosophie illuminative sont empruntés au Néo-platonisme et aux maîtres de l'école d'Alexandrie. Il convient donc de traduire لوامع الاشراق par «les lumières de la philosophie illuminative»; on trouve en effet dans cet ouvrage les théories courantes du Soufisme moyen. L'Akhlak-i Djélali a été imprimé à Calcutta en 1810, et à Navalkishor en 1283 de l'hégire. Une traduction anglaise en a été exécutée par Thompson en 1839.

Début : افتتاح كلام بنام واجب الاعظم سلطانى سزدکه بامر نافذ
ازل جنود مجندة اعيان مكنانرا از سرحد عدم

Exemplaire de luxe en beau nestalik turc à encadrements et à frontispices en or et en couleurs copié en 997 de l'hégire (1588 de J.-C.) par un nommé Osman ibn Ibrahim, dans la ville de Tokat توقات, 136 feuillets. 21 sur 13 centimètres. Reliure en maroquin rouge estampé et doré. — (Gaulmin; Regius 1540. — Ancien fonds 144.)

741

Le même ouvrage.

A la fin du volume se trouve une prière en langue arabe.

Belle écriture nestalik persane à encadrements et frontispices du milieu du XVI° siècle. 171 feuillets. 19 sur 12 centimètres. Reliure indienne en maroquin noir estampé et doré. — (Brueys 32. — Supplément 103.)

742

اخلاق محسنى. Traité d'éthique, par Hoseïn ibn Ali el-Vaïz el-Kashifi († 910 H.).

Ce célèbre traité d'éthique porte également le titre de اخلاق محسنين; le présent exemplaire porte au recto du folio 1 le titre de كتاب اخلاق

الحسنين على اسم سلطان حسين; l'Akhlak-i Mohsini commence par les louanges d'usage adressées au sultan de Hérat, Aboul Ghazi Kémal ed-Din Sultan Hoseïn ibn Mansour ibn Baïkara ibn Omar Sheïkh ibn Témour

حضرت پادشاه دین پناه مظهر انوار السلطان ظل الله دارای Keurguen

بخشید فرّ فریدون خوش منظر صاحب قران سکندر مکان مرکز دائرۀ

معاقد لخلافة الزاهرة ... امن و امان (fol. ٩), et de son fils, Sultan Aboul Mohsin, auquel l'ouvrage est dédié. Comme l'indique le chronogramme suivant, par lequel il se termine :

اخلاق محسنی بنمای نوسنة

تاریخ هم نویس زاخلاق محسنی

l'Akhlak-i Mohsini fut terminé en l'année 900 de l'hégire. Aboul Mohsin et son frère, Mohammed Mohsin, qui était gouverneur d'Abiverd, se révoltèrent en 904 de l'hégire contre leur père, Aboul Ghazi Kémal ed-Din Sultan Hoseïn, qui les battit, puis qui leur accorda son pardon. L'ouvrage se compose de 40 chapitres d'une inspiration franchement mystique dont on trouvera le détail aux folios 4 v°-5. La doctrine qui y est contenue représente la théorie des Soufis moyens. L'Akhlak-i Mohsini a été édité plusieurs fois, en particulier à Lakhnau (1279 H.) et traduit en anglais par H. G. Keene (1851); il en existe une traduction turque qui porte le titre de انیس العارفین (Fluegel, *Catalogue*, t. III, p. 308).

Début : حضرت پادشاه علی الاطلاق عزت کلمته وجلّت عظمته منشور

دولت سلطان المرسلین ومتمم اخلاق الحسنین محمّد النبی الامین......

Exemplaire de luxe en beau nestalik persan à encadrements et à frontispices en or et en couleurs, copié en 945 de l'hégire (1538 de J.-C.) par Haïder ibn Abd el-Hamid el-Kaïni. 147 feuillets, 24 sur 16 centimètres. Reliure en basane aux armes de Napoléon Ier. — (Ancien fonds 124.)

743

Le même ouvrage.

Ce manuscrit porte en tête du verso du premier feuillet le titre de «Liber de virtutibus moralibus idiomate persico scriptus».

Bon nestalik persan copié en Shaaban 1035 de l'hégire (mai 1626). 198 feuillets. 20 sur 10 centimètres. Reliure en maroquin brun. — (Jacobins Saint-Honoré. — Supplément 98.)

744

Le même ouvrage, avec le titre اخلاق الحسنيين (fol. 192 r°).

La première partie de cet exemplaire (fol. 2-40) a été refaite à une époque moderne; on trouve au recto du folio 1 une table des chapitres et, sur l'un des feuillets de garde, la mention de l'un de ses possesseurs, Mirza Aboul Kasem ibn Sheïkh Zeïn ed-Din Maghfour Isfahani, qui habitait à Sourate en 1249 de l'hégire, date approximative de la restauration.

Bon nestalik indien sur papier brun avec encadrements et frontispices en or et en couleurs, copié à Haïdérabad en 1060 de l'hégire (1650 de J.-C.) par un nommé Inayet Allah ibn Mohammed. 192 feuillets. 23 sur 14 centimètres. Reliure en maroquin vio et. — (Ochoa 42. — Supplément 974.)

745

Le même ouvrage.

Assez bon nestalik persan daté de 1071 de l'hégire (1660 de J.-C.). 171 feuillets. 21 sur 9 centimètres. Demi-reliure. — (Renaudot, Saint-Germain-des-Prés. — Supplément 100.)

746

Le même ouvrage.

Exemplaire portant l'ex-libris de Feizan el-Tébr[izi] ...مصان السير, avec l'évaluation à 12 roupies.

Nestalik indien daté de 1095 de l'hégire (1683 de J.-C.), copié par un nommé Mohammed Djélil pour un possesseur dont le nom a été gratté. 188 feuillets. 23 sur 13 centimètres. Reliure indienne en cuir rouge. — (Ancien fonds 125.)

747

Le même ouvrage.

Beau nestalik persan du xviiᵉ siècle, avec encadrements et frontispices en or et en couleurs. 100 feuillets. 25 sur 16 centimètres. Reliure en basane aux armes de Napoléon Iᵉʳ. — (Gaulmin; Regius 1541. — Ancien fonds 137.)

748

Le même ouvrage.

Nestalik passable copié dans la Transoxiane, vraisemblablement à la fin du xviiiᵉ siècle. 131 feuillets. 22 sur 16 centimètres. Reliure en demi-parchemin. — (Decourdemanche. — Supplément 1704.)

749

Le même ouvrage.

Exemplaire incomplet du commencement.

Assez bon nestalik indien, vraisemblablement de la seconde moitié du
XVIII° siècle; la fin est d'un nestalik boukhare médiocre daté de 1327 de l'hégire
(1909 de J.-C., ce qui est impossible). 136 feuillets. 22 sur 15 centimètres. Reliure en demi-parchemin. — (Decourdemanche. — Supplément 1705.)

750

حلية المتّقين. Traité d'éthique shiite, par le sheïkh el-
Islam Mohammed Baker ibn Mohammed Taki Medjlisi.

Mohammed Baker, l'un des principaux docteurs du Shiïsme, naquit à
Isfahan en 1038, et il mourut dans cette même ville en 1110 de l'hégire;
son père, Mohammed Taki, avait également rempli les fonctions de sheïkh
el-Islam, et son grand-père acquit un certain renom comme poète sous le
surnom (tékhallous) de Medjlisi. Ce traité, presque exclusivement fondé sur
les traditions des imams, fut terminé en 1079 de l'hégire. D'après la préface, Mohammed Baker avait composé un autre traité d'éthique, intitulé
عين الحيوة, quand il entreprit la rédaction du Houliyet el-mouttakin. Ces
deux ouvrages ont été lithographiés à Téhéran en 1240 et 1248 de l'hégire. Le Houliyet el-mouttakin, qui est rédigé à un point de vue beaucoup
plus pratique que les livres ordinaires d'éthique, est divisé en quatorze chapitres et une conclusion traitant : 1° et 2° des vêtements et des ornements
de toilette; 3° de ce qu'il convient de boire et de manger; 4° du mariage
et des femmes; 5° de la manière de se raser et de se coiffer; 6° des odeurs
et de la parfumerie; 7° des bains; 8° du sommeil et de la façon de dor-
mir; 9° des différents remèdes; 10° et 11° des rapports mondains; 12° de
l'économie d'une maison; 13° et 14° de la façon de monter à cheval, des
règles à suivre en voyage, etc. Le Houliyet el-mouttakin, tant par la date
à laquelle il a été écrit que par sa rédaction, est un ouvrage de peu d'importance.

Début : .....چنین کوید تراب اقـدام مؤمنین و خادم طلبة علوم
ایمّة طاهرین محمّد باقر بن محمّد تقی حشره الله مع موالیه المطهرین...

Neskhi persan médiocre de la fin du XVII° s. 251 feuillets. 29 sur 19 centimètres.
Reliure en maroquin rouge estampé. — (Galland, Arsenal. — Supplément 84.)

751

ابواب الجنان. Traité d'éthique basé sur le Koran et les traditions des imams, par Mirza Rafi ed-Din Mohammed ibn Fath Allah el-Kazwini, surnommé el-Vaïz.

L'auteur, qui est assez connu comme poète sous le tékhallous de Vaïz, vécut à Isfahan, sous le règne des deux rois séfévis Shah Abbas II et Shah Soleïman; il mourut sous le règne de Shah Sultan Hoseïn, un peu après l'année 1105 de l'hégire. Il refusa de tenir un emploi à la cour des Séfévis pour se consacrer à la vie religieuse et à l'étude.

Le Abvâb el-djinân, dont la première partie a été lithographiée à Téhéran en 1274 de l'hégire et à Lakhnau en 1868, se divise en une introduction et quatorze séances écrites dans une prose très compliquée, d'un mauvais goût parfait, avec de nombreux passages en vers.

L'introduction (fol. 8 r°) traite de l'utilité du sermon, des règles à suivre dans ce genre littéraire, et de la façon de l'entendre; elle est suivie (fol. 16 v°) d'un chapitre intitulé در شرح و فانی دنیا ذکر مغاسد این رخنه کر مسلمانی, qui traite des vanités de ce monde. Voici la liste des séances dont se compose le traité d'éthique de Mirza Rafi el-Din :

۱° در مذمت حبّ جاه و ریاست و شرح مغاسد طلب حکومت
در شهوت اندوختنی ملک و مال و افروختنی ۲° و سیاست (fol. 38 r°);
۳° در شهوت تجارات عالیه طلاکار و ابنیة (fol. 52 v°); آتش ایمان سوز
در شهوت مباشرت شاهدان کلعذار ۴° (fol. 66 v°); رفیعة پر نقش و نگار
در شهوت اکل و شرب و مذمت ۵° (fol. 75 r°); و بوس و کنار خوبرویان...
در تسکینی ۶° (fol. 106 r°); پر خوردن و نظر بر لطافت و خوشگواری لقمه
شهوت لباس و خود آرای و مذمت شیوه زمانه خود سازی (fol. 121 v°);
در مذمت صفت ۷° (fol. 199 r°); ۸° در شهوت بجالست حریفان ظریف
در مذمت صفت ریا و سمعت ۹° (fol. 166 r°); خبیثة کبرو سر بلندی
در (fol. 196 r°); ۱۰° در ذم صفت بغض و حسد (fol. 226 r°); ۱۱°
در ذم صفت بخل و خسّت ۱۲° (fol. 253 v°); مذمت صفت طمع (fol.
۱۳° (fol. 345 v°); ۱۴° در ذم صفت ظلم در مذمت تنذ خوق (fol. 282 v°);
و بد کوق (fol. 394 r°).

Parmi les sources du Abvâb el-djinân, il convient de citer le Kâfi, la Hadika de Hakim Sénaï, Émir Hoseïni, le کتاب کامل, Kémal Ismaïl, le sheïkh Béha ed-Din Mohammed, Mir Seyyid Kashi, le Gouzidè d'Hamd Allah Mostaufî, le جامع الاخبار, le عدة الداعي, Sadi, Hafiz, Saïb, le نهج البلاغة, le كشف اللغة, Auhadi. On y trouve beaucoup de vers et de fragments de poésies de la composition de Rafi ed-Din.

Début : بهترین مقالی که سرخیل کاروان فنون محاورات تواند بود
و خوشترین کلامی که بشاد. . . .

Le présent exemplaire porte, au recto du folio 1, le titre inexact de مراحل
رفیع الدین فی المحاضرات

Exemplaire de luxe en beau neskhi persan à encadrements et à frontispices en or et en couleurs du xvii° siècle. 436 feuillets. 27 sur 15 centimètres. Reliure en maroquin brun estampé et doré. — (Ancien fonds 19.)

752

Le même ouvrage.

Assez bon neskhi persan copié en 1093 de l'hégire (1682 de J.-C.), c'est-à-dire du vivant de l'auteur, par Ibn Hamadhân Mîrza (?). 292 feuillets. 26 sur 16 centimètres. Reliure en maroquin noir gaufré. — (Ancien fonds 20.)

753

رسالة راحت الانسان. Recueil de sentences et de conseils, par un anonyme.

La date à laquelle cet opuscule a été composé n'est point indiquée. On y trouve cités le traité de morale composé par Bouzourdjmihir pour Anoushirvan, et traduit du pehlvi en arabe sous le titre de ظفر نامه, Hippocrate, Omar ibn el-Khattab, Seyyid Battal ibn Hasan, Bou Obeïd Zahid, Djaafer Sadik, Ibrahim ibn Édhem, Abou Ayyoub Ansari, Ayyoub Tabéri, etc.

Début : سپاس از ما بندگان مر خدای را که آفریدگار هر دو جهان
است. . .

Beau nestalik persan à encadrements et frontispices en or et en couleurs de la fin du xv° siècle de notre ère. 15 feuillets. 16 sur 10 centimètres. Reliure en maroquin brun estampé et doré. — (Schefer 89. — Supplément 1397.)

754

تنبیه الغافلین. Traité d'éthique et de civilité, par Ali Isfahani.

Cet ouvrage est fondé principalement sur les traditions, sur le Koran et sur les sentences des sheïkhs soufis : بدانکه این تذکره مختصریست در علم وعظ و احادیث صحیح که نقل کرده است از حضرت رسالت پناه... و سخنهای مشایخان کبار, auxquelles Ali Isfahani mêle ses propres instructions. Cet ouvrage, qui est divisé en 19 chapitres dont la liste est donnée dans la préface, n'a rien de commun avec l'ouvrage d'Abou Ishak décrit sous le numéro 736, qui est un traité beaucoup plus important :

۱° در بیان احوال قیامت ؛ ۲° در بیان خوف قیامت ؛ ۳° در بیان صفت ۴°;دوزخ ؛ ۵°در بیان صفت بهشت ؛ ۶° در بیان حق مادر وپدر ؛ ۷° ریا خواران ؛ ۸° در بیان نماز کذاردن ؛ ۹° در بیان خمرخوردن ؛ ۱۰° بیان فضیلت نماز ؛ ۱۱° در بیان قران خواندن ؛ ۱۲° در بیان فضیلت ۱۳° در بیان منع کردن از حسد ؛ ۱۴°در بیان منع کردن از عیب ؛ ۱۵° در بیان حق شوهر برزنان ؛ ۱۶° بیان منع از کبر ؛ ۱۷° در بیان خلق نیکو گفتن و کردن ؛ ۱۸° بندگان صالح ؛ ۱۹° در بیان قصّة ابو شحمه وغیرة ؛ در بیان عقوبت نوحه.

Début : الحمد لله ربّ العالمین والعاقبة للمتّقین والصلوة علی رسوله محمد وآله اجمعین بدانکه این تذکره....

Nestalik indien médiocre copié au XVIIIᵉ siècle par Mohammed Zéman Zéki Mausili (?) pour Ouessant (موسی اوسان صاحب). 58 feuillets. 24 sur 17 centimètres. Cartonnage. — (Ouessant. — Supplément 119.)

POLITIQUE.

755

قابوس نامه. Traité de politique et d'éthique, écrit par le prince déïlémite Onsor el-Méali Kaï-Kaous ibn Iskender ibn Kabous ibn Vashméguir ibn Ziyâr, pour son fils, le prince Ghilan Shâh.

L'auteur, à ce qu'il raconte dans la souscription du Kabous namè (fol. 114 v°), commença ce traité en 475 de l'hégire, à l'âge de 63 ans, et il se borne à dire dans sa préface qu'il avait atteint un âge très avancé lorsqu'il en entreprit la rédaction : چنین گوید.... امیر عنصر المعالی

کیکاوس بن اسکندر بن قابوس بن وشمکیر بن زیار مولی امیر المومنین با فرزند خود کیلان شاه بدان ای پسرکه من پیر شدم و پیری و ضعیفی بی توشگی بر من چیره شد (fol. 4 v°).

La dynastie à laquelle appartenait l'auteur du Kabous namè fut fondée par un certain Ziyar, dont le fils, Merdavidj, s'empara, avec son frère Vashméguir, des provinces septentrionales de la Perse et de l'Irak-i-Adjémi; il fut assassiné en 323, à Ispahan, et il eut pour successeur Vashméguir qui mourut en 357, laissant deux fils, Kabous et Béhistoun; Kabous succéda à Vashméguir, malgré l'opposition de son frère, et il eut pour successeur, son fils, le prince Minoutchehr ibn Kabous ibn Vashméguir, qui porta le titre de Félek el-Méali (†424); Kaï-Kaous ibn Iskender ibn Kabous succéda à son cousin, Abou Kalandjar, fils de Minoutchehr (†441), qui fut le contemporain de Sultan Masoud, fils de Sultan Mahmoud le Ghaznévide, et il mourut en 462, laissant le trône à son fils, Ghilan Shah. Il avait, dans sa jeunesse, servi à la cour du sultan Mahmoud le Ghaznévide, qui lui avait donné sa fille en mariage, ce qu'il rappelle dans sa préface, et il avait fait avec ce monarque, le plus puissant de tout l'Iran, la campagne des Indes. Il est impossible de concilier ce que dit, à la fin de son livre, l'auteur du Kabous namè, à savoir qu'il l'a commencé en 475, avec l'assertion des historiens qui placent sa mort en 462 de l'hégire, mais il est vraisemblable que cette dernière date est fausse.

Dans sa préface, Kaï-Kaous ibn Iskender rappelle à son fils qu'il est d'une race illustre, qui, de tout temps, a exercé la royauté : son grand-père était Shems el-Méali Kabous ibn Vashméguir, petit-fils de Arghash ارغش Ferhâdvend (ou Ferhâdân, d'après d'autres exemplaires, patronymique de Ferhâd), roi du Ghilan au temps du roi sassanide Kaï-Khosrav, dont il est question dans le Shah namè d'Aboul Mouayyad-i Balkhi; la grand'mère de la grand'mère de Kabous était la fille de Merzeban ibn Roustem ibn Shervin شروبن, qui écrivit le Merzeban namè; son aïeul à la 13e génération سیردهم پکدرش n'aurait été autre que Kaï-Kaous, fils de Kobad, frère du roi sassanide Khosrav Anoushirvan, le Juste. Quant à la mère de Kabous, elle était la fille de Sultan Mahmoud-i Nasir ed-Din (fol. 5 v°), qui est Mahmoud le Ghaznévide, lequel fut le suzerain d'Onsor el-Méâli Kaï-Kaous ibn Iskender. On voit, par le nom de l'auteur, qu'il a rapporté assez inexactement la généalogie de son fils dans sa préface.

Ce traité d'éthique est divisé en 39 chapitres dont le détail est donné aux folios 6-7. Le texte a été édité à Téhéran par Riza Kouli Khan en 1285 de l'hégire. Cet ouvrage a été traduit en turc (Rieu, *Catalogue*, p. 116); une traduction allemande en a été publiée d'après la version turque par Diez (Berlin, 1811), et M. Querry a traduit le Kabous namè en français en 1886, d'après l'édition de Riza Kouli Khan, laquelle, d'après lui, est de 1275, tandis que Rieu lui assigne la date de 1285. Une nouvelle édition du Kabous namè doit être publiée aux frais du Gibb Fund.

Les premiers et les derniers feuillets contiennent des extraits de tout genre, en arabe, en persan et en turc, prières, traditions, talismans. Au recto du folio 4, se trouve la signature de Galland, avec la date de 1699.

Bon neskhi persan copié à Konia en 879 de l'hégire (1474 de J.-C.). 117 feuillets. 18 sur 13 centimètres. Reliure en maroquin rouge aux armes du roi. — (Galland 50, Regius 1540, 2. — Ancien fonds 138.)

756

Le même ouvrage.

Cet exemplaire porte, au recto du folio 1, le titre پند نامهٔ امیر عنصر المعالی بغرزند خویش کیلانشاه.

Bon nestalik persan à encadrements et à frontispice du commencement du XII° siècle. 159 feuillets. 17,5 sur 11 centimètres. Reliure en cuir jaune. — (Supplément 1741).

757

سیر الملوک. Traité sur l'art du gouvernement, par Abou Ali el-Hasan ibn Ali el-Tousi, surnommé Nizam el-Moulk.

Nizam el-Moulk fut le vizir des deux sultans seldjoukides Alp Arslan et Mélik Shah; il fut assassiné en 485 de l'hégire, près de Nihavend, par un Ismaïlien. En 484 de l'hégire, Mélik Shah avait prié les grands officiers de son royaume, dont les principaux étaient Nizam el-Moulk, Shéref el-Moulk,

Tadj el-Moulk et Medjd el-Moulk, d'écrire un traité de gouvernement; ce fut celui de Nizam el-Moulk qui obtint l'agrément du sultan seldjoukide. Le Siyer el-moulouk, qui porte également les titres de كتاب, سياست نامه كتاب, et enfin de سير الملوك نظام الملك, fut publié après la mort tragique du vizir par un certain Mohammed qui était employé dans la bibliothèque du sultan à copier des livres. On trouve à la fin du volume une kasida dédiée au sultan seldjoukide Ghiyas ed-Din Mohammed, fils de Mélik Shah, qui arriva au trône en l'année 498 de l'hégire. C'est à tort que, dans son dictionnaire bibliographique, Hadji Khalifa prétend que le Siyer el-moulouk a été composé en 469 pour le sultan seldjoukide Mélik Shah. Cet ouvrage est divisé en 50 chapitres dont on trouvera la liste dans le *Catalogue* de Rieu (t. II, p. 445); les derniers traitent, avec beaucoup de détails, des sectes hétérodoxes de l'Islamisme et de leurs origines, Karmathes et Khourremdinis, que l'auteur rattache, par le guèbre Sindbad et l'imposteur Mazdak, au mouvement religieux de l'Iran sassanide. Le texte de ce livre a été édité par M. Ch. Schefer, sous le titre de Siasset Namèh, dans la Bibliothèque de l'École des Langues orientales; il existe, sous le titre de نصائح ou de وصايا نظام الملك, un recueil de conseils politiques adressés par Nizam el-Moulk à son fils Aboul Mouzaffer Ali Fakhr el-Moulk, qui fut vizir de Barkiyarok en 488, et qui fut assassiné en 500 de l'hégire (Rieu, *Catalogue*, p. 446).

Cet exemplaire porte les ex-libris d'Abou Bekr ibn Roustem ibn Ahmed el-Shirvani, de Soleïman ibn..... (1277 H.).

Neskhi cursif copié en 694 de l'hégire (1294 de J.-C.) سال بر ششصد نود [و چهار] par Mahmoud Sembal (?) سمبال. 202 feuillets. 22 sur 25 centimètres. Cartonnage turc. — (Schefer 254. — Supplément 1571.)

758

فرايد السلوك فى فضايل الملوك . Traité de gouvernement à l'usage des rois, par Ishak ibn Ibrahim ibn Abir Réshid ibn Ghanem el-Taïbi el-Sédjasi الطائى السجاسى .

L'auteur, qui ne se nomme pas dans le présent exemplaire, mais seulement dans le suivant, raconte dans sa préface (fol. 17 v°), qu'étant arrivé à l'âge d'environ quarante ans, il forma le projet d'écrire, pour indiquer aux rois la conduite qu'il leur convient de tenir et les qualités qu'ils doivent chercher à acquérir, un livre comparable au Kalila et Dimna et au Sindbad namè. Ce traité, commencé en Redjeb 609, fut terminé en

Redjeb 610 de l'hégire : و ابن بجموع در عشراوّل از ماه مبارك رجب سنه

عشر و ستمايه به پایان رسید و اوّل رجب سنه تسع در ان شــروع رفــت

و مدّت يك سال از ان در دست بماند که بعضی اوقات مساعــدت نمی

نمود…‏ (fol. 289 v°), et l'auteur le dédia à l'atabek Aboul Mouzaffer
Mouzaffer ed-Din Uzbek, fils de Mohammed ibn Iltukuz, qui lui avait
demandé d'écrire ce livre, peu de temps après son avènement :

ملك مظفر الدين خسرو جهان ازبك   که تاج بر سر شاهان نامدار نهاد

طراز دوش خرد کرد بار چین تا مصر   طراز حکم بر اعطاف روزکار نهاد
(fol. 19 v°).

Uzbek fut le dernier atabek de l'Azerbeïdjan, et il mourut de la peste
quelque temps après avoir été dépouillé de ses États en l'année 622 de
l'hégire.

D'après une note écrite en 1047 de l'hégire en marge du verso du feuillet
289, l'auteur du Féraïd el-soulouk ne serait autre que le célèbre poète
soufi Hakim Sénaï, qui l'aurait composé en 610, ce qui est radicalement
impossible, ce renseignement étant tiré de la chronique de Aboul Hasan
el-Beïdhavi : اوزبك بن محمّد بن ايلدکیـز خان کـه ممدوح مؤلّـف

این کتاب اعنی حکم سنائ رحمه الله بنام او تصنیف کرد کـه در تــواریخ

کتاب ابی الحسن بیضاوی سنه عشر و ستمایة موافق اتمام کتاب شده بــود

و راه تاریخ تا این زمان سنه سبع و ثلثین و اربعایه کامل بود

Le Féraïd el-soulouk a été composé pour imiter à la fois le Kalila et
Dimna et le Sindbad namè (fol. 17 v°). L'auteur a été incité à faire ce travail par la publication d'une très mauvaise imitation du Kalila, dans laquelle
cet ouvrage était pris à parti d'une façon très injuste. Le Féraïd el-soulouk
contient un grand nombre d'anecdotes analogues à celles qui se trouvent
dans le Gulistan de Sadi; il est divisé en 10 chapitres dont voici le détail :

۱° الباب الاوّل ڧ فضایل العقل ومیامن نتایجـه ‏(fol. 22 r°); ۲°
الباب الثالث ڧ ‏(fol. 71 v°); ۳° الثانی ڧ فضایل العلم ومنــافع فــوایــده
الباب ‏(fol. 120 v°); ۴° فضایل العدل ولختّ علیه والتصــذر عـن الظلـم
الباب الخامس ڧ ‏(fol. 149 v°); ۵° الرابع ڧ فضایل للجود وسعادة عــواقبـه
الباب السادس ڧ فضایل ‏(fol. 176 r°); ۶° فضایل العزم ومناقب نتایجـه
الباب السابع ڧ فضایل للحکمة ونوادر ‏(fol. 192 r°); ۷° للحزم ومکارم منافعه
الباب الثامن ڧ فضایل الشجاعة وبحاسن فوایدها ‏(fol. 212 r°); ۸° نتایجـه

(fol. 234 r°); 9° الباب التاسع فى فضايل العفة وسعادة عواقبها (fol. 255 v°); 10° الباب العاشر فى مكارم الاخلاق وتهذيبها (fol. 272 v°).

Chacun de ces chapitres est suivi d'un poème à la louange de l'atabek Mouzaffer el-Din Uzbek.

Début : سپاس و ستايش واهب عقل و حيات و مبدع صور و ماهيات

وجود و ثنا موجد اشيا و اشخاص و مكمّل اشباح و ذوات را قادرى...

Bon nestalik persan cursif daté du mois de Rébi second de l'année 980 de l'hégire (août 1572). 290 feuillets. 17 sur 12 centimètres. Reliure en maroquin rouge estampé. — (Supplément 91.)

759

Le même ouvrage.

Le titre ne paraît pas dans le corps de l'ouvrage, il se trouve au folio 1 verso sous la forme كتاب فرايد السلوك فى خصايص الملوك.

Ce volume porte les ex-libris ou les cachets de Moustafa ibn Mohammed Férazdakzadé du Caire (1009 H.); de Soleiman Yousouf el-... (1070 H.); de Soleiman Tabi Kistas? بايع مسطاس Tchaousch; et, au folio 126 verso, l'appréciation de sa valeur à 35 piastres.

Beau neskhi persan daté de 915 de l'hégire (1509 de J.-C.), خمس عشر و تسعمايه [lire 715?]. 126 feuillets. 22 sur 15 centimètres. Reliure en maroquin rouge aux armes du roi. — (Vansleb; Regius 1541. — Ancien fonds 136.)

760

ذخيرة الملوك. Traité d'éthique et de politique, par Émir Seyyid Ali ibn Shihab ed-Din ibn Mir Seyyid Mohammed el-Hoseïni el-Hamadani.

L'auteur de ce traité est le célèbre Soufi alide dont la vie se trouve racontée dans la Néfahat el-ouns de Nour ed-Din Abd el-Rahman Djami et dans le Médjalis el-oushshak attribué à Sultan Hoseïn ibn Mansour ibn Baïkara; il est surtout connu comme apôtre du Kashmir qu'il visita à partir de l'année 781 de l'hégire, et il mourut en 786 de l'hégire à Khout-tilan. Émir Seyyid Ali déclare dans sa préface qu'il a voulu donner les règles du pouvoir temporel et spirituel, ce que les Soufis nomment Khalifat exotérique الخلافة الظاهرة et Khalifat ésotérique الخلافة المعنوية :

بين مختصر تحرير افتاد مشتمل بر لوازم قواعد سلطنت صورى

و مــعـــنـوى . Le Zakhiret el-moulouk est divisé en 10 chapitres :

در شرایط و احكام ایمان و لوازم كمال آن كه سبب نجات بندۀ است ۱۰
در مكارم اخلاق و حسن ۳۰ ؛ در ادای حقوق عبودیت ۰۵ ؛ از عذاب ابدی
در ادای ۴۰ ؛خلق و وجوب تمسك حاكم و پادشاه بسیرت خلفاء راشدین
در ۰۵ ؛حقوق والدین و زوج و زوجه و اولاد و عبید و اقارب و أصـدقـا
احكام سلطنت و ولایت و امارت و حقوق رعایا و شرایط حكومت و خطر
در شرح سلطنت معنوی و اسرار ۰۶ ؛عهدۀ آن و وجوب عدل و احسان
؛در بیان امر معروف و نهی منكر و فضایل و شرایط ۰۷ ؛خلافت انسـان
؛در بیان حقایق شكر نعمت و ذكر اصناف انعـام و افضـال ۸۰ و آداب آن
در حقیقت صبر بر مكاره و مصایب دنیوی كه آن از ۹۰ حضرت صمدیت
در مذمت تكبر و غضب ۰۱۰ ؛لـوازم امـور ولایت و سـلـطـنـت اسـت
و حقیقت آن .

Ce traité, dont la doctrine tout entière est celle du Soufisme, se fonde, comme ses similaires, sur les traditions et le Koran; il a été traduit en turc par Moustafa ibn Shaaban, surnommé Sorouri. Le présent exemplaire « a esté envoyé à Monseigneur Colbert par le s⁺ de la Croix secrétaire de Mons⁺. Nointel, ambassadeur de France à Constantinople et receu au mois de Janvier 1675 » (fol. 1 r°). Il porte les ex-libris de Doust Mohammed el-Hoseïni, de Moustafa ibn Hoseïn el-Katib, de Moustafa Rebbabi(?) el-Katib.

On trouve sur les pages de garde des vers de Medjd ed-Din Hamkar et de Kémal Ismaïl.

Assez bon nestalik persan à encadrements en or et en couleurs, daté de 873 de l'hégire (1468 de J.-C.), 230 feuillets. 21 sur 12 centimètres. Reliure en maroquin jaune estampé. — (Colbert 5954; Regius 1489, 2. — Ancien fonds 47.)

761

Le même ouvrage.

Ce manuscrit porte au recto du premier feuillet l'ex-libris d'un turc nommé Mohammed ibn Moustafa Pounbadji Oghlou پنبجی اوغلی , avec la date du mois de Ramadhan 1144 de l'hégire.

Manuscrit de luxe en bon nestalik persan à encadrements et frontispices, terminé au mois de Zoulkaada de l'année 957 de l'hégire (novembre 1550), par un certain Mohammed ibn Abd el-Latif el-Hoseïni el-Amidi الآمدی . 241 feuillets. 27 sur 17 centimètres. Reliure persane en maroquin rouge estampé et doré. — (Supplément 86.)

762

Le même ouvrage.

Exemplaire portant les ex-libris de Mouderriszadè Moustafa et de Mohammed Arab, kadi de Galata, avec la date de 1037 de l'hégire.

Bon neskhi persan à frontispices et encadrements en or et en couleurs, copié en Djoumada second de l'année 982 de l'hégire (septembre 1574) par Mouzaffer Ali Shirvani. 189 feuillets. 25 sur 14 centimètres. Reliure en maroquin violet avec ornements en or. — (Schœfer 112. — Supplément 1420.)

763

Le même ouvrage.

Beau nestalik persan du XVI° siècle, avec encadrements et frontispices en or et en couleurs. 262 feuillets. 26 sur 14 centimètres. Reliure en basane aux armes de Napoléon I°°. — (Gaulmin. — Ancien fonds 42.)

764

Le même ouvrage.

Nestalik persan passable daté du mois de Djoumada premier de l'année 1086 de l'hégire (août 1675). 127 feuillets. 21 sur 12 centimètres. Reliure indienne en cuir rouge. — (Anquetil 66. — Supplément 89.)

765

Le même ouvrage.

Bon nestalik persan à encadrements et frontispices en or et en couleurs du XVII° siècle. 240 feuillets. 23 sur 15 centimètres. Reliure orientale en maroquin brun estampé et doré. — (Ancien fonds 184.)

766

Le même ouvrage.

Bon nestalik indien du XVII° siècle. 340 feuillets. 23 sur 13 centimètres. Reliure indienne en maroquin noir. — (Gentil 36. — Supplément 90.)

767

احلاق هايون. Traité de politique et d'éthique, par Ikhtiyar el-Hoseïni.

Il existe deux rédactions différentes de ce traité : l'une, intitulée احلاق هايون, est dédiée au sultan timouride Zahir ed-Din Mohammed Baber (†937 H.), la seconde a pour titre دستور الوزارة, et elle est dédiée au sultan osmanli Sélim Khan Iᵉʳ (voir n° 768).

Ikhtiyar ibn Ghiyas ed-Din el-Hoseïni, kadi de Hérat, vizir du sultan Aboul Ghazi Sultan Hoseïn Mirza, composa en 897 de l'hégire (Hadji Khalifa, *Dict. bibl.*, t. I, p. 264), sous le titre de أساس الاقتباس, un recueil de traditions et de sentences tirées du Koran, divisé en كلمات, سطور et حروف, que l'empereur Baber cite dans ses Mémoires, et un traité de jurisprudence en langue persane dont le fondateur de l'empire mongol de l'Indoustan parle avec éloges : ققه ده بير فارسى رساله بيتيب دور طور رساله دوريته بير مضمون بيله اقتباس اوچون آيات كلاى فى جع قيلمب تور (éd. de Kazan, p. 224).

Il est vraisemblable qu'Ikhtiyar el-Hoseïni accompagna le prince timouride Bédi el-Zéman à Constantinople (920 H.), et qu'il resta dans cette ville après la mort de Sélim à qui il dédia le Destour el-vizaret en 926 de l'hégire. Dans la préface de l'Akhlak-i houmayoun (fol. 4 v° et suiv.), Ikhtiyar el-Hoseïni déclare que ce fut à la prière de plusieurs de ses amis qu'il entreprit, en l'année 912 de l'hégire, d'écrire un ouvrage traitant de la conduite des souverains, et qu'il se borna à résumer les livres qui avaient déjà été composés sur ce sujet, le Kitab el-taharet d'Abou Ali Miskavaïh (voir n° 730), l'Akhlak-i Nasiri de Nasir ed-Din el-Tousi (n° 730) et le Kanoun el-siasset; dans le Destour el-vizaret (n° 768, fol. 6 r°), l'auteur indique en plus le Mizan el-houkm et le قسطاس و اساس, qui est peut-être le même ouvrage que أساس الاقتباس dont parle Baber. La plus grande partie de ce traité de politique est formée d'un abrégé du Kitab el-taharet et du Kanoun el-siasset (n° 768, fol. 6 r°); il est divisé en 3 livres قانون subdivisés en chapitres قاعده; le premier traite du perfectionnement moral, le second, de l'administration financière, et le troisième, de la façon dont le souverain doit se conduire envers ses sujets.

Le titre de l'Akhlak-i houmayoun n'est donné qu'au folio 6 recto, et le

nom de l'auteur paraît seulement au folio 3 verso; on trouve dans la préface, avant la dédicace à Zahir ed-Din Mohammed Baber, un long panégyrique de Sultan Hoseïn Mirza (fol. 3 r°).

Début : .... طغراى سعادت خسروان عاليشان دار الملك سخن طرازى.

Cet exemplaire porte l'ex-libris de d'Angery دانجبرى.

Assez bon nestalik indien daté de 1182 de l'hégire (1768 de J.-C.). 41 feuillets,
25 sur 15 centimètres. Reliure en peau brune. — (D'Angery; Cardonne. — Supplément 266.)

768

La rédaction du même ouvrage intitulée دستور الوزارة,
dédiée à Sultan Sélim Ier.

Le titre est indiqué au folio 6 verso, mais le nom de l'auteur ne paraît
pas dans la préface; on le rencontre seulement dans le courant de l'ouvrage, par exemple au folio 23 verso. Le Destour el-vizaret a été terminé
le 7 Moharrem de l'année 926 de l'hégire, comme l'indique le vers
suivant (fol. 36 v°) :

روز و ماه و سال اتمامش زتاريخ عرب
سابع شهر محرّم شد بحسن اتـفـاق
٩٢٦

Le nom du sultan osmanli auquel il est dédié est effacé .... ابو المظفر س
(fol. 3 v°), mais il est certainement Sélim Khan Ier, fils de Bayézid,
(voir le n° 767), comme le montrent la date ci-dessus indiquée et و كر تكريم
لقد خلقنا الانسان ى احسن تقويم برميان ايشان بستـه بر سرير
خلافت مصر وجعلناكم خلايف ى الارض ممكن كردانـد .... (fol. 2 r°).

Début : .... طغراى سعادت خسروان عالى شان دار الملك سخن طرازى

Cet exemplaire porte l'ex-libris de Mohammed, surnommé Soleïman
Agha Zadè.

Beau nestalik à encadrements du commencement du xvie siècle. 38 feuillets.
30 sur 19 centimètres. Reliure turque en maroquin plein. — (Schefer 25. —
Supplément 1328.)

769

دستور السلطنة . Traité d'éthique politique, par Aboul Fazl el-Mounshi el-Shirazi.

L'auteur dit dans sa préface (fol. 3 v° et suiv.) qu'il avait un goût très vif pour l'étude de l'histoire, et de l'éthique, qu'il identifie avec le Soufisme :

در هر باب سمّا علم سیر و تواریخ و نوادر و اخبار سلف و علم مکارم اخلاق که آنرا علم مکاشفه و لب الالباب نیز کویند زیراکه مراد آن تحصیـل علوم تهذیب اخلاق است.... خاطر این فقیر باین علوم چنان مـایـل بـود؛..... il écrivit plusieurs traités d'Ésotérisme, d'histoire et d'Insha auxquels il donne les noms de کتاب اخلاق شمسیه رسالة در شرح رسالة حرز الامان من کتاب ضیاء القلوب فی کشف الغیوب کلمة توحید تحفة، کتاب غرائب الانشا، رسالة مختصر در عقاید، فتنی احـر الـزمـان کتاب بدائع السحر فی صنائع، دستور السلطنة، دستور الوزارة، الاحباب مرآت الرجال، رسالة شرعیه، نهج المتقین فی اخلاق سیّد المرسلین، الشعر در علم فراست، plus un commentaire, sans doute dans un sens mystique, de la sourate el-Fatiha, de la sourate el-Ikhlas et des versets du Trône. Hadji Khalifa (*Dict. bibl.*, t. IV, p. 389) mentionne son Firaset namè.

Le Destour el-saltanet, qui fut écrit pour servir de guide aux rois, et qui se trouve assez bizarrement cité dans la liste ci-dessus, est dédié au sultan Soleïman Khan († 974 H.); il est divisé en cinq chapitres (maksad) qui comprennent chacun l'étude de l'une des obligations du souverain, et dont voici le détail : 1° در بیان سلطنت و حکومت صوری 2° در بیان حال ملوک و سلاطین و بیان وجوب (fol. 10 v°); 3° و شرائط ان در شرح خلافت معنوی (fol. 16 r°); رعایت و شفقت با زیر دستان 4° در سیرت انبیا و رسل که بخلافت صوری و معنوی (fol. 24 r°); 5° در بیان عدالت (fol 33 r°) آراسته بودند (fol. 35 r°).

Les titres de ces chapitres montrent la tendance mystique, d'ailleurs modérée, de ce traité, dont les principales autorités sont les traditions et le Koran.

Début: بعد از تیمّن و اعتصام، حمد و سپاس ملک علام، مالک الملکی که زبان بیان فصحاء بلاغت شعار،.....

Cet exemplaire porte l'ex-libris du collectionneur turc Abou Bekr ibn Roustem ibn Ahmed el-Shirvani (fol. 1 r°).

Manuscrit de luxe; beau neskhi du xvi° siècle écrit avec des encres de toutes les couleurs, frontispice et encadrements en or et en couleurs. 61 feuillets. 24 sur 16 centimètres. Cartonnage turc. — (Ancien fonds 135.)

770

اداب السلطنة. Traité de politique, par un anonyme.

Aucun renseignement n'indique l'époque à laquelle ce traité a été composé. Il est divisé en 2 chapitres, le premier sur les devoirs du sultan, le second sur ceux des vizirs, subdivisés en sections (fasl).

Début : امّا بعد بدان اسعدك الله که این رسالتیست در آداب
سلطنت و وزارت

Exemplaire de luxe, très beau divani avec encadrement et frontispice de la fin du xvii° siècle. 28 feuillets. 29 sur 19 centimètres. Reliure en maroquin rouge. — (Schefer 21. — Supplément 1324.)

MATHÉMATIQUES.

771

رسالۀ مفتاح کنوز ارباب قلم و مصباح رموز اصحاب رقم. Traité d'arithmétique, par Khalil ibn Ibrahim.

Ce traité, qui est divisé en dix sections précédées d'une préface et suivies d'une conclusion : این رساله مشتمل است بریك مقدمه و ده فصل و خاتمه (fol. 3 v°), est dédié au sultan de Constantinople, Mohammed ibn Mourad ibn Mohammed جلال الدنیا والدین عون الضعفا والمساکین عظم القدر والشان المخصوص بعنایت الملك المنان سلطان بن سلطان سلطان محمد بن مراد بن محمد خان (fol. 3 v°), c'est-à-dire le sultan Mohammed Khan II († 886 H.). Le titre est donné sous sa forme pleine au folio 3 verso. La préface contient des détails sur treize points qu'il est nécessaire de connaître avant de passer à l'étude du livre, des explications sur les poids et mesures et le système monétaire; les dix chapitres contiennent l'exposition des procédés généraux du calcul numérique.

Début : شکر و سپاس سزاوار حضرتیست که ذات او از صفت امکان
مقدس و میزّاست و ثنای بی قیاس عزتیست که صفات او از سمت...

Sur les premiers feuillets, un lecteur turc a écrit des vers de Hafiz et de Saliki سالكى.

Ce volume porte au recto du premier feuillet l'ex-libris de *Christiani Ravij Berlinatis.*

Nestalik turc cursif et assez négligé daté du mois de Moharrem 904 de l'hé-gire (1498 de J.-C.). 34 feuillets. 18 sur 13 centimètres. Cartonnage. — (Ravius; Gaulmin; Regius 1555. — Ancien fonds 168.)

772

Recueil de 24 traités et opuscules de mathématiques.

1° Précis sur l'astrolabe, sans titre ni nom d'auteur, qui est le بيست باب de Nasir ed-Din el-Tousi (†672), commençant par اين مختصربيست

در معرفت اسطرلاب مشتمل بر بيست باب باب اول در القاب آلات و خطوط و دوائر اسطرلاب آنچه علاقه درويست...

Il est divisé en 20 chapitres باب, dont le premier contient la descrip-tion de chacune des parties de l'instrument, et dont les autres traitent de la façon de s'en servir; ce traité est suivi de quelques extraits (fol. 17 r°) sur la manière d'observer la déclinaison et de déterminer le point exact où se trouve la kibla (در معرفت سمت قبله محل بر جدول الحراف).

Hadji Khalifa, dans son *Dict. bibliographique*, cite un commentaire du Bist bab par Nizam ed-Din ibn Hébib Allah el-Hoseïni; on en trouvera deux autres sous le numéro 783.

2° Traité d'arithmétique sans titre, et simplement nommé رساله, par Mahmoud ibn Mohammed ibn Kivam el-Kadi el-Valishtani القاضى الوالشتانى, plus connu sous le nom de Mahmoud el-Hérévi el-Héyavi الهيوى. Dans la courte préface de ce traité qui commence par وقفنا يا رب بعد از سپاس

و ستايش پروردگار و درود بر خلاصه نتايج هفت و چهار و بر اهل بيت او و ياران او, Mahmoud el-Hérévi nous apprend qu'il a rédigé ce précis d'arithmétique, probablement d'après quelque original arabe, à la prière de plusieurs de ses amis qu'il avait rencontrés au cours de ses voyages, et qui étaient pour lui comme des frères. Ce traité, qui est très bien fait, se divise en deux discours (makala) subdivisés en bab, traitant, le premier, des opérations qui se font sur les nombres entiers, et le second (fol. 26 r°), de celles qui se font sur les fractions. Mahmoud el-Hérévi est l'auteur d'un traité de géométrie, intitulé Févaïd-i Djémali, traduit d'un original arabe écrit par Shems ed-Din Seyyid Hakim Samarkandi, sous le titre de اشكال

التاسيس (Rieu, *Catalogue*, p. 449) en 593 de l'hégire, et cette traduction est dédiée à Djémal ed-Din Sultan Hoseïn. Il est également l'auteur d'un traité d'arithmétique et d'un traité d'astronomie intitulé الغياثية في الهيئة. Il vivait avant 862 de l'hégire, date de la copie d'un de ses ouvrages, probablement à l'époque des premiers Timourides. On trouve le nom de cet auteur sous la forme الوابشتاى (Rieu, *Catalogue*, p. 449) et الواسطانى [Hadji Khalifa, *Dict. bibliographique*, t. IV, p. 340] (fol. 18 v°).

3° Tables des sinus droits et des sinus verses جدول جيب مستوى, جدول سهم و آن جيب معكوس بود, avec quelques lignes d'explication : در معرفت سهام درجات از جيب هر قوسى كه خواهد تا سهم او معلوم كند اكر... (fol. 35 r°).

4° Sur la divisibilité des nombres et leur résolution en facteurs premiers متداخل, les nombres qui ont un plus grand commun diviseur متشاركان, et les nombres premiers متباينان.

در بيان اشتراك و بيان تداخل و در بيان اعداد هر دو عدد, Début : كه فرض كنند غير از واحد نيست خالى... (fol. 37 v°).

Ce fragment est suivi d'un extrait sur les fractions در بيان مخارج كسرها très intéressant, et d'un autre fragment sur l'extraction de la racine carrée d'un nombre جذر, avec des tableaux représentant l'opération et le moyen de faire la preuve de l'extraction de la racine در شناختن ميزان درستى جذر.

5° Deux tableaux assez grossièrement dessinés, l'un carré, l'autre circulaire, représentant la situation astronomique des principales villes de Perse par rapport à la Mecque; l'importance donnée à la ville d'Isfahan montre qu'ils ont été dressés dans cette ville; ces tableaux sont évidemment établis pour trouver la direction de la kibla (fol. 42 r°).

6° Traité sur la manière de déterminer la direction de la kibla, avec un graphique circulaire dressé pour la ville de Yezd.

در معرفت جهت قبله ببايد دانست كه طول مكّه از جزاير, Début : خالدات غرى است و عرض از خطّا استوا كّام اكر خواهم كه بدانيم كه مكّه از شهر شرق يا غرى (sic)... (fol. 42 v°).

7° درج لجواهر وبرج الزواهر. Traité abrégé de métrologie dédié par un

anonyme à un prince nommé Fekhr ed-Daulèh wéd-Din Abou Bekr, qui est
qualifié de ظهير امير المؤمنين.

Début : و بعد اين مختصريست در علم مساحت نام او درج الجواهر

وبرج الزواهر که از بهر خزانة معورة خداوند امير کبير اسفهسالار عالم
عادل منصور محسن مفضل مکرم مقبل مؤيد مظفر فخر الدولة والدين
حسام الاسلام (و)المسلمين قامع الكفرة والمشركين ملك ملوك الامراء فى
العالمين بهلوان جهان صاحب قران آفاق اکرم لتخلى على الاتفاق اعظم تازيك
ابو بکر ظهير امير المومنين . . . و بهمايون حضرت بزرکوار وى فرستاده شد

Le titre de قامع الكفرة والمشركين reporte à l'époque des Croisades,
et il n'est pas douteux que ce prince soit l'atabek de l'Azerbeïdjan, Mohammed Pehlevan Djihan, fils de Shems ed-Din Iltukuz, qui mourut en 581 de
l'hégire. Shems ed-Din Iltukuz avait été le mamlouk de Kémal ed-Din
el-Somaïrémi, vizir de Sultan Mahmoud, le Seldjoukide. A la mort du
vizir, il passa au service du sultan, dont le successeur, Sultan Masoud, le
nomma gouverneur de l'Arran; Shems ed-Din s'y rendit presque indépendant, et il s'empara de l'Azerbeïdjan, ainsi que d'une partie importante
de l'Irak-i Adjémi, d'Isfahan et de Reï, et il régna sur ces pays comme vassal
des Seldjoukides. On récitait dans ses États la prière au nom du sultan
Arslan Shah, fils de Toghril, qui était son beau-fils, et qui n'avait aucune
autorité réelle sur lui. Il-Pehlevan إلبَّهْلَوَان avait à sa cour le sultan seldjoukide Toghril ibn Arslan ibn Toghril, et il faisait réciter la prière au
nom de ce prince dans toute l'étendue de ses États, sans qu'il jouît de la
moindre autorité. Il-Pehlevan eut pour successeur son frère, Kizil-Arslan,
«le lion rouge», et le sultan seldjoukide, s'étant révolté contre sa tyran-
nie, lui arracha une partie des États sur lesquels Il-Pehlevan avait régné.
Il-Pehlevan est l'équivalent absolu de Pehlevan-i Djihan, *il*, en turc, signi-
fiant à la fois pays, grand, et allié.

L'auteur nous apprend lui-même dans sa préface, qu'en plus de l'explication des termes de la technologie spéciale à son art, le livre est réparti en
trois sections traitant de la métrologie des surfaces, des solides, des
mesures sur le terrain, du jaugeage des fleuves, etc., le tout accompagné
de figures (fol. 49 v°).

8° Chapitre sur les mesures à prendre quand l'on veut irriguer une
pièce de terre, contenant la description de l'appareil nommé دوليه.

Début : در شناختن چگونگى سنجيدن زمينها و مکانها مراد باين
. . . شناختن بلندى بعضى از زمينهاست از بعضى (fol. 63 r°).

9° Traité d'arpentage, sans titre ni nom d'auteur, qui, d'après ce qui est dit dans l'introduction, est l'abrégé d'un traité plus étendu.

Début : سپاس بی قیاس و حمد بی عدد حکیمی که آسمان مدوّرانه
بر کار قدرت......اما بعد این مختصریست در علم مساحت مشتمل بر
هشت باب... . Comme l'indique cet extrait de l'introduction, cet opuscule est divisé en 8 chapitres très courts dont le premier contient l'explication des termes techniques, et les autres la manière d'opérer (fol. 65 v°).

10° Traité anonyme et sans titre sur la façon de mesurer les surfaces et les volumes (fol. 85 r°), avec des figures; l'objet et la division de cet opuscule sont assez définis par ces quelques mots d'introduction : ...اما بعد
بدانك این كتاب اصول او بر سه نوع است اول معرفت آلات مساحت
و ثانی معرفت اشکال و ثالث معرفت طرق مساحت اما آلات مساحت سه
است ذراع... (fol. 70 v°).

11° Traité, également anonyme et sans titre, analogue comme sujet au précédent, avec des figures et des tables.

Début : الحمد الله رب العالمین والصلوة علی محمد وآله اجمعین اما بعد
این رساله است در اصلاح اهل مساحت فصل در آنك این سواد و بصره
وكور اهواز و نواحی فارس... (fol. 90 v°).

12° Problèmes d'arithmétique avec solutions et explications.

Début : فی المسایل النهاء مسئله شخصی وفات یافت او چهار پسر و مال
مجهول بكذاشت در قسمت پسران... (fol. 100 v°).

13° Énoncés, sans les démonstrations, des théorèmes du livre II des Éléments d'Euclide, avec l'omission des ὅροι, avec figures, en arabe.

Début : فصل فی مسائل الاقلیدسیة من مقالة الثانیة آکل خطین
یقسم احدها باقسام فان ثلثین احدها فی الاحر مثل ثلثین الذی لم
قسما المقسوم الخطّ اقسام جمیع فی یقسم (fol. 102 v°).

14° Deux fragments géométriques en arabe; le premier, intitulé برهان
حساب للخطاییین, commence par قال بعد كلام طویل ذکر فی بیان اقسام
(fol. 105 r°), et le se- للخطاییین من کونهما زایدین وناقصین ومختلفین cond, qui a le titre de فصل فی المضلعات, par اذا اردنا ان یعرف ما بین
مضلعین منطقیین وجب علینا ان یعرف اعداد (fol. 106 r°).

15° Sur la division des triangles et des quadrilatères ; propriétés des triangles équilatéraux, en persan, avec figures.

Début : في قسمة المثلثات كلها بالاوتار آ اكر خواهم كه مثلث ابح بدو

قسم متساوی کنم بخطی که از زاویهٔ از زوایا مثلث (fol. 108 rº).

16° Problèmes d'arithmétique accompagnés de leurs solutions portant le titre de مسئله اكر سؤال, مسائل در نوادر محاسبات, et commençant par

كنند كه سه كس در شراء دابه حاضر شدند و اول مر ثانيرا ميكويد كه

نصف تو بمن ده... (fol. 119 rº).

17° Constructions géométriques dont l'une porte le titre de استخراج

احدار المتضاعفة المتوالية بجهة اضلاع المضلعات, avec quelques lignes d'explication pour chacune d'elles (fol. 120 vº).

18° للادجال (sic) اى بكر لتخليل التاجر الرصدى. Recueil de procédés pour la division des triangles rectangles, sur la mesure des arcs, sur les poulies, les lois de la réflexion, la mesure de la hauteur des objets inaccessibles, la mesure des triangles scalènes, par Abou Bekr el-Khalil.

Début : فصل في قسمة المثلثات القايم الزاوية وفي مثلثات الاصول على

نسبة الارثماطيقى... (fol. 124 vº).

19° الدوائر الخمسة في استخراج للحروف المضمرات. Figure composée de cinq cercles sécants servant à déterminer la valeur cabalistique de certaines lettres, avec une explication de quelques lignes commençant par : مهندسان

ما تقدم بطريق حساب در استخراج مضمرات حروف وغيره بنج دائره

ساخته اند جدا از... (fol. 139 rº).

Cette figure est accompagnée d'une équivalence des sigles numérales formées de lettres non ponctuées avec des chiffres, dans laquelle ١ vaut 1, ٢ ب, ٣ أب, ٥ أح, etc. (fol. 139 rº).

20° Tableau de pronostics astrologiques, disposé suivant les signes du Zodiaque et les conjonctions de la lune dans ces signes, analogue au n° 21, quoique composé d'une façon différente (fol. 139 vº).

21° اختيارات مسير القمر من كلام سلطان الحكما نصير الدين الطوسى. Élections des mansions de la lune et conseils sur ce qu'il convient de faire et de ne pas faire, à chaque position de la lune dans le ciel, en vers mesnévis, par Nasir ed-Din el-Tousi ; ce traité, dont l'attribution à Nasir n'est point sûre, est disposé, comme le précédent, d'après les signes du Zodiaque.

Début :

هر مهی کاید بتابید خدای لم یزل

جرم مه در خانه مریخ یعنی در حمل

نیك باشد هم سفرهم دیدن روی امیر

جامه پوشیدن حریر و صید افکندن تیر

(fol. 140 r°).

Ce traité est suivi d'un système cryptographique dans lequel les valeurs des lettres de l'alphabet arabe sont représentées par des chiffres, ainsi : ۱۲۴۳ جَدَیْمٌ, ۲۱۷۳ جَزَّکا, avec cette mention du copiste qu'il n'y comprenait rien : اکر معنیش میدانی بمن کو.

22° Traité de constructions géométriques, traduit, par Shems ed-Din Abou Bekr Shah ibn Nedjm ed-Din Mahmoud Shah ibn Hadji Tadj ed-Din Koudek, de l'arabe d'Aboul Véfa Mohammed ibn Mohammed el-Nourdjani ; ce traité est divisé en douze chapitres, dont la liste est donnée au folio 141 verso, et une introduction (voir *Journal Asiatique*, 1855, t. I, p. 218 et 309). L'auteur raconte dans l'appendice de son travail (fol. 179 r°) qu'il l'effectua en l'espace de deux mois, à une époque où il était cruellement affecté par la mort de son frère, Sheïkh Nedjm ed-Din Mahmoud, qui paraît avoir été l'un des premiers savants de son siècle, et qui avait composé, en plus d'ouvrages personnels, un commentaire sur la plus grande partie de l'Almageste, ainsi que des gloses sur les متوسطات de Ménélas qui traitent des Sphériques متوسطات اکر مانالوس, qu'il composa à l'imitation d'Émir Mansour ibn Nasr ibn Irak, lequel appartenait à une famille contemporaine de la dynastie des Samanides. Shems ed-Din avait primitivement fait une traduction du traité d'Aboul Véfa qui s'était en partie perdue. Nedjm ed-Din ne paraît pas dans Hadji Khalifa dans la liste des savants qui ont commenté l'Almageste de Ptolémée, dont il existe en arabe, d'après Kazizadè-i Roumi (Hadji Khalifa, t. V, p. 386), trois éditions principales : la première par el-Hadjdjadj ; la seconde, par Ishak, qui fut corrigée par Thabit ibn Korra ; la troisième, par Thabit tout seul. Ces traductions furent exécutées sous le règne d'el-Mamoun. Les dessins qui accompagnent le présent traité, et probablement ceux de tout le livre, sont de la main d'Abou Ishak ibn Abd Allah Koubanani Yezdi (fol. 178 v°).

Début : بسملة للحمد لله رب العالمين والصلوة على خير خلقه محمد
وآله اجمعين اما بعد این ترجمة كتاب ابی الوفا محمد بن محمد الـبـورجـانی
(fol. 141 v°). است در اعمال هندسیه مشتمل بر مقدمة و دوازده باب...

23° Problèmes de géométrie avec figures (fol. 180 r°).

24° Traité anonyme sur la manière de compter sur les doigts.

Début : بعد از حمد پروردگاركه اصناف الطاف ی غایت و انواع اصطناع
(fol. 200 r°). ی نهایتش...

Ce volume porte l'ex-libris de Sinan-Tchaoush (fol. 2 r°). Quoique copié à une époque relativement moderne, on trouve dans ce curieux manuscrit des archaïsmes graphiques, tel انك pour آنكه, qui étaient la règle à l'époque mongole et au commencement des Timourides, et des archaïsmes de langue comme مر... را pour indiquer le datif, qui montrent que l'original de cet exemplaire était antérieur au XIII° siècle.

Beau nestalik persan à demi cursif du commencement du XVII° siècle. 201 feuillets. 25 sur 17 centimètres. Reliure en veau plein aux armes de Napoléon Ier. — (Thévenot, Regius 1552. — Ancien fonds 169.)

ASTRONOMIE.

773

خلاصة صُوَر عبد الرحمن الصوفی. Tableau des constellations, par Abd er-Rahman el-Soufi.

Cet opuscule, qui commence par : للحمد لله... و بعد بدانكه كواكب
est, ثابته فلك از بسیاری شمار آن ممکن نیست امّا اصحاب.........
l'abrégé du catalogue des étoiles écrit en arabe sous le titre de الصور
السماویة et de كتاب الكواكب الثابتة. Le texte est réduit à très peu de chose, et l'ouvrage ne consiste guère qu'en dessins au trait représentant les constellations sous deux aspects : l'un, celui de la constellation vue de la terre sur la voûte céleste على ما تری ی السما, l'autre, celui qu'elle prend quand on la regarde sur un globe céleste على ما تری ی الكرة. Ces dessins

dérivent, comme tous ceux que l'on trouve dans les manuscrits du catalogue d'Abd er-Rahman qui ont été exécutés dans la Transoxiane, des peintures d'un exemplaire qui fut copié et enluminé pour le sultan Oulough Beg, fils de Shah Rokh, qui porte un ex-libris de la main d'Oulough Beg et le cachet de Mohammed Sultan Mirza, souverain du Mazendéran et du Fars, qui mourut en 855 de l'hégire (Arabe 5o36). Aboul Hoseïn Abd er-Rahman ibn Omar ibn Mohammed ibn Sahl el-Soufi naquit à Reï en 291 et mourut en 376 de l'hégire. Son catalogue d'étoiles est dédié au prince bouyyide Adhod el-Daulèh.

Il existe, sans titre spécial, une traduction en langue persane du catalogue d'étoiles d'Abd er-Rahman el-Soufi, qui commence ainsi après la préface du traducteur :

چنین گوید حکم کامل و فیلسوف فاضل عبد الرحمن بن عمر معروف و مشهور بابی الحسین الصوفی بعد از حمد و ستایش ایزد سبحانه و تعالی و ثنای او و صلوات بر رسول کزبیدهٔ اوکه چون من بسیاری از مردمانرا دیدم که ارادهٔ و خواهش شناختن کواکب ثابته و دانستن مواضع ایشان از فلک و بروج و تخیّل صور ایشان داشتند, ce qui concorde avec les premières lignes de l'original arabe contenu dans le manuscrit arabe 5o36, fol. 1 v°, lequel n'a point de préface. L'auteur de cette traduction se nomme Hasan ibn Saad el-Kaïni; elle fut terminée au commencement de l'année 1040 de l'hégire, et dédiée, probablement en 1041, date de la copie, à l'émir Aboul Feth Minoutchehr Khan. Hasan ibn Saad dit dans son introduction :

امّا بعد چون مرکز دایرهٔ سرکردانی حسن بن سعد القاینی بتحریک نسم دولت و اقبال...امیر الامراٴ ابو الفتح منوچهر خان...منتظم کردیده بشفقت و نوازشان کوناکون ان حضیض بال باوج کمال رسیده بود و توجّه خاطر فیض مآثر نوّاب خدا یکانی بتحقیق مطالب علیّه خصوصًا علم احکام و هیئت و شناختن کواکب...وکتاب صور حکم دانا...عبد الرحمن صوفی که مشتمل بر دقایق و نکات این علم و محتوی بر اصول و فروع این فنّست جهت کتاب خانه عالی کتابت میشد در تصویر و ترقم آن بنفس نفیس خود متوجه شده کواکبرا در محل و مکانی که لایق و مناسب هر یك بود نقش میفرمودند و در اثنای این حال مذکور کردانیدند که اکر این کتاب از زبان تازی بعبارت پارسی نقل کرده آید تا هرکس فراخور استعداد خود نفی یابند. Les nombres qui indiquent les coordonnées des étoiles sont empruntés aux tables astronomiques du sultan Oulough Beg, comme ceux qui figurent dans le manuscrit arabe 5o36 avaient été empruntés aux tables de Nasir ed-Din, mais la disposition matérielle de cette version est restée celle du traité d'Abd er-Rahman el-Soufi.

Assez bon nestalik persan de la fin du xvie siècle. 46 feuillets. 24 sur 16 centimètres. Reliure en cuir rouge — (Schefer 236 *bis*. — Supplément 1551.)

774

كتاب التفهيم لاوائل صناعة التنجيم. Traité d'astronomie, par Abou Reïhan Mohammed ibn Ahmed el-Birouni البيروني.

Abou Reïhan naquit à Khvarizm en 362 de l'hégire; il vécut à la cour de Kabous ibn Vashméguir, roi du Djourdjan (357-4o3), et ensuite à celle du dernier souverain indépendant du Khvarizm, Aboul Abbas Mamoun ibn Mamoun (†4o7); il passa le reste de sa vie au service des deux sultans ghaznévides, Mahmoud ibn Sébuktégin et Masoud, et il mourut en l'année 44o de l'hégire. Le Tefhim, qui porte également les titres de التفهيم لاوائل التنجيم et de التفهيم فى التنجيم, a été composé pour Reïhanè, sœur d'Aboul Abbas Mamoun, en 42o ou 425 de l'hégire. D'après Hadji Khalifa (*Dict. bibliographique*, t. II, p. 385), le Tefhim fut composé en 421 pour Aboul Hasan Ali ibn Aboul Fazl el-Khassi. Il est probable qu'il y eut deux dédicaces de cet ouvrage dont il existe également une édition arabe, qui est vraisemblablement le traité original. La présente copie contient des dessins géométriques assez soigneusement exécutés.

Début : الحمد لله رب العالمين والعاقبة......دانستى صورة عالم وچگونگى نهاد اسمان وزمين...

On trouve au folio 1 verso des vers attribués à Ali, une page contenant (fol. 2 r°) un fragment d'el-Birouni sur la question de savoir quelle est la nature de la lumière des étoiles, et, au verso du dernier feuillet, des tercets indiquant les choses à ne pas faire suivant les signes du Zodiaque. Quelques feuillets sont des restaurations modernes; cet exemplaire porte les ex-libris de Moustafa خاصه خانه طالب et de Aboul Kheïr Ahmed.

Bon neskhi persan copié en 668 de l'hégire (1269 de J.-C.). 118 feuillets. 25 sur 18 centimètres. Reliure en velours rouge portant à l'intérieur les plats de l'ancienne reliure. — (Schefer 173. — Supplément 1482.)

775

جهان دانش. Traité d'astronomie, par Shéref ed-Din Mohammed ibn Masoud el-Masoudi.

II.

4

L'original du Djihan-danish fut écrit en arabe par Shéref ed-Din el-Masoudi sous le titre de الكفاية فى علم الهيئة (Hadji Khalifa, *Dict. bibliographique*, t. V, p. 223), et traduit par l'auteur lui-même à la requête de ses
amis qui ne savaient pas l'arabe. La date de la composition du Kéfayet
n'est pas connue d'une façon précise, pas plus que celle du Djihan-danish;
l'exemplaire du British Museum (Rieu, *Supplement*, p. 110) est daté de
643 de l'hégire; mais, d'après celui de la bibliothèque Bodléïenne, le Djihan-danish aurait été terminé en 672 de l'hégire (Ethé, *Catalogue*, p. 920);
la date indiquée par l'exemplaire du British Museum paraît la plus vrai-

semblable. Cet ouvrage, qui commence par سپاس خدایرا که آفریدگار

جهانست و پدید.... امّا بعد چنین مى گوید مولّف اين كتاب, est

divisé en deux livres (makala) subdivisés en un grand nombre de cha-

pitres : مقاله ۱ در بيان تركيب افلاك و هيئت و اشكال و پديد كردن عدد

آسمانها و حال حركت هر يكى و پيدا كردن قرب و بعد ايشان با يكديگر

و ياد كردن احوال ستارگان و پديد كردن مقدار هر يكى و مقدار مسافتى

كه ميان زمين و آسمان است.....مقاله ۲ در بيان هيئت زمين و مقدار

آنچ معمورست از وى و آنچ معمور نيست و حال طوالع و مطالع و آنچ بدين

تعلّق دارد و بيان كردن تواريخ و مقادر زمانها (fol. ۲ r°).

Cet exemplaire a appartenu à un astrologue nommé Izz ed-Din el-Mos-
takhridj المستخرج el-Hoseïni (fol. 1 r°).

Bon neskhi persan, copié en 679 de l'hégire (1280 de J.-C.) par Ali ibn
Shah Émir ibn el-Hasan el-Hasani ibn Tabataba طباطبا. 143 feuillets. 23 sur
16 centimètres. Reliure en maroquin brun. — (Renaudot; Saint-Germain 334.
— Supplément 363.)

776

Le même ouvrage.

Exemplaire portant une pagination chinoise, avec le titre de 天學
«Science du Ciel», à la mode chinoise, le tout ayant été plus qu'à moitié
rogué par un relieur oriental.

Bon neskhi de la Transoxiane presque entièrement dépourvu de points diacritiques et copié en 739 de l'hégire (1338 de J.-C.), par Ahmed ibn Osman ibn
Kérim ed-Din el-Djauhéri el-Hérévi. 76 feuillets. 31 sur 20 centimètres. Demi-
reliure. — (Schefer 3. — Supplément 1306.)

777

شرح ثمرة بطلميوس . Traduction et commentaire du Καρπός
de Ptolémée, traité d'astronomie astrologique.

Cette traduction, faite sur la version arabe intitulée الثمرة في احكام النجوم.
a pour auteur l'astronome Nasir ed-Din Mohammed el-Tousi qui, dans le titre
du présent manuscrit, est qualifié de مولانا قطب العالم استاد البشر افضل
المتقدّمين والمتأخّرين نصير الملّة والدين حجّة الاسلام والمسلمين محمّد
الطوسى . Dans la courte préface qui se trouve en tête de cet ouvrage, l'astronome d'Houlagou dit qu'il l'a composé sur la demande du gouverneur d'Isfahan Béha ed-Din Mohammed ibn Shems ed-Din, auquel il donne les titres de

صاحب معظم ملك وزرا العالم بها لحق والدين شمس الاسلام والمسلمين
ملجاء الآكابر في العالمين محمّد بن المولى المعظم الصاحب الاعظم شمس
لحق والدين بها الاسلام والمسلمين ملك ملوك الوزراء فى العالمين صاحب
ديوان الممالك نظام العالم دستور العرب والعجم (fol. 2 v°).. Shems ed-Din
Djouveïni est le célèbre Sahib-i divan qui fut mis à mort en 683 de l'hégire. D'après la souscription du commentaire du Καρπός, accompagné du
texte arabe, qui se trouve dans le manuscrit arabe 4731, et qui est l'original de ce traité, Nasir ed-Din el-Tousi termina son travail à Maragha, le 9
du mois de Djoumada I⁰ʳ de l'année 670. Nasir déclare (man. 118, fol. 3 r°)
s'être servi pour la rédaction de cet ouvrage de deux commentaires beaucoup plus anciens, composés, l'un par un nommé Ahmed ibn Yousouf
el-Misri el-Mouhendis qui était secrétaire d'un prince de la dynastie des Tou-
lounides كاتب آل طولون, et un autre, dont il ne donne point davantage le
titre, qui avait pour auteur Aboul Abbas Ahmed ibn Ali el-Isfahani. Hadji
Khalifa (t. II, p. 496) cite parmi les commentateurs du الثمرة فى احكام
النجوم, Abou Yousouf el-Ouklidisi, qui est peut-être le même que le
Ahmed ibn Yousouf dont parle Nasir, Abou Mohammed el-Sheïbani, Abou
Saïd el-Thémali, Ibn el-Tayyib el-Djatholiki (Katholiki) el-Sérakhsi, et un
auteur inconnu qui dédia son travail à l'émir Abou Shodja Roustem ibn
Marzban en 485. Le Καρπός est le complément du traité que Claude Pto-
lémée écrivit sous le titre de Τετράβιβλος σύνταξις μαθηματική, que les
Arabes ont traduit par الكتب الاربعة ou المقالات الاربع (Ibid.; Harlez,
Bibliotheca graeca, t. V, p. 284, 289).

D'après une note du folio 67 v°, la traduction du Καρπός de Ptolémée
portait en langue grecque الرومية le titre de انظوريطا, ce qui signifie les

4.

«cent paroles» الكلمة مائة. Ce nom paraît dans le texte de Hadji Khalifa sous la forme انطرومطا, que l'éditeur a eu le tort de transcrire Andromeda (*sic*), et qu'il faut corriger en اقطن ربطا, soit les ἐκατὸν ῥητά, les cent apophthegmes dont se compose en effet le Καρπός. Cet ouvrage est suivi d'un extrait d'Abou Saïd Abd er-Rezzak el-Onyouki العيوقي sur les événements qui se sont passés antérieurement à l'hégire, avec les noms des plus anciens astronomes arabes.

Neskhi passable copié en 806 de l'hégire (1403 de J.-C.) par Bedr ed-Din ibn Khali el-Khvarezmi el-Mervézi el-Koubravi dans la ville de Khvarizm. 69 feuillets, 17 sur 13 centimètres. Cartonnage. — (Supplément 372.)

778

مختصر در معرفت تقويم. Traité élémentaire à l'usage des commençants sur les ères et l'établissement du calendrier, par Nasir ed Din el-Tousi.

Cet opuscule est divisé en trente chapitres, ce qui fait qu'il est connu généralement sous le titre de سى فصل; il a été commenté en persan par Mohammed ibn Yahya, connu sous le nom d'Alaï el-Shirazi, à Alep, en 939 de l'hégire, et par Abd el-Wahid ibn Mohammed, en arabe (Hadji Khalifa, *Dict. bibliographique*, t. III, p. 642).

Assez bon nestalik persan du commencement du xvii° siècle. 18 feuillets. 20 sur 13 centimètres. Cartonnage. — (Peiresc. — Supplément 370.)

779

زيج ايلخاني. Tables astronomiques, par Khvadjè Nasir ed-Din el-Tousi.

L'auteur rapporte dans sa préface (fol. 3 v°), après avoir donné un court aperçu, en quelques lignes, de la succession des khaghans mongols depuis Tchinkkiz, que l'empereur Monkké Khaghan ayant envoyé son frère Houlagou Khan pour conquérir les pays de l'Occident, celui-ci soumit d'abord les Ismaïliens, s'empara de leurs forteresses et anéantit leur puissance. Il s'empara ensuite de Baghdad, renversa le Khalifat abbasside, soumit la Syrie jusqu'à Damas et aux frontières de l'Égypte, et anéantit tous ceux qui ne voulurent point se soumettre au joug des Mongols. «A l'époque, dit

le célèbre astronome, à laquelle Houlagou Khan s'empara du pays des Ismaïliens, il m'emmena, moi, le moindre des serviteurs d'Allah, qui suis Nasir,
de la ville de Tous, et qui étais tombé dans leur contrée, et il m'ordonna
de dresser un catalogue d'étoiles رصد ستارکان ; en même temps, il manda
auprès de sa personne, des pays où ils vivaient, les astronomes qui étaient
passés maîtres dans leur science, tels Mouayyad ed-Din Ouronzi عرضى,
qui se trouvait à Damas, Fakhr ed-Din Khilathi, qui résidait à Tiflis,
Fakhr ed-Din Maraghi, qui était installé à Mausil, et Nedjm ed-Din Débiran
دبيران, qui était à Kazwin» (Cf. Hadji Khalifa, t. III, p. 561). Ces astronomes choisirent Maragha pour y faire leurs observations, ils y établirent les
instruments nécessaires, et ils y firent élever les constructions que cette
entreprise exigeait. Nasir ed-Din eut un collaborateur très secondaire dans
la personne d'un astronome chinois qu'Houlagou avait amené de Kara-
koroum en Perse; son nom, qui paraît sous une forme assez douteuse
dans Rashid ed-Din (man. 257, fol. 188 v°) et dans Bénakéti دومجى
(man. 259, fol. 149 r°) et توبكى (man. 260, fol. 97 r°), semble être
Tou Mi-tzeu. Ce personnage était surnommé en chinois سينك شينك, ce
que Rashid (*ibid.*) traduit par عارف «celui qui est arrivé à la connaissance métaphysique», d'où il faut restituer ce titre en 聖僧 «le saint
lama».

C'est à ce savant chinois que Nasir a emprunté les éléments du comput
du Céleste Empire qui se trouvent au commencement de ses tables, et dans
lesquels on lit les 12 caractères cycliques des années chinoises transcrits
sous des formes très exactes (fol. 5 v°), ainsi : ز = 子 *tzi*; چمو = 丑
thsiou, auj. *tchhou*; يم = 寅 *yem*, auj. *yin*; مارو = 卯 *maou*; چن = 辰
tchhen; صو (ms. ضر) = 巳 *sou*; وو = 午 *rou*; وى = 未 *wei*; شن = 申 *shen*;
بور = 酉 *you*; سپو (ms. سپو) = 戌 *siou*, auj. *su*; خاى = 亥 *haï*; ces
mots étant les noms du cycle des années du rat, du bœuf, du tigre, etc.

Houlagou donna l'ordre que l'on apportât, de Baghdad, de Damas, de
Mausil et du Khorasan, des livres d'astronomie et qu'on les déposât dans
l'observatoire où Nasir et ses collaborateurs se livraient à leurs travaux.
Houlagou mourut avant que la rédaction des tables ne fût terminée, et
elle ne prit fin que sous le règne de son fils et successeur sur le trône de
l'Iran, Abagha Khan, auquel Nasir la dédia.

La rédaction du Zidj-i Ilkhani fut conduite avec une précipitation fâcheuse qui fut imposée à Nasir ed-Din el-Tousi et à ses collaborateurs par
Houlagou Khan. Les maîtres de la science astronomique, continue Nasir
(fol. 4 v°), ont dit que l'on ne peut établir de catalogue d'étoiles رصد à
moins d'observations qui portent sur trente années, ce qui, dans l'esprit des
astronomes musulmans, était le temps nécessaire pour une conjonction totale
des sept planètes, mais que, si l'on peut disposer d'une période s'étendant

sur plus de trente années, cela n'en vaut que mieux. Houlagou, pressé
d'aboutir, comme tous les princes de sa famille, qui pressentaient la brièveté
de la dynastie mongole, ne voulut pas entendre parler d'observations aussi
longues, et il ordonna à Nasir et aux autres savants de faire la plus grande
diligence, de façon à terminer leurs travaux dans un laps de temps beaucoup moins long, par exemple douze années. Les astronomes de Maragha
se conformèrent, autant qu'il leur fut possible, à cet ordre. «Les catalogues d'étoiles qui avaient été dressés avant nous, dit Nasir ed-Din el-Tousi,
et auxquels nous accordâmes le plus de confiance, furent celui d'Hipparque
ابرخس qui avait été fait 1400 et quelques années avant que nous ne commencions le nôtre, celui de Ptolémée, 805 ans après Hipparque, les tables
rédigées sous le règne du khalife Mamoun à Baghdad, 430 et quelques
années avant nous, les tables de Bettani رصد بتانی, qui furent dressées
près de Damas, les tables hakémites رصد حاكمی, dressées au Caire sous
le règne du khalife fatimite el-Hakim biamr Allah, les tables d'Ibn el-
A'lam ابن الاعلم, qui avaient été établies à Baghdad, sans qu'aucune de ces
observations ait été terminée. Les travaux qui nous servirent le plus dans
l'établissement de notre catalogue d'étoiles furent les tables hakémites et
celles d'Ibn el-A'lam, qui étaient les plus rapprochées de notre époque, et qui
avaient été faites 250 ans avant que nous ne commencions les nôtres. En
somme, nous consultâmes tous les catalogues d'étoiles qui avaient été
faits avant nous et nous comparâmes les résultats qui y étaient consignés
avec ceux qui résultaient de nos propres observations. »

Les tables de Nasir ed-Din sont divisées en quatre discours précédés
d'une assez courte préface; le premier discours traite des différentes ères
et de la réduction des dates indiquées dans une ère en dates d'une autre
ère (fol. 5 r°); le second, du mouvement des étoiles et de leurs coordonnées
(fol. 20 r°); le troisième, de la connaissance des temps et des ascendants de
chaque temps در معرفت اوقات و طالعهای هر وقتی (fol. 61 v°); le quatrième traite des autres questions astronomiques (fol. 123 v°). Cette division est devenue traditionnelle dans l'école astronomique persane, et elle a
été adoptée par Oulough Beg. à cela près qu'il a rejeté les tables après
le quatrième discours.

L'initiative de la construction de l'observatoire de Maragha et, par suite,
de la rédaction des tables de Nasir ed-Din el-Tousi, qui en sont le résultat,
ne remonte pas à Houlagou, mais bien au khaghan Monkké. Rashid ed-
Din dit en effet dans la Djami el-tévarikh (ms. 255, fol. 283 r°) que
Monkké, le souverain le plus intellectuel qui ait jamais régné sur les
Mongols, avait appris assez de géométrie pour résoudre plusieurs des problèmes qui se trouvent dans le traité d'Euclide, et que, cette étude ayant
éveillé en lui le goût des sciences exactes, il conçut le projet de faire élever
un observatoire dans son empire; il chargea de l'exécution de ses des-

scins un savant musulman nommé Djémal ed-Din Mohammed ibn Taher ibn Mohammed el-Zeïdi. La renommée de la science de Nasir ed-Din, qui se trouvait alors, plus ou moins surveillé, dans le pays des Ismaïliens, était parvenue jusqu'à Monkké Khaghan, à l'Ourdou Baligh; aussi, quand il fit ses adieux à son frère Houlagou, qu'il envoyait à la conquête de l'Occident, il lui recommanda, quand il se serait emparé des forteresses des Ismaïliens, de lui envoyer Nasir ed-Din. Lorsque les citadelles ismaïliennes eurent capitulé devant Houlagou, Monkké Khaghan se trouvait engagé dans une guerre avec les Soung, souverains de la Chine du Sud منزى, 蠻子, bien loin de sa capitale, où il avait laissé, en qualité de vice-roi, son frère Arigh Boké; aussi, le prince d'Occident, craignant que Nasir ed-Din ne puisse jamais construire, selon le désir de Monkké, l'observatoire de Kara-koroum, reprit ce projet pour son compte, et il le chargea de lui en construire un en Perse.

Ce fut vraisemblablement ce projet de Monkké qui inspira à son frère et successeur, Koubilaï Sétchen Khaghan, l'idée de faire construire un observatoire dans sa capitale de Daï-dou 大都, aujourd'hui Pé-king ou King-sheu 京師. D'après le *Taï-Thsing-yi-thoung-tchi*, chap. 2, p. 7, ce célèbre monument, le Kouan-sing-thaï 觀星臺 «la tour pour observer les étoiles», que l'on nomme également le Tchen-siang-thaï 瞻象臺 «la tour pour observer les constellations», se trouve au sud-est de la Ville Intérieure, et il fut construit dans la 16ᵉ année Tchih-yuan de Shih-Tsou (= Koubilaï), soit en 1279 de l'ère chrétienne. Les instruments qui y servaient aux observations astronomiques furent construits sur les données de l'astronome Ko Shéou-king; ce savant, aidé de Hiu Heng, Vang Siun et Yang Koung-i, rédigea un traité d'astronomie et un catalogue d'étoiles, en combinant les théories chinoises avec celles de deux livres qui avaient été composés, tout au commencement du règne de Koubilaï, par deux astronomes venus des pays occidentaux, c'est-à-dire de la Perse, ou, tout au moins, de la contrée de Samarkand (Gaubil, *Histoire des Mongous*, p. 192). Les instruments de Ko Shéou-king servirent jusqu'en 1673, époque à laquelle le Père Verbiest, de la Compagnie de Jésus, les remplaça par d'autres appareils établis sur ses plans, et les fit reléguer dans une salle fermée de l'Observatoire, où l'on ne permettait pas de les voir (Pauthier, *Chine*, Paris, 1839, t. I, p. 363 et 364). Le pillage de ces instruments et de ceux des Jésuites par les troupes du maréchal de Waldersee, lors du sac de Pé-king en 1900, faillit amener un conflit international (*Illustration*, 2ᵉ semestre 1900, p. 388).

Les tables de Nasir portent également le titre de تنسّق نامهٔ ايلخانى (Rieu, *Catalogue*, t. II, p. 454), et une édition augmentée en a été publiée sous le titre de توضيح زيج ايلخانى par el-Hasan ibn el-Hoseïn ibn el-Hasan Shahanshah el-Semnani el-Mounedjdjim en 795 (*ibid.*, p. 455). Elles ont été commentées en persan par Hoseïn ibn Mohammed el-Nishapouri el-Koummi, plus connu sous le nom de Nizam نظام, avec le titre de كشف الحقايق (voir n° 782), et elles ont été complétées, avec le titre de الزيج الايلخانى فى تكميل الزيج الايلخانى, par Ghiyas ed-Din Djemshid ibn Masoud el-Kashi (el-Kashani) qui parle de ce travail dans la préface de son مفتاح الحساب (Hadji Khalifa, t. III, p. 563 et *Keshf el-zounoun*, t. II, p. 15).

D'après deux notes, dont l'une est contemporaine de son exécution, ce manuscrit est de la main de Khadjè Asil ed-Din, fils de Nasir ed-Din el-Tousi (fol. 2 et 3 r°). Asil ed-Din el-Zauzéni se trouvait avec son père Nasir ed-Din à la cour du prince d'Alamout, et ce fut en la compagnie de Nasir ed-Din el-Tousi, d'Asil ed-Din el-Zauzéni, de Mouayya l ed-Din, de Mouvaffik ed-Daulèh, et d'autres personnages, que ce souverain descendit de Meïmoun-diz pour aller se rendre à Houlagou, le dimanche, premier jour du mois de Zoulkaada 654 (Rashid ed-Din, Djami el-tévarikh, ms. 255, fol. 278 v°). Asil ed-Din el-Zauzéni, qui appartenait comme son père à l'administration des souverains mongols, et qui était un mathématicien de très grande valeur, fut ruiné en 710-711 de l'hégire par le vizir Saad ed-Din, ministre d'Oltchaïtou et collègue de Rashid ed-Din dans le divan (Aboul Kasem Abd Allah ibn Ali Mohammed el-Kashani, Histoire d'Oltchaïtou, ms. 450, fol. 87 v°); il mourut en l'an 715 de l'hégire, en revenant de Baghdad à Sultaniyyè (*ibid.*, fol. 129 v°). La fin du manuscrit manque avec sa souscription, mais les caractères paléographiques de cet exemplaire, qui a appartenu au sheïkh Mohammed ibn Ibrahim el-Shirvani el-Motétebbib, confirment pleinement cette attribution. Il mériterait d'être reproduit par a phototypie, car, bien qu'il ne soit pas exempt de quelques erreurs, le soin avec lequel il a été copié, qui en fait l'original de ces tables, et sa provenance, sont une garantie de l'exactitude de ses tables, qui sont généralement corrompues et inutilisables dans les manuscrits ordinaires. De plus, il est tout ce qui reste des sommes considérables qu'Houlagou a dépensées pour la construction et l'entretien de l'observatoire de Maragha.

Bon neskhi cursif, avec omission de beaucoup de points diacritiques, de la fin du xiii° siècle de notre ère. 126 feuillets. 27 sur 17 centimètres. Reliure en veau plein au chiffre de Napoléon Ier. — (Colbert 4317; Regius 1554, 22. — Ancien fonds 163.)

780

Le même ouvrage.

Copie du commencement du n° 779, accompagnée d'une traduction française interlinéaire.

Mauvaise écriture occidentale du xviii° siècle. 17 feuillets. 28 sur 19 centimètres. Cartonnage. — (Supplément 1031.)

781

العِدة الايلخانيّة. Abrégé des tables astronomiques de Nasir ed-Din el-Tousi (fol. 2 v°).

Cet ouvrage, qui a pour auteur Ala ed-Din Ali Shah ibn Mohammed ibn Kasem el-Boukhari, comporte des corrections et des éclaircissements. Une note du folio 144, écrite par un médecin nommé Ibrahim, en 710 de l'hégire, lui donne le titre de زج خاني; dans son *Dictionnaire bibliographique* (t. III, p. 565), Hadji Khalifa le nomme زج شاهي, et dit que son auteur était connu sous le nom de Ala ed-Din el-Mounédjdjim el-Khvarizmi el-Farsi علاء المنجم لخوارزى الفارسى; ce personnage est nommé au recto du folio 1 : الشيخ الفقير العالم ملك العلما والنجما جاسوس الفلك سباح السمك عطارد الارض بطليموس الثانى...

Le el-Omdet el-ilkhaniyyè est divisé en deux livres اصل, le premier subdivisé en 29 chapitres, et le second en 5, dont on trouve le détail aux folios 3 r°-5 r°. Les premiers chapitres du premier livre traitent des ères, ensuite viennent les tables proprement dites. Il a été composé pour le vizir Mohammed ibn Ahmed ibn Ali el-Tébrizi, et il faut le distinguer d'un autre ouvrage nommé زج الشاهي (*sic*), qui est également cité par Hadji Khalifa comme étant un abrégé des tables de Nasir, par Nedjm ed-Din el-Léboudi lequel est aussi connu par des travaux plus originaux.

Cet exemplaire a appartenu à un astronome juif de Perse, comme l'indique une note en caractères rabbiniques au folio 144 recto; il porte les ex-libris de Abou Mohammed ibn el-..., qui l'acheta à la mort du médecin Nasir ed-Din Mohammed ibn el-Hakim Ishak en 793 de l'hégire; de l'astronome el-Hadjdj Ahmed el-Djauza (745 H.), qui l'acheta à la veuve de son maître, l'astronome Djémal ed-Daulèh, à Hamadhan, pour 15 dinars; d'après une autre note, ce livre fut vendu 30 dinars à Tébriz et 100 à Samarkand et Boukhara (fol. 1 r°); il valait (fol. 144 r°) à Tébriz, Boukhara, Samarkand, dans le Khorasan et à Shiraz, 100 dinars et même plus.

Début : حد ى قياس والتها سانيرا كى

A la fin du volume se trouvent quelques détails sur les horoscopes.

Neskhi persan très cursif, presque sans points diacritiques, de la fin du xiiie siècle ou du commencement du xive siècle de notre ère. 145 feuillets, 21 sur 15 centimètres. Reliure en basane aux armes de Napoléon Ier. — (Ancien fonds 173.)

782

كشف لْحْقَائِق. Commentaire sur les tables de Nasir ed-Din el-Tousi, par Hasan ibn Mohammed el-Nishapouri el-Koummi, surnommé Nizam نظام.

Le titre de l'ouvrage n'est point indiqué dans la préface, il est donné sur le feuillet de garde sous la forme كتاب كشف حقائق زيج ايلخانى فى. النجوم فى شرح زيج ايلخانى فى النجوم لنظام الدين فى النجوم. Hadji Khalifa (*Dict. bibl.*, t. III, p. 563) le donne sous sa véritable forme, sans indiquer l'époque à laquelle vécut le commentateur; d'après un ex-libris (fol. 1 r°) daté de 750 de l'hégire, le Keshf el-hakayek est de peu d'années postérieur aux tables ilkhaniennes. Le texte de Nasir ed-Din est précédé du mot متن et le commentaire de شرح écrits à l'encre rouge. Cet exemplaire, qui contient un grand nombre de figures soigneusement dessinées, est incomplet de la fin; il s'arrête dans le courant du second chapitre du quatrième discours, qui commence au folio 167 recto.

Début : اجناس سپاس بى قياس كى مقاطع اوهام انام از مطالع آن ...

Le manuscrit porte l'ex-libris de Tadj ed-Din ibn Fakhr ed-Din el-Djauhéri avec la date de 750 de l'hégire, et celui de Mousazadè Mohammed Obeïd Allah.

Bon neskhi persan de la première moitié du xiv° siècle de notre ère. 168 feuillets, 23 sur 16 centimètres. Reliure en cuir violet estampé. — (Supplément 1110.)

783

Recueil de traités d'astronomie.

1° Second discours d'un traité d'astronomie, traitant du comput des astronomes, et commençant par : مقالة دوم در حساب اهل تنجيم و اين مشتمل است. بر مقدمة و شش باب مقدّمه در بيان اصطلاحات منجمان بيست و هشت حرف; il est divisé en une introduction et six chapitres; l'introduction traite des termes techniques employés par les astronomes; le premier chapitre, de la multiplication; le second, de la division; le troisième, de l'extraction des racines; le quatrième, de ce qu'il faut faire pour reconnaître si le résultat de la multiplication, de la division ou de l'extracl'on de la racine est exprimé en degrés, en minutes ou en secondes; le cinquième, de la preuve ميزان des opérations précitées; le sixième, des opérations qui portent sur un calcul dans lequel figure un signe du Zodiaque. On trouve, au verso du dernier feuillet, une énigme en turc sur le nom خمر, ainsi rédigée :

قوايت دن مركب بر خبر در   فرايض سنت اوزره معتبر در

(fol. 1 verso).

2° Commentaire par Nizam ed-Din Abd el-Ali ibn Mohammed el-Birdjendi du célèbre traité intitulé اعمال اسطرلاب معرفت در باب بيست, par Khadjè Nasir ed-Din Mohammed el-Tousi مكمل المتألهين للحكما سلطان علوم الاولين مخزن اسرار للحكم والكمالات مطلع انوار الميامن والسعادت. El-Birdjendi, qui est un astronome très connu dans la littérature musulmane, fut l'élève de Mansour ibn Moïn ed-Din Kashi et du sheïkh el-Islam Seïf ed-Din el-Taftazani († 916); il a commenté le تذكره et le تحرير بسطى de Nasir ed-Din el-Tousi, et les tables astronomiques d'Oulough Beg († 853); il a également écrit un traité dans lequel se trouvent indiquées les distances et les dimensions des planètes, ainsi qu'un livre sur la composition des almanachs terminé en 883 (Rieu, *Catalogue*, p. 453). Il existe dans le fonds arabe, sous le n° 6385, un recueil de gloses d'Abd el-Ali el-Birdjendi sur les passages d'une interprétation difficile du commentaire par Kazizadè-i Roumi du traité d'astronomie de Tchaghmini; d'après le Hébib el-siyer de Khondémir, el-Birdjendi vivait encore en 930.

Début : فاتحة خطاب در هر باب و خاتمة مقال در هر حال سپاس

و ستايش حكيمى را سزد كه درجات ارتفاع افتاب عزّت و كبريايش...

(fol. 11 v°).

3° Opuscule en arabe par Shihab ed-Din Ahmed ibn el-Medjdi sur l'emploi du quart de cercle qui sert à prendre la hauteur du soleil, nommé ربع المقنطرات, composé pour les commençants; il est divisé en une préface et dix sections extrêmement courtes; la préface, qui tient à peu près une demi-page, traite des termes techniques dont il est question dans le reste de l'ouvrage, خطّ وسط السّما, قوس الارتفاع, المركز etc.

Début : قال الشيخ الامام العالم العلامة الاستاد الفاضل شهاب الدين

احمد بن المجدى للحمد لله حمد الشاكرين والصلوة على سيدنا محمّد وآله الطيّبين وبعد فهذه رسالة فى العل بالربع الموسوم بالمقنطرات وصنعتها للمبتدى طريقا الى الوصول مشتملة على مقدّمة وعشرة فصول (fol. 105 v°).

4° Opuscule en arabe, sans titre, ni nom d'auteur, mais probablement par l'auteur du précédent, Shihab ed-Din Ahmed ibn el-Medjdi, sur les usages divers du quart de cercle nommé الربع الكَجِّيب, composé également d'une façon élémentaire pour les commençants. Cet opuscule est divisé en une courte introduction, dans laquelle se trouvent expliqués quelques termes techniques, de vingt petits chapitres et d'une conclusion; il est suivi de neuf chapitres très courts traitant des opérations astronomiques que l'on peut également effectuer avec cet instrument, par exemple : باب معرفة باب معرفة استخراج عرض البلد الجهول, استخراج غاية الارتفاع بالحساب معرفة استخراج نصف قوس النهار والليل ,عرضه

Début : الحمد لله رب العالمين... وبعد فهذه رسالة فى بعض اعمال الربع الجيب استعلت فيها البيان والايضاح غالبا وان اتى الى التكرار ونحوه ليسهل فهمها على المبتدبين وبالله استعين (fol. 109 v°).

5° كتاب سى فصل. Précis très succinct de chronographie et d'astronomie destiné à la confection des almanachs par Nasir ed-Din el-Tousi, en arabe. Ce traité, sans titre, ni nom d'auteur, qui porte l'indication inexacte de سه فصل, et dans lequel on ne trouve pas la mention du nom de Nasir ed-Din, est divisé en trente sections fort courtes. Cet opuscule, qui n'a aucune importance, commence par : الحمد لله رب العالمين.... فهذا مختصر فى معرفة التقاويم مشتمل على ثلاثين فصلا الفصل الاول فى حساب الجمل وهو ترتيب ابجد L'original fut écrit en persan en 658 de l'hégire, voir n° 778 (fol. 117 v°).

6° Commentaire en persan sur le traité de l'astrolabe écrit par Nasir ed-Din el-Tousi sous le titre de بيست باب در معرفت اعمال اسطرلاب, par Mohammed ibn Soleïman el-Boursévi البرسوى, plus connu sous le nom de افه زاده Afe-zadè, qui le dédia au sultan osmanli Bayézid Khan, fils de Mohammed Khan, fils de Mourad Khan, soit le sultan Bayézid Khan II, fils de Mohammed Khan el-Fatih, qui régna sur l'empire d'Osman de 886 à 918. Ce commentaire, qui est très bien fait, et pour lequel Mohammed ibn Soleïman el-Boursévi a utilisé celui d'el-Birdjendi, commence par : الحمد لله الذى رفع السموات بغير عمد ووضع النجوم فيها بلا حساب ولا عدد حد بى حد وسياس بى قياس حضرت (fol. 126 v°).

Ce manuscrit a appartenu à un officier des Grands Mogols, nommé el-Seyyid el-Hadjdj Ahmed Taufik el-Makami el-Khalédi ibn el-Seyyid Mohammed Shems ed-Din, qui avait imprimé son cachet à toutes les pages où commence un nouveau traité; les empreintes de ce cachet ont été recou-

vertes par un voleur d'épaisses feuilles de papier qui les dissimulent complètement.

Bons neskhi et nestalik turcs, copiés par un certain Ali ibn Soleïman en 1126
de l'hégire (1714 de J.-C.). 162 feuillets. 15 sur 21 centimètres. Reliure turque
en toile verte recouvrant une reliure en cuir plus ancienne. — (Suppl. 1657.)

784

Recueil de traités d'astronomie et d'astrologie.

1° كتاب زيج اشرفى . Traité d'astronomie, par Mohammed ibn Abi
Abd Allah Sindjar el-Kémali, connu sous le nom de Seïf Mounédjdjim Ba-
yazdivi سيف منجّم بايزدوى (fol. 2 r°).

L'auteur dit qu'il a écrit ce traité, après avoir vécu quelque temps à Shiraz دار الملك شيراز, pour remplacer toutes les tables astronomiques
زيجات qui avaient été composées avant lui, et parmi lesquelles il cite le زيج
شاه (fol. 2 v°), peut-être le زيج شاه ou le زيج الشاه que cite Hadji
Khalifa (voir n° 781), le زيج قانون اسكندرانى qui est également mentionné par Albirouni, les tables de Mohammed ibn Djaber intitulées زيج
رقّى, celles de Mohyi-i Maghrébi et de Nasir ed-Din el-Tousi (fol. 2 r° et v°).
Le Zidj-i Ashrafi est divisé en une préface et huit discours مقاله; Mohammed ibn Abi Abd Allah composa ces tables en l'année 702 de l'hégire,
qui correspond à l'année 672 de l'ère de Yezdégerd (fol. 3 v°). Dans un
passage du premier chapitre du premier discours, Mohammed ibn Abi Abd
Allah signale l'existence d'une ère particulière au Fars, la تاريخ خراج,
dans laquelle l'année était rigoureusement solaire, et dont aucun auteur
n'avait parlé avant lui. Cette ère, la تاريخ خراجى, dont l'origine était 3714
ans après le déluge, aurait été inventée sous le règne du roi sassanide
Khosrav Perviz; elle était très courante à Shiraz, surtout dans les bureaux
de l'administration, et on s'en servait beaucoup dans les actes officiels
(fol. 3 r° et v°); cette considération a conduit Mohammed ibn Abi Abd
Allah à mentionner dans ses tables des planètes et des étoiles fixes cette ère
qui était purement solaire.

Début : شكر و سپاس پادشاهى را كه وجود هر موجود از فيض خود
اوست و مبدإ هر هستى (fol. 1 v°).

2° طالع مولود ابن علا الملك . Horoscope du dernier prince ismaïlien
d'Alamout, Rokn ed-Dounia wed-Din Ala el-Islam علاء الاسلام, fils d'Ala

ed-Din Mohammed, fils de Djélal ed-Din Hasan Naw-Musulman, fils de Mohammed, fils de Hasan ala zikrihi el-sélam السّلام ذكره على, né dans la forteresse de Lambéser لمسر, le neuvième jour du mois de Redjeb 632 de l'hégire, assassiné par les Mongols sur les bords du Djihoun en 656, en revenant de Karakoroum, où l'avait mandé l'empereur Monkké-Khaghan. Cette pièce a été copiée sur le document original, comme l'indique une note du folio 259 verso.

Début : اللّهم مولانا يا ذا الرحمة الواسعة والجود العم والفضل العظم مالك الملك (fol. 252 r°)

3° تتمّة قرانات محمّد بكراني. Traité de prédictions astrologiques fondées sur les conjonctions des planètes dans les trigones مثلثه, par Mohammed Bekrani. Il existe à la Bodléienne (Catalogue d'Éthé, 1526), sous le titre de رسالة القرانات, un traité persan sur les conjonctions des planètes d'après les théories d'Abou Maashar Djaafer ibn Mohammed ibn Omar el-Balkhi († 272 H.); il est possible que le présent traité soit la suite de celui d'Oxford. L'auteur de cet opuscule cite des conjonctions qui devaient se produire en 806, 807, 810, 827, 847, 849, etc. (fol. 260 r°).

4° رساله در هيلاجات وكدخداة و عطيه عمر. Traité par un anonyme sur les moyens de prévoir les vicissitudes de la vie d'un homme par des pratiques astrologiques; ce traité est divisé en 26 chapitres (fol. 276 r°).

5° رساله در بيان نيك و بد ستاركان. Traité astrologique sur l'influence bonne ou mauvaise des planètes, par un anonyme.

Début : امّا بعد ..... يدانكه احوال نيك بودن ستاركان بر هفت نوع بود اول آنكه در خانه خويش باشند.. (fol. 281 v°).

6° استخراج مولود تصنيف محمد حسن قمى. Horoscope, par lui-même, de Mohammed ibn Hasan el-Koummi.

Ce personnage, qui se donne les titres de داعى المسلمين العبد المتوسّل بالنبى الامّى, naquit à Astérabad, le vendredi 22 du mois de Ramadhan de l'année 654 de l'hégire. Il est vraisemblablement le fils de Hasan ibn Mohammed el-Nishapouri, qui a écrit le commentaire des tables de Nasir ed-Din el-Tousi intitulé Keshf el-hakayek, n° 782.

Début · امّا بعد چنين كويد ..... كه اتفاق افتاد ولادت ابن ضعيف

در شــهـر استــرابـاد کـه طـول وی است از جزایر خالدات فطالع.....
(fol. 284 r°).

Bon neskhi persan très menu, à frontispices et encadrements en or et en couleurs, de la première moitié du xvi° siècle. 28 sur 14 centimètres. Reliure en maroquin rouge estampé et doré. — (Schefer 178. — Supplément 1488.)

785

زیج سلطان كوركانی. Tables astronomiques du sultan timouride Oulough Beg, fils de Shah Rokh, fils de Témour Keurguen.

Les observations d'après lesquelles ces tables furent rédigées furent commencées par Salah ed-Din Mousa, surnommé Kazizadè-i Roumi (+815 H.), et par Ghiyas ed-Din Djemshid. Ghiyas ed-Din Djemshid mourut au moment de se mettre à l'œuvre, et Salah ed-Din Mousa mourut avant que les tables ne fussent terminées. L'œuvre fut menée à son terme par Ali ibn Mohammed Koushtchi (fol. 3 r°); un quatrième astronome, Moïn ed-Din el-Kashani, travailla également à la rédaction de ces tables qui furent terminées en 841. L'observatoire de Samarkand, d'après l'auteur de l'histoire des Timourides intitulée Matla el-saadeïn, fut bâti en 823 de l'hégire, et les observations y durèrent de 823 à 841 (cf. Rieu, *Catalogue*, p. 456).

Abd er-Rezzak Samarkandi raconte dans le Matla el-saadeïn (ms. 468, fol. 100 r° et v°, et 469, fol. 109 r° et v°) que le sultan Oulough Beg faisait sa société des astronomes les plus célèbres de son époque, tels Maulana Salah ed-Din Mousa Kazizadè-i Roumi et Ala ed-Din Ali Koushtchi qu'il avait élevé et que, par tendresse, il nommait son fils, ces deux astronomes habitaient Samarkand; tels Maulana-i a'zam Ghiyas ed-Din Djemshid et Maulana-i moazzem Moïn ed-Din, que Mirza Oulough Beg avait fait venir de Kashan pour les installer à Samarkand. Oulough Beg fit des observations pour vérifier l'exactitude des tables du soleil et des autres étoiles, et il ajouta le résultat de ce travail aux nouvelles tables ilkhaniennes qui avaient été calculées par le très savant Nasir ed-Din el-Tousi. Il démontra l'existence de différences dans les tables du soleil et des autres planètes. La renommée de ce grand œuvre se répandit dans les royaumes et les contrées du monde, et le prince entreprit alors de réviser et de mettre au point les tables ilkhaniennes; ce travail, une fois terminé, reçut le nom de «Tables impériales keurguéniennes», et ce fut un ouvrage très employé par les personnes qui faisaient des observations astrologiques et par celles qui dressaient des tables d'étoiles : بر کرده رصد را کواکب سایر و آفتاب تقویم و

زیج جدید ایلخانی که جناب حکمت مآب خواجه نصیر الدین طوسی
استخراج نموده بود فواید و لطایف افزود و در تقویم آفتاب و کواکب دیکر
تفاوت صریح ظاهر ساخت......و آوازۀ آن امر خطیر در بلاد و امصار
اشتهار و انتشار یافت و شهزاده موفّق کردید تا آن زیج تصحیح یافته و
باتمام رسید و بزیج سلطان کورکان موسوم شد و در میان مهرۀ صناعت
تنجیم و اصاحیب تقویم معمول و متداول است

Ce volume porte au recto du folio 2 le titre de کتاب الغبیک بن هذا ; ces tables sont aussi intitulées شاه رخ بن تیمور کورکان السمرقندی. Le contenu de cet important ouvrage est assez et زیج الوغ بیك کورکان
connu depuis que Sédillot a publié le texte et la traduction de ses prolégo-
mènes. Les tables d'Oulough Beg sont divisées en quatre discours; elles ont
été commentées, sous le titre de شرح زیج جدید سلطانی, par Abd el-Ali
ibn Mohammed ibn Hoseïn Birdjendi en 929 de l'hégire (Rieu, *Catalogue*,
p. 457), et par Ali Koushtchi, sous le titre de سلّم السما (Éthé, *Bodleian*,
p. 929). Molla Mahmoud ibn Mohammed, surnommé Mirem میرم, a composé sous le titre de دستور العمل فی تصحیح الجدول, en 904, un commentaire des tables d'Oulough Beg, qu'il dédia au sultan Bayézid; dans sa
préface, cet astronome reproche à Ali Koushtchi de s'être borné dans son
commentaire à la partie géométrique et d'avoir sacrifié les autres (n° 791).
Les tables d'Oulough Beg ont été abrégées par le sheïkh Mohammed ibn
Abil Fath el-Souti el-Misri, et le sheïkh Khidr ibn el-Kader el-Bouroullousi
publia un remaniement de cet abrégé sous le titre de بهجة الفکر فی حلّ ; elles ont été traduites en arabe sous le titre de تذکرة الفهم; الشمس والقمر et de التسهیل فی عمل التقویم, par Abd er-Rahman el-Salihi, mouvakkit de
la grande mosquée des Omeyyades, qui avait quitté le service du prince
timouride. Un index sommaire se trouve au verso du premier feuillet
et renvoie à la pagination orientale du manuscrit.

Début : تبارک الّذی جعل فی السماء بروجًا وجعل فیها سراجًا وقمرًا
منیرًا وهو الّذی جعل اللیل والنهار خلقه لمن اراد ان یذکر او اراد شکورًا
مالك الملك که مصباح صباح وجعلنا سراجًا وهّاجا افروختۀ حکمت
اوست... چنین کوید اضعف عباد الله واحوجهم الی الله المستعان الخ
بیك بن (مِن .ms) شاهرخ بن تیمور کورکان

Le présent manuscrit porte les ex-libris d'un nommé Mustafa ibn Soh-
rab سهراب, de ...ibn Ibrahim.

Assez bon neskhi turc du xvi° siècle. 198 feuillets. 29 sur 21 centimètres.
Reliure orientale en maroquin estampé. — (Ancien fonds 164.)

<h1 style="text-align:center">786</h1>

Le même ouvrage.

Exemplaire incomplet auquel, entre autres lacunes et transpositions,
manque le premier discours.

Assez bon neskhi persan à encadrements de la fin du xvi° siècle. 226 feuillets. 24 sur 18 centimètres. Reliure orientale en maroquin olive estampé et doré.
— (Thévenot, Regius 1554,5. — Ancien fonds 172.)

<h1 style="text-align:center">787</h1>

Le même ouvrage.

Exemplaire portant des gloses marginales empruntées au commentaire
de Molla Abd el-Ali (fol. 4 r°, etc), c'est-à-dire au شرح زيج جديد d'Abd
el-Ali ibn Mohammed ibn Hoseïn el-Birdjendi (929 H.), sur lequel voir
le n° 785. On trouve au verso du 2° feuillet la notice d'une observation
astronomique faite en Rébi second de l'année 1004. Cet exemplaire porte
au recto du folio 1 l'estimation de sa valeur à 15 roupies.

Assez bon neskhi indien de la fin du xvii° siècle. 185 feuillets. 33 sur
24 centimètres. Reliure orientale en peau rouge. (Anquetil 72. — Supplément 366.)

<h1 style="text-align:center">788</h1>

Le même ouvrage.

Assez bon neskhi persan de la fin du xvii° siècle. 158 feuillets. 29 sur 18 centimètres. Demi-reliure. — (Schefer 36. — Supplément 1341.)

<h1 style="text-align:center">789</h1>

رسالة فى علم الهيئة. Précis d'astronomie, par Zeïn ed-Din
Ali Koushtchi.

Ala ed-Din, ou Zeïn ed-Din, Ali ibn Mohammed Koushtchi fut dès sa
jeunesse l'un des favoris du sultan timouride Mirza Oulough Beg Keurguen
(Khondémir, Hébib el-siyer, ms. 320, fol. 221 r°), qui l'appelait son fils

II. 5

chéri, et auprès duquel il remplissait les fonctions de fauconnier قوشچی; il fut l'élève de l'astronome Salah ed-Din Mousa, surnommé Kazizadè-i Roumi (*ibid.*, fol. ٢٢٠ v°), qu'il quitta pour aller étudier l'astronomie dans le Kirman; ce fut dans ce pays qu'il écrivit son commentaire sur le Tedjrid de Nasir ed-Din el-Tousi. De retour à Samarkand, Koushtchi fut attaché à l'observatoire construit dans cette ville en ٨٢٣ de l'hégire. Il fut, avec son maître Salah ed-Din, Ghiyas ed-Din Djemshid Kashani et Moïn ed-Din, le collaborateur du sultan timouride, et il publia, sous le titre de Zidj-i djédid, l'édition des tables d'Oulough Beg décrite sous le n° 785. Après l'assassinat du sultan par Mirza Abd el-Latif, Ali Koushtchi se retira à Tébriz auprès du prince de la dynastie des Ak-Kouyounlou, Ouzoun Hasan, et ce souverain l'envoya en mission auprès du sultan osmanli Mohammed Khan II el-Fatih; ce fut à la cour de Mohammed II qu'il composa le présent ouvrage et un traité de géométrie intitulé رسالة در علم حساب; la الرسالة الفتحيّة est une recension arabe développée de la الرسالة فى علم الهيئة. Son principal ouvrage est le commentaire sur les tables d'Oulough Beg qui porte le titre de سمّ السما (Rieu, *Supplément*, p. 112). Ala ed-Din Ali Koushtchi termina sa carrière à Constantinople où il mourut en 879 de l'hégire. Ce précis d'astronomie, qui fut composé pour Sultan Mohammed Khan II, commence sans préface par: امّا بعد اين كتاب مشتمل است بر يك مقدمة و دو مقالة مقدمه در بيان آنجه بمش از شروع; l'introduction, qui est très courte, traite des éléments de la géométrie; le premier discours, intitulé (fol. 5 v°) در بيان احوال اجرام علوى, est divisé en six chapitres : il traite du nombre des sphères célestes, de leurs formes et de leurs mouvements; on y retrouve les théories qui sont classiques chez les astronomes et les philosophes musulmans; le second discours (fol. 39 v°) est intitulé در بيان هيات زمين و قسمت او باقاليم و بيان آنجه لازم آيد اوراً بحسب اختلاط و اوضاع علويّات, il se divise en 11 chapitres traitant de la forme de la terre, de sa division en sept climats, de la division du temps, de sa mesure par le moyen des cadrans solaires, et de la ligne équatoriale خط نصف النهار. Il existe un commentaire de ce traité d'astronomie qui fut composé par Moslih ed-Din Mohammed el-Ansari († 979 H.); un exemplaire en est décrit dans le Catalogue des manuscrits de Saint-Pétersbourg (p. 303). Le présent manuscrit fut copié pour le sultan Mohammed Khan III († 1012 H.), fils de Mourad III برسم مطالعة السلطان الاعظم السلطان بن السلطان محمّد خان بن سلطان مراد خان; il porte au recto du folio 68 le cachet du sultan.

Manuscrit de grand luxe, bon neskhi avec encadrements et frontispices en or et en couleurs de l'extrême fin du XVI° siècle de notre ère. 68 feuillets.

17 sur 10 centimètres. Reliure en maroquin violet estampé. — (Schefer 85. — Supplément 1393.)

790

زج ملخّص ميرزائى. Tables astronomiques, par Abd el-Kadir ibn Hasan Rouyani رويانى.

Abd el-Kadir el-Rouyani est peut-être le Nizam ed-Din Abd el-Kadir dont parle Khondémir dans le Hébib el-siyer (ms. 320, fol. 308 r°) qui, sous le règne de Sultan Hoseïn Mirza, fut professeur au Collège royal, et qui mourut en 925 de l'hégire.

Le titre ne se trouve donné qu'au folio 16 verso; l'auteur cite dans sa préface les noms des savants qui, avant lui, avaient composé des tables astronomiques, Shems ed-Din Vankouni (?), Ghiyas ed-Din Djemshid Kashani, Hasan Shah Semnani, Nasir-i Shirazi, Ali Shah Khvarizmi, qui se basèrent sur les tables de Nasir ed-Din el-Tousi چنانكه هر يك...باصول رصد خانى el-Tousi بر سلطانى نوشته اند، et Seyyid Rokn ed-Din Amoli qui se fonda sur les tables d'Oulough Beg زج سلطانى رصد سلطانى نوشته. Il cite également le Zidj-i Sultani d'Oulough Beg et les travaux d'Ali Koushtchi; il s'est aussi servi, pour rédiger le présent ouvrage, des tables de Nasir ed-Din el-Tousi, dont il cite la traduction du Καρπός (voir n° 777). Les tables d'Abd el-Kadir ibn Hasan el-Rouyani furent composées en l'année 891 de l'hégire, comme on le voit (fol. 26 r°) par un passage où l'auteur traite de la conversion des ères. Elles sont dédiées au sultan timouride Mirza Ali, auquel l'auteur donne les titres de سلطان الملك الولى السلطان الاعظم سلطان...حضرت خلافت پناه... ميرزا على.....ايزد سبحانه و تعالى...ظل مرحمت وجهانبانى حضرت صاحب قرانى بر كافة اهل اسلام مبسوط و مخلّد كردانيد (fol. 15 r° et v°).

Sultan Ali Mirza, fils de Sultan Mahmoud Mirza († 900 H.), fils de Sultan Abou Saïd Mirza, petit-fils de Djélal ed-Din Miranshah, était, au commencement du x° siècle, souverain, dans la Transoxiane, de Samarkand où il avait succédé en 903 à Mirza Baïsonkor, et des deux villes de Khodjend et de Ouratépé que lui avait cédées le sultan Ahmed Mirza († 899), fils d'Abou Saïd Mirza. Sultan Ali Mirza avait épousé la fille de Sultan Ahmed Mirza, Sultan Bégoum, ce qui le rendait le beau-frère de Zahir ed-Din Mohammed Baber. Ali Mirza abandonna tous les soins du gouvernement à son vizir Khadjè Yahya; ce fut avec lui que la puissance des Timourides s'effondra dans la Transoxiane, et ce fait détermina Baber à aller chercher fortune dans l'Inde. Quand Mohammed Khan Sheïbani vint assiéger Samarkand, la mère de Sultan Ali Mirza offrit au prince mongol, par suite des

5.

intrigues de Abou Yousouf Arghoun, de lui faire rendre Samarkand par Ali Mirza, s'il la voulait épouser. Le sultan timouride se rendit dans le camp de Sheïbani Khan qui le fit mettre à mort dans la prairie des spatules قلبه اولانكى, en 906 de l'hégire. Mohammed Émin Boukhari dit même que Sultan Ali périt de la main de Sheïbani Khan (Baber, Mémoires, édit. de Kazan, p. 18, 25, 94 et 98; Khondémir, Hébib el-siyer, ms. 320, fol. 287 r°; Mohammed Émin, Tarikh-i Turkestan, ms. 472, fol. 49 v°; Nédim, منجم باشى تاريخى ترجمه سى, t. III, p. 76).

Ces tables sont divisées en 4 discours (makala) : مقاله ١ در معرفت ; مقاله ٢ در روش ستارها و موضع ايشان در طول و عرض (fol. 15 v°); تواريخ مقاله ٣ در معـرفـت اعـمـال نجـوى و تـوابـع آن (fol. 30 r°); و تـوابـع آن (fol. 40 v°); مقاله ٤ در استخراج طالع (fol. 46 v°).

Le volume se termine (fol. 55 r°) par les tables proprement dites, qui ont précédées de tableaux d'horoscopes.

Écritures médiocres, probablement de la Transoxiane, de la fin du XVI° siècle de notre ère. 105 feuillets, 18 sur 12 centimètres. Demi-reliure au chiffre de Louis-Philippe. — (Supplément 371.)

791

دستور العل و تصحیح الجدول. Commentaire sur les tables astronomiques d'Oulough Beg.

Cet ouvrage a pour auteur le molla Mahmoud ibn Mohammed ibn Kazizadè-i Roumi, connu sous le nom de Mirem مریم Tchélébi, petit-fils, à la fois d'Ali Koushtchi et de Salah ed-Din Kazizadè-i Roumi, qui fut employé par le sultan Oulough Beg à l'observatoire de Samarkand, et qui commença les observations qui aboutirent à la rédaction du Zidj-i djédid. Le titre de l'ouvrage n'est donné qu'à la page 7; il est dédié au sultan Bayézid Khan, fils de Mohammed Khan (p. 5), et il a été terminé en Redjeb 904 de l'hégire (Hadji Khalifa, Dict. bibl., t. III, p. 560, n° 785, et p. 443). Mirem Tchélébi mourut au mois de Zoulkaada 932 de l'hégire (p. 443); ce personnage est qualifié de علامة العالم سالك مسالك التدقـيـق نافع منافع التدقیق مولانا محمود بن محمد بن قاضى زاده الروى المشتهر بمریم چلبى القاضى بالعساكر المنصور فى ولایت اناطولى, ce qui montre qu'il occupa les hautes fonctions juridiques de Kazi-asker d'Anatolie. On lit, à la page 5, le reproche que Mahmoud ibn Mohammed ibn Kazizadè-i Roumi adresse à

Ali Koushtchi, et qui a été relevé par Hadji Khalifa : و جماعتى از اعزه خلان

و خلاص اخوان ازين داعى النفاس ميكردند كه بعضى مشكلات آنرا حلى

و بعضى اعمال انرا مثالى نوشته شود چه شرى كه حضرت جدى و افتخارى

علامة العالم سالك مسالك التحقيق ناهج مناهج التدقيق مولانا على القوشچى

نوشته اند مقصورست بر براهين هندسى و تعلق بتوضيح اعمال ندارد

(voir n° 785); les plaintes que ses amis lui en exprimèrent le déterminèrent à composer le présent commentaire quand ses loisirs lui en laissèrent le temps.

Le commentaire de la première makala commence par : متن مقالت اول

در معرفت تواريخ تا آخر شرح تاريخ در لغت تعريف...

L'ouvrage débute sans le bismillah par : تبارك الذى له ملك السموات

والارض وعنده علم الساعة حكيمى واهب العطيه كه بمقتضاى تقديرات

Le présent exemplaire, qui a été copié en 932 sur l'autographe de l'auteur de 904, a appartenu à un nommé Amr Allah ibn Ahmed ibn Mahmoud ibn el-Hadjdj Mourid el-Édirnévi, qui demeurait près de la mosquée nouvelle, à Andrinople, puis à un certain Mohammed Ali, puis au sheïkh Mohammed ibn Ali, plus connu sous le nom de Mâni (998 H.). Sur le dernier feuillet, se lisent des notes relatives au calcul des éclipses.

Neskhi turc passable de 932 de l'hégire (1525 de J.-C.). 446 pages. 21 sur 16 centimètres. Reliure en basane aux armes de Napoléon Ier. — (Thévenot. — Ancien fonds 171.)

792

Traité sur l'usage du quart de cercle nommé ربع المقنطرات, par Mahmoud ibn Mohammed ibn Kazizadè-i Roumi, connu sous le nom de Mirem Tchélébi († 932 H.).

Ce traité, qui est cité par Hadji Khalifa (*Dict. bibl.*, t. III, p. 402), sous l'article رسالة فى الربع الجيب, est dédié au sultan osmanli Bayézid Khan II (fol. 2 r°); il est divisé en 20 chapitres. Hadji Khalifa indique dans ce passage les noms de quelques autres astronomes qui ont traité du الربع الجيب, tels, Aboul Abbas Ahmed el-Kastellani el-Misri († 932), Ata Allah el-Adjémi, Mohyi ed-Din Mohammed ibn el-Kasem (†900), qui écrivit un commentaire du traité d'el-Adjémi, Ghars ed-Din ibn Ahmed ibn el-Nakib. Mirem Tchélébi a également composé un traité, dédié à Bayézid II, sur le الربع الجيب.

Début : ..... چدی که حیطهٔ اوهام از سعت مشرقش متقاصر آید

Neskhi ture passable de la fin du xvi° siècle de notre ère, 16 feuillets,
20 sur 13 centimètres. Cartonnage. — (Supplément 373.)

793

Traité sur la fabrication et l'emploi de l'astrolabe, par
Abou Bashâni(?) Ala el-Kirmani.

L'auteur de ce traité dit dans sa préface qu'il en a entrepris la rédaction pour le sultan osmanli Bayézid Khan, vraisemblablement Bayézid II
(† 918 H.), père de Sultan Sélim; il est divisé en 7 chapitres (fasl) :

ف ۱ در معرفت ساختن کرهٔ محیط الاستداره بقدر الامکان (fol. 4 v°) ;
ف ۲ در ساختن حلقهٔ مستدیر که سعهٔ طرف باطن آن بقدر دائرهٔ
عظیمه بود که بر کرهٔ معوله فرض کنند (fol. 6 r°) ; ف ۳ در ترکیب نصفین
کره و رسم دوائر و تعیین اقطاب برو (fol. 8 r°) ; ف ۴ در قسمت منطقهٔ
البروج و معدل النهار (fol. 10 r°) ; ف ۵ در وضع کواکب ثابته بر کرهٔ
بوجهی که بحسب طول و عرض دربن کره چنان باشد که در فلك
(fol. 12 r°) ; ف ۶ در بیان بعضی فوائد کرهٔ مذکوره (fol. 13 r°) ; ف ۸ در
بیان تحصیل معرفهٔ طوالع اوقات ازین کره بی علمی و حسابی (fol. 17 v°).

Ce volume porte, au recto du folio 1, le titre de تصنیع در فارسی رساله

سطرلاب و سطوح و دوائر و اشکال سائره, et, au folio 2 recto, le cachet
et l'ex-libris de Moustafa Sadiki (1129 H.) et d'Abou Bekr ibn Ibrahim
Pacha.

Très beau nestalik persan à encadrement en or, copié à la Mecque en Zoulhidjdja
999 de l'hégire (1590 de J. C.), par le calligraphe Sultan Ali el-Hérévi. 22
feuillets de papier sablé d'or. 20 sur 12 centimètres. Reliure en maroquin
gaufré. — (Schefer 165. — Supplément 1474.)

794

Tables astronomiques anonymes et sans titre.

Il n'y a aucune préface qui permette de déterminer l'époque de leur
composition. Elles comprennent, entre autres choses, les équations du mou-

vement moyen du soleil, les conjonctions du soleil, de la lune et des planètes, avec l'indication des coordonnées des principales localités de l'Iran.

Écriture médiocre et très cursive de la fin du xvii° siècle. 42 feuillets. 32 sur 21 centimètres. Reliure en maroquin plein aux armes du roi. — (Ancien fonds 165.)

795

Almanach pour l'année 842 de l'hégire.

Cet almanach a été composé pour le sultan osmanli Mourad Khan II, fils de Sultan Mohammed Khan, par Ibrahim ibn el-Djémal, fils du chef des astrologues et des géomanciens de la Porte Ottomane شيخ المنجّم والرمّال ; il se compose en grande partie de tableaux astrologiques. On trouve, au recto du folio 2, la dédicace à Mourad Khan II, dont le nom n'est point cité, ainsi rédigée : رسم خزانة العالية الشريفة الاميرى الكبيرى العالمى العادلى الملكى المولوى المؤيّدى المظفرى الناصرى المنصورى الذخرى الذخرى وهو ملك معظم ذى لتنطير المختم صاحب اللطف والاحسان اسكندر زمان اسفندبار دوران......

Bon nestalik persan de 842 de l'hégire (1438 de J.-C.). 31 feuillets. 37 sur 26 centimètres. Cartonnage. — (Renaudot, Saint-Germain 150. — Supplément 367.)

796

Almanach pour l'année 1083, sans prédictions.

Nestalik persan passable de 1083 de l'hégire (1672 de J.-C.). 18 feuillets. 19 sur 12 centimètres. Cartonnage. — (Supplément 377.)

797

Almanach pour l'année 1085 de l'hégire.

Cet almanach fut composé pour le souverain séfévi Aboul Mouzaffer Sultan Shah Soleïman el-Séfévi el-Mousévi el-Hoseïni Béhadour Khan, par l'astrologue royal, Ibn Mohammed Moukim Mounedjdjim Mohammed Djaafer Djounabédi.

Nestalik persan passable de 1085 de l'hégire (1674 de J.-C.). 27 feuillets. 23 sur 14 centimètres. Cartonnage. — (Deshauterayes. — Supplément 376.)

798

Almanach dressé en 1128 de l'hégire.

Cet opuscule contient, entre autres choses, la liste des cieux avec leurs particularités et des pronostics en vers; il a été établi pour un cycle de 19 ans et contient des concordances pour différentes ères.

Mauvaise écriture turque de 1716 de notre ère. 33 feuillets, 21 sur 16 centimètres. Reliure en maroquin brun. — (Supplément 374.)

799

Almanach pour l'année 1160 de l'hégire.

Nestalik indien passable de 1160 de l'hégire (1747 de J.-C.). 13 feuillets, 37 sur 23 centimètres. Cartonnage. — (Gentil 82. — Supplément 378.)

800

Almanach indien pour l'année 1224 de l'hégire.

Cet almanach est précédé de la description des fêtes du Naurouz.

Bon nestalik indien à encadrements de 1809 de notre ère. 18 feuillets, 30 sur 25 centimètres. Demi-reliure. — (Supplément 375.)

MÉCANIQUE.

801-802

Traduction du traité d'hydraulique de Bédi ez-Zéman Aboul Izz (ou Aziz, ms. arabe 5101, fol. 1 v°) Ismaïl ibn el-Rezzaz el-Djézéri.

Cet ouvrage traite des automates qui sont mis en mouvement par l'eau et de la façon de faire sortir plusieurs liquides d'un seul et même vase. Le texte arabe, qui est aussi rare que la version persane, existe sous les numéros 2477 et 5101 du fonds arabe. L'auteur raconte dans sa préface qu'il composa ce traité de mécanique hydraulique à la cour du prince ortokide, souverain apanagé زعم du Diar Bekr, el-Salih (Nasir ed-Din) Aboul Fath Mahmoud ibn Mohammed (ibn) Kara Arslan (597-618, Ibn al-Athir, *H. O.*, I, p. 79 et 98, Nédim, منظّم باشى تاريخى ترجمه‌سى, t. II, p. 577), après avoir vécu à la cour de son père Nour ed-Din Mohammed et de son frère Kotb ed-Din Sokman II, pendant une durée de vingt-cinq années, à l'époque du khalife abbasside el-Nasir li-Din Allah (fol. 2 r° et ms. arabe 5101, fol. 1 v°). D'après la souscription du ms. arabe 2477 (p. 112), le traité d'Aboul Izz el-Djézéri fut terminé le quatrième jour du mois de Djoumada second de l'année 602 de l'hégire. La date de la traduction persane n'est point indiquée, pas plus que le nom de la personne qui l'exécuta. Elle est divisée, comme l'original arabe, en six chapitres qui portent le titre de نوع, indiqués dans le manuscrit d'une façon assez inexacte :

نوع اوّل در عمل بنكام و فنكان نوع دويم در عمل اوندها و صورتهاى كه لايق مجالس شرابند نوع سيّم در عمل ابريقها و طاسها براى رك كشادن و براى وضوكردن نوع چهارم در عمل فوارتها در بركها كه مبتدل شوند و آلتها زمرزن دايم نوع پنجم در عمل آلتها كه بر آرند آنچه ميان عمق باشد از چاهى كه عميق بود نوع ششم در عمل اشكال مختلف غير متشابه (fol. 2 r°).

Les titres de ces sections sont dans le manuscrit arabe 2477, respective-vement : pour la troisième في عمل اباريق وطساس ونحوها; pour la quatrième في فوارات تبتدل في ازمنة معلومة وعمل الزمر الدايم; pour la cinquième في الالت ترفع ماء من غرة وبير ليست عميقة ونهر جار; pour la sixième هو مختلف واشكاله غير متشابهة.

D'après une note écrite au recto du folio 1, cet exemplaire a été copié sur un manuscrit qui faisait partie de la bibliothèque des rois de Perse, et les figures qui l'accompagnent ont été calquées sur les peintures de ce manuscrit; il est facile de voir, par le style et l'exécution de ces dessins, que l'original était un très beau manuscrit du commencement de l'époque séfévie.

Bon neskhi persan copié en 1291 de l'hégire (1874 de J.-C.) par Ibn Molla Mohammed Mehdi Agha Baba Shahin Zani. 193 feuillets et un volume de 446 calques. 21 sur 16 centimètres. Demi-reliure. — (Supplément 1145 et 1145 *a*.)

803

كتاب جر الثقيل. Traité de cinématique, par un anonyme.

Ce traité n'a point de préface et il est incomplet de la fin ; le premier chapitre, intitulé در ذكر نامهای آلات جرّ الثقيل (fol. 2 r°), est très écourté et n'a que quelques lignes ; le second chapitre اندر شرح آلت se divise en cinq sections : 1° اندر بحور (fol. 2 r°) ; 2° اندر منجل (fol. 4 v°) ; 3° اندر اسفين (fol. 6 r°) ; 4° اندر لولب (fol. 8 r°) ; 5° بكره (fol. 10 r°). Le troisième chapitre (fol. 12 r°) est intitulé اندر آنكه آلت سه گانه را. le quatrième, اندر تركيب اين آلت چون خواهند كه جرهای سخت كران بقوّت اندك بجنبانند (fol. 18 v°).

La cinématique porte dans la terminologie arabe le nom de جرّ الاثقال, c'est, dit Hadji Khalifa (*Dict. bibl.*, t. II, p. 589) : وهو علم يبحث فيه عن كيفية اتّخاذ الالات تحرّ الاشيآء الثقيلة بالقوة اليسيرة .... وقد برهن ابرن فی كتابه فی هذا العلم علی نقل مائة الف رطل بقوة خمسائة رطل وهو من فروع الهندسة

Cet exemplaire contient des figures géométriques soigneusement tracées ; il est interfolié et porte une traduction française partielle, de la main de Pétis de la Croix.

Bon nestalik persan du xvi° siècle de notre ère. 34 feuillets. 18 sur 12 centimètres. Reliure en basane pleine. — (Pétis de la Croix ; Arsenal. — Supplément 369.)

HISTOIRE NATURELLE.

804

كتاب تحفة الغرائب. Traité d'histoire naturelle.

Cet ouvrage traite surtout des propriétés des êtres et des choses, et des merveilles qui se trouvent dans les différentes parties du monde ; il est divisé en 35 chapitres dont la liste est donnée dans la préface (fol. 2 et 3). D'après Hadji Khalifa (*Dict. bibl.*, t. II, p. 234), il a pour auteur le molla turc Alemshah Abd el-Rahman ibn Satchli صاحلی Émir, qui est mort en l'année 987 de l'hégire ; ce dernier renseignement est certainement erroné, car la copie du présent exemplaire est datée de l'année 827 de l'hégire : و بو كتاب تمام اولدی پیغامبروك سكز یوز یگرمی یدسنده ذی القعده

(fol. 142 v°), et les détails donnés par Hadji Khalifa ne permettent guère de croire que le Tohfet el-gharayeb d'Alemsbah soit un autre ouvrage que celui qui est contenu dans le présent manuscrit. D'après la souscription du Tohfet el-gharayeb, cet ouvrage a été terminé en l'année 335 de l'hégire :

تمام شد تحفة الغرایب مبارکی و فرّخ ..... سال برسیصد وسی و پنج

(fol. 142 r°); il ne faut évidemment pas voir dans cette date l'indication de l'époque à laquelle le volume fut copié. Il est vraisemblable que cet ouvrage était primitivement écrit en langue arabe et qu'il fut traduit en persan en l'année 335 de l'hégire. L'attribution de cette traduction à Alemshah Abd el-Rahman reste assez douteuse.

Début : ....حجله اینها فواید تا کرد چیزی خاصیت هرچیزرا و... ....آید پدید نفی ازو

Bon neskhi turc, copié à Andrinople en 1424 de notre ère. 142 feuillets. 22 sur 15 centimètres. Demi-reliure. — (Tholozan. — Supplément 1300.)

805

جواهر نامه. Traité sur les pierres précieuses, par Mohammed ibn Mansour (fol. 3 v°).

Cet ouvrage a été écrit à la demande d'un prince nommé Abou Nasr Hasan Béhadour Khan (fol. 5 v°), et de Aboul Fath Khalil Béhadour Sultan (fol. 6 v°); ces deux dédicaces sont les mêmes dans l'exemplaire de Vienne (Fluegel, *Catalogue*, t. II, p. 516); l'exemplaire du Musée Britannique (Rieu, *Catalogue*, p. 465) est dédié à Aboul Fath Khalil Béhadour, fils d'Abou Nasr Hasan Béhadour Khan, qui est qualifié de الماثة موعود السابعة, tandis que, dans le présent volume, Abou Nasr Hasan est nommé العبّاسیّة الدولة مآثر یعنی; cette dernière mention montre que le Djévahir namè a été composé après la chute du Khalifat abbasside. L'auteur a fait plusieurs dédicaces successives de cet ouvrage qui a été écrit sous le règne de Ghazan Khan (694-703 H.), dont le nom est cité fol. 86 v°. Il est divisé en une préface et deux livres, dont le détail est donné tout au long dans le catalogue de Vienne.

Assez bon nestalik indien de la fin du xvii° siècle de notre ère, copié par Mohammed Khalil Beg Seïstani. 88 feuillets. 19 sur 11 centimètres. Reliure en maroquin rouge estampé et doré. — (Brueys 36. — Supplément 338.)

806

Le même ouvrage.

Exemplaire incomplet du commencement et de la fin; la préface et tout le premier chapitre, moins une page, ont disparu.

Bon neskhi persan du milieu du xiiiᵉ siècle. 47 feuillets, 19 sur 13 centimètres. Reliure en cuir rouge. — (Tholozan. — Supplément 1271.)

807

عجائب الخلوقات وغرائب الموجودات. Traité d'histoire naturelle traduit de l'ouvrage arabe du même titre de Zakariya ibn Mohammed ibn Mahmoud el-Kamouni el-Kazwini.

Hadji Khalifa donne à l'auteur le nom de el-Koufi au lieu d'el-Kamouni. Zakariya el-Kazwini fut le contemporain de l'auteur du Tarikh-i gouzidè et du Nouzhet el-kouloub, et il écrivit en arabe un traité de cosmographie connu sous le titre de اثار البلاد. Le Adjaïb el-makhloukat a été abrégé par un anonyme sous le titre de الدرر المنتقات من عجائب الخلوقات (Hadji Khalifa, Dict. bibl., t. IV, p. 189). Le nom de l'auteur qui exécuta la version persane n'est pas connu; elle est dédiée à un certain Izz ed-Din Shahpour شاهبور ibn Osman qui, d'après les titres qui lui sont donnés, paraît avoir rempli les fonctions de vizir.

La rédaction de ce manuscrit est un peu différente de celle qui se trouve décrite sous le nᵒ 809; cet exemplaire ne contient pas les peintures qui se trouvent dans certains manuscrits.

Ce manuscrit porte les ex-libris du kadi Mohammed Shouki, d'un nommé Mohammed ibn Kivam ed-Din, de Mohammed Khéïri ibn Seyyid Yahya. Au verso du folio 1, se trouve le commencement de la liste entière des stations منزله de la route de Damas à la Mecque.

Bon nestalik persan du milieu du xviᵉ siècle de notre ère. 163 feuillets. 26 sur 18 centimètres. Demi-reliure. — (Sainte-Geneviève. — Supplément 331.)

808

Le même ouvrage.

Exemplaire incomplet, sans les peintures dont la place avait cependant été réservée.

D'après une note inscrite dans l'intérieur de la couverture, ce manuscrit a été acheté par La Croix en 1673.

Nestalik persan passable, copié par Hasan Beg ibn Hadji Loutf Allah Yezdi, surnommé el-Kassâb, en 1069 de l'hégire (1658 de J.-C.), 148 feuillets, 25 sur 19 centimètres. Reliure en peau rouge souple. — (Colbert 5302; Regius 1550, 22. — Ancien fonds 141.)

809

Le même ouvrage.

Cet exemplaire présente des lacunes; il est orné de peintures dont on trouvera la description dans la *Revue des Bibliothèques,* année 1898, page 140; le texte est plus développé dans certaines parties que celui du manuscrit 810.

Neskhi et nestalik indiens passables du milieu du xvii⁰ siècle de notre ère. 246 feuillets, 25 sur 14 centimètres. Reliure indienne en cuir rouge. — (Anquetil 74. — Supplément 330.)

810

Le même ouvrage.

Exemplaire incomplet et contenant une version abrégée dans certaines parties, sans les peintures dont la place avait été réservée. Il porte les ex-libris d'Ibrahim ibn Mohammed el-Sagbir, d'un nommé Mustafa et de Ata Allah ibn Nouhi (1033 H.).

Assez bon nestalik persan, copié par un nommé Mohammed Taki Hérévi dans la seconde moitié du xvii⁰ siècle. Encadrements et frontispices en or et en couleurs, 110 feuillets, 24 sur 18 centimètres. Reliure en basane au chiffre de Napoléon Iᵉʳ. — (Regius 1610. — Ancien fonds 142.)

811

Le même ouvrage.

Exemplaire contenant toutes les peintures, qui sont décrites dans la *Revue des Bibliothèques,* année 1899, page 135.

Nestalik indien passable à encadrements et frontispices daté de 1200 de l'hégire (1785 de J.-C.), 527 feuillets, 33 sur 18 centimètres. Reliure en maroquin noir estampé. — (Darmesteter. — Supplément 1180.)

812

Le même ouvrage.

Fragment d'un exemplaire contenant les peintures, commençant dans le chapitre consacré aux montagnes et se terminant dans le cours de celui qui traite de l'homme.

Bon neskhi persan du commencement du xvi° siècle de notre ère. 98 feuillets. 25 sur 16 centimètres. Reliure en cuir rouge souple. — (Saint-Germain 156 *bis*. — Supplément 334.)

813

جرائب الدنيا و عجائب الاعلا. Paraphrase en vers de la seconde partie de l'Adjaïb el-makhloukat de Kazwini, par Djélal ed-Din Hamza Adori آذرى.

Le titre de l'ouvrage est donné (fol. 3 r°) sous la forme :

اين نكى كنج و اين طلسم آمد	چونكه عالم شه دو قسم آمد
. . . .	. . . .
كردمش زان سبب جدا اسمى	. . . .
و اسم ثانى عجائب الاعلا	اسم اوّل غرائب الـدنـيـا
و آنچه اندر عجائب الاعلاست	هر چه اندر غرائب الدنياست
و آن عجائب شه عباراتست	آن غرائب شه اشاراتست
. . . .	. . . .

L'auteur cite le Makhzen el-esrar de Nizami, la Hadika de Hakim Sénaï, le Mesnévi de Djélal ed-Din Roumi (fol. 4 r°), et il donne à la suite les unes des autres quatre recensions différentes de sa préface.

Cet ouvrage contient des peintures dont on trouvera la description dans la *Revue des Bibliothèques*, année 1899, page 57.

Bon nestalik persan, écrit sur deux colonnes, avec frontispices et encadrements en or et en couleurs, copié par Zeïn el-Abidin ibn Zoulkadr en 1238 de l'hégire (1822 de J.-C.). 137 feuillets. 29 sur 18 centimètres. Reliure en carton laqué jaune. — (Supplément 1148.)

814

عجائب المخلوقات وغرائب الموجودات. Traité d'histoire naturelle.

Le nom de l'auteur a disparu avec la partie de la préface qui se trouvait
entre les feuillets cotés actuellement 2 et 3; le titre ne se trouve qu'au folio 3 recto. Cet ouvrage présente de grandes similitudes avec le traité du
même titre et le آثار البلاد de Kazwini; il est divisé en 10 livres (rokn)
subdivisés eux-mêmes en sections et en paragraphes; la liste en est donnée
tout au long dans la préface sous une forme assez différente de celle que
l'on trouve indiquée dans le corps de l'ouvrage :

ركن ١ ﬁ عجايب الاجرام العلوية ــ ركن ٢ ﬁ عجايب لﻠحادثة بـيـن السما
والارض ــ ركن ٣ ﬁ عجايب الارض ﻤا لا واسطة فيها لابن ادم ــ ركن ٤ ﬁ
الابنية والمساجد والامصار الّتى بسﻜﻰ ابن ادم صلوات الله ــ ركن ٥ ﬁ عجايب
الاﺷﺠار والنبات ــ ركن ٦ ﬁ مصنوعات ابن ادم من الصور والكنوز ــ ركن ٧
ﬁ عجايب الادى واختلاﻒ اجناسهم ــ ركن ٨ ﬁ عجايب الجنّ والابالسة والمردة
ــ ركن ٩ ﬁ عجايب الطيور ﬁ العالم ــ ركن ١٠ ﬁ عجايب البهـايم والـسـبـاع
والوحوﺷ

Une grande partie de cet ouvrage, qui est plus amusant à lire qu'in-
structif, est disposée sous la forme de lexiques rangés par ordre alphabétique; il contient un grand nombre de peintures qui ont été décrites
dans la *Revue des Bibliothèques*, année 1898, page 142.

Exemplaire de luxe copié pour la bibliothèque du sultan ilkhanien de Baghdad,
Ahmed Khan ibn Oveis, en 790 de l'hégire (1388 de J.-C.). Bon nestalik persan
copié par Ahmed Hérévi. 249 feuillets. 30 sur 22 centimètres. Reliure en maroquin rouge plein. — (Supplément persan 332.)

815

خواص الاشيا. Traité d'histoire naturelle.

Dernier volume d'un exemplaire qui en comprenait plusieurs; le titre
se trouve dans la souscription (fol. 284 r°), et il a été répété par un
possesseur de ce manuscrit au recto du folio 1. Il est vraisemblable que cet

ouvrage est l'original de l'abrégé dont Rieu, dans son *Catalogue of Persian Man.* (t. II, p. 851), donne une description sommaire, et qui ne porte pas de nom d'auteur. Le volume commence par une description des substances minérales, puis il se continue par des vocabulaires sur les propriétés des arbres, des végétaux et des animaux, dont les noms sont rangés alphabétiquement; il se termine par une longue étude sur l'homme envisagé tant au point de vue physique et matériel qu'au point de vue intellectuel et moral, dans laquelle on retrouve les idées des Mystiques sur l'انسان كامل. On trouve cités, comme autorités de cet ouvrage, l'Adjaïb el-makhloukat, la Djami el-hikayat, l'histoire de Mahomet, ou Siyer el-nébi, le Kisas el-enbia.

Début : بسمله جنس سوم در ذكر اذهاب رطوبات بخارات كه در اجوان

زمین متبس بود كه بی هوای تابستان آنرا لطیف و خفیف كردانـد و
تصاعد دهد چون سردی هوای زمستان......

Assez bon nestalik courant, copié en 888 de l'hégire (1483 de J.-C.), par Sultan Hasan ibn Sultan Mahmoud ibn Shah Hoseïn ibn Mélik Izz ed-Din el-Abbassi el-Hashimi. 285 feuillets. 16 sur 10 centimètres. Reliure en maroquin noir. — (Vansleb; Regius 1550. — Ancien fonds 160.)

816

حیوة الانسان. Traduction, par Mohammed ibn Moubarek Hakim (Shah) el-Kazwini, du traité d'histoire naturelle écrit en arabe, sous le titre de حیوة الحیوان, par Kémal ed-Din Mohammed ibn Mousa ibn Isa el-Démiri الدمیری el-Shaféï (†808 H.).

Démiri, qui était juriste de son métier, raconte dans sa préface qu'il n'a pas entrepris la composition de ce traité à l'instigation de quelqu'un de ses amis, comme le prétendent beaucoup d'auteurs orientaux, mais uniquement pour lui-même, et pour approfondir des questions dont il ne pouvait trouver la solution (fol. 4 r°); il consulta pour le rédiger 560 ouvrages arabes écrits en prose et 199 divans, et il en fit deux éditions différentes, l'une plus concise et l'autre plus détaillée, contenant, comme additions, des détails historiques, en particulier, l'histoire des khalifes, et un système d'interprétation des songes (fol. 4 v° et Hadji Khalifa, *Dict. bibl.*, t. III, p. 122). En réalité, il y eut au moins trois éditions dont l'une intermédiaire entre la petite et la grande (Rieu, *Supplément arabe*, p. 533). L'original arabe fut terminé au mois de Redjeb 773 de l'hégire. Le titre de la version persane est donné dans l'introduction du traducteur : .....این ترجمه كتاب تمام

کردد... و نام ابنی نرجمه حیوة الانسان است زیرا که معرفت او سبب

حیوة ابدی انسانست (fol. ٢ v°); elle est dédiée (fol. 3 v°) au sultan osmanli Soleïman Khan, fils de Sultan Sélim, et non à Sultan Sélim, comme l'indique à tort Hadji Khalifa; la division en une préface et vingt-huit chapitres correspondant aux ٢٨ lettres de l'alphabet est identique à celle de l'original qui existe dans le fonds arabe sous les numéros ٢٧٨٣-٢٧٩٧. Un exemplaire de la rédaction abrégée se trouve sous le numéro ٢٧٩٨.

Le Hayat el-haïvan a été continué, sous le titre de طیب الحیوة, par Djémal ed-Din Mohammed ibn Ali ibn Mohammed el-Mekki († 837); il a été abrégé par Shems ed-Din Mohammed ibn Abi Bekr el-Démamini († 8٢8 H.), sous le titre de عین الحیوة, et cet ouvrage a été dédié en 8٢3 à l'émir Ahmed Pacha ibn Mouzaffer Shah, descendant des rois de l'Inde; d'autres abrégés ont été composés, par Omar ibn Younis ibn Omar el-Hanéfi, par Taki ed-Din Mohammed ibn Ahmed el-Fasi († 83٢), par un nommé Ali, en ١٠٠3 de l'hégire, sous le titre de بهجة الانسان ومهجة الحیوان; les plus célèbres sont celui que Djélal ed-Din Abd er-Rahman el-Soyouti écrivit en 90١ sous le titre de حاری الحسان من دیوان الحیوان (arabe ٢800), et le حیاة الحیوان de Mohammed ibn Abd el-Kadir ibn Mohammed el-Démiri (arabe ٢799). Ce manuscrit est orné de peintures dont la description se trouve dans la *Revue des Bibliothèques*, année 1898, page ١٤9.

817

مجمع الغرائب. Traité d'histoire naturelle et de cosmologie, par Sultan Mohammed ibn Dervish Mohammed el-Moufti el-Balkhi.

Le nom de l'auteur et le titre de l'ouvrage ne sont donnés qu'au folio 6 recto; le Modjem el-gharaïb est dédié au sultan sheïbanide Abd Allah II ibn Iskender Khan (fol. 5 r°); d'après Nédim, en 995, Abd Allah attaqua le roi séfévi Shah Abbas Ier et s'empara successivement du Khorasan et du Khvarizm; il mourut dans sa capitale, Samarkand, au cours de la vingt-sixième année de son règne, laissant le trône à son fils, Imam Kouli Khan (Nédim, منتجم باشی تاریخی ترجمه سی, t. II, p. 710). D'après Mohammed Émin ibn Mirza Zéman Boukhari, dont l'histoire est très différente sur ce point, le Tarikh-i Kiptchak-Khani, et le Mirat el-alem, le sultan sheïbanide

Abd Allah naquit en 942 H., et il avait 14 ans à la mort d'Abd el-Aziz, fils d'Abd Allah, souverain de Boukhara; il s'empara de Samarkand en 964, après la mort de Naurouz Ahmed Khan, et il la donna à Kédaï Sultan et à Djouvanmerd Ali Khan; en 986, il devint souverain de Samarkand et installa son père en qualité de sultan à Boukhara. Il mourut en 1006 de l'hégire, laissant le trône à son fils, Abd el-Moumin Khan, qui mourut quelques mois après, au cours d'un raid qu'il faisait vers Tashkend, et qui eut pour successeur Imam Kouli Mohammed Khan (Mohammed Émin, Tarikhi-i Turkestan, man. 472, fol. 68 v°, 71 v°, 92 v°, 93 r°; Bakhtaver Khan, Mirat el-alem, man. 350, fol. 128 r°; Tarikh-i Kiptchak-Khani, man. 348, fol. 593 et suiv.). D'après l'exemplaire de Londres, cet ouvrage fut écrit pour être dédié au prince uzbek de Balkh, Pir Mohammed Khan, fils de Tchani Beg Khan, et frère de Kistan Kara Sultan, qui s'empara de Balkh à la mort de Barak Khan (963 H.), et qui y régna jusqu'à l'époque de sa mort (974 H.) [Rieu, *Catalogue*, p. 426]; il est divisé en 15 chapitres dont la liste est donnée aux folios 6-7 et dans le Catalogue de Londres.

Cet exemplaire a perdu un ou deux feuillets au commencement, et l'un de ses possesseurs le donne pour l'œuvre d'un certain Abd er-Rezzak.

Assez bon neskhi persan, copié en 1047 de l'hégire (1637 de J.-C.) par Ahmed Béha ed-Din Moultani. 194 feuillets, 21 sur 13 centimètres. Reliure en maroquin brun. — (Tholozan. — Supplément 1297.)

MÉDECINE.

818

كتاب منصورى ou دانش نامه. Traité de médecine en vers, par Mouyassar-i Hakim.

Le nom de l'auteur, ميسر حكيم, se lit dans la souscription du manuscrit: تمت سپرى شد اين كتاب منصورى بنظم از گفتار ميسرى حكيم (fol. 164 r°); il était d'origine persane: و پس كفتم زمين ماست ايران (fol. 4 v°), et il composa cet ouvrage de 367 à 370 de l'hégire:

من ايـن كـفـتـاررا انـدام دادم   و دانـش نـام اول نـام دادم

من اينرا كفتم انـدر مـاه شـوال   بشصت و سيصد و هفت آمد سال

فراوان بـا دلم انـديـشـه كـردم   خردمندى و دانش پيشـه كـردم

(fol. 4 v°) et

بسال سیصد و هفتـاد بـودیـم   کزیں نامه هی بردخـتـه شـودیم

خدای اسمـانـرا شکـر بسـمـار   که مارا بهره داد از عقل کفـتـار

(fol. 163 v°).

Il avait alors atteint l'âge de 46 ans, et il avait déjà écrit d'autres ouvrages, tant en vers qu'en prose. Le Danish namèh est dédié à Nasir ed-Daulèh prince d'Iran سپه سالار ایران. Une note inscrite au folio 1 v° : کتاب المنصوری بالطب للرازی, et le titre de کتاب منصوری donné au folio 164 r°, font penser que cet ouvrage pourrait bien n'être qu'une recension en vers du traité de médecine المنصوری فی الطب, que Mohammed ibn Zakariya el-Razi, qui mourut en l'année 311, a écrit en arabe, et dont un exemplaire est conservé sous le n° 2866 du fonds arabe. Il existe dans la littérature persane un Danish namèh composé par Avicenne qui y traite de philosophie rationaliste et de logique.

Le prince auquel cet ouvrage est dédié est vraisemblablement le chef kurde Hasanvaïh ibn Hoseïn Barzikani auquel, vers 350 de l'hégire, le prince bouyyide Adhod el-Daulèh donna le gouvernement héréditaire du Kurdistan, et que le khalife abbasside décora du titre de Nasir el-Daulèh. Il eut pour successeur, en 370, son fils, Nasir ed-Din Aboul Nedjm Bedr ibn Hasanvaïh; il est possible que ce soit à ce dernier que fut dédié le Danish namèh.

Début :

بنـام پاك دادار جـهـانـست   که بخشایا و دانای نـهـانـست

خدای بر شده هفت آسمانست   خداوند زمین و آن زمانست

Assez bon neskhi persan à filet rouge, copié en 852 de l'hégire (1448 de J.-C.), par un nommé Mahmoud Tébrizi qui prend le titre de هاى نامه خوان «réci-tateur du Shah-namèh». 164 feuillets. 18 sur 13 centimètres. Reliure orientale en maroquin noir estampé. — (Vansleb. — Ancien fonds 310.)

819

کتاب تذکرة الکحالین. Traduction du traité d'oculistique écrit en arabe par Ali ibn Isa el-Kahhal.

L'auteur, qui était un médecin chrétien de Baghdad et qui vécut au x° siècle de notre ère, dit, dans la courte introduction de ce traité, qu'il a compilé son livre d'après les ouvrages de Galien. Le Tezkéret el-kahhalin est divisé en 3 discours کتاب subdivisés chacun en chapitres. Le premier traite de la description de l'œil; le second, des maladies visibles de l'œil;

6.

le troisième, des maladies qui attaquent l'œil sans avoir de traces visibles. Honeïn ibn Ishak avait écrit plusieurs traités sur l'oculistique (Fihrist, man. arabe 4458, fol. 146 r°).

Cet exemplaire est incomplet de la fin; le premier et le dernier feuillet portent des notes médicales.

Début : ...الحمد لله فالق الاصباح وجاعل الليل سكنا والشمس والقمر

Bon neskhi persan de la première moitié du xvii° siècle. 135 feuillets. 18 sur 12 centimètres. Reliure en demi-parchemin. — (Tholozan. — Supplément 1301.)

820

ذخيرهٔ خوارزمشاهی. Encyclopédie médicale, par Émir Seyyid Zeïn ed-Din Abou Ibrahim Ismaïl ibn el-Hasan ibn Ahmed ibn Mohammed el-Hoseïni el-Djourdjani.

L'auteur, né dans la ville de Djourdjan, vint se fixer à Khvarizm, en 504 de l'hégire, où il vécut à la cour du prince Kotb ed-Din Khvarizmshah Aboul Fath Mohammed ibn Yémin ed-Din Noushtégin, gouverneur du Khvarizm au nom des sultans seldjoukides de l'Iran, et père du Khvarizmshah Atsiz. Il se retira ensuite à Merv où il mourut, en l'année 530 ou 531 de l'hégire.

Le Zakhirè-i Khvarizmshah est divisé en dix livres répartis en un nombre considérable de subdivisions. Le 1er traite de l'utilité de la médecine et de la structure du corps humain; le 2°, de la santé, de la maladie et des causes qui amènent la maladie; le 3°, de la façon de conserver la santé; le 4°, du diagnostic; le 5°, de la fièvre; le 6°, des maladies locales; le 7°, des tumeurs et ulcères; le 8°, du soin à prendre des parties externes du corps; le 9°, des poisons et de leurs antidotes; le 10°, des médicaments simples et composés. Le dixième livre du Zakhirè est souvent pris comme un traité de pharmacologie indépendant avec le titre de كتاب قرابادين. El-Djourdjani considérait lui-même ce dixième livre comme un appendice presque indépendant, car il commence par : ببايد دانست که نخست بجمع ذخيرهٔ خوارزمشاهی مشغول کشته آمد عزم ان بود که اين کتاب را ادويهٔ مفرده قرابادين نباشد... (ms. 827, fol. 2).

Exemplaire de luxe contenant l'ouvrage dans son entier, le premier feuillet seul ayant été rapporté, copié pour une princesse persane dont le nom n'est point indiqué (fol. 566 r°), probablement de la dynastie des Mouzafférides. D'après une note inscrite au recto du folio 1 par un de ses possesseurs, en l'année 1105 de l'hégire, ce manuscrit est écrit sur des feuilles de papier de Samarkand laissées dans leur plus grande dimension.

Très beau neskhi persan, copié en l'année 727 de l'hégire (1326 de J.-C.), par Abd el-Kérim ibn Masoud ibn el-Mouzaffer el-Shirazi (fol. 183 v°); frontispices en or avec inscriptions en koufique. 566 feuillets. 39 sur 30 centimètres. Reliure persane moderne à gaufrages et à estampages en or et en couleurs. — (Tholozan. — Supplément 1294.)

821

Le même ouvrage.

Cet exemplaire contient les dix livres; il manque quelques pages à la fin du volume, et le texte s'arrête dans le courant du 29° chapitre du dixième livre.

Ce volume porte l'ex-libris d'un nommé Mohammed Émin ibn Hasan Kouli; il a été donné en 1861 par un médecin persan nommé Hoseïn au docteur Tholozan.

Bon neskhi persan du commencement du XVIII° siècle. 391 feuillets. 38 sur 26 centimètres. Reliure persane en cuir rouge. — (Tholozan. — Supplément 1273.)

822

Le même ouvrage.

Exemplaire s'étendant jusqu'à la fin du 11° chapitre du septième جزء du second كتاب du sixième livre, c'est-à-dire presque jusqu'à la fin du sixième livre.

Bonne écriture neskhi persane datée de l'année 1077 de l'hégire (1666 de J.-C.). 385 feuillets. 33 sur 20 centimètres. Reliure orientale en cuir brun estampé. — (Supplément 1752.)

823

Le même ouvrage.

Exemplaire comprenant la fin du livre III, à partir du 2° بخش, le livre IV et le livre V. Un titre inscrit au recto du folio 1 montre qu'à une époque fort ancienne, un possesseur de ce manuscrit y a vu le مقصود على;

on trouve à ce même folio des notes chronologiques qui ont été écrites par un homme au service des Mongols, par exemple, la date de la naissance d'une princesse qu'il nomme Khatoun-i Khan خاتون خان et, au folio 302 r°, la date de la mort de Seyyid Zadèh Pehlevan (889).

Début : الحمد لله رب العالمين حمد الشاكرين والصلوة على رسوله محمد خير خلقه وآله اجمعين اغاز فهرست بخش دوم از كتاب سوم الدريس بخش...

Très beau neskhi persan de l'époque mongole, copié en 681 de l'hégire (1282 de J.-C.), par un nommé Mohammed ibn Khaled ibn Abd el-Khalik el-Isfahani. 302 feuillets. 30 sur 20 centimètres. Reliure en maroquin rouge plein aux armes du roi. — (Thévenot; Regius 1522, 4. — Ancien fonds 148.)

824

Le même ouvrage.

Fragment d'un exemplaire contenant les discours 11-21 du livre VI, dont la table des matières se trouve aux folios 2 v°-14 v°. Ce manuscrit a été écrit pour une bibliothèque royale, comme le montre un frontispice en or qui a été effacé intentionnellement pour faire disparaître le nom du souverain pour lequel il a été exécuté.

Très beau neskhi persan de l'époque mongole, copié dans la seconde moitié du XIII° siècle de notre ère; frontispice en coufique. 268 feuillets. 24 sur 16 centimètres. Reliure en maroquin rouge aux armes du roi. — (Vansleb; Regius 1552, 5. — Ancien fonds 149.)

825

Le même ouvrage.

Fragments comprenant une partie du livre III, jusqu'au chapitre sixième du troisième discours du second بخش, et le livre X. On trouve sur les derniers feuillets quelques notes de pharmacologie écrites en turc.

Très beau neskhi persan, copié en 790 de l'hégire (1388 de J.-C.) par Mohammed ibn Yousouf ibn Ali Beg el-Baghdadi pour un émir nommé Hosam ed-Din, qui reçoit les titres de الامير الاعظم الاعدل الاعلم منبع الجود والكرم مربى الملوك والسلاطين مغيث الضعفا والفقرا والمساكين كهف زوار بيت الله در العالمين حسام الدولة والدين. 354 feuillets. 31 sur 22 centimètres. Reliure en maroquin rouge plein aux armes du roi. — (Vansleb; Regius 1522, 3. — Ancien fonds 147.)

826

Le même ouvrage.

Exemplaire comprenant la fin du livre III, depuis le second بخش, et le livre IV; il est précédé d'un exemplaire incomplet des الاغراض الطّبيّة والمباحث العلائيّة (voir n° 880, 3) d'Ismaïl el-Djourdjani s'arrêtant au cours de la 15° section (fol. 1–75).

Ce volume porte l'ex-libris de Mélik Mohammed ibn Abou Taleb ibn Mélik Mohammed el-Kari, et une note sur les sept climats.

Manuscrit de deux mains : la première est un bon neskhi persan, copié en 966 de l'hégire (1558 de J.-C.) par Ibn Mohammed ibn Foutouh el-Vaïz el-Kari Abd el-Latif el-Isfahani; la seconde, un assez bon nestalik persan du xvi° siècle. 207 feuillets. 24 sur 18 centimètres. Cartonnage. — (Supplément 340.)

827

Le même ouvrage.

Le premier discours et les six premiers chapitres du second discours du livre X.

Cet exemplaire porte l'ex-libris d'un Turc nommé قابل بن عبد الله.

Beau neskhi persan tendant au nestalik du xiii° siècle de notre ère, une partie avec des encadrements à l'encre rouge. 80 feuillets. 25 sur 17 centimètres. Reliure orientale en maroquin noir. — (Vansleb; Regius 1522. — Ancien fonds 156.)

828

مختصر خفّ علائى (voir n° 880, 3) ou خفّ علائى. Manuel médical, par l'Alide Émir Seyyid Zeïn ed-Din Abou Ibrahim Ismaïl ibn el-Hasan ibn Mohammed ibn Ahmed el-Hoseïni el-Djourdjani.

Le nom de l'auteur qui, suivant Hadji Khalifa, mourut en 530 de l'hégire (*Dict. bibl.*, t. III, p. 162), est donné dans le manuscrit de Londres (Add. 23560) sous la forme Émir Seyyid Ismaïl ibn el-Hasan ibn el-Hoseïn el-Djourdjani. El-Djourdjani dit dans sa préface (fol. 1 v°) que, lorsqu'il eut terminé l'énorme encyclopédie médicale connue sous le titre de

Zakhirè-i Khvarizmshahi, il en rédigea, à la demande du prince Ala ed-Din Ahoul Mouzaffer Sultan Khvarizmshah, un abrégé écrit en deux volumes de format très oblong, de façon à ce que ce prince pût les glisser dans ses bottes quand il partait en voyage, sans être embarrassé par un gros volume :

امّا بعد چنين كويد مصنف اين كتاب امير سيد اسمعيل بن لحسن بن
محمد بن احمد لحسينى لجرجانى كه چون از جمع كتاب ذخيرة خوارزمشاى
فارغ شدم بر لفظ امير اسفهسالار اجل سيد عالم بهاء الدين
عمدة الاسلام علاء الدولة والدين ابو المظفر سلطان خوارزمشاه ... كه
كتاب ذخيرة كتاب بزركست كتابى بايستى مختصركه هر وقت بردست
توان كرفت (fol. ۱ r°) ...... و اين مختصر در دو مجلد نهاده امد بر قطع
مطول تا بيوسته در موزه توان داشت بدين سبب اين مختصررا مختصر
خف علائى نام كرده آمد... (fol. ۴ r°).

D'après Hadji Khalifa, ce prince serait le Khvarizmshah Ala ed-Din Alp Arslan Mohammed, mais il est plus probable, comme l'a admis Rieu dans son *Catalogue* (p. 475), que le خف علائى fut écrit sous le règne de Sultan Mohammed Khvarizmshah (491-522) pour le prince Atsiz qui lui succéda. Les manuscrits de Londres, à la place de la leçon ابو المظفر سلطان خوارزمشاه, portent en effet ابو المظفر اتسز بن خوارزمشاه, et cela est confirmé par ce que dit Hadji Khalifa du الاغراض الطبية qui fut écrit pour Atsiz (voir n° 880, 3). Il est évident, d'autre part, que le prince pour lequel ce livre fut écrit n'était point monté sur le trône à l'époque où il lui fut dédié, car l'auteur ne se serait pas servi pour le désigner du simple titre de اسفهسالار. Cet ouvrage est divisé en deux parties subdivisées en discours (makala) et en chapitres (bab); la première traite de la médecine théorique, et la seconde, qui est de beaucoup la plus considérable, de la médecine pratique. On en trouve le détail aux folios 2-4 du présent exemplaire. On lit sur l'un des feuillets de garde le titre de كتاب طبابت تمام اعضا.

Assez bon neskhi cursif daté de 1076 de l'hégire (1665 de J.-C.). 102 feuillets, 21 sur 12 centimètres. Reliure en maroquin rouge. — (Thévenot. — Ancien fonds 159.)

829

Recueil de recettes pharmaceutiques en persan.

Ce recueil est incomplet du commencement et de la fin, et une note toute moderne prétend qu'il est le كتاب اقرباذين d'Ismaïl ibn el-Hasan ibn el-Hoseïn el-Djourdjani. Ce recueil, malgré ce titre, n'a rien de commun avec le dernier livre du ذخيرة خوارزمشاهى; il est suivi de la copie du خنق علاى dont il est parlé sous le numéro précédent.

Bon neskhi persan du xviii° siècle. 262 feuillets. 15,5 sur 10,5 centimètres. Reliure en cuir brun. — (Decourdemanche. — Supplément 1747.)

830

Traité de médecine en persan.

Suivant une indication écrite sur l'un des feuillets de garde, cet ouvrage est la زبدة الطبّ d'Ismaïl el-Djourdjani; il est incomplet du commencement et de la fin. La زبدة الطبّ الخوارزمشاهى, et non la Zoubdet el-tibb par Khvarizmshahi, comme Hadji Khalifa l'a compris à tort, traitait de l'état des corps et de leurs propriétés.

Assez bon neskhi du xviii° siècle. 180 feuillets. 18,5 sur 11 centimètres. Reliure en peau noire. (Decourdemanche. — Supplément 1748.)

831

كفاية الطبّ. Traité de médecine, par Djémal ed-Din Bédi el-Zéman Aboul Fazl Houbeïsch ibn Ibrahim ibn Mohammed el-Motétebbib el-Ghaznévi.

Les exemplaires de Gotha et de Londres et le man. 948 donnent à l'auteur le nom de el-Tiflisi; ce traité, composé d'après les auteurs grecs et arabes, est postérieur au Kanoun el-adab du même Djémal ed-Din Bédi el-Zéman. D'après Hadji Khalifa, il écrivit également d'autres ouvrages de médecine et d'astrologie, dont l'un fut dédié au sultan seldjoukide de Roum, Kilidj Arslan, et dont on trouvera l'énumération sous le numéro 948. Le Kéfayet el-tibb fut composé pour un prince de la même dynastie, dont le nom varie suivant les exemplaires, et qui est nommé, soit Aboul Haris Mélik Shah, soit el-Haris Sindjar ibn Mélik Shah. Izz ed-Din Kilidj Arslan ibn Masoud, sultan du pays de Roum, mourut à Konia en 588 de l'hégire, après avoir été dépouillé de l'autorité souveraine et emprisonné dans Konia par son fils Kotb ed-Din Mélik Shah. Kotb ed-Din Mélik Shah II mourut en 589, laissant le trône à son frère, Rokn ed-Din Soleïman (منجّم باشى تاريخى ترجمسى, t. II, p. 561 et suiv; Rieu, *Catalogue*, p. 852). C'est à Kotb ed-Din Mélik Shah II que fut dédié le Kéfayet et-tibb, et non au sultan seldjoukide de l'Iran, Moïzz ed-Din Aboul Haris Sultan Sindjar ibn Mélik Shah († 552 H.). Cette attribution, que l'on retrouve dans les manuscrits

832 et 833, est le fait de copistes qui ignoraient l'histoire des Seldjoukides du pays de Roum. Le Kéfayet el-tibb est divisé en trois parties : la
première traite de la médecine générale; la seconde, des aliments et des
remèdes simples; la troisième, des remèdes composés; ces deux dernières
parties sont disposées d'après l'ordre alphabétique. L'auteur du Kéfayet
el-tibb déclare (man. 832, fol. 4 v°) qu'il a emprunté ses renseignements aux livres des savants qui ont écrit avant lui sur la médecine, et
parmi lesquels il cite Galien, Paul فولس, Oribasios ارباسيوس, Rufus Ῥοῦ-
φος روفس, Diogène, Téyadouk Θεοτοκός تيادوق, Abou Djarrih ابو جرّح,
Hippocrate, Ibrahim, Isa, Maserdjis ماسرجويه, Thabit ibn Korra, Honeïn ibn Ishak, Ishak, Ibn Masouya, Mohammed ibn Ishak, Mohammed
ibn Zakaria el-Razi, Dioscoride, Yahya. Le premier de ces médecins, Paul,
peut être le فولوس qui, d'après le Fihrist (man. arabe 4458, fol. 136 v°),
fut le meilleur des disciples du célèbre Hippocrate, ou un autre فولس,
surnommé الاجاسى (fol. 143 v°). Oribasios, اوربياسيوس dans le Fihrist
(ibid., fol. 143 r°), Ὀρειβάσιος en grec, vécut à une date qui n'est point
fixée par le Fihrist; ses ouvrages furent traduits en arabe par Honeïn,
Étienne et Isa ibn Yahya. Rufus est cité dans le Fihrist (ibid., fol. 141 v°)
comme étant originaire d'Éphèse; il vécut avant Galien, et la liste détaillée
de ses œuvres se trouve dans le Fihrist. Le nom de Téyadouk se trouve
écrit بيادوق; Isa peut être Isa ibn Yahya, qui traduisit en arabe des livres
d'Hippocrate (fol. 137 r° et v°), de Galien (fol. 138 v°, 140 v°), d'Oribasios
(fol. 143 r°), ou Isa ibn Masa (fol. 148 v°), Isa ibn Maserdjis (fol. 149 v°),
Isa ibn Ali, disciple de Honeïn (fol. 149 v°), Isa ibn Yahya ibn Ibrahim
(fol. 150 r°), ou bien Isa de Djoundisapour (fol. 150 r°). Maserdjis
(fol. 149 r°) traduisit les traités syriaques en arabe. Ibn Masouya est vraisemblablement Abou Zakaria Yahya ibn Masouya, dont parle le Fihrist
(ibid., fol. 147 v°), qui vécut sous les règnes de Mamoun, Mou'tasem,
Vathik et Moutavakkel. Yahya est peut-être le Yahya ibn Sérapion qui
écrivit en syriaque (fol. 148 r°).

Cet exemplaire est incomplet du commencement de la préface, et il y a
également quelques lacunes dans le corps du volume. On trouve sur les
derniers feuillets quelques notes médicales sans importance, et la formule de
la prière que les Musulmans doivent réciter à leur réveil (fol. 176 r°),
qui commence par : اللهم فاطر السموات والارض عالم الغيب والشهادة هو
الرحمن الرحيم انى اعهد اليك فى الدار الدنيا, une formule contre le
rhume, en turc (fol. 177 r°), un fetva en persan de Mir Kafi, etc.

Neskhi persan passable de plusieurs mains dont celle qui paraît la plus récente
est datée de l'année 905 de l'hégire (1499 de J.-C.). 179 feuillets. 31 sur 24 centimètres. Reliure orientale en peau noire. — (Vansleb; Regius 1521, 3. — Ancien
fonds 145.)

832

Le même ouvrage.

Les feuillets de garde de cet exemplaire sont couverts de notes de tout genre, en arabe et en turc; on y trouve, au folio 3 r°, un opuscule sur les pierres précieuses, intitulé كتاب جوهر نامه, composé par Nasir ed-Din el-Tousi pour le prince mongol Houlagou Khan, et qui débute par : اما....

بعد ابن كتاب است كه ملك للحكا خواجه نصير الدين طوسى نور الله
مرقدة بجهت پادشاه هولاكو خان... , des vers de Shems i Tébriz (fol. 200 v°), de Latifi (*ibid.*), de Nésimi, de Hafiz, de Saadi (fol. 201 r°), une note sur les jours fastes et néfastes (*ibid.*) et diverses notes médicales, le tout d'une écriture très négligée.

Ce volume porte l'ex-libris de Barik Beg ibn Hadji Maksoud Beg el-Mirdashi el-Abbassi, qui le copia pour son usage personnel (fol. 4 r°).

Assez bon neskhi turc, copié en 955 de l'hégire (1548 de J.-C.) dans la citadelle de Ekbel أكبل بقلعة (*sic*) المعروف الممحروسة قلعة, qui, d'après une note marginale, faisait partie du Diar Bekr, et était voisine de la ville d'Amid. 204 feuillets. 42 sur 28 centimètres. Reliure orientale en maroquin noir. — Ducaurroy 45. — Supplément 350.)

833

Le même ouvrage.

Bon neskhi persan, copié en l'année 999 de l'hégire (1590 de J.-C.). 207 feuillets. 30 sur 20 centimètres. Reliure persane moderne en cuir rouge gaufré. — (Tholozan. — Supplément 1288.)

834

فرح نامهٔ جالى. Traité de médecine, par Abou Bekr el-Moutahher ibn Mohammed ibn Abil Kasem ibn Saad el-Djémali, surnommé el-Yezdi.

Cet ouvrage traite principalement des propriétés et des usages médicaux des substances naturelles avec des considérations sur l'astrologie et la divination. L'auteur est nommé Ibn Abi Saïd par Hadji Khalifa et dans l'exemplaire de Londres; il s'occupait surtout de poésie sous le takhallus de Djémali, et il était originaire du village de Mayakh مايخ, qui fait partie du canton de Toun تون, dans la province d'Istakhar. Il mettait la dernière main à son poème intitulé طارق وجودا, quand, à la prière de ses amis, réunis chez lui pour fêter la naissance de son fils Aboul Kasem, il entreprit la composition de ce traité d'histoire naturelle et de médecine pour répondre au نزهت نامهٔ علائی, par Shah Merdan el-Mostaufi, dont Hadji Khalifa fait à tort un traité par el-Alayi, tandis qu'il est probablement dédié au prince Ala ed-Din Mohammed Khvarizmshah.. Il le termina en 580 de l'hégire, à l'âge de dix-huit ans, et il le dédia au vizir Medjd ed-Dauléh wed-Din Ahmed ibn Masoud (Hadji Khalifa, *Dict. bibl.*, t. IV, p. 412, et préface du نامه فرح, fol. 4 r°); le titre de cet ouvrage est souvent écrit à tort فرّخ نامه. Il est divisé en 16 discours مقالة (Hadji Khalifa, *ibid.*, et Rieu, *Catalogue of Persian Manuscripts*, p. 466), répartis en sections فصل, dans lesquelles sont étudiées les propriétés du corps de l'homme et des animaux (1), des animaux (2), des plantes et des minéraux (3-6), des parfums (7 et 8); la fin du 8ᵉ discours et les discours 9-10 contiennent un traité de divination terminé par un vocabulaire de mots pehlvis; le reste de l'ouvrage comprend des formules de poisons, de contrepoisons, d'encres magiques, et des formules incantatoires.

Début : .... شکر و سپاس بی قیاس از پروردکاری کی

Cet exemplaire est incomplet; les huit premiers discours sont indiqués dans la préface (fol. 9 r°), mais, en réalité, le manuscrit ne contient pas les discours 5-7; il est vraisemblable qu'il faisait partie d'un exemplaire en trois volumes. Sur les derniers feuillets se trouvent quelques fragments relatifs à la divination par les figures de sable, et une note écrite au recto du folio 1 montre, qu'à une époque déjà ancienne, un possesseur de ce livre y a vu un ouvrage de Nasir ed-Din el-Tousi نصیرهن الملة والدین الطوسی الطبیب ... مولانا الامام العظم (*sic*) سلطان العلما والمحققین حجة الحق, et dont on trouvera au n° 882 un opuscule divinatoire.

Nestalik cursif médiocre, copié en Rébi second de l'année 789 de l'hégire (1387 de J.-C.) par un nommé Shems ed-Din Ibn Hadji Kémal el-Din el-Terslizi المرشزی. 269 feuillets, 16 sur 13 centimètres. Reliure orientale de l'époque en maroquin brun gaufré. — (Thévenot; Regius 1550, 3. — Ancien fonds 161.)

835

Le même ouvrage.

Cet exemplaire porte au verso du premier feuillet le titre erroné de كتاب سرخ نامه جمالی در صفت خواص الاشیآء.

Nestalik persan médiocre, copié en Djoumada second de l'année 1043 de l'hégire (1633 de J.-C.) par un nommé Mohammed Taher ibn Mohammed Hosein el-Isfahani, 141 feuillets, 20 sur 13 centimètres. Reliure en maroquin rouge aux armes du roi. — (Colbert 5301; Regius 1549, 2. — Ancien fonds 140.)

836

اختیارات بدیعی. Dictionnaire des drogues médicinales, par Zeïn ed-Din Ali ibn el-Hoseïn el-Ansari.

L'auteur était un descendant du sheïkh soufi Abd Allah el-Ansari, et il est généralement connu sous le nom de Hadji Zeïn el-Attar; il naquit à Shiraz en 730 de l'hégire et vécut à la cour du sultan mouzafféride Shah Shodja (759-786 de l'hégire). L'Ikhtiyarat-i Bédïi fut composé en 770 de l'hégire pour une princesse de la dynastie mouzafféride nommée Ismet ed-Din Bédi el-Djémal بدیع الجمال; cet ouvrage n'est qu'un remaniement du Miftah el-khazaïn dont Zeïn ed-Din a omis la dernière section en amplifiant considérablement les deux premières. Il existe deux éditions différentes de l'Ikhtiyarat-i Bédïi, la seconde étant plus développée que la première. Le premier livre de l'Ikhtiyarat traite des médicaments simples, et le second des drogues composées. Le Miftah el-khazaïn avait été écrit par Zeïn ed-Din en l'année 767 de l'hégire; il en existe deux exemplaires, dont l'un est autographe, à la bibliothèque bodléienne (Éthé, *Catalogue*, col. 955).

Début : امداد حمدی ی عد و اعداد سپاس بیقیاس مبدعیراکه آثار کال ابداع او بر هر ورق از اوراق و شجری از اشجار

Cet exemplaire, qui fit partie d'un vakf, porte au recto du premier feuillet et dans la souscription le titre de مفردات و مرکبات اختیارات بدیعی; le texte de l'Ikhtiyarat-i Bédïi est précédé de la concordance des termes arabes et persans, dont la plus grande partie a disparu avec le commencement de la préface; il porte (fol. 462 r°) l'ex-libris de Raf-Allah رفع الله ibn Abd Allah el-Kazwini avec la date de 946 de l'hégire.

Bon nestalik persan, copié en 855 de l'hégire (1451 de J.-C.), par Dervish Ali Katib, dans le monument où se trouve le tombeau مزار متبرک de Seyyid Boukhari. 462 feuillets. 27 sur 17 centimètres. Demi-reliure au chiffre de Louis-Philippe. — (Supplément 335.)

837

Le même ouvrage.

Le texte ne commence qu'au folio 50 v° et cet exemplaire est incomplet des dix derniers chapitres de la seconde partie. Les 49 premiers feuillets du manuscrit sont occupés par un index des noms des plantes avec le renvoi à une pagination orientale qui a disparu à la reliure; cette table, qui sert de concordance persane-arabe, est d'une main beaucoup plus récente que le reste du volume. Ce manuscrit porte au recto du folio 1 l'ex-libris d'un médecin nommé Aboul Hasan ibn Mouzaffer el-Alévi.

Bon neskhi persan, copié (fol. 355 v°) au mois de Ramadhan 968 de l'hégire (1561 de J.-C.). 369 feuillets. 26 sur 16 centimètres. Reliure orientale en maroquin brun. — (Thévenot; Regius 1550, 4. — Ancien fonds 157.)

838

Le même ouvrage.

Bon nestalik persan, copié en 1046 de l'hégire (1636 de J.-C.) par un nommé Sheikh Mohammed ibn Sheikh Ahmed el-Sahandabi السهندى el-Balkhi. 248 feuillets. 26 sur 17 centimètres. Reliure en maroquin estampé. — (Vansleb; Regius 1550, 6. — Ancien fonds 150.)

839

Le même ouvrage.

Exemplaire contenant de petites peintures assez bien faites qui représentent les animaux et les plantes dont il est parlé dans le texte. La copie de l'Ikhtiyarat-i Bédïi est suivie (fol. 392) de la traduction arabe du traité intitulé Θεολογία, attribué à Aristote, qui fut commenté par Porphyre de Tyr. Elle commence par : المجر الاوّل من كتاب ارسطوطاليس الفيلسوف المسمى باليونانية اثولوجيا وهو القول على الربوبية تفسيره فرفوريوس الصورى ونقله الى العربية عبد المسيح بن عبد الله بن ناعمة الحمصى واصلحه لاحمد بن المعتصم بالله محمد بن هارون الرشيد العباسى ابو يوسف يعقوب بن اسحق الكندى......

Cette traduction, exécutée par Abd el-Mésih ibn Abd Allah ibn Naïma el-Homsi, fut revue et corrigée par Abou Yousouf Yakoub ibn Ishak el-Kindi pour l'usage d'Ahmed, fils d'el-Moutasim billah Mohammed, fils du khalife Haroun el-Réshid. La copie est incomplète de la fin; un exemplaire de cet ouvrage existe dans le fonds arabe sous le numéro 2347. La Théologie d'Aristote a pris la place dans ce manuscrit de plusieurs opuscules persans qui en ont été arrachés, comme on le voit par un index collé sur la reliure; c'étaient le Témour-namèh d'Abd Allah Hatéfi, la version en

prose du Livre des Rois de Firdousi, le عشقنامه d'Attar et le divan de
Zéki.

La première partie est en une bonne écriture nestalik du milieu du xviii⁰ siècle ;
la seconde, en un bon neskhi arabe vraisemblablement de la fin du xviii⁰ siècle.
504 feuillets, 20 sur 12 centimètres. Reliure en cuir rouge estampé. — (Supplément 1640.)

840

Le même ouvrage.

Exemplaire comprenant seulement le premier livre et orné d'un grand
nombre de peintures très finement exécutées.

Assez bon nestalik indien, copié par un certain Dervish Ahmed en l'année 1065
de l'hégire (1654 de J. C.). 337 feuillets, 21 sur 16 centimètres. Reliure indienne
en cuir rouge. — (Schefer 294. — Supplément 1534.)

841

Le même ouvrage.

Par suite d'une erreur du scribe, cet ouvrage est indiqué dans la souscription de la première partie (fol. 367 r°), comme étant le مفتاح الكنزين,
tandis que le titre exact est donné aux folios 2 r° et 368 v°. Les feuillets
du commencement manquent; le premier est une restauration moderne.

Assez bon nestalik persan de la fin du xvii⁰ siècle. 403 feuillets, 25 sur 13 centimètres. Reliure persane en cuir estampé. — (Supplément 1153.)

842

Le même ouvrage.

D'après une note écrite par le docteur Tholozan sur l'un des feuillets de
garde, le papier de la première partie est de Daoulétabad près d'Isfahan,
celui de la seconde, de Tirmèh.

Exemplaire de luxe composé de deux parties distinctes : la première, en beau
nestalik persan, copié, s'il faut ajouter foi à une surcharge (fol. 506 r°), par Mohammed Taki ed-Din, fils de Mohammed Shérif, en 1122 de l'hégire (1710 de
J.-C.); la seconde en nestalik mélangé de neskhi, par Mohammed Hosein el-Shérif
el-Motétebbib المتطبب, en l'année 1238 (1822 de J.-C.); frontispice et encadrements en or et en couleurs. 550 feuillets, 24 sur 15 centimètres. Reliure persane
en maroquin rouge. — (Tholozan. — Supplément 1295.)

843

Le même ouvrage.

Cet exemplaire, qui est incomplet de la fin, ne commence qu'au folio 20;
le reste du volume est couvert de notes dans lesquelles se trouvent données
un grand nombre de formules pharmaceutiques et autres.

Nestalik turc très cursif de la fin du xviii⁰ siècle, 178 feuillets, 29 sur 20 centimètres. Reliure en demi-parchemin. — (Supplément 1222.)

844

مرآة الصحة. Précis de médecine, par Ghiyas ibn Mohammed el-Motétebbib المتطبّب el-Isfahani.

Le Mirat el-sahhat, que l'auteur, malgré son étendue, nomme مختصر, est
divisé en deux sections : la première, qui traite de la médecine théorique
نظرى, est divisée en une introduction et un discours مقالة; la seconde, sur
la médecine pratique عملى, est divisée en cinq discours et une conclusion
(fol. 3 v°). Il commence par une étude de l'homme au point de vue métaphysique. Cet ouvrage est dédié au sultan osmanli Bayézid, dont la date,
896, est donnée par un vers d'un chronogramme final :

خلد برین تاریخ و مرات صحة نام　　کردم بنام شاه از این رو نطاولست
(fol. 443 v°),

et qui est le sultan Bayézid Khan II (886-918 H.). Ghiyas ibn Mohammed
est probablement le fils de l'auteur du 887, n° 4.

Début : حمد ی غایت و ثنای ی نهایت حضرت حکیمی‌را تقدست
اسماؤه

Neskhi passable, copié à Constantinople par Shérif ibn Ali Guilani au milieu
du xvii⁰ siècle. 445 feuillets, 21 sur 15 centimètres. Reliure orientale en cuir brun
estampé. — (Supplément 345.)

845

کتاب تشریح البدن. Traité d'anatomie descriptive, par
el-Samad Mansour ibn Mohammed ibn Ahmed ibn Yousouf ibn Élias.

Cet ouvrage est quelquefois désigné par le titre de رساله در تشریح بدن

انسان و كيفيت اوضاع آن (Éthé, *Catalogue of the Persian Mss. in the Bodleian Library*, n° 1586). Il est divisé en une introduction dans laquelle il est parlé des membres, cinq chapitres comprenant l'étude anatomique des os, des nerfs, des muscles, des veines et des artères, et une conclusion خاتمة traitant des membres composés et du développement de l'embryon. Il fut dédié par l'auteur au prince timouride Mirza Ziya ed-Din Pir Mohammed Béhadour, petit-fils de Témour Keurguen (fol. 2 r°). Mirza Pir Mohammed, second fils de Mirza Djihanguir, fils de Témour, héritier de l'empire après la mort de Pir Sultan Mohammed (805 H.), fut le premier prince timouride qui envahit l'Indoustan. Après la mort de son aïeul, il devint le souverain des provinces conquises de l'Inde et du Zaboulistan; il fut assassiné en 809 par un de ses émirs. Ce traité d'anatomie a été publié en 1264 de l'hégire à Lakhnau, sous le titre de تشريح منصورى.

Le présent exemplaire contient des peintures grossièrement exécutées dont on trouvera la description dans la *Revue des Bibliothèques*, année 1898, page 23.

Début : شكر و سپاس بيقياس پادشاهى را سزد و حمد و ثنا خالقى را
رسد كه در خلقت انسان دقايق حكمتش بى پايان است و حقايق
قدرتش.....

Neskhi passable de la fin du xvii° siècle. 32 feuillets. 28 sur 18 centimètres. Reliure orientale en maroquin vert. — (Thévenot; Regius 1521, 2. — Ancien fonds 151.)

846

Le même ouvrage.

Cet exemplaire contient, comme le précédent, les tableaux anatomiques

Bon neskhi persan à encadrements et frontispices en or et en couleurs du xvii° siècle. 29 feuillets. 25 sur 17 centimètres. Cartonnage. — (Schefer 239. — Supplément 1555.)

847

شافيه در علاج. Traité de médecine, par un anonyme.

Le Shafiyè der iladj est complètement différent du Djami el-gharaz, ou Shafi fil-tibb, du médecin chrétien Émin ed-Din Aboul Faradj Yakoub ibn Ishak el-Mésihi el-Karaki الكركى, plus connu sous le nom d'Ibn el-Koff القف, qui mourut en 685 de l'hégire, et dont parle Hadji Khalifa (*Dict.*

II. 7

bibl., t. II, p. 561, et t. IV, p. 7). Il est dédié à un souverain nommé Djélal

ed-Dîn Iskender, qui est qualifié de المظفّر السما من المؤيّد ثانى سكندر

على الاعدا ناصر عباد الله حافظ بلاد الله ظلّ الله فى الارضين قهرمان الما

والطين الواثق بالملك الاكبر جلال لحق والسلطنة والدنيا والدين

(fol. 3 v°). Beaucoup de sultans out porté le nom d'Iskender, en اسكندر

particulier dans l'Inde, sans, d'ailleurs, que l'on puisse assimiler d'une façon

certaine l'un d'eux avec Djélal ed-Dîn Iskender, le second Alexandre. Un

sultan de Dehli, de la dynastie des Khalatchis, est bien connu dans l'histoire

de l'Inde (Firishta, Goulshen-i Ibrahimi, t. 1, p. 175), et il régna de 695 à

714, mais il se nommait Ala ed-Dîn الدنيا علاء باركاه فلك سلطان

Sikender Shah ibn . والدين پادشاه علا الدين خلجى الملقب بسكندر ثانى

Nasir ed-Dîn Mohammed Shah, de son vrai nom, Houmayoun Khan, des

Toghloukides (795), tomba malade après un mois de règne, et dis-

parut de l'histoire sans avoir eu le temps de laisser beaucoup de souvenirs

(*ibid.*, I, 278); il en fut de même de Shah Sikender ibn Sultan Mouzaffer

Shah Goudjarati, sultan du Goudjarate, qui fut assassiné en 932, après

trois mois et dix-sept jours de règne (*ibid.*, II, 418); du sultan afghan

Sikender Shah Sour Afghan, cousin de Shir Shah qui, en 960, régna à

Agra, mais qui fut battu par les troupes du prince Djélal ed-Dîn Moham-

med Akbar (962), et que Nasir ed-Dîn Mohammed Houmayoun Padishah

déposséda de ses États (*ibid.*, I, 443). Shah Sikender ibn Shah Shems

ed-Dîn Shah, roi de Djaounpour de 759 à 766 (*ibid.*, II, 577), ne compte

pas beaucoup plus dans l'histoire de l'Inde, et tous sont éclipsés par la gloire

de Sultan Sikender ibn Behloul Lodi, de son véritable nom, Nizam Khan, qui

avait pour mère la fille d'un orfèvre, et que le Khankhanan Karmali mit

sur le trône en 894 pour faire pièce aux autres émirs (*ibid.*, I, 329); beau-

coup de livres furent écrits sous le règne de ce sultan qui porta la cou-

ronne durant près de 29 ans et, en particulier, le Farhang-i Sikendéri (voir

n° 979). Il est assez difficile de déterminer l'époque à laquelle fut écrit le Sha-

fiyè; peut-être fut-il composé pour le prince timouride Mirza Iskender, fils

d'Omar Sheïkh, fils de Témour, et frère de Mirza Pir Mohammed; comme

la plupart des princes ses parents, Iskender vécut au milieu des aventures

les plus folles qui se terminèrent par une mort tragique en 818 de l'hégire.

À la fin de l'année 807, son frère, Pir Mohammed, lui confia le gouverne-

ment de la province de Yezd; l'année suivante, l'émir Seyyid Khadjè,

s'étant révolté contre Shah Rokh, reconnut Iskender comme sultan et

marcha sur le Khorasan pour s'en emparer au nom de ce prince; quelques

mois plus tard, Pir Mohammed retirait le gouvernement de Yezd à son

frère, et le faisait emprisonner. Iskender ne tarda pas à recouvrer la liberté,

et il s'allia avec son frère, Mirza Roustem, prince d'Isfahan, pour combattre

Pir Mohammed, dont les troupes essuyèrent tout d'abord de graves revers, à la fin de l'année 809. Mirza Pir Mohammed ayant repris l'avantage, Iskender dut cesser les hostilités et se rendre à discrétion à son frère (810) qui lui pardonna. A la mort de Pir Mohammed, Iskender, qui n'y était sans doute pas resté complètement étranger, fut proclamé souverain du Fars, et il conquit une grande partie de l'Irak-i Adjem, tout en restant le vassal de Shah Rokh ; Iskender passa la plus grande partie de son règne à guerroyer contre ses parents et, en 816, il se révolta contre Shah Rokh. Trahi par ses émirs, la fortune des armes lui fut contraire; assiégé dans Isfahan, il se rendit à Shah Rokh et fut aveuglé par ordre de Mirza Roustem. Conduit par ordre de Shah Rokh chez son frère Mirza Baïkara, Iskender poussa ce jeune prince à la révolte, et, après l'échec définitif de cette tentative, il fut mis à mort par ordre de Mirza Roustem en 818 (Abd er-Rezzak, Matla el-saa-deïn, dans *Notices et Extraits*, t. XIV; *Mounedjdjim Bashi tarikhi terdjoumè-si*, t. III, p. 70).

Ce traité de médecine est divisé en une préface, trois discours et une conclusion. Les titres de ces diverses parties sont donnés au folio 3 v°; la préface est intitulée در ;در بيان مرض و انواع آن; le premier discours, در ذكر حميات و بحران; le second, امراض كه از سر تا بقدم واقع شود; le troisième در اماسها و دانهاكه در ظاهر بدن پيدا ;و تقدمة المعرفة ميشود, et la conclusion در خواص.

On trouve au recto du premier feuillet une poésie de 13 vers attribuée à Lokman.

Nestalik persan médiocre daté de 1145 de l'hégire (1732 de J.-C.). 138 feuil-lets. 25 sur 15 centimètres. Reliure en peau noire souple. — (Supplément 116a.)

848

كفاية مجاهديه. Traité de médecine, par Mansour ibn Mohammed ibn Ahmed ibn Yousouf ibn Élias.

L'auteur est le même que celui du Tashrih el-béden. Le Kifayet-i mou-djahidiyyè porte également le titre de كفاية منصورى et de كفايت مجاهدة (Ethé, *Catalogue of the Mss. in the Bodleian Library*, 1587); il est dédié à un souverain dont le nom n'est pas indiqué, mais qui est qualifié de السلطان الاعظم الاعدل الاعلم الاكرم افتخار سلاطين العرب والعجم المبعوث فى عالم الملكوت بغوث الامم المؤيد من السما المنصور على الاعدا راى بلاد الشرق والغرب (fol. 2 v°), et que Rieu, d'après l'édition de Lakhnau qui le nomme سلطان زين العابدين (*Catalogue*, p. 470), identifie avec le sultan du Kashmir, Zeïn el-Abidîn, lequel régna de 826 à 877 de l'hégire.

Le Kifayet-i moudjahidiyyè est divisé en deux livres في subdivisés en قسم et en مقاله; le premier livre traite de la médecine théorique, le second de la médecine pratique; le détail du contenu de ce traité de médecine est donné aux folios 3-4. Cet ouvrage n'a rien de commun avec le Kifayet-i Mansouri qui est cité par Hadji Khalifa et qui fut dédié par un auteur inconnu au neveu du prince samanide Ismaïl, Abou Salih Mansour ibn Isbak.

Les dernières pages du volume sont couvertes de notes, dont la plus importante est une formule pour fortifier l'estomac (fol. 195 r°).

Bon neskhi persan du milieu du xvıı° siècle. 195 feuillets. 24 sur 16 centimètres. Reliure en demi-parchemin. — (Supplément 1285.)

849

Le même ouvrage.

Bon neskhi persan de la seconde moitié du xvıı° siècle. 284 feuillets. 19 sur 14 centimètres. Reliure en cuir brun. — (Schefer 187. — Supplément 1497.)

850

Le même ouvrage.

Les deux premiers feuillets sont occupés par une table des matières. Cet exemplaire a appartenu à plusieurs personnes dont on trouve les ex-libris et les cachets au recto du premier feuillet : le prince Kadjar Ahmed Ali Mirza, avec la date de 1240 de l'hégire, Mohammed Baker, Béha ed-Din, fils de Hakim el-Moulk, Mohammed Razi el-Tébib ibn Mohammed Mésih el-Tébib, dont le père, Mohammed Mésih, est l'auteur du Destour-i Mésihi (n° 864).

Bon neskhi persan à encadrements, copié par un nommé Hoseïn ibn Sadr ed-Din en 1034 de l'hégire (1624 de J.-C.), sur l'ordre de Hakim Abd el-Ghaffour. 385 feuillets. 29 sur 16 centimètres. Reliure persane en cuir brun. — (Supplément 1156.)

851

Le même ouvrage.

Bon nestalik, copié par un médecin nommé Daoud ibn Hakim Molla Mohammed Lahidjani sur les ordres d'une princesse dont le nom a été gratté et qui est qualifiée de القلوب ونور العيون حبوب, en l'année 1075 de l'hégire (1664 de J.-C.). 266 feuillets. 25 sur 15 centimètres. Reliure en cuir noir. — (Supplément 1154.)

852

خلاصة التجارب فى الطّبّ. Traité de médecine, par Béha ed-Daulèh ibn Mir Kivam ed-Din Kasim Nourbakhsh el-Razi.

Le Khilaset el-tédjarib fut composé en 907 de l'hégire à Reï (Hadji Khalifa, *Dict. bibl.*, t. III, p. 164), à Tarasht طرشت, près de Raz راز, d'après les manuscrits (préface, fol. 2 v°); il est divisé en 28 chapitres; les trois derniers sont spécialement consacrés aux poisons, aux remèdes composés et à l'explication de certains termes de la médecine arabe. La liste très détaillée des chapitres est donnée aux folios 417 v°-418 v°; le texte est accompagné de gloses marginales. On trouve au folio 1 r° une note sur l'interprétation des songes d'après l'imam Djaafer el-Sadik, au verso du folio 418 une note sur les رجال الغيب, et des pronostics astrologiques d'après les planètes.

Début : جد بلا احصى حكيمىراكه بكمال حكمت و وفور عناية و قـدرة

Ce volume a été acheté par Otter à Bassora; il porte l'ex-libris d'un nommé Seïf ed-Din de Shiraz, avec la date de 1142 de l'hégire.

Bon nestalik persan daté de 1043 de l'hégire (1633 de J.-C.). 419 feuillets. 30 sur 18 centimètres. Reliure en maroquin brun estampé et doré. — (Otter. — Supplément 341.)

853

Le même ouvrage.

Bon nestalik persan, copié par Mohammed Shéfi ibn Ghijas ed-Din Ahmed el-Astérabadi en 1085 de l'hégire (1674 de J.-C.). 296 feuillets. 29 sur 19 centimètres. Reliure en peau noire souple. — (Tholozan. — Supplément 1274.)

854

طبّ شغانى. Traité de pharmacopée disposé d'après l'ordre alphabétique, par Mouzaffer ibn Mohammed el-Hoseïni el-Shéfayi الشفائى.

Mouzaffer el-Shéfayi, qui fut poète en même temps que médecin, était ori-

ginaire de la ville de Kashan; il mourut en l'année 963 de l'hégire. Ce
traité a été traduit en latin par le Père Ange de Saint-Joseph, de Toulouse,
moine carmélite et missionnaire, sous le titre de *Pharmacopœa persica*,
Paris, 1681. Le présent exemplaire paraît être celui sur lequel Ange de
Saint-Joseph a fait sa traduction; il porte en effet, au recto d'un feuillet de
garde, une note d'une main de la fin du xvii° siècle dans laquelle on lit :
«De re medica in lingua persica, de medico . . . . . ? drico Mosaphar habi-
tante in Espahan».

Début : الحمد لله لحكم العلم والصلوة على من اولى الحكمة والكتاب
الكريم وهو يشفى بلطفه السقم وانه لعلى خلق عظيم وآله الـهـاديـن الى
الصراط المستقم أمّا بعد پوشيده نماند كه فقير حقير مظفر بن محمد
الحسينى الشفائى ...

Assez bon nestalik persan, copié en Redjeb 1030 de l'hégire (1620 de J.-C.),
par Mohammed Kasem ibn Maulana Mirza Ali el-Isfahani. 138 feuillets. 25 sur 15
centimètres. Reliure en maroquin brun estampé et doré. — (Thévenot; Regius
1522, 2. — Ancien fonds 155.)

855

Le même ouvrage.

Exemplaire portant des gloses marginales.

Bon neskhi persan de la fin du xvii° siècle de notre ère. 182 feuillets. 12 sur
8 centimètres. Reliure en maroquin brun. — (Supplément 1302.)

856

Le même ouvrage.

Cet exemplaire est suivi de plusieurs fragments de la même main, sur
les poids et les mesures, dirhem, mithkal, rotl, etc. (fol. 141 r°); on y
trouve des formules d'élixirs pour divers usages (fol. 142 v°); les noms des
philosophes grecs avec la traduction de leur nom en arabe, par exemple
اسکندر est rendu par شديد الياس (fol. 147 v°); d'autres formules de
toutes sortes de préparations pharmaceutiques (fol. 147 v°), et des traditions attribuées au khalife Ali, fils d'Abou Taleb.

Bon nestalik persan, copié par Meshhédi Zeïn el-Abidin Béroudjerdi بروجردى
en l'année 1224 de l'hégire (1809 de J.-C.). 159 feuillets. 21 sur 15 centimètres. Reliure en cuir noir. — (Supplément 1164.)

857-859

علاجات دارا شكوهى. Traité encyclopédique de médecine, par Nour ed-Din Mohammed Abd Allah Hakim-i Shirazi.

Le Aladjat-i Dara Shikouhi est dédié au prince timouride Mohammed Dara Shikouh, fils de l'empereur Shah Djihan, qui fut assassiné en 1069, l'auteur du Séfinet el-aulia (voir n° 432). Il commence par des prolégomènes مفتاح, divisés en 42 discours (makala) dont le sommaire est donné aux folios 3 v° et suiv. du n° 857, qui traitent de questions philosophiques ayant l'homme pour sujet, du macrocosme et du microcosme, des pierres précieuses, des songes, etc.; il contient dix discours subdivisés en اسرار. La principale source de la partie philosophique du Aladjat est l'abrégé des Résaïl Ikhvan el-séfa traduit en langue persane sous le titre de مجمل الحكمة:

كفتار نخست در بيان حد طب و جزو على و علمى و امور طبى و اسباب كليه كفتار ۲ در تشريح اعضا كفتار ۳ در بيان صحت و مرض و انواع آن و ايام بحران و ستة ضروريه جماع و دانش علم موسيقى و برى دانش نجوم و علم حساب و مقدمات هندسى و اشكال و خطوط و بيان عدد عقد انامل و معرفت طول منارة و دانستن اعداد مضمر و دانستن كهرى و كهربال و كروة و مسافت كفتار ۴ در اسباب بيمارى و انواع آن و علامات آن و علامت قيافه و منذرة بهلكه كفتار ۵ در بيان انفاس و بيان نبض و احوال آن كفتار ۶ در احوال بول كه تفسيرة و دليل كويند و احوال براز و عرق و نفث كفتار ۷ در تدبير حفظ صحت و تدبير تندرستان بطريق كلى كه آغاز دانش جزو على طبيست كفتار ۸ در استحمام و فصد و حجامت و داغ و زالو چهانيدن كفتار ۹ در بيان علاج بيماران از سر تا قدم كفتار ۱۰ در علاج صبيان و كودكان

La conclusion traite des substances pharmaceutiques قرابادين et de leur préparation.

Parmi ses sources, l'auteur cite (fol. 1 v°) Galien, Hippocrate, Bakh-tyéshou et les grands médecins de l'antiquité héllénique qu'il a consultés par l'intermédiaire des traités de médecine persane qui furent écrits avant le sien, Mohammed ibn Zakaria el-Razi, Yohanna ibn Sérapion, Abou Ali ibn Sina, Oribasios, Paul, Héron, Honeïn ibn Ishak, Yahya ibn Masouya, شفاى le, وافيه le, كزيدة le, موجز le, راحت البدن le, طب امام رضا le

ذخيرة خانى, Imad ed-Din Mahmoud el-Shirazi, le طبّ سكندرى, le
طبّ بدن, le اکبر نامه, l'طبّ يوسفى, le شيهانى, le سكندر ذو القرنين,
le حدود بنودهندى, le ذخيرة خوارزمشاهى de Djourdjani, le اغراض
قسطاس الاطبّا par l'auteur lui-même, le خمسه حسى, le سنجرى,
le شجرة تقويم الادوية, le جدلى تقويم الابدان, le اختيارات بديى l'
شجرة, le دانش نامهٔ جهان, le مفرح النفس, le résumé des Résaïl Ikhvan
el-séfa intitulé جمل الحكمة, le اغذية مرضى par Nedjib ed-Din Samarkandi, le الفاظ ادويه par l'auteur lui-même, le كفاية منصورى دستنور,
لذة النسا, le رسالة فصادى و داغ و حجامت, la طبّ تحفة خانى, le العلاج
ميزان, le عين لحيوة (اسكندرى) (voir n° 869), le كنز باداورد شاه جهانى le
كفاية مجاهديه, le رسالة موسقى و نجوم, la عجايب المخلوقات, le الطبايع.

Une table très complète du Aladjat-i Dara Shikouhi se trouve aux fol. 3-
15 du tome Iᵉʳ, avec le renvoi à la pagination orientale des volumes.

Le présent exemplaire, auquel il manque une ou deux pages au commencement, se compose de trois tomes contenant, le premier, les prolégomènes et les six premiers discours; le second (858), le septième discours;
le troisième (859), la fin de l'ouvrage; le second volume contient de nombreuses figures d'animaux peintes dans les marges.

Bon nestalik indien, copié en 1192-1193 de l'hégire (1778-1779 de J.-C.),
pour le médecin indien Bijen djiv جمن بزن, fils de Edaldji و الدجى de Sourate,
295, 617 et 800 feuillets. 38 sur 25 centimètres. Reliure en basane. —
(Brueys 16. — Supplément persan 342, 342 B, 342 A.)

860

الغياثيّة. Précis de médecine, par Nedjm ed-Din Saïn
صايى el-Islam Mahmoud ibn Saïn ed-Din Elias ibn Sitr
Barbek (ou Barik) el-Shirazi.

Le nom de l'auteur n'est donné avec sa forme pleine que dans la souscription de l'exemplaire contenu dans le manuscrit 888, n° 1. Ce traité
est dédié à un émir nommé Yisoudour يسدر (dans le manuscrit 884
et تسيدر dans le manuscrit 860) ibn Djarghoutaï جرغوطاى (ou, d'après
le ms. 884 جرغاطوى Djarghatouï). La véritable forme de ce nom mongol
est Djarghoutaï دختسمعتن «qui juge un procès». Quant à Yisoudour,
c'est le mongol ديرسمعمدن yisoudouguer «qui est né le neuvième enfant de
la famille», nom assez commun chez les Mongols. L'auteur donne à cet

émir les titres de جهان پهلوان ..... بن الامير ..... افتخار العجم والترك
خسرو توران, et ce fut à sa prière qu'il composa, à une époque qu'il n'indique pas, cet abrégé en langue persane. La Ghiyathyya, dont le titre est
écrit dans certains exemplaires غياسیه, ou غاشيه, est divisée en 4 discours مقاله subdivisés en un grand nombre de chapitres : les deux premiers traitent de la pathologie et du diagnostic; les deux derniers, des
drogues simples et composées qui sont employées en thérapeutique. Hadji
Khalifa (t. III, n° 4385) cite un autre traité analogue du même auteur,
intitulé حاوى فى علم التداوى, qui est divisé en 5 sections.

On lit au recto du premier feuillet, d'une main plus récente que le
reste de l'ouvrage, le titre fort inexact de : کتاب طبّ عبامی (sic) در زمان
و حسب للقوانين جرغوتای نوشته شده است از تصنیفات محمود بن الياس

Début : سماس بیقیاس حداوندى که دات او بهی دات نمایند

D'après la souscription du présent manuscrit, la Ghiyathiyya a été terminée en l'an 1078 de l'hégire, mais cette date est bien tardive, étant donnés
les noms de Yisoudour et de Djarghoutaï, qui appartiennent exclusivement à
l'époque mongole, d'autant plus que le nom même de l'ouvrage rappelle le
titre du sultan Oltchaïtou Khorbanda, frère et successeur de Ghazan, qui est
Ghiyath ed-Din. Il est évident qu'il faut voir dans cette date, celle de la copie
du ms. sur lequel a été exécuté le présent exemplaire, et reporter la composition de cet ouvrage à l'époque mongole. طب غیاثی est pour طب عبامی.

Nestalik persan médiocre, copié à Isfahan en 1124 de l'hégire (1712 de J.-C.).
201 feuillets. 16 sur 11 centimètres. Reliure en peau brune souple. — (Supplément 1160.)

861

تحفة الموّمنين. Traité de thérapeutique et de pharmacologie, par Mohammed Moumin el-Hoseïni Tanakabouni.

Le père de Mohammed Moumin, et son grand-père, avaient été médecins
à la cour des shahs séfévis de Perse (fol. 2 v°), et lui-même était attaché à
la personne de Shah Soleïman el-Séfévi (1077-1105), à qui est dédié le
Tohfet el-mouminin; ce médecin était vraisemblablement originaire de
Tanakaboun, près d'Amol, dans le Tabaristan (Rieu, Catalogue, p. 477);
il est quelquefois nommé حکم مومن, comme dans le n° 862, fol. 1 r°.

Le Tohfet el-mouminin a été entrepris pour corriger les nombreuses
erreurs qui se trouvent dans l'Ikhtiyarat-i Bédii d'Hadji Zeïn el-Attar; sa
principale source est la جامع بغدادى; parmi les autres ouvrages utilisés
par Mohammed Moumin, sont les traités médicaux d'Ibn Beïthar, de Daoud

el-Antaki, le Shamil, le Kamil el-adviya, le Djami el-adviya d'Émin el-Daulèh, le Kanoun wé moutadjat d'Hippocrate, les Ikhtiyarat d'Ibn Habal, etc.,
ainsi que des traités indiens traduits en persan, le باهر, le جرك, le
(sic) مست چوك, le بهو جدیو, le فیروزشاق et le سپرت (fol. 2 r° et v°).

Le سپرت est cité dans le Fihrist (man. arabe 4458, fol. 157 r°) sous
la forme سُنْرَك parmi les traités de médecine indienne qui existaient en
traduction arabe; ce fut Yahya ibn Khaled qui ordonna à Mikna el-Hindi
de le traduire. Le جرك, avec l'équivalence tch=s, est probablement le سرك
du Fihrist (ibid.), qui fut traduit du persan en arabe par Abd Allah ibn
Ali; l'auteur du Fihrist n'indique pas le nom de la personne qui l'avait
traduit du sanskrit en persan.

Le Tohfet est divisé en deux livres; le premier traite des propriétés des
drogues, le second, intitulé دستوراب, de la préparation des médicaments;
il a été imprimé à Dehli en 1966, et à Isfahan en 1274 de l'hégire. On
trouve à la fin du présent volume des notes sur les préparations opiacées,
sur le موم روغن, et sur différents électuaires.

Nestalik persan passable daté de 1104 de l'hégire (1692 de J.-C.), 429 feuillets, 28 sur 16 centimètres. Reliure persane en cuir rouge estampé. — (Tholozan. — Supplément 1987.)

862

Le même ouvrage.

Les تخمیص 4 et 5 manquent dans le corps de cet exemplaire; ils ont
été rajoutés par une main plus moderne et médiocre à la fin du manuscrit
(fol. 200-207): le cinquième tashkhis est incomplet et se termine avec le
commencement du cinquième paragraphe. Ce volume porte les ex-libris de
Nour Mohammed (fol. 1 r°) et de Mohammed Salih (fol. 199 r°).

Exemplaire de luxe en nestalik indien tendant au shikestèh, du commencement du xviiiᵉ siècle de notre ère, avec encadrements et frontispices en or et en
couleurs, 207 feuillets, 27 sur 17 centimètres. Cartonnage. — (Polier 10. —
Supplément 423.)

863

Le même ouvrage.

Ce manuscrit porte au folio 243 recto le cachet d'un ambassadeur de
Perse سفیر کبیر دولت علیه ایران, nommé Abbas Kouli Khan, avec la
date de 1271 de l'hégire.

Exemplaire de luxe, en nestalik très menu avec encadrements et frontispices en
or et en couleurs, copié en l'année 1186 de l'hégire (1772 de J.-C.) par Abd

el-Azim ibn Mohammed Réfi, pour Mirza Mohammed Maasoum. 243 feuillets, 19 sur 13 centimètres, Reliure persane en laque. — (Supplément 1144.)

864

دستور مسيحى. Traité de médecine, par Mohammed Mésih el-Tébib ibn Mohammed Sadik Tébib.

Mohammed Mésih fut l'élève de Mirza Mohammed Moumin Tanakabouni (n° 861). C'est probablement ce médecin qui a donné son nom aux معجون مسيحى dont il est parlé dans le manuscrit 885, fol. 73 r°, et aux مفرح مسيحى, fol. 56 v°. Le fils de ce personnage, Mohammed Razi el-Tébib, a possédé le manuscrit 850.

Ce traité est divisé en quatre discours مقاله subdivisés en chapitres باب et en sections فصل; le manuscrit est incomplet du premier feuillet.

Neskhi et nestalik persans médiocres du xviii° siècle, 264 feuillets, 30 sur 20 centimètres, Reliure en cuir noir. — (Tholozan. — Supplément 1275.)

865

مفتاح الخزاين ومصباح الدفاين. Traité de médecine, par Mohammed Hashem ibn Mohammed Tahir Téhérani طهران.

Le Miftah el-khazaïn est dédié (fol. 11 v°) au roi séfévi de Perse, Shah Soleïman el-Séfévi el-Mausévi el-Hoseïni Béhadour Khan (1077-1105 H.); il fut composé, comme l'indique sa souscription (fol. 245 v°), en l'année 1103 de l'hégire : روز پنجم از عشر دويم از ماه هفتم از سال ......
سم عشر اول از مايه ثانيه بعد از الف از هجرت مقدسه واقع شد يعنى در روز پنجشنبه يازدهم شهر رجب المرجب سنه ثلث ومايه بعد الالف من الهجرة; il est divisé en une préface, cinq livres مقاله, et une conclusion, subdivisés en chapitres dont la liste est donnée d'une façon très détaillée aux folios 12-14.

Début : توجهنا الى جناب لاهوتك وما اجل شانك وتصفحنا طبقات ملكوتك...

Les six premiers feuillets du manuscrit sont occupés par une sorte d'index des substances dont il est parlé dans le courant du livre. Cet ouvrage n'a rien de commun avec un traité de médecine qui porte le même titre et qui a pour auteur Hadji Zeïn el-Attar (voir n° 836); le Miftah el-khazaïn de Mohammed Tahir Téhérani traite principalement des propriétés des substances alimentaires et médicamenteuses ; le présent exemplaire porte au recto du premier feuillet l'ex-libris d'Ibn Mohammed Mehdi el-Tébib.

Bon neskhi persan, copié en 1130 de l'hégire (1717 de J.-C.) par Mohammed Maasoum el-Kerbélaï. 946 feuillets, 22 sur 14 centimètres. Reliure persane en cuir jaune. — (Supplément 1152.)

866

حديقة عالم. Abrégé de médecine pratique, par Mohammed Zéman.

Dans la courte préface de cet ouvrage, l'auteur, qui était surnommé فرنكى خوان « celui qui lit les langues franques », raconte, qu'étant arrivé dans une localité de Perse qu'il ne désigne pas plus explicitement, venant d'Isfahan dans l'intention de se rendre dans l'Inde, et ne pouvant, à cause des difficultés de la route, s'occuper à la lecture des livres de médecine et de physique, ni à l'étude de la langue grecque, ce qui était sa spécialité, il chercha parmi ses livres un traité de médecine grec pour le traduire en chemin, et occuper ainsi les loisirs que devait lui laisser son voyage. Il finit par trouver un manuscrit de dimensions modérées, intitulé حديقة عالم, composé par un des plus célèbres médecins francs, nommé Tahmasp (sic). Ce fut sur cet ouvrage qu'il arrêta définitivement son choix, parce que la traduction des autres lui aurait demandé plus de temps qu'il n'en disposait, et une tranquillité qu'il lui était impossible de trouver au cours d'un tel voyage :

چنین کوید این قلیل القدر اندك بضاعت محمد زمان مشهور بفرنكى
خوان كه چون دربنولا از دار السلطنه اصفهان بعزم سفر هندوستان
بر آمد به سبب مشقت راه و تطع منازل بمطالعه و مباحثه كتب حكى
و طبیعی و تتبع لغات یونانی كه شغل مقرری و فن دایمی این ی بضاعت
بود نمیتوانست پرداخت لهذا جهة احتراز غفلت و فرار از بطالت
ارادہ نمود كه كتابی كه از جملة كتابهای یونانی هراه داشت بزبان فارسی
ترجمه نماید و درین اندیشه هر یك از ان كتابهارا بنظر امتحان
ملاحظه ی نمود كه كدامرا ترجمه نماید تا انكه این نسخة كه
بحدیقة عالم موسومست و تصنیف طهماسپ طبیب است كه از اعاظم
اطبای فرنكست بنظر حقیر در آمد و بعد از مطالعه آن عازم كشت كه
هین كتاب را بفارسی ترجمه نماید چه ترجمة دیكر كتب علی و غیر علی

كه هراه داشت بواسطهٔ تعنت سفر و كوچ بر كوچ هر روزة و طول انها
..... منعتر بود (fol. ١ v°).

Il paraît, d'après l'épithète de دار السلطنه qui est donnée à la ville d'Isfahan, que Mohammed Zéman Firengi Khvân vivait à l'époque des Séfévis; dans un autre passage, l'ouvrage de Tahmasp est nommé حدیقة دنیا (fol. 3 v°), et ces deux titres sont également inconnus à Hadji Khalifa. La traduction est divisée en 5o sections فصل, dont le détail est donné aux folios 2-3, et dont Armain a traduit tous les titres dans une notice préfixée au volume. Les principaux sujets qui y sont traités sont : la nature de la terre, des minéraux et des plantes, le moyen de reconnaître le sexe d'un enfant après sa conception, les soins à donner aux femmes enceintes, le choix d'une nourrice, la stérilité, la tératologie, l'hygiène générale, les phénomènes qui se produisent dans l'atmosphère, les esprits qui y vivent, et les planètes. On trouve cités dans cet auteur, Pline (fol. 4 v°, 7 v°, 8 r°, 16 r°, 48 r°, 49 v°), ses Questions Naturelles sont citées au folio 7 verso sous le titre de حكایات طبیعی و قصص; Théodoros طیمودورس (fol. 49 r°); Hésiode هصیمودوس; Thalès ثالت (fol. 46 r°); Plutarque (fol. 16 r°); Anaximandre (fol. 5 r°); les philosophes علاوس et بوحیوس (fol. 6 v°), lesquels parlent des apparitions de démons qui se produisent aux yeux des personnes qui voyagent dans le désert d'Arabie. Les empereurs romains sont souvent cités dans cet opuscule, tel Tibère (fol. 5 r°); Mohammed Zéman parle d'un tremblement de terre qui eut lieu à Rome durant 35o jours, dans une année du Christ qui n'est pas indiquée, en février فراربه (fol. 5 r°). Il cite Pline (fol. 48 r°) parlant d'un enfant nommé Hermia هرمیا, qui avait l'habitude de se promener en mer sur le dos d'un dauphin دلفین, et qui se noya; le dauphin rapporta à terre le cadavre de l'enfant et mourut de chagrin; il cite également, d'après la même autorité, l'histoire d'Arion ارپون qui avait fait fortune en Italie ایطالیا; il parle d'une pierre nommée اسقیلا qui empêche les femmes de concevoir, dσκελης; d'une pierre qui se forme dans le ventre des poules, en grec آلتوریه (fol. 8 r°), d'une herbe nommée en grec اریسی, d'arbres nommés dans cette langue سوربوس et کورینورس. Dioscoride est également cité fréquemment. Il semble que l'original de ce médiocre traité d'histoire naturelle et de médecine soit une tardive compilation, probablement byzantine, d'un certain Thomas, ou d'un Θαυμασ7ός, qui n'a évidemment rien à voir avec le تامسطمیوس cité par le Fihrist (man. arabe 4458, fol. 135 r°), ni avec le طیماوس الفلسطینی qui fut un commentateur d'Hippocrate (ibid., fol. 136 v° et 141 r°).

Assez bon nestalik persan de la fin du xvii° siècle. 56 feuillets. 18 sur 13 centimètres. Reliure en peau souple. — (Thévenot; Regius 1550, 2. — Ancien fonds 158.)

867

انيس الاطبّا. Traité de pharmacopée, par Ibn Mohammed
Nafi el-Siddiki el-Djaïsi نافع الصّدّيق للجايسى.

L'auteur, qui était médecin et évidemment d'origine indienne, dit dans
sa préface (fol. 1 v°) qu'il conçut le projet de composer cet ouvrage quand
il se fut rendu compte de la difficulté qu'éprouvaient les médecins indiens
à consulter l'Ikhtiyarat-i Bédii (n° 836) et le Tohfet el-mouminin (n° 861),
car ce dernier ouvrage, en particulier, ne donne point le nom des drogues
en langue indienne. Le Anis el-atobba a été composé en l'année 1202 de
l'hégire; il est disposé d'après l'ordre alphabétique ordinaire de l'alphabet
persan.

Le premier article débute ainsi : آاطرى لال لفت بربرى است و يعني
رجل الطير و هندى كاك جنگلى و مسى نامند و بتركى خاراباغى خوانند
و مراد ازو تخم است......

D'après une note écrite au recto du premier feuillet, par un de ses possesseurs anglais, ce volume serait le «Jawahir ool Loghat», mais cette iden-
tification est manifestement erronée; le جواهر اللغة est, en effet, un dictionnaire de termes médicaux arabes par Mohammed ibn Yousouf el-Tébib
el-Hérévi, père du médecin Yousouf ibn Mohammed el-Hérévi qui, en 917
de l'hégire, écrivit le جامع الفوايد (Éthé, Bodléienne, n° 1590-1591).

Nestalik indien médiocre tendant au shikesté daté de 1827. 161 feuillets. 31
sur 21 centimètres. Reliure indienne en peau brune. — (Supplément 1088.)

868

تاليف شريف. Dictionnaire des médicaments simples, par
le médecin Mohammed Shérif Khan Dehlévi ibn Hazik
حادق el-Moulk Hakim Mohammed Akmal Khan.

La préface du présent exemplaire ayant été omise par le copiste, le titre
de l'ouvrage et le nom de l'auteur ne se trouvent que dans la souscription
(fol. 92 r°). D'après les deux exemplaires de Londres (Add. 18 870 et
Or. 1696), Mohammed Shérif Khan entreprit ce travail pour combler les
lacunes qui se trouvent dans le علاجات دارا شكوه, ainsi que dans le دستور

الهند, et pour suppléer à l'omission des drogues d'origine indienne; leur nom est donné sous les formes couramment employées à Shah Djihan Abad (Dehli).

Le Taalif-i shérif est dédié à l'empereur Shah Alem [1173-1221] (Rieu, *Catalogue*, p. 842). D'après une note écrite sur l'un des feuillets de garde, Shérif Khan vécut au service de l'empereur Mohammed Shah II (1221-1253); un autre traité de médecine composé par le même auteur, le علاج الامراض, porte la date de 1177 de l'hégire. Le Taalif-i shérif a été imprimé à Dehli en 1865.

Mauvais nestalik indien cursif, copié à Bénarès بنارس en 1839 de l'hégire (1893 de J.-C.) par un nommé Abd el-Kader. 92 feuillets. 23 sur 15 centimètres. - Cartonnage. — Supplément 336.)

869

تحفة العاشقين. Traité sur l'amour et sur l'emploi des aphrodisiaques.

Le nom de l'auteur n'est point indiqué dans la préface; d'après une note écrite par un des possesseurs européens de ce manuscrit, au recto du premier feuillet, le Tohfet el-ashikin aurait été écrit par un certain Aboul Mouzaffer Mohammed ibn Ardéshir pour le sultan Sindjar ibn Mélik Shah (✝559 H.), mais cette attribution est complètement erronée, car on y trouve cité le شجرهٔ نهال و نسخهٔ کنج باداورد d'Aman Allah el-Hoseïni Khanzéman, qui mourut en 1046 de l'hégire (Rieu, *Catalogue*, p. 489). L'auteur anonyme déclare (fol. 2 r°) qu'il a compilé cet ouvrage à l'aide d'un grand nombre de traités dont il n'indique pas les titres. Le Tohfet el-ashikin est divisé en 3 livres بزم, subdivisés en nombreuses sections; le premier porte le titre de بزم عشرت در بیان شرب مدام و آنچه مناسب; le second est intitulé بزم خلوت در آداب مباشرت است بدین مقام; le troisième, بزم با سمن رویان سم اندام و آنچه مناسب است بدین مقام راحت در ذکر فواید حمام و علاج بعضی اسقام و آنچه مناسب است بدین مقام. Le détail des subdivisions de cet ouvrage immonde, qui se réfère souvent aux sources indiennes, en صراح et لذت et محبت, se trouve indiqué tout au long dans la préface. Le premier livre manque dans le présent exemplaire; le scribe du manuscrit sur lequel il a été copié, Zeïn el-Abidin, déclare (fol. 3 v°) qu'il a omis de le transcrire parce qu'il ne consiste qu'en niaiseries et en choses contraires à la loi religieuse. Parmi les autorités du Tohfet el-ashikin, on trouve Véli Guilani (fol. 6 r°, 25 v°),

Abou Nasr ibn Abi Saad, auteur de la رسالة ماجیه در قوانین جماعیه
(fol. 7 v°), Mohammed-i Zakariya-i Razi (fol. 8 r°), Saad ed-Din et Safi ed-
Din Guilani (fol. 13 v°, 57 v°), Avicenne شیخ ابو علی (fol. 14 r°, 21 v°),
un médecin nommé Abd el-Nébi (fol. 19 r°), Sadr ed-Din Ata Allah Tébrizi
(fol. 23 v°), Khadjè Rashid ed-Din, le vizir (fol. 24 r°), Shems ed-Din
ibn Hilal Abou..... (fol. 24 r°), Nedjm ed-Din Abd Allah (fol. 25 v°,
84 r°), Imad ed-Din Mahmoud Shirazi (fol. 26 r°), Saad Allah Guilani
(fol. 29 r°, 82 v°), Kémal ed-Din Hoseïn Shirazi (fol. 29 v°, 55 v°, 81 v°),
Mohammed Khan Goudjarati (fol. 30 r°), Navvab Khanzéman, auteur du کنج
باداورد (fol. 32 v°, 38 r°, 60 r°, 67 v°, 72 v°, 73 r°, 82 r°, voir n° 859), le
traité intitulé زینة النسا (fol. 47 r°), le جامع الغوائد (fol. 48 r°), le کتاب
اسرار النکاح (fol. 48 r°), l' الابضاع بحبی اختیارات بحبی (fol. 59 v°), le
مفرح النفس (fol. 67 r°), Kotb ed-Din Shirazi (fol. 82 v°), Nizam ed-Din
Guilani (fol. 88 v°), Mir Mohammed Baker (fol. 89 v°), le دلاور خان
هابون, ouvrage indien que l'on cachait en Perse (fol. 91 v°), etc.

Nestalik persan, copié par Ibn Mélik (ou Molla) Mirza Hoseïn Mohammed Ali
el-Khvansari en l'année 1196 de l'hégire (1781 de J.-C.), 116 feuillets, 20 sur
15 centimètres. Reliure européenne. — (Supplément 1168.)

870

جامع الحکتین وجمع الطبین . Essai pour concilier les mé-
thodes de la médecine orientale et celles de la médecine
anglaise, par Mohammed ibn Abd el-Sabour.

Le titre et le nom de l'auteur ne sont donnés qu'au folio 9 recto, le
dernier sous la forme محمد بن عبد الصبور خوئ المولد تبریزی المسکن
الطبیب المتطبب. Ce personnage, né dans la ville de Khoï, vint se fixer
à Tébriz; le Djami el-houkmétèin fut composé dans cette ville, de façon
que chacun pût se soigner à sa guise, ou suivant son tempérament,
d'après les règles de la médecine européenne ou d'après celles de la médecine persane. Cet ouvrage fut commencé sur l'ordre du prince héritier,
Abbas Mirza, fils du roi Feth Ali Shah Kadjar, qui mourut en 1833, après
avoir soutenu une guerre malheureuse contre Paskiévitch (voir n° 1006),
et il ne fut terminé qu'après la mort de ce prince, dont Mohammed
ibn Abd el-Sabour fait un grand éloge, qui paraît d'ailleurs mérité, et
dont il dit :

عباس شه آن کز ملکان تاج ربا بود   عباس شه ان کز همه باج ستان بود

(fol. 9 r°), en faisant un peu plus loin une allusion discrète à ses malheurs et à sa fin prématurée. Abbas Mirza avait imposé à Mohammed ibn Abd el-Sabour un plan divisé en six points très bien choisis dont le détail est donné au fol. 9 recto et verso. L'auteur présenta son livre, dès qu'il fut terminé, au célèbre Atabek-i a'zam Djénab Kaïmmakam, qui était un alide nommé Mirza Aboul Kasem, et qui remplissait les fonctions de premier ministre du roi Feth Ali Shah Kadjar. Ce personnage loua l'ordonnance du Djami el-houkméteïn, et il conseilla à Mohammed ibn Abd el-Sabour d'en aller faire hommage au prince héritier, Mohammed Mirza, qui devait, en 1834, devenir Mohammed Shah Kadjar. La composition de ce livre se place donc autour de 1833, à une date très peu antérieure à celle de la mort de Feth Ali Shah Kadjar. Mirza Aboul Kasem, Atabek-i a'zam, avait d'abord été le secrétaire d'Abbas Mirza, puis il devint le ministre de Feth Ali Shah Kadjar. A la mort d'Abbas Mirza, il offrit au roi, par piété pour la mémoire de son maître, la somme considérable de 3 millions de tomans, s'il voulait choisir comme prince héritier, Mohammed Mirza, fils d'Abbas Mirza, au lieu et place d'un de ses cinquante fils. Il conserva ses fonctions sous le règne de Mohammed Shah Kadjar qui le fit traîtreusement assassiner, en le mandant dans l'un de ses jardins d'où il ne sortit jamais. Le Kaïmmakam Aboul Kasem fut un littérateur de mérite; ce fut son influence qui fit abandonner en Perse l'invraisemblable style fleuri qui était en faveur depuis l'époque mongole, et qui a complètement perverti le goût arabe.

Cet ouvrage est divisé en une préface, 44 chapitres قانون, et une conclusion, dont une table très détaillée se trouve aux folios 1-6.

Début : الحمد للحكم المطلق الّذى خلق خلق الانسان من علق
والعلم الاعظم الاكرم.....

Le Djami el-houkméteïn est suivi (fol. 297 v°) par un traité de pharmacopée qui porte le titre de دفتر قرابادين فرنكى, et qui est précédé d'un index des matières qui y sont contenues. Les dernières pages du manuscrit ont été ajoutées à une époque récente; elles contiennent quelques notes traduites du français par un médecin persan.

Bon neskhi persan, copié en 1251 de l'hégire (1835 de J.-C.). 315 feuillets, 24 sur 18 centimètres. Reliure en maroquin noir — (Tholozan. — Supplément 1299.)

871

Mémoire sur l'épidémie de choléra qui éclata à Téhéran en 1892, par le docteur Mirza Abd el-Résoul.

Début : پس از حمد خداوند منعم و نعت رسول اكرم و ائمّه

Bonne écriture persane de l'extrême fin du xixᵉ siècle. 16 feuillets. 21 sur 14 centimètres. Cartonnage. — (Supplément 1290.)

872

منهاج المبتدين. Traité de thérapeutique, par Ibrahim el-Hoseïni.

Le Minhadj el-moubtédin, qui est sans date et qui ne porte point de dédicace, est divisé en 40 chapitres et une conclusion, dont le détail est donné au folio 2 recto et verso. L'auteur se borne à dire, dans sa très courte préface (fol. 2 r°), qu'il eut souvent besoin, au cours de sa carrière médicale, d'appliquer des formules dont il ne se souvenait point par défaut de mémoire, et qu'il lui fallait les aller chercher dans les traités connus de recettes pharmaceutiques قرابادينات. Ce fait le détermina à écrire un livre dans lequel se trouveraient indiquées les drogues qui conviennent à chaque maladie, le temps auquel il convient de les appliquer, et la manière. L'un des deux exemplaires de l'East India Office Library a été copié en 1147 de l'hégire (Ethé, *Catalogue*, n° 2354). Le texte débute, après l'invocation, par : امّا بعد بر اریب فطنت پوشیده نماند كه چون ..... فقیر الحقیر ابراهیم. Le premier et les derniers feuillets du volume sont couverts d'extraits de livres de médecine, parmi lesquels les plus importants sont les suivants : les fragments intitulés جهة تقویه باه و معده (fol. 1 r°); صفت نسخة بدل افیون لعماد (fol. 1 v°); لخروج المقعدة (fol. 1 v°); مفرح از جهة الدین محمود, par Imad ed-Din Mahmoud (fol. 176 r°); تقویت باه (fol. 176 v°); un traité sans titre ni nom d'auteur sur l'emploi du bois de Chine چوب چینی (fol. 192 r°); des formules pharmaceutiques de tout genre, sur l'usage du bézoar, pour faire venir le lait aux nourrices (fol. 176 r°), etc.; celle d'un مفرح یاقوتی (fol. 180 v°) qui est due au médecin d'Itimad ed-Daulèh, nommé Selman; d'un autre مفرح یاقوتی qui fut composé par le médecin Ghiyas ed-Din Ali pour le prince Itimad ed-Daulèh; la formule d'un élixir انوش et de plusieurs autres drogues, par Selman (fol. 182 v°); des formules de collyres et d'opiats pour le traitement des maladies des yeux (fol. 183 v°); un élixir عرق dû à Mirza Aboul Kasem contre les défaillances de l'estomac (fol. 193 v°).

Bon neskhi persan probablement de la première moitié du xixᵉ siècle. 201 feuillets. 22 sur 12 centimètres. Reliure en cuir brun estampé. — (Supplément 1163.)

873

دوا العلل. Traité de médecine, par le brahmane Bha-
kount-das بهكونت داس برهمن.

L'auteur a réuni dans ce traité les médicaments qu'il a eu l'occasion
d'expérimenter au cours de sa carrière médicale; il est divisé en 5 chapitres subdivisés en un grand nombre de sections dont la liste détaillée est
donnée dans la préface (fol. 2-3).

Début : . . . . . . چشم دارم از خدا که میرسد خامه بکار.

Bon nestalik indien du XVIII° siècle. 83 feuillets. 20 sur 13 centimètres. Cartonnage. — (Supplément 1167.)

874

كتاب عين الحياة اسكندری. Traité de médecine sans nom
d'auteur.

L'auteur dit dans sa préface (fol. 2 r°) qu'il avait, avant d'écrire le Aïn
el-hayat-i Iskendéri, étudié les mathématiques, les sciences philosophiques
et théologiques. Il s'aperçut, grâce à ces connaissances, que les livres de
médecine étaient mal faits, en ce sens qu'on n'y trouvait aucune mention
de l'influence que les planètes peuvent exercer sur la vie de l'homme, et que
l'on n'y envisageait point les questions juridiques. Cela le détermina à écrire
un livre qui traiterait à la fois de la science médicale, de la science astrologique, parce que ses indications peuvent permettre de déterminer s'il est
besoin ou non de soigner le malade, de la science du droit, parce que les médicaments, comme tout ce qui s'absorbe, peuvent être licites ou défendus par
le Shéria. Le présent traité est divisé en 2 livres فن, dont le premier traite
de la médecine théorique, et le second, de la médecine pratique. Le premier et le dernier feuillet sont des restaurations modernes; sur les souverains
musulmans qui ont porté le nom d'Iskender, et à l'un desquels a vraisemblablement été dédié cet ouvrage, qui est cité dans le Aladjat-i Dara Shikouhi
(n° 859), voir n° 847.

Mauvais neskhi tournant au nestalik, daté de 1061 de l'hégire (1650 de
J.-C.). 153 feuillets. 19 sur 13 centimètres. Reliure en peau noire souple. —
(Schefer 213. — Supplément 1523.)

8.

875

Fragments d'un traité de médecine sans commencement ni fin.

On trouve dans ce manuscrit l'indication de deux chapitres باب : l'un, qui est le deuxième de l'ouvrage complet, est intitulé باب دوم در ادویه (fol. 7 v°); l'autre, qui est le douzième, porte le titre de باب دوازدهم در بیان داروهای آلت تناسل (fol. 27 v°); d'après ces indications, il semble que ces fragments appartiennent à un exemplaire du خیر التجاریب (Ethé, *Catalogue of Persian Mss. in the India Office*, n° 2341); le Khaïr el-tadjerib est un remaniement fortement abrégé du طب اکبری (Ethé, *ibid.*, n° 2339, et Rieu, *Catalogue*, p. 478), qui fut composé en 1112 de l'hégire, et dédié à l'empereur Aurengzeb par Mohammed Akbar ibn Mir Hadji Moukim, surnommé Mohammed Arzani et Shah Arzani. Le Tibb-i Akbari est la traduction du شرح الاسباب والعلامات, qui fut écrit pour le sultan timouride Mirza Oulough Beg, par un médecin nommé Néfis ibn Ivaz Kirmani.

Neskhi persan médiocre de la fin du xviii° siècle de notre ère. 39 feuillets. 25 sur 18 centimètres. Reliure en peau rouge. — (Tholozan. — Supplément 1298.)

876

دستور العلاج. Traité de médecine, par Djani Mohammed Kazem ibn Feth ed-Din Mohammed el-Kashani el-Feth-khani.

Cet ouvrage est divisé en deux discours مقاله; le premier, subdivisé en 23 chapitres, traite de toutes les maladies qui peuvent atteindre l'organisme humain, et le second est exclusivement consacré à l'étude des fièvres; le sommaire très complet du Destour el-iladj est donné sous la forme d'une table aux folios 2-5.

Début après l'invocation : .... اما بعد چنین کوید مسوّد این اوراق و محرّر این سیاق بندۀ مذنب جانی محمد کاظم بن فتح الدین D'après la souscription, ce volume serait l'autographe de Mohammed Kazem : تمّ کتاب هذا (sic) الکتاب بید المولّف وهذا نسخة الاصل بغیر نقصان ... (fol. 182 r°), mais cette assertion est démentie par le fait que le copiste كاتب الحروف se nomme Abd er-Rahman Nourdjani; il est probable que cet exemplaire a été copié sur l'autographe de Djani Mohammed Kazem, et que le copiste, Abd er-Rahman Nourdjani, a reproduit une partie de la souscription de l'original. Cet exemplaire porte les cachets d'Abbas Ali.

Nestalik indien médiocre tendant au shikesteh, copié en 1236 de l'hégire (1818 de J.-C.) par Abd er-Rahman Nourdjani. 182 feuillets. 24 sur 14 centimètres. Reliure indienne en cuir rouge gaufré. — (Supplément 1158.)

877

Abrégé de médecine, par Abou Saïd ibn el-Hoseï nel-Tébib el-Yéhoudi.

Abou Saïd el-Yéhoudi est plus connu sous le nom de Zerd-Kélim; ce traité fut composé à la demande d'un émir surnommé امير اجلّ سيد نصير الجيوش, mais dont le nom n'est pas indiqué (cf. man. 883, n° 3).

L'auteur avertit dans sa préface (fol. 1 v°) qu'il était le médecin ordinaire de cet émir, et qu'il composa cet ouvrage pour qu'il pût se soigner en son absence, au cas où il viendrait à tomber malade, sans avoir recours aux lumières d'un autre spécialiste, d'après les traités des savants les plus estimés :

این کتابیست، مختصر اندر علم طب که جمع آورده است ابو سعید بن

الحسین الطبیب الیهودی المعروف بزرد کلم از بهر امیر اجل سید نصر(sic)

الجیوش رحمه الله این کتاب از وی در خواست کرد تا چون وی حاضر نباشد

دریں کتاب تامل نماید و از مقصود باز نماند و منفعت مردمرا نماند پس

استاد ابو سعید این کتابرا جمع آورد از گفتار حکما و فاضلان و ادبای

متقدم که تجربها کرده اند و کتابها ساخته اند و از هر کتابی چیزی بر

داشته است و این کتاب مختصر ساخته تا بر خوانندهٔ آسان باشد و

فایده حاصل آید و هر کس که این کتاب دارد و بدان کار کند چون

بیمار گردد این کتاب نگاه کند مقصود او حاصل شود و به طبیب

حاجتش نباشد

Il traite à la fois de la pathologie, de la thérapeutique et de la pharmacologie; on retrouve dans les premiers chapitres, en particulier dans celui qui est intitulé در دانستن آفرینش مردم, la théorie suivant laquelle le corps de l'homme est un microcosme dont tous les éléments correspondent à ceux du monde supérieur, et qui est si en faveur dans les livres des Soufis,

Cet ouvrage est certainement ancien, comme le montrent le titre de امیر الجیوش qui n'est plus usité en Perse, et des formes comme مور... را pour indiquer l'accusatif, lesquelles reportent à une époque antérieure au vii° siècle de l'hégire.

Les feuillets 62 v°-68 v° sont occupés par un traité très abrégé de pharmacologie, sans titre ni nom d'auteur, et divisé en dix chapitres, qui commence par : ورق سوس معتدل در حرارت و نافع شود و بجفف قروح است; on trouve également au recto du folio 1 un fragment sur la pharmacologie qui commence par : جوز هندی کرم در آخر درجهٔ دوم و خشک است در درجهٔ اول. Ces deux derniers fragments sont d'une main persane médiocre.

Assez bon neskhi daté de 951 de l'hégire (1544 de J.-C.). 68 feuillets. 21 sur 12 centimètres. Reliure européenne en veau. — (Gaulmin; Regius 1552, 1. — Ancien fonds 152.)

878

Fragments d'un traité de médecine.

Ces fragments, qui sont dans le plus grand désordre, appartiennent à un ouvrage écrit dans l'Inde, qui traite de médecine magique et cabalistique; d'après les débris de la table des matières qui se trouve au commencement du volume, ce traité comprenait plus de 163 chapitres (fol. 2 r°, dernière ligne). On lit, au folio 153 verso, cette formule magique qui a la vertu de faire concevoir les femmes : هو الله هو هو هو هو هو الله الله الله الله الله الله الله الله ق ق ق ق ق ق ق ق قیوم قیوم قیوم قیوم قیوم قیوم قیوم قیوم قیوم صلی الله علی خیر خلقه محمّد وآله اجمعین

Bon nestalik indien de la seconde moitié du xvii° siècle. 228 feuillets. 23 sur 13 centimètres. Reliure en demi-parchemin. — (Supplément 348.)

879

Traité sur la préparation des médicaments.

Exemplaire incomplet du commencement et de la fin.

Mauvaise écriture copiée dans le Turkestan chinois au xix° siècle. 134 feuillets. 20 sur 14 centimètres. Reliure en papier doré. — (Decourdemanche. — Supplément 1706.)

880

Recueil de traités de médecine.

1° طبّ جمالى و شفا حالى. Traité de médecine, sans nom d'auteur, dédié à Djémal ed-Din Sheïkh Abou Ishak, auquel sont donnés les titres de :

ظل الله على الارضين رحمة الموعدة لعباده اجمعين جمال لحقّ والدنيا والدين سلطان الاسلام والمسلمين ملاذ ملوك الشرق والصين ملجاء القياصرة والخواقين ..... جمال الدين والدنيا مليك مليك جليل قدرة ..... اعلى و اعظم شهنشه شيخ ابو اسحاق (fol. ٢ r°).

L'auteur, qui vécut longtemps à la cour de ce souverain, composa ce traité pour satisfaire à un ordre de sa part. Le Tibb-i Djémali est divisé en 3 discours (makala); le premier (fol. 6 v°) est subdivisé en 132 chapitres et traite de toutes les maladies du corps, depuis la tête jusqu'aux pieds; le second (fol. 126 v°) traite plus spécialement des maladies externes, des affections cutanées, etc., il compte 65 chapitres; le troisième (fol. 153 v°) est réparti en 35 chapitres, il parle des différentes sortes de fièvres. Le détail des chapitres dont se compose cet ouvrage se trouve, sous la forme d'une table des matières, aux folios 2 v°-6 r°. Dans sa préface, l'auteur qui, comme le médecin qui a écrit le Aïn el-hayat-i Iskendéri (n° 874), est d'avis que la science médicale est en rapports étroits avec l'astrologie (fol. 2 r°), déclare qu'il a consulté pour la composition de ce traité de médecine les livres des anciens, parmi lesquels il compte le Grec Ptolémée, Mohammed ibn Zakaria el-Razi et Dioscoride : از كتب تصانيف قدماء و حكماء مثل بطليموس يونان و محمد زكريا و دسقوریدوس و امثال ایشان این مختصر در قلم آورده...

Début : جمد بى نهایت و عد و سپاس بى قیاس که مهندسان عقل از مساحت ساحت مدار بى انتها... (fol. 2 r°).

Djémal ed-Din Émir Sheïkh Abou Ishak était le fils de Mahmoud Shah, qui fut le régisseur des domaines privés du sultan Abou Saïd Béhadour Khan, et qui fut assassiné par ordre d'Arpa Khan. En 743 de l'hégire, le 19 Ramadhan, l'émir Pir Hoseïn, fils de Sheïkh Mohammed, quatrième fils de l'émir Tchoupan, donna le gouvernement d'Ispahan à Sheïkh Abou Ishak. Cette même année, Abou Ishak se joignit à l'émir Ashraf pour attaquer Pir Hoseïn; ce dernier se réfugia à Tébriz auprès du prince tchoupanide

Sheïkh Hasan, qui le fit empoisonner. Sheïkh Abou Ishak devint alors
souverain du Fars, et il lutta durant tout son règne contre le prince mouzafféride Mohammed ibn Mouzaffer. Assiégé par ce dernier dans Shiraz en
754, il s'enfuit, et perdit la couronne qu'il chercha à reconquérir avec
l'aide de Sheïkh Hasan. Battu à Isfahan en 758, il fut mis à mort par
ordre de Mohammed ibn Mouzaffer (Shiraz-namèh, man. 504, fol. 78 r°
et suiv.; Nédim, تاریخی باقی ترجمه سی منجم, t. III, p. 19; Khondémir,
Hébib el-siyer, man. 320, fol. 91-95; Bakhtaver Khan, Mirat el-alem,
man. 350, fol. 105 v°; Tarikh-i elfi, man. 345, fol. 366 et suiv.). Il est
vraisemblable que le titre de ملاك ملوك الشرق والصین fait allusion aux
relations qui existaient à cette époque entre la Chine des Yuan et l'Iran
(fol. 1 v°).

2° ذخیرۀ خوارزمشاهی. Fragments comprenant les discours 2 et 3
du livre I, et le livre II complet, à l'exception de la troisième partie du
neuvième discours.

Début : اجزای داق از سر موبست بس یوست بس کوشت بس غضا
..... دماغ بس غضا صلب (fol. 185 v°).

3° الاغراض الطبیۀ والمباحث العلائیۀ. Traité de médecine, par l'auteur
du ذخیرۀ خوارزمشاهی, Zeïn ed-Din Abou Ibrahim Ismaïl ibn Hasan ibn
Ahmed ibn Mohammed el-Hoseïni el-Djourdjani; Hadji Khalifa (Dict. bibl.,
t. I, p. 368) dit que cet ouvrage est divisé en deux volumes, et qu'il comprend 26 dissertations. Cette assertion est inexacte; le Aghraz est divisé
en 2 بخش, le premier contenant 17 chapitres, et le second, 26 chapitres,
comme dans l'exemplaire d'Otter (n° 882); l'exemplaire de l'India Office est
divisé différemment, et le premier bakhsh est réparti en deux tomes composés
respectivement de 15 et 3 chapitres کفتار (Ethé, Catalogue, n° 2286,
cf. Rieu, Catalogue, p. 467). D'après le bibliographe ottoman, quand Zeïn
ed-Din el-Djourdjani eut composé le خف علائی, abrégé du ذخیرۀ
خوارزمشاهی, et qu'il l'eut dédié à Nosret ed-Din Atsiz, fils du Khvarizmshah, le vizir Medjd ed-Din Abou Mohammed Sahib ibn Mohammed el-
Boukhari le pria d'en faire une explication et une édition amplifiée qui
sont constituées par le présent ouvrage, qui est ainsi un abrégé du Zakhirè.
Dans la préface de l'exemplaire qui se trouve dans le manuscrit 882
(fol. 2-3 r°), Zeïn ed-Din dit que toute personne qui veut faire sa cour à un
souverain et lui offrir un témoignage de sa reconnaissance, doit travailler à
une œuvre scientifique, surtout quand le souverain est Nosret ed-Din Ata
ed-Daulèh Fakhr el-Sélatin Aboul Mouzaffer Atsiz, fils du Khvarizmshah; à

une époque antérieure, Zeïn ed-Din avait composé l'abrégé intitulé مختصر حنفى (voir n° 828), et le sultan على لجلس, par l'intermédiaire de Medjd ed-Din el-Boukhari, lui ordonna de faire ce nouveau travail, dans lequel, bien qu'il ne soit qu'un simple abrégé, il a réuni une quantité considérable de renseignements utiles et d'explications de difficultés médicales. En réalité, le premier volume du Agraz est seul l'abrégé du Zakhirè, et le second volume contient un très grand nombre d'additions. On ne trouve dans cet exemplaire que la copie des 16 premiers chapitres, commençant par : باب اول اندر باد کردن حد طب و جزو علمی و عملی از طب طب
صناعتی است که طبیب از وی اندر حالها تن مردم...

Fol. 202 v°-215 v°, dans les marges.
La copie est de la même main que le numéro 1.

Bon neskhi persan, copié en 901 de l'hégire (1495 de J.-C.) par un nommé Hadji ibn Mansour el-Djilani. 251 feuillets, 36 sur 25 centimètres. Reliure en basane pleine aux armes de Napoléon 1°. — (Colbert 2266; Regius 1591, 3. — Ancien fonds 146.)

881

Recueil de traités de médecine.

1°. دستور العلاج. Traité de thérapeutique, par Sultan Ali Tébib el-Khorasani el-Djounnabadi.

L'auteur dit dans sa préface qu'il composa cet ouvrage en l'année 933 de l'hégire, après avoir pratiqué pendant quarante ans la médecine dans le Khorasan et dans la Transoxiane, notamment à Samarkand, à la cour du sultan uzbek Aboul Mansour Keutchkuntchi Khan, plus généralement connu sous le nom de Kutchum Khan, qui mourut en l'année 936 de l'hégire, après un règne de seize ans. Le Destour el-iladj n'est d'ailleurs pas dédié au sultan uzbek, mais bien à un prince de sa famille, Aboul Mouzaffer Mahmoud Shah, que Sultan Ali avait guéri d'une grave maladie :

و چون از زمان هجرت نهی نهصد و سی سه سال کذشته بود و مدت چهل
سال بود که ببحث علوم شیرین طبّ و علاج در خراسان و ما وراء النهر
بتخصیص در بلدة محفوظة سمرقند اشتغال ی نمود در ملازمت حضرت
اعلی ...... لخاقان بن لخاقان بن لخاقان حضرت ابو المنصور کوچکونجی
خان میسر کردیده بود و بانواع عنایت و الطاف سر افراز کشته و اکثر
سلاطین عظام و امراء کرام و خاص و عام جهت علاج رجوع بدین بنده

داشتند تا آنكه حضرت كيوان رفعت.... ظل الله سلطان السلاطين
نتيجة الاعاظم للخواقين... حضرت ابو المظفر محمود سلطان... را مرضى
كلى در اجنتى واقع شده بود و اين فقير حقير سلطان على طبيب
للخراسان للجنابهى طلب نموده بودند بعد از صحت مزاج شريف اشارت
فرمودند كه اگر كتابى نوشتگ كه خواصّ و عام ازو فايده كيرند......

(fol. 2 r° et v°). Le titre est donné sous sa forme pleine au verso du folio 2.
Le Destour el-iladj est divisé en deux grands discours (makala) subdivisés,
le premier en 25, le second en 8 chapitres; le premier traite des maladies
locales, le second des maladies générales.

Cet exemplaire ne contient pas les chapitres 3-8 du second discours. Ce
traité de médecine est différent de celui qui porte le même titre, et qui est
décrit sous le n° 876. Keutchkentchi كوچ كانجى, comme l'écrit Mohammed
Émin, ou حكم خان, était le fils du célèbre Aboul Kheïr, et sa mère était la
fille du sultan Onlough Beg; il eut pour successeur, son fils Abou Saïd, qui
mourut en 939, laissant le trône à Obeïd Allah, fils de Mahmoud Sultan,
fils de Boudagh Sultan, fils d'Aboul Kheïr (man. 472, fol. 51 r°). Il n'y a
pas de doute que le Aboul Mouzaffer Mahmoud Shah, à la demande duquel
Sultan Ali écrivit le Destour el-iladj, ne soit le Mahmoud Sultan, père du
sultan Obeïd Allah, qui succéda à Abou Saïd, et, par conséquent, le neveu
de Keutchkentchi. Aboul Kheïr, d'après l'histoire du Turkestan (man. 472,
fol. 47 v° et suiv.), citant le Tarikh-i Masoudi, naquit en 816, dans la
plaine du Kiptchak, au lieu-dit Tchatasar Tchalighin جتسار جالغين, et,
d'après son panégyriste, il n'avait pas atteint l'âge de quatorze ans que
la renommée de sa justice s'était répandue de l'est à l'ouest de la terre.
C'est à ce moment que se place l'histoire de ses luttes avec Tchamadagh
Khan جادق خان, de la lignée de Shéïban, fils de Tchoutchi. Ce personnage, étant arrivé à la souveraineté, traita ses sujets avec une telle cruauté
que ses généraux l'emprisonnèrent et se réfugièrent dans le pays de
Tchatasar Tchalighin. Aboul Kheïr mit son armée sur le pied de guerre et
marcha contre le pays de Tchamadagh; l'armée de Tchamadagh comptait
70,000 hommes, tandis qu'Aboul Kheïr n'avait pas avec lui plus de 4,000 par-
tisans. Malgré cette énorme disproportion, Aboul Kheïr fut vainqueur, et
Tchamadagh périt dans le combat qui se livra dans l'année du Singe,
correspondant à la 833e année de l'hégire. Cette victoire donna à Aboul
Kheïr la souveraineté des pays du Nord, et il prit le titre royal de khan;
l'année suivante, 834, il s'empara de Khvarezm. Ce fut à cette époque que
Kémal ed-Din Hoseïn Khvarezmi écrivit, sous le titre de كشف الهدى, un
commentaire de la Borda du sheïkh Bousiri, qu'il dédia à Aboul Kheïr Khan;
ce Kémal ed-Din était l'un des vicaires du célèbre sheïkh soufi Aboul Véfa

Khadjè. Parmi les souverains descendants du Sahib-i Kiran avec lesquels Aboul Khéïr fut en relations, Mohammed Émin Boukhari cite Sultan Saïd Mirza, son frère, Minoutchehr Mirza, Mohammed Tchuki Mirza, Ata ed-Daulèh Mirza et Aboul Ghazi Sultan Hoseïn Mirza. Aboul Khéïr mourut à l'âge de 57 ans, après un règne qui en avait duré près de 40, à la date du mois de Ramadhan 874; il laissait onze fils : Shah Boudagh, Khadjè Mohammed Sultan, d'une femme des Barghout, fille d'Omar Baï, Mohammed Sultan, Naurouz Ahmed Sultan, d'une femme des Manghout, Sheikh Haïder Khan, Sindjar Khan, Sheïkh Ibrahim Sultan, d'une femme des Koungbourat, Kutchum Khan كوجوم خان, Sivendjek Khan, Ak-Bouroun Sultan, nés de la fille d'Oulough Beg Mirza Keurguen, et Seyyid Baba Khan, né d'une concubine. Mohammed Khan Sheïbani, fils de Shah Boudagh Sultan, fils d'Aboul Khéïr, se révolta en 905 contre les khans du Turkestan, et, en peu de temps, il s'empara de ce pays; ensuite, il se décida à conquérir l'empire qui avait été celui de Témour Keurguen. Il marcha d'abord contre Boukhara, et vainquit Baki Tarkhan qui gouvernait dans cette ville au nom de Sultan Mahmoud Mirza; il s'assit sur le trône de Samarkand en 906, après avoir tué Sultan Ali, fils de Sultan Mahmoud Mirza, qui régnait dans cette ville. En 917, la guerre éclata entre Baber Mirza et les sultans Sheïbanides; le sort des armes fut favorable à ces derniers, et Baber Mirza dut se réfugier dans la forteresse de Shademan شادمان. Quand Sultan Hoseïn Mirza mourut dans le Khorasan, Sheïbani Khan se mit en campagne pour aller s'emparer de son royaume; dans les derniers jours du mois de Zoulhidjdja de l'année 912, il livra bataille, près de Hérat, aux deux princes timourides Bédi et Zéman Mirza et Mouzaffer Hoseïn Mirza qui furent complètement battus. Bédi el-Zéman s'enfuit à Kandahar, Mouzaffer Hoseïn à Astérabad, et Mohammed Khan Sheïbani s'empara de Hérat. Il envoya ensuite Témour Sultan et Obeïd Allah Sultan vers Meshhed pour y combattre Aboul Hoseïn Mirza et Keupek Mirza; les deux princes furent battus et tués, et cette nouvelle victoire assura la souveraineté de tout le Khorasan à Mohammed Khan qui, au mois de Ramadhan 916, fut tué à Merv-i Shah-i Djihan dans une bataille qu'il livra à Shah Ismaïl. Son fils, Mohammed Témour Khan, se déclara souverain à Samarkand, et il régna également quelques mois à Hérat après la mort du prince séfévi Nedjm-i sani. Il mourut en 920, et eut pour successeur Keutchkentchi.

2° جامع الغوايد. Traité de médecine, par Yousouf ibn Mohammed ibn Yousouf el-Tébib, surnommé Yousoufi.

Yousouf ibn Mohammed Yousoufi, médecin de Hérat, vécut sous les règnes de Baber et d'Houmayoun; le Djami el-févaïd est un commentaire en prose sur un traité de thérapeutique en vers, intitulé علاج الامراض; en plus de ces deux ouvrages, Yousoufi est l'auteur de deux autres traités de

médecine, la حفظ صحت ﻭ قصيدة qui fut dédiée à Baber en 937 de l'hégire et le رياض الادوية qui fut écrit pour Houmayoun en 946 de l'hégire.

Début : ... . جند نا محدود حکیمی را که بقانون حکمت وکامل
(fol. 230 r°).

Cet exemplaire a été payé 2 piastres et demi au Caire par Vansleb.

Assez bon nestalik cursif du XVII° siècle, 257 feuillets, 24 sur 18 centimètres.
Cartonnage turc. — (Vansleb; Regius 1521. — Ancien fonds 153.)

882

Recueil de traités de médecine.

1° الاغراض الطبيّة والمباحث العلائيّة. Traité de médecine, par Zeïn ed-
Din Abou Ibrahim Ismaïl ibn Hasan ibn Ahmed ibn Mohammed el-Hoseïni
el-Djourdjani (voir n° 880). Cet exemplaire est complet, et les feuillets
préliminaires contiennent une table des matières très détaillée.

2° Petit traité de médecine composé par Mohammed Baker ibn Imad
ed-Din Mahmoud el-Tébib.

L'auteur faisait partie de la maison du roi de Perse, Shah Abbas el-Hoseïni el-Mausévi el-Séfévi Béhadour Khan, quand ce prince partit de sa
capitale, Isfahan (1011 de l'hégire), pour conquérir Tauris, Nakhtchivan
et Érivan. L'armée persane étant occupée au siège de cette place, Shah Abbas
parla de l'utilité qu'il y aurait à posséder un manuel d'oculistique contenant les formules des médicaments de première nécessité, et un autre traité
parlant des pommades, emplâtres et autres médicaments indiqués pour le
traitement des ulcères, et qu'il porterait toujours avec lui, pour le cas où,
dans des conjonctures analogues à celles que présentait cette campagne,
il risquait de se trouver séparé des oculistes et des chirurgiens attachés à
sa personne. Mohammed Baker se mit en devoir de satisfaire le désir du
roi, et il composa le présent traité à l'aide des livres de médecine qu'il avait
à sa disposition. Il est divisé en deux discours مقالة : le premier, divisé
en 5 chapitres, traite des médicaments employés dans le traitement des
maladies des yeux; les chapitres 3 et 4 sont des lexiques rangés par ordre
alphabétique des drogues simples مفرده et des collyres qui sont employés
en oculistique; le cinquième traite des préparations nommées کحل. Le second
discours de ce traité est consacré à l'étude des moyens de guérir les ulcères,
il est subdivisé en 5 chapitres.

Début : ...... امّا بعد چنین کوید حکیر غریب محمّد باقری عاد
(fol. 85 v°). الدّین محمود الطبیب که اعلیحضرت خاقان ثریا منزلت ......

3° Deux opuscules sur la manière de deviner l'avenir en faisant brûler des omoplates de mouton, et en examinant les lignes suivant lesquelles l'ardeur du feu les a fait éclater. Cette pratique, sur laquelle on peut voir une note de l'*Histoire des Mongols*, p. 268, était avec l'incantation par la pierre de jade, la جدامیشی, le mode de sorcellerie le plus fréquent chez les peuples mongols et turks. Elle est évidemment d'origine chinoise : dans la langue du Céleste Empire, 問 龜 désigne le moyen de deviner l'avenir par l'inspection des lignes qui se forment sur l'écaille d'une tortue que l'on place sur des charbons ardents, comme 兆, 圳 et 卟, et 黿 désigne l'action de faire griller une écaille de tortue pour se livrer ensuite à cette divination. Le second de ces opuscules, qui commence par : از بهر نیك و بد صاحب كوسفند و اهل بیت و حساب‌ها.....، est attribué à Nasir ed-Din el-Tousi. Ils sont suivis de quelques formules de pastilles et d'opiats, de formules magiques, etc. (fol. 100 r°).

4° اختیارات بدیعی, par Hadji Zeïn el-Attar ; le second chapitre de cette édition de l'Ikhtiyarat-i Bédiï comprend 42 chapitres, plus un appendice (fol. 102 v°). La copie est suivie de la formule du حفظ مجمون qui, d'après Avicenne, est un régénérateur tout puissant de la mémoire.

5° Traité sur l'emploi du bézoar, de la thériaque et de l'herbe nommée بادرروج, par Aziz Allah el-Hoseïni, surnommé حكم عتبة علیة مقدسه. Le nom de l'auteur est donné dans le titre sous la forme Mirza Beg ibn Hasan el-Gounabadi Émir Aziz Allah Djounabédi ; ce petit traité est dédié à un personnage alide nommé Émir Seyyid Nimet Allah el-Ridavi el-Mausévi el-Kaïni القاینی.

Début : الحمد لله الّذی نوّر قلوب اولیابه بنور محبّته القادر الاحد الصمد (fol. 184 v°).

6° Opuscule sur quelques points de diagnostic et sur la composition de quelques préparations médicinales, sans titre ni nom d'auteur.

Début : بلا طویل و تکرار هر چند دیگر حکا و فضلا تصنیفات مستوی مطول ساخته اند.....

Ce traité, au commencement duquel on trouve des considérations astrologiques, est incomplet, et tous les titres qui devaient être écrits à l'encre rouge ont été omis (fol. 186 r°).

7° Opuscule sans titre ni nom d'auteur sur la saignée فصد (fol. 188 r°).

8° طریق خوردن چوب چینی و فواید آن. Traité sur les propriétés du bois de Chine, par Imad ed-Din Mahmoud ibn Masoud ibn Mahmoud el-Tébib el-Shirazi.

L'auteur, qui, dans cet opuscule, se nomme Mahmoud, surnommé Imad, naquit à Shiraz, et il jouit d'une grande réputation médicale à la fin du règne du roi Shah Tahmasp el-Séfévi (fin du x° siècle de l'hégire). Mahmoud ibn Masoud avait étudié la médecine depuis sa plus tendre enfance sous la direction de son père; il fut durant un certain temps attaché à la personne de l'émir Abd Allah Khan Istadjlou, gouverneur du Shirvan, puis il passa au service de Shah Tahmasp, à qui il dédia un traité de pharmacopée écrit en arabe et intitulé المركبات الشاهيّة (Rieu, *Catalogue*, p. 474). Il dit dans l'introduction au présent traité qu'il avait passé vingt années dans l'Inde. Il existe un autre traité sur les propriétés de cette substance, par un nommé Kadi ibn Kashif ed-Din Mohammed Yezdi, qui le dédia à Shah Abbas I°° [996-1038 H.] (Ethé, *Catalogue of . . . the Bodleian Library*, n° 1598-9; voir n° 887, 9°).

Début : .....امّا بعد چنین کوید محرّر ابن رساله و مقرر این مقاله

خادم للحکماء محمود المشهور بعماد که غریب..... (fol. 188 v°).

9° طبّ شفائی. Traité de pharmacopée, par Mouzaffer ibn Mohammed el-Hoseïni el-Shéfayi.
Cf. n° 854 (fol. 190 v°).

10° Fragment sur la manière de faire cesser la stérilité des femmes.

Début : حکایت آورده اند که روزی از زنان عقیمه یکی پیش حضرت

سلیمان پیمغمبر علیمه السلام..... (fol. 214 v°).

11° Table de concordance des noms des principaux médicaments en arabe et en persan, analogue à celle qui se trouve en tête de certains exemplaires de l'Ikhtiyarat-i Bédii (fol. 217 v°).

Ce volume, qui a été acheté par Otter à Isfahan, porte l'ex-libris et le cachet de Seïf Allah ibn Mohammed Sheïkh Kazwini qui l'acheta au mois de Zilkaada 1147 de l'hégire (fol. 1 r°).

Bon neskhi persan, copié par Ali bn Mousa el-Rida ibn el-Hoseïn Mirza Ali el-Kaïni en 1092 de l'hégire (1681 de J.-C.); le n° 3 est d'un autre neskhi un peu plus récent. 218 feuillets. 37 sur 24 centimètres. Reliure en maroquin noir doré. — (Otter. — Supplément 339.)

883

Recueil de traités de médecine en arabe et en persan.

1° Traité sur la préparation des médicaments composés, en arabe; le titre de cet ouvrage et le nom de son auteur ont disparu avec les premières pages du manuscrit. Ce traité est divisé en 18 sections : la première est intitulée في الاشربة والربوب, la seconde, في الجوارشات والمعجونات; la troisième, في المطبوخات والنقوعات; la quatrième, في الحبوب والايارجات; la cinquième, في ادوية العين; la sixième, في المعتى والشيافات والفرازج; la septième, في السعوطات والقطاع; la huitième, في الاقراص; la neuvième, في السفوفات والقطاع; la dixième, في اللعوقات; la onzième, في الاضمدة والاطلية والكمادات; la douzième, في الادهان; la treizième, في المراهم والذرورات; la quatorzième, في ادوية العين; la quinzième, في الغراغر; la seizième, في المربيات; la dix-septième, في الذرورات; la dix-huitième, في السعوطات والبخورات والعطوسات والشمومات; la dix-huitième, في ادوية الشعر. D'après sa souscription, la composition de ce traité fut terminée en Safar 1037 (fol. 1 v°).

2° Petit traité sur le diagnostic تقدمة المعرفة, pour savoir si une maladie se terminera par le retour à la santé ou par la mort, sans nom d'auteur, mais probablement par le même que celui du n° 1; il a été terminé en 1037. On trouve à la fin une note dans laquelle est mentionnée la façon dont les médecins du Guilan traitent la diarrhée (fol. 31 v°).

3° مختصر اندر علم طب. Précis de médecine, écrit en persan par Abou Saïd Mousa ibn el-Hoseïn el-Tébib el-Yéhoudi (voir n° 877), connu sous le nom de Zerd Kélim, pour le compte d'un émir, auquel l'auteur donne les titres de امير اجل سيّد نصير الجيوش, sans indiquer son nom, et qui désirait posséder un livre auquel il pût se référer en cas de besoin, si Abou Saïd Mousa venait à ne pas se trouver auprès de lui. La copie de ce précis de médecine n'est pas terminée (fol. 37 v°).

4° كتاب قرابادين و ابن بيست بابست. Traité de pharmacologie. Ce traité, qui est nommé dans la souscription قرابادين كتاب اغراض, اندر طب و مباحث علاق, est divisé en 20 chapitres. C'est le second bakhsh du dix-septième goftar du premier livre du Aghraz de Djourdjani; voir n°ˢ 880, 3°; 882, 1° (fol. 96 r°).

Assez bon neskhi persan, copié pour les deux premiers chapitres qui sont peut-être autographes, en 1037 (1627 de J.-C.) et, pour les deux derniers numéros, par Mourad ibn Asad Allah el-Hasani el-Hoseini el-Tabatabayi el-Zawwari en 1045 de l'hégire (1635 de J.-C.). 127 feuillets. 24 sur 13 centimètres. Reliure en demi-parchemin. — (Supplément 1656.)

884

Recueil de traités de médecine.

1° الغياثيّة. Précis médical, par Mahmoud ibn Élias (voir n°° 860 et 888). Le titre n'est pas indiqué dans la préface.

2° برو الساعة. Traité élémentaire de médecine, composé par le médecin Mohammed ibn Zakaria el-Razi († 320 H.).

El-Razi raconte qu'il se trouvait un jour chez le vizir Aboul Kasem, quand, la conversation étant venue à tomber sur la médecine, les assistants se plaignirent qu'on ne puisse guérir les maladies en une heure; sur son affirmation qu'un grand nombre d'indispositions peuvent disparaître après un traitement d'une heure, le vizir le chargea de composer un traité sur ce sujet; le برؤ الساعة, dont le titre est écrit à tort برد ساعات, est divisé en 25 chapitres de fort peu d'étendue (voir n° 887, 7).

Début : چنین کوید که پیش وزیر ابو القاسم حاضر بودم و در ان اوان ان حضرت ذکری در باب طبّ... (fol. 145 v°).

3° رسالة المفید (sic) ﰲ علم طب بقول حكا. Petit traité de médecine par un auteur qui ne se nomme point.

Ce traité commence sans préface par les théories de l'homme microcosme et du monde méganthrope, qui se retrouve dans les livres du Soufisme; l'auteur considère les maladies comme produites par le manque d'équilibre entre les quatre tempéraments qui existent dans la nature de l'homme. Un exemplaire de cet ouvrage, attribué au célèbre médecin Mohammed ibn Zakaria el-Razi, se trouve dans le manuscrit 888, 2.

Début : امّا بعد بدانکه خدای تعالی این جهانرا بیافرید بر دوازده رکن و چهار طبع (fol. 153 v°).

4° رسالة ﰲ فواید الاشیا. Traité de médecine pratique, par Aboul Mouzaffer Mohammed ibn el-Mostanser el-Hérévi.

Ce traité porte également, comme on le voit par sa souscription (fol. 197 r°), le titre de الرسالة ﰲ منفعت و مضرت و دفع مضرت ﰲ جمیع الاشیا.

Comme nous l'apprend Aboul Mouzaffer dans sa préface (fol. 165 v°), il est l'abrégé en prose persane de la première section et du premier chapitre de la seconde section du traité arabe intitulé دفع مضار الاغذية, qui a pour auteur Abou Bekr Mohammed ibn Zakaria el-Razi. La première section du دفع مضار الاغذية porte dans l'original le titre de فى الامور الخاصية الجزوية (arabe 2868, fol. 3 r°); la seconde section est intitulée فى القوانين العامية الكلية. La première section du traité de Mohammed ibn Zakaria traite principalement des propriétés et des défauts des matières alimentaires; Aboul Mouzaffer prévient qu'il a fait un choix judicieux dans le détail des propriétés des aliments telles que les expose el-Razi, parce que beaucoup de personnes les connaissent suffisamment, et, qu'au contraire, il a pris tout ce qui concerne leurs nocivités, parce que les gens, en général, ne les connaissent pas. Il a disposé son ouvrage d'une façon toute différente de celle de l'original arabe, sous forme de tableaux divisés en quatre colonnes : dans la première (fol. 166 r°), se trouve le nom des aliments; dans la seconde, leurs qualités; dans la troisième, leurs mauvaises propriétés et, dans la quatrième, le moyen d'y porter remède. La Risalè fi favaïd el-ashia est divisée en deux discours, lesquels sont subdivisés, le premier en 21 chapitres, le second en 7 chapitres; la table en est donnée au folio 167.

Le دفع مضار الاغذية fut composé par Mohammed ibn Zakaria el-Razi sur l'ordre d'un affranchi du khalife abbasside, lequel affranchi se nommait l'émir Aboul Abbas Ahmed ibn Ali (ar. 2868, fol. 2 v°).

Début : سپاس خدايراكه مدبر جان و داراى جهانست و دانندهٔ اشكار و پنهان (fol. 164 r°).

5° Le second discours du traité précédent, indiqué comme un opuscule indépendant, avec le titre de فصل فى التجارب (fol. 197 v°).

6° Chapitre additionnel de la Risalé fi favaïd el-ashia, traitant des rapports des sexes, et divisé en huit chapitres (fol. 207 r°).

7° صلاح العلاج فى حفظ العفة. Petit traité de médecine, par Afdal ed-Din el-Kirmani.

Ce traité est divisé en quatre discours مقاله; le premier, intitulé در حفظ صحت بر وجه كلّى, est réparti en trois sections; le second, intitulé در حفظ صحت بحسب فصول سال, est divisé en quatre sections; le troisième porte comme titre در حفظ صحت الدامها, et le quatrième در ياد كردن بعضى از شرابها و معجونها و داروها.

Début : بعد از حمد و سپاس بارى تعالى كه بيافريد بحكمت و بيروزيد
بنعمت و درود بر سيد الانبيا (fol. ۲۱۱ v°).

*Assez bon nestalik persan, copié par Aboul Hasan ibn Mohammed Kouli el-Djor-
padékani الجربادقانى au mois de Ramadan de l'année 1033 de l'hégire (juin 1624).
227 feuillets. 18 sur 12 centimètres. Reliure indienne en cuir rouge avec gaufrages dorés. — (Maisonneuve. — Supplément 343.)*

885

Recueil de fragments de traités de médecine.

1° Fragment d'un traité dont le premier feuillet a disparu avec le titre
et le nom de l'auteur; il est divisé en une préface مقدّمة, cinq discours
مقاله, et une conclusion خاتمه; le commencement du troisième discours
manque dans le présent volume. La préface (fol. 1 v°) est intitulée در
در بعضى از (fol. 1 v°), le premier discours (fol. 1 v°); تعريف طبّ و اقسام او
تعريف طبّ و اقسام او; le second (fol. 10 r°), مسايل عليها كه حفظ محت بدين باو موقوف است
در بعضى از مسايل و اقوال عليّه علاجيّه... كه موقوف عليها حفظ
محتست; le quatrième (fol. 26 v°), در حفظ محت اعضاى مخصوصه; le
cinquième (fol. 35 v°), در حفظ مادهٔ روح حيوانى و حفظ محت دل....
La conclusion (fol. 40 r°) porte le titre de در بعضى از تراكيب و اغذيه كه
اهل محت را بدان احتياجست.

Cet exemplaire porte au folio 49 verso des arz-didè datés de 897,
919 et 934 de l'hégire.

2° Fragments sans commencement et sans fin d'un traité de préparations pharmaceutiques et aphrodisiaques, principalement de مفرّح, de
جوارش et de معجون. On y trouve indiquées, entre autres, les formules du
مفرّح ياقوتى خاصه (fol. 52 v°), du مفرّح جواهر رشيدى (fol. 51 v°),
du معجون اسرار اطبّا (fol. 56 v°), du مفرّح مسيحى (fol. 56 v°), du
معجون سقنقور (fol. 57 r°), etc. Parmi les autorités citées dans le cours
de cet ouvrage, se trouvent Sadr ed-Din Attar Tébrizi (fol. 58 v°), Khvadjè Rashidi, c'est-à-dire l'auteur de la Djami el-tévarikh (fol. 59 r°), un
médecin nommé Hakim Aboul Bérékat Soudemend (fol. 64 v°). Ces fragments comprennent la fin du second chapitre, le commencement du troisième, intitulé باب الثالث فى جوارشات (fol. 74 r°), le chapitre sixième

(fol. 84 r°), avec le titre في الاشربة والروب, le septième chapitre في لعوقات (fol. 89 r°), le huitième في السفوفات (fol. 90 v°), le neuvième في الحبوبات (fol. 93 v°), le tout en désordre et fragmentaire.

L'ouvrage médical auquel ils appartenaient était probablement analogue au خلاصة التجربات, dont on trouve la description dans le *Catalogue of Persian Manuscripts in the India Office Library*, n° 2346 (fol. 50 r°); un traité analogue existe sous le n° 883, 1.

3° Formules de thérapeutique, sans indication de source (fol. 98 v°).

4° Formules de drogues médicinales et autres, extraites d'un traité analogue à celui dont les fragments sont décrits sous le n° 2 (fol. 106 r°).

Manuscrit de plusieurs mains; la première partie est un bon nestalik persan, avec encadrements en or, copié par un nommé Ghiyas el-Moudjelled الجلد el-Isfahani, à Constantinople, en l'année 882 de l'hégire (1477 de J.-C.); la seconde, un nestalik persan passable de la première moitié du xvii° siècle; la troisième, un nestalik indien négligé du xviii° siècle, et la quatrième, un mauvais nestalik indien vraisemblablement de la même époque. 196 feuillets. 19 sur 12 centimètres. Demi-reliure. — (Supplément 1109.)

886

Recueil de traités de médecine.

1° مقدّمة دستور العلاج. Introduction au Destour el-iladj, par Sultan Ali Tébib el-Khorasani.

L'auteur raconte dans sa préface (fol. 7 r° et v°) qu'après avoir consacré une grande partie de sa vie à l'étude de la médecine, il écrivit en persan le traité intitulé Destour el-iladj (voir n° 881, 1); quelques personnages de haut rang lui suggérèrent alors l'idée de composer un nouveau livre sur les généralités de la médecine, sur le diagnostic à tirer du pouls, et sur les crises qui se déclarent au cours des diverses maladies, de façon à compléter le Destour el-iladj. Il dédia ce nouveau travail, auquel il donna le titre de Mokaddimè-i Destour el-iladj, au souverain uzbek Aboul Ghazi Sultan Abou Saïd Béhadour Khan, fils du sultan Aboul Mansour Keutchkuntchi Khan, qui régna de 936 à 939 de l'hégire (*Histoire du Turkestan*, man. 472, fol. 51 r°), à la cour duquel il vécut durant vingt ans.

La Mokaddimè-i Destour el-iladj est divisée en une préface et deux discours مقاله, subdivisés en un grand nombre de chapitres; une liste très détaillée, mais incomplète, en est donnée aux folios 1-5; la préface est intitulée در بيان حفظ صحت و بيان حقّ طبّ و احوال تندرستى و بيمارى, le premier discours, در امراض مختصه بعضو معيّن; و احوال نبض و غيره

9.

avec 25 chapitres subdivisés en فصل répartis en نوع, et le second, در
آخركتاب تا بعضو معيّن غير امراض, avec 8 chapitres subdivisés de
même. Le présent exemplaire est incomplet et s'arrête avec le huitième fasl
du seizième chapitre du premier discours.

Début : جواهرجد و ثنا خدايرا عزّ وجلّ که حکم حاذقست
و ستايش شكر بى قياس.....

2° دستور العلاج. Traité de médecine, par Sultan Ali Tébib el-Khorasani (voir le précédent et le n° 881, 1) [fol. 72 v°].

3° رسالة علاجيّه جرب. Traité sur la gale, sans nom d'auteur, vraisemblablement du même Sultan Ali Tébib el-Khorasani (fol. 360 v°).

Bon nestalik persan de la fin du XVII° siècle; quelques feuillets rapportés au
milieu du volume sont beaucoup plus modernes. 364 feuillets. 31 sur 16 centimètres. Reliure en cuir noir. — (Supplément 1155.)

887

Recueil de traités de médecine.

1° Traité sur les rapports sexuels intitulé خرقه در علم طبّ (fol. 1 r°),
par Mourtida Kouli Khan ibn Hasan Khan Shamlou شاملو. Mourtida
Kouli fut gouverneur du Khorasan et favori du souverain séfévi Shah
Soleïman (1077-1105) qui lui confia le gouvernement de Koumm, avec le
titre honorifique de شمشير بردار (Rieu, Catalogue, p. 794). La Khirka,
qui est dédiée à Shah Soleïman, est divisée en 30 chapitres intitulés خفیه
dont la liste détaillée se trouve dans la préface. La copie est incomplète de
la fin, et elle est suivie d'un fragment, également incomplet du commencement et de la fin, d'un traité de préparations pharmaceutiques.

2° رسالة چوب چینی. Traité sur les propriétés du bois de Chine et
sur son emploi en thérapeutique, par Mahmoud Yousouf, surnommé Mésih
el-Moulk مسيح الملك.

L'auteur, qui était indien, fait un grand éloge de cette drogue qui,
paraît-il, rend la force aux vieillards et exalte celle des jeunes gens. Parmi
ses prédécesseurs, Mahmoud Yousouf cite le traité écrit sur le même
sujet par Imad ed-Din Mahmoud, à la fin du X° siècle de l'hégire (voir
n° 882, 8), et le traité de Kadi (ibn Kashif ed-Din Mohammed Yezdi),
qui écrivit dans les dernières années du règne de Shah Abbas I°, et qui
mourut en 1075 de l'hégire. Ce fut pour préciser les divergences sur
l'usage en thérapeutique du bois de Chine que Mahmoud Yousouf composa

le présent ouvrage, après avoir exercé la médecine durant quarante années.
Il est dédié à un souverain, nommé Ahmed Shah Ghazi, qui est qualifié
(fol. 192 v°) de خاقان بن الخاقان, et qui est probablement le prince afghan
Ahmed Shah Dourdourani (1160-1187 H.). La Risalè-i tchoub-i tchini
est divisée en une préface et neuf chapitres subdivisés en sections.

Les mots par lesquels elle débute : سپاس چون انفاس عیسوی روح پرور,
concordent avec le commencement d'un traité sur les propriétés du bois
de Chine, intitulé عین الحیوة, qui fut écrit par Mohammed Hashim ibn Mohammed Tâher (Éthé, *East India Office Catal.*, n° 2336). Mohammed
Hashim est l'auteur d'un autre traité de médecine intitulé تحفهٔ سلیمان,
qu'il dédia en 1079 de l'hégire à Shah Soleïman el-Séfévi, et qui est divisé
en une introduction et deux discours (fol. 121 r°).

3° نسخهٔ دستور العلاج. Extrait du traité de médecine intitulé Destour
el-iladj, par Sultan Ali Tébib el-Khorasani (fol. 149 r°).

4° نسخهٔ قوانین العلاج. Extraits du traité sur la thérapeutique générale, intitulé خلاصة قوانین العلاج et زبدة قوانین العلاج, par Mohammed ibn Ala ed-Din ibn Hibet Allah Sebzévari, surnommé Ghiyas el-
Tébib ou el-Motétebbib, que l'exemplaire de Londres nomme Mohammed
Ala ed-Din. Le Kavanin el-iladj fut terminé au mois de Rabi 1er 871 de
l'hégire (man. 889, fol. 77 v°); il est en grande partie basé sur le second
bakhsh du Aghraz el-tibb. L'exemplaire du British Museum porte le titre de
رساله در معالجات امراض بدن (Rieu, *Catalogue*, p. 477; cf. Éthé, *Bodl.
Catal.*, n° 1558, et *East India Off. Catal.*, n° 2302). Cet ouvrage est divisé
en 14 chapitres subdivisés en sections dont la liste très détaillée se trouve
donnée dans la préface du n° 889, 1 (fol. 156 r°).

5° نسخه از مرکبات اختیارات بدیع. Le second livre du traité de thérapeutique intitulé Ikhtiyarat-i Bédü, par Hadji Zeïn el-Attar.

Début : .....امّا بعد بدانکه این رسالهٔ دوم از مفتاح الخزاین مرکبات
اختیارات بدیع است... (fol. 209 r°).

6° امّ العلاج. Traité de médecine, composé en l'année 1036 de l'hégire
pour l'empereur Nour ed-Din Mohammed Djihanguir Padishah Ghazi
(fol. 246 r°).

Ce livre, qui traite des substances purgatives, a pour auteur Aman Allah,
surnommé Khanèzad Khan Firouz Djeng ibn Mahabat Khan Sipehsalar
ibn Ghayour Beg غیور بیك (Rieu, *Catalogue*, p. 794); il est divisé en
une préface et six chapitres subdivisés en sections dont la liste est donnée
dans l'introduction (fol. 245 v°).

7° معالجات فيض. Version persane du traité écrit en arabe par le médecin Mohammed ibn Zakaria el-Razi, sous le titre de من لا يحضره الطبيب.

Le traducteur qui, d'après l'introduction, est Mohammed ibn Zakaria el-Razi lui-même, dit, immédiatement après l'invocation : اما بعد ميكويد حقير.... كه چون رساله من لا يحضر لطبيب (sic) و نسخهٔ برؤ (man. برير) الساعة تصنيف زبدة العلهاى و اسوة للحكلى محهد زكريا رازى مشتهل بر معالجات بعضى امراض كثير الوقوع كه استكثار ان ضروريست در عبارات عرى بوده و أفهام عوام از ادراك و إفهام آن متأذّى ميكشت بنابر ان حسب استدعا عالى ..... از زبان عرى بفارسى مترجم ساخت و معالجات فيض اسم كذاشت ..... (fol. 285 v°).

La comparaison du texte de ce traité avec celui du برو الساعة (n° 884, a), et la souscription qui se lit au folio 311 verso montrent qu'il n'y faut pas voir une traduction simultanée du من لا يحضره et du برو الساعة et du الطبيب, mais seulement du second de ces ouvrages. Le معالجات فيض est divisé en quatorze chapitres dont le dernier traite des poisons سموم.

Le plan du من لا يحضره الطبيب a été imité, sous le titre de من لا يحضره الفقيه, par Ibn Babaveiyih (arabe 1108) [fol. 286 r°].

8° Traité de médecine, sans titre ni nom d'auteur qui, d'après une indication portée en marge du folio 312 recto, serait le مجموع علاج, ce qui est assez probable, car les titres indiqués dans le présent manuscrit sont exacts.

Ce traité commence sans préface par l'intitulé du premier chapitre; dans le chapitre onzième et dernier, sont données des formules de préparations pharmaceutiques, en particulier d'élixirs aphrodisiaques; deux chapitres successifs portent le numéro 10 (fol. 312 r°).

Les sept premiers numéros sont écrits en un nestalik tendant au shikestèh indien, daté de l'année 1231 de l'hégire (1815 de J.-C.) [fol. 149 r°, 208 r°, 285 r°, 311 v°]; le huitième est d'une autre main négligée de la même époque. 332 feuillets, 24 sur 16 centimètres. Reliure en peau brune. — (Supplément 1157.)

888

Recueil de traités de médecine.

1° الغياثيّة. Fragments du précis médical écrit par Nedjm ed-Din Saïn el-Islam Mahmoud ibn Saïn ed-Din Élias ibn Sitr Barik el-Shirazi (voir n°° 860 et 884).

Le titre et le nom de l'auteur ne sont donnés que dans la souscription (fol. 40 v°). L'ouvrage commence sans la préface; il contient le discours I, divisé en 59 chapitres, traitant des maladies en général et de leur diagnostic; le discours III (fol. 26 r°), formant un abrégé d'un dictionnaire de thérapeutique des médicaments simples; le discours IV, faussement intitulé III (fol. 31 v°), traite des médicaments composés, ce discours est divisé en 22 chapitres. Une table des matières des discours I et IV se trouve aux folios 1-6.

2° Opuscule attribué à Mohammed ibn Zakaria (el-Razi), dans lequel il est traité de la théorie du microcosme, telle qu'elle est exposée dans les livres des Ésotéristes, de l'origine des diverses maladies rapportées pour leurs causes aux quatre humeurs, et de la façon de les soigner. Cet opuscule est le même, à quelques variantes de rédaction près, que celui qui se trouve dans le n° 884, 3, avec le titre رسالة المفيد فى علم طب. Il se termine par les formules de quelques aphrodisiaques et par celle d'une drogue nommée دوار الملك (lire دارو الملك), qui fut composée par Platon pour Alexandre.

Début : ...بدانك خداى تعالى ابن جهانرا بيافريد بر دوازده ركن و چهار طبع... (fol. 40 v°).

3° صلاح العجاج فى حفظ الصحّة. Petit traité sur les moyens de se garder en bonne santé, par Afdal ed-Din el-Kirmani; voir n° 884, 7 (fol. 43 v°).

4° كنج اسرار. Traité sur l'emploi médical des aphrodisiaques et des anti-aphrodisiaques, par Nizam-i Moutéshéhhi.

Le Gandj-i esrar est une compilation faite d'après plusieurs ouvrages arabes, parmi lesquels Nizam-i Moutéshéhhi cite le كفاية الايضاح فى اسرار النكاح du sheikh Abd er-Rahman ibn Nasr ibn Abd Allah el-Shirazi, le جوامع اللذات, et d'autres ouvrages. Le Gandj-i esrar est essentiellement formé de la traduction du Kifayet el-izah, à laquelle l'auteur fit des additions tirées du Djavami el-lezzat, et de ses autres sources (fol. 53 r°). Il est dédié à un personnage nommé Modjir ed-Din Aboul Méali Mohammed ibn el-Motazz ibn (man. المعترض) Tahir, auquel l'auteur donne les titres de مجلس عالى... ملك ازمّة الامرا جلال الوزرا سلطان الاعاظم والاكابر... نايب السلطنة المعظّم... (fol. 53 r°).

L'époque à laquelle vécut ce Modjir ed-Din, qui fut émir, puis vizir, puis ministre de la guerre, n'est point indiquée dans la préface, mais Hadji Khalifa place la composition de ce traité en 826 de l'hégire (Dict. bibl., t. V, p. 245); c'est d'ailleurs à tort que le bibliographe ottoman dit que le Gandj-i esrar a été composé sous le règne d'un souverain nommé Aboul Méali Mohammed.

Abd er-Rahman ibn Nasr el-Shirazi, médecin d'Alep, mourut en 565 de l'hégire; un exemplaire du الايضاح existe dans le fonds arabe sous le numéro 3o53; le جوامع اللذات est cité par Hadji Khalifa sans aucun autre renseignement.

Le Gandj-i esrar est divisé en 10 chapitres, dont la liste est donnée, ainsi qu'il suit, d'une façon détaillée, dans la préface, au folio 56 recto :

١ ٥ باشد كريز نا علم درپس ان معرفت كه مقدمه ذكر در؛ ٥ ٢ در

در باه كننده زيادت مفرد ادويه و مفرد اغذيه معرفت؛ ٥ ٣ معرفت در

در باه كننده زيادت مركب غذاهاى؛ ٥ ٤ مركب داروهاى معرفت در

در باه كننده زيادت؛ ٥ ٥ زايل جولات و ضمادات و مسوحات معرفت در

در باه؛ ٥ ٦ جامعت لذت در استعمال چون كه ادويه معرفت در

بيفزايد؛ ٥ ٧ كند بزرك قضيب كه ادويه معرفت در؛ ٥ ٨ ادويه معرفت در

كند آبستن را زنان كه؛ ٥ ٩ آبستن از را زنان كه داروهاى معرفت در

كند منع شدن؛ ٥ ١٠ جماع شهوت و كند كم باه در كه ادويه معرفت در

ميرانند

La fin du chapitre 4 et les chapitres 5, 6, 8-10 en entier manquent dans cet exemplaire; d'autre part, le chapitre 7 porte un titre inexact, on y trouve souvent invoquée l'autorité du sheikh Abd er-Rahman (fol. 52 v°).

5° Traité sur les soins que les femmes doivent prendre de leur personne, par Nizam-i Moutéshêhhi, l'auteur du Gandj-i esrar.

L'auteur du Gandj-i esrar considère cet opuscule comme la seconde partie جز دوم de ce traité des aphrodisiaques et anti-aphrodisiaques; il est destiné à apprendre aux femmes à se parer pour attirer les regards : چنان

مردانرا ميل كه چيزهاى و زنان اسرار از كم ياد دوم جز در كه ديدم

كند زيادت بديشان (fol. 65 v°).

Ce petit livre, qui ne porte point de titre spécial, est divisé en 10 chapitres باب, dont la table est donnée aux folios 65-66; le sujet qui y est traité rappelle celui du Kitab-i Koulsoum Nanè, dont une traduction a été publiée par Thonnellier. Cet exemplaire présente des lacunes.

6° تذكرة الكحالين. Traité d'ophtalmologie, par Ali ibn Isa el-Kahhal; voir n° 819.

La table des matières est donnée au commencement de cet exemplaire (fol. 78 v°).

Nestalik et neskhi persans, datés de l'année 1023 de l'hégire (1614 de J.-C.), 114 feuillets, 25 sur 18 centimètres, Reliure en peau rouge souple. — (Supplément 1159.)

889

Recueil de traités de médecine.

1° زبدة قوانین العلاج. Traité de thérapeutique générale, par Mohammed ibn Ala ed-Din ibn Hibet Allah Sebzévari, surnommé Ghiyas el-Tébib ou el-Motétebbib (voir le n° 887, 4). La liste des chapitres est donnée dans la préface de cet exemplaire.

2° Le second discours مقاله d'un ouvrage de médecine, traitant de la thérapeutique, avec le titre اغذیة المرضی.

Début : مقاله دوم در بیان اغذیه مرضی یعنی غذاهای بیماران بدان (fol. 80 v°). که علاج بیماران بر دو قسم است...

3° Extraits d'un traité de pharmacopée en arabe, écrits par une très mauvaise main dans les marges du numéro précédent (fol. 80 v°). On y trouve des formules de tout genre, de drogues purgatives ابارج, de la تریاق الاربعة, des formules d'opiats, de شراب, en très grand nombre.

Les folios 78 v°-80 r°, ainsi que les derniers feuillets du manuscrit, sont couverts de notes médicales; les deux plus importantes sont une formule de julep جلاب, donnée d'après le médecin Mirza Hidayet Allah Shirazi, et un petit traité sur l'emploi du bois de Chine چوب چینی, qui commence par : چون خواهند که شروع در خوردن چوب چینی نمایند...

Bon nestalik indien, daté de 1051 de l'hégire (1641 de J.-C.), 108 feuillets, 25 sur 15 centimètres, Reliure en peau noire souple. — (Supplément 1165.)

890

Recueil de traités de médecine et de préparations pharmaceutiques et autres.

1° رساله قلع آثار در دفع کردن هر رنک از جامه و کاغذ و غیره.

Traité en 53 chapitres, par un nommé Mohammed (ibn) Mahmoud Tébib, sur les moyens d'enlever les taches sur les vêtements, le papier, etc.

Début :

شكر حق را که آب رحمت او   بشو آثار جرم و عصیان کرد

(fol. 1 v°).

2° رساله در بیان خواص و منفعت چوب چینی . Traité sur les propriétés et l'emploi en thérapeutique du bois de Chine, autrement nommé بیخ چینی, et qui est la squine, par Mahmoud ibn Masoud Tébib; voir 882, 8°. L'auteur de cet opuscule, qui est essentiellement différent de celui qui est contenu dans le manuscrit 882, 8°, l'a dédié à un prince de la maison séfévie, et il dit, qu'avant son époque, il n'existait aucun traité sur ce sujet. Il est divisé en une préface et neuf chapitres (fol. 22 v°).

3° Opuscule sur les propriétés thérapeutiques de l'herbe nommée الطریلال, qui est la même drogue qui est nommée en Égypte «pied de corbeau», رجل الغراب, et également حرز الشیاطین «le préservatif contre les démons». Ce nom, d'après l'auteur indien de cet opuscule, est berbère, et signifie «pied d'oiseau»; cette herbe avait, à ce qu'il paraît, une efficacité extraordinaire dans toutes les maladies (fol. 42 r°).

4° Opuscule sur les propriétés thérapeutiques du zédoaire جدوار (fol. 50 r°).

5° Opuscule sur la maladie du charbon آتشک, par Béha ed-Din ibn Masoud ibn Mahmoud. L'auteur, qui était chef de l'hôpital de Meshhed, cite le médecin Mir Béha ed-Dauleh Nourbakhshi qui avait composé un livre sur la fièvre, dans lequel il avait réuni les opinions des médecins grecs et de ceux de l'Inde, mais il ajoute que, cette maladie étant nouvelle, il n'y avait pas de livre tant soit peu ancien qui en parlât (fol. 52 v°).

6° Opuscule sur la saignée, par Kémal ed-Din Hoseïn Shirazi (fol. 79 v°).

7° Traité sur la préparation du مفرّح یاقوت (fol. 83 r°).

8° در بیان حجامت کردن . Traité sur l'emploi des ventouses (fol. 110 v°).

Bon nestalik à encadrements, copié en 1095 de l'hégire (1683 de J.-C.). 122 feuillets. 16 sur 9 centimètres. Reliure en cuir estampé et doré. — (Supplément 1161.)

SPORTS.

891

كتابينة كشتى. Traité de gymnastique et de lutte athlé-
tique, par Ali Akbar ibn Mehdi el-Kashani.

Cet ouvrage est divisé en une préface آغاز, trois chapitres فنّ et une
conclusion احكام (fol. 2 r°); il a été composé sous les auspices du ministre
de l'instruction publique, du commerce et des mines وزير علوم و معادن
و تجار, Ali Kouli Mirza ; le manuscrit contient 83 dessins coloriés avec des
légendes.

Bon nestalik persan, copié en 1292 de l'hégire (1875 de J.-C.). 119 feuillets.
24 sur 17 centimètres. Cartonnage. — (Supplément 1169.)

HIPPIATRIQUE.

892

خيل نامه. Traité d'hippiatrique, par un anonyme.

Ce traité, qui, dans sa souscription, porte le titre de فرس نامه, est divisé
en 100 chapitres; les 40 premiers sont consacrés à l'étude des races de
chevaux et à leur dressage, les soixante autres à leurs maladies.

Début : حمد بيحد و مدح بيعد حضرت حكم على الاطلاقىرا كه دل
خواص

Un traité d'hippiatrique, composé de traditions relatives au cheval, se
trouve sous le n° 45.

Assez bon nestalik persan, copié à Isfahan par Hadjib Mohammed Moumin, fils
de Khvadjè Ali Beg Karouni, au commencement du xviii° siècle. 64 feuillets.
25 sur 15 centimètres. Reliure en peau rouge souple. — (Supplément 344.)

893

Recueil de deux traités d'hippiatrique.

1° فرس نامه. Ce traité, qui est anonyme, est également intitulé (fol. 1 r°)

بيطار نامه. L'auteur, qui paraît ancien, dit qu'il l'a composé avec beaucoup de peine, d'après les livres des savants de l'antiquité hellénique,
parmi lesquels il cite Aristote, Hippocrate, هرمه بن اغيس et قانيوس
(fol. ٢ r°). Ce Faras-namè est divisé en 77 chapitres dont le détail est
donné aux folios 3-6; le présent exemplaire est incomplet, et il s'arrête à
la fin du chapitre 5٩.

Début : للحمد لله الذى قدر الاقدار وخلق الليل والنهار ولا يدركه
الابصار وهو اللطيف

٩° فرس نامه. Traité en vers, composé par Seyyid Ghiyas ed-Din Bar-
kousi برقوسى, et divisé en 5 chapitres, dont le détail est donné aux folios
180-181.

La fin du cinquième chapitre manque.

Début : اين كتاب فرس نامه از فرمودة سيّد غيات الدين برقوسى
عليه الرحمة.... (fol. 180 v°).

Nestalik persan de la fin du xvi° siècle. 199 feuillets. 15 sur 10 centimètres.
Reliure en peau noire. — (Supplément 347.)

894

فرس نامه. Traduction persane du traité d'hippiatrique
écrit en sanskrit sous le titre de Salihotra سالوتر اسمان, par
Dourgarasi, fils de Sargarasi, avec une préface de Khadjè
Abd Allah, surnommé Abd Allah Khan Béhadour Firouz
Djeng فيروز جنك († 1054 H.).

Dans sa préface (fol. ٢ v° et suivants), Abd Allah Khan dit que le traité
indien sur la connaissance des chevaux et de leurs maladies comptait
16,000 slokas اشلوك, et qu'il le fit traduire en persan par quelques pandits, sous le règne de l'empereur Shah Djihan, parce qu'à cette époque il
n'y avait que les pandits lettrés qui savaient lire le sanskrit. L'original sur
lequel fut exécutée cette traduction avait été pris par Abd Allah au cours
de la campagne qu'il fit contre Amar Singh, rana de Tchitor, la quatrième
année du règne de l'empereur Nour ed-Din Djihangir (1018 H.), en
même temps que quelques caisses d'autres manuscrits écrits en langue
indienne. Il existe une autre traduction du Salihotra par Abd Allah ibn
Safi, qui donne du titre sanskrit la transcription exacte de سالهوتر (Rieu,

Catalogue, p. 481), Cet ouvrage est orné de peintures qui représentent les différentes races de chevaux.

Début :   اسپ فکرت چو زین کند دانا

به که گوید نخست جد خدا

Bon nestalik indien à encadrements et à frontispices en or et en couleurs du commencement du xviii° siècle. 63 feuillets, 22 sur 12 centimètres. Reliure indienne en cuir estampé et doré. — (Schefer 283 *bis*. — Supplément 1554.)

ASTROLOGIE ET CABALE.

895

Traduction persane d'un traité d'astrologie écrit en arabe par Ma Sha Allah el-Hakim, sous le titre de كتاب ابواب المفاتيح, ou de مفاتيح القضا.

Le titre et le nom de l'auteur se trouvent donnés sous ces formes au folio 30 verso, où on lit : اما بدانك اين كتاب مفاتيح القضاست و ابواب المفاتيح نيز خوانند بسبب آنك كارهاء ك كشاده شود از رفتار كواكب و اين تصنيف ما شا الله حكيمست و مسلهاء ك از علم حساب بود و از حكم خداى تبارك و تعالى بود اندرين كتاب بيارد از سعد و نحس و از نفع و ضرّ و آنچ بديد آيد و اين علمرا نتوان دانستن جز باحتساب كه دلايل او حسابست والله اعلم. Le traité de Ma Sha Allah, dans lequel il est parlé des signes du zodiaque بروج, est précédé, aux folios 1-30 v°, d'une introduction sans titre ni nom d'auteur, qui est peut-être l'œuvre du traducteur anonyme du Mafatih el-kaza; on y trouve (fol. 1 v°), le système numérique, en chiffres et en lettres; (fol. 3 v°), les sigles qui, dans les livres d'astrologie, représentent les planètes, les jours de la semaine, les termes techniques de l'astrologie, les mois musulmans, syriens, persans, les degrés de la lune; (fol. 7 r°), une introduction à des tables pour le calcul تقويم des planètes, qui n'existent pas; (fol. 8 v°), des explications sur les conjonctions, avec l'interprétation des termes de قران, تحويل, مقابلة, تثليث, تربيع, تسديس, مقارنة, احتران, اجتماع; (fol. 12 r°), les propriétés des sept planètes, et leurs attributs: (fol. 13 v°), les élections, ou déterminations à prendre اختيارات suivant les diverses conjonctions de la lune avec les planètes, de la lune dans les signes du zodiaque, dans ses stations; (fol. 22 r°), des pronostics tirés des planètes et de leurs positions.

D'après le Fihrist (man. arabe 4458, fol. 120 r°), Hadji Khalifa (*Dict. bibl.*, t. VI, p. 6), qui a copié le Fihrist, qui ignorent le titre de ابواب المغاتيم, le مغاتيم القضا est l'œuvre d'un astrologue juif, nommé Sahl ibn Bashar el-Yéhoudi; l'attribution à Ma Sha Allah est formelle d'après le présent manuscrit. L'auteur du Fihrist dit que Ma Sha Allah ibn Athari ما شاء الله بن اثرى était un juif nommé ميشى Mishé, qui se convertit à l'Islamisme, et qui fut le premier astrologue de son temps; il vécut sous les règnes des khalifes abbassides, depuis el-Mansour (136-158) jusqu'à el-Mamoun (198-218) [*ibid.*, fol. 119 v°], et il laissa un grand nombre d'ouvrages qui traitent tous d'astrologie, mais desquels l'énumération sèche et vide du Fihrist ne permet pas de se faire la moindre idée. Le titre du مغاتيم القضا n'y figure naturellement pas, puisque le Fihrist l'attribue à Sahl ibn Bashar. Sahl ibn Bashar, autrement dit Abou Osman Sahl ibn Bashar ibn Hani, fut le client de Thaher ibn el-Hoseïn el-A'var, puis de Hasan ibn Sahl; il était, également au dire du Fihrist, un astrologue de très grande science. Il passa une partie de sa vie dans le Khorasan, et il écrivit un assez grand nombre de livres analogues à ceux de Ma Sha Allah el-Misri.

Bon neskhi persan non daté, les derniers feuillets du manuscrit ayant été arrachés, présentant des particularités graphiques curieuses, telles la ponctuation des lettres sans points, par exemple قصاص pour قصاص, صد pour صد, عدد pour عدد, pour بطلبد pour بطلبد, امرا pour امرا, هر pour هر, حد pour حد, pour عدد, حد à celles des manuscrits 438 et 946. La sous-ponctuation se retrouve dans l'écriture arabe employée à Madagascar. La copie de cet exemplaire doit se placer à la fin du xii° siècle de l'ère chrétienne, et elle a probablement été exécutée dans l'Azerbeïdjan. Ce neskhi est l'origine de celui qu'on retrouve deux siècles plus tard, presque identique, en Égypte. 148 feuillets. 16,5 sur 13 centimètres. Cartonnage turc. — (Supplément 1755.)

896

الرّسالة الموسوم (*sic*) بالقيافة. Traduction d'un traité de divination de Fakhr ed-Din el-Razi (✝ 606 H.).

Cet opuscule, qui est divisé en 19 chapitres, traite de la science appelée par les Musulmans علم القيافة, suivant laquelle on détermine le tempérament et le caractère d'un homme d'après le lieu de sa naissance et la forme de ses membres; cette science divinatoire se divise en deux branches : la قيافة الاثر ou عياقة et la قيافة البشر (Hadji Khalifa, *Dict.*

bibl., t. IV, p. 588). Le texte de ce petit traité, qui est incomplet du premier feuillet, commence après l'بعد : اما par : ابن رساله ایست مشتمل

بر ترجمهٔ رسالهٔ که فخر الدّین رازی نوشته...

On lit à la fin (fol. 17 v°) : ...آیس مختصر بر لفظ محمود و لله الحمد.

de telle sorte qu'il se peut que Mahmoud soit le nom du traducteur.

Assez bon nestalik persan du xvi° siècle. 19 feuillets. 14 sur 9 centimètres. Reliure en maroquin brun estampé. — (Saint-Germain 559 *bis*. — Supplément 383.)

897

سر مكتوم. Traduction anonyme du grand traité de talismanique et de magie écrit en arabe, sous le titre de السّرّ المكتوم فى مخاطبة النجوم, par Fakhr ed-Din Mohammed ibn Omar el-Razi († 606 H.).

Le السّرّ المكتوم est quelquefois attribué, à tort, à Aboul Hasan Ali ibn Hasan el-Maghribi († 637 H.). Le contenu de cet ouvrage est suffisamment défini par ce qu'en dit le traducteur dans sa préface (fol. 2 v°) : اقاویل صابیان و معتقد ایشان‌را تقریر کرده است و انواع طلسمات و تسخیرات و نیرنجات (نیرنجات .man) در قلم آورده و این معتقد ایشان آنچ خلاف شریعت است بطلان آنرا بدلیل ثابت کرده و از آنچ در دین و اعتقاد خللی آرد تبرّی نموده...

Cet ouvrage, dans lequel l'imam Fakhr ed-Din el-Razi avait exposé soigneusement les doctrines des Sabéens, même quand elles étaient en contradiction avec l'orthodoxie islamique, mais en passant sous silence les doctrines qui pouvaient porter atteinte aux croyances des Musulmans, a été réfuté par le sheïkh Zeïn ed-Din Saridja ibn Mohammed el-Méléti dans un traité intitulé العصاص الهازی فى القصاص الرّازی (Hadji Khalifa, *Dict. bibl.*, t. III, p. 597). Il existe un extrait de l'original arabe, dans le fonds arabe, sous le numéro 2645. La présente traduction, dont le titre n'est donné qu'au verso du folio 2, est dédiée au souverain de Dehli, Shems ed-Din Moezz el-Islam Aboul Mouzaffer Iltatmish (ایلتمش .man), auquel l'auteur donne les titres de المويد من السما... افریدون العهد اسكندر الثانى (607-633 H.), et à son fils, le prince héritier, Aboul Haris Rokn ed-Din Firouzshah, qui régna de 633 à 634 de l'hégire (fol. 2 r°). Le sultan Iltatmish, ayant entendu parler du السّرّ المكتوم, désira vivement le lire et, comme il ignorait l'arabe, il ordonna à un traducteur anonyme d'en exécuter une version en langue persane; ce dernier jugea convenable de faire disparaître de sa traduction les passages qui étaient en contradiction flagrante avec le dogme islamique (fol. 2 v°). L'original arabe du el-Sirr el-mektoum était divisé en 6 discours مقالة (fol. 3 r°), et le traducteur n'a rien changé à cette disposition.

Le premier discours est intitulé در تقریر اصول کلّی آن علم; le second, در بیان آنچ چارۀ نیست در دانستن آن از علوم نجوم; le troisième, در اعمال; le cinquième, در علم دعوت کواکب; le quatrième, بیان طلسمها; le sixième, در بیان خاصیتها; جزوی آن علم از دوستی و دشمنی. La traduction ne commence qu'au folio 6 r°; elle est précédée d'une introduction dans laquelle il est traité des avantages de la science dont parle cet ouvrage.

Nestalik indien médiocre daté de Zoulkaada 995 de l'hégire (octobre 1587 de J.-C.). 143 feuillets. 29 sur 19 centimètres. Reliure en cuir brun. — (Supplément 384.)

898

Traité d'astrologie et de chronologie.

Ce volume se compose de fragments d'un traité dont on ne trouve ni le titre, ni le nom de l'auteur, assez analogue au دستور المنجّمین (Arabe 5968). D'après les traces de la pagination orientale qui se trouvent au bas de certaines pages du manuscrit, le présent exemplaire contient les folios 89-91 (aujourd'hui 1-3), 92-320 (aujourd'hui 4-229), et quelques autres feuillets de l'ouvrage. Ce livre était divisé en un certain nombre de discours مقالة, subdivisés en sections قسم, réparties en chapitres فصل. L'auteur travaillait à la rédaction de ce traité en l'année 675 de l'hégire, comme on le voit par plusieurs passages des tables chronologiques qui le terminaient. C'est ainsi (fol. 216 v°) qu'il indique que, depuis l'avènement de la dynastie omeyyade jusqu'à son époque, il s'est écoulé une période de 634 années, que 543 ans le séparent de l'avènement des khalifes abbassides, et 233 ans de celui de la dynastie des Seldjoukides. De plus, en tête de ces tables chronologiques, on lit la mention و تحریر این در محرّم سنه ستّ وسبعین وستمایه بود (fol. 216 r°), qui indique que la rédaction définitive de l'ouvrage, et probablement sa mise au net d'après le brouillon de l'auteur, a eu lieu au mois de Moharrem de l'année 676 de l'hégire. Parmi ses autorités, il cite les célèbres astronomes et astrologues Ptolémée, Abou Maashar, Coushyar, Sahl ibn Aboul Fazl, Ali ibn Zeïn el-Tabari, Ahmed

ibn Mohammed ibn Abd el-Djélil el-Sidjzi (el-Sidjistani). Dans son état actuel, l'ouvrage comprend une partie astrologique, dont l'étude des conjonctions قرانات et des horoscopes forme la partie la plus importante. La sixième مقالة (fol. 77 r°), intitulée در موالید و استخراج ان و حکم کردن بر آن ...., commence par un chapitre chronographique dans lequel l'auteur étudie la conversion des dates exprimées suivant l'ère arabe en dates de l'ère persane et d'autres ères. On trouve au folio 174 v° des tables des mouvements des différentes étoiles fixes, et toutes sortes d'autres tables, tant astronomiques qu'astrologiques, dont la première porte le titre de جدول حرکات کواکب ثابته در سالها پارسی و ماهها و روزها یزدجردی.
A la fin du volume se trouvent des tables chronologiques donnant les dates des Prophètes et des khalifes, des philosophes et des médecins célèbres, et les époques de l'avènement des dynasties qui ont régné sur l'Islam (fol. 216 v°). Une note écrite au crayon probablement de la main de Vansleb, sur l'un des feuillets de garde, donne à ce livre le titre évidemment erroné de کتاب احکام بطلمیوس والشرح للکوشیار فی الفلك, et mentionne un prix d'achat de 3 piastres. Ce titre a été adopté par Armain dans la notice qu'il a insérée en tête du volume.

Bon nestalik persan daté de l'année 676 de l'hégire (1277 de J.-C.). 231 feuillets. 25 sur 17 centimètres. Reliure en veau plein aux armes de Napoléon Ier. — (Vansleb; Regius 1523. — Ancien fonds 166.)

899

Recueil de fragments d'ouvrages d'astrologie.

1° Fragment d'un traité sans titre sur les anges du gnosticisme musulman, par Mohammed ibn Ibrahim (fol. 32 r°, 80 r°), ou Aboul Mahamid Mohammed ibn Ali el-Sidjistani (fol. 41 v°), appelé plus loin Mohammed ibn Ibrahim el-Sidjistani (fol. 81 r°), contenant un recueil de talismans, de formules cabalistiques et de carrés magiques, destinés à les évoquer, et commençant par le titre de بیان اسرار بیرمترك دراع و غجایب آن. On trouve dans ce fragment, qui commence par بقدرة باری سبحانه و تعالی برمترك, دراغ (sic) فرشته توکلیست و نام وی جنطاغاییل بود, un traité sur les signes du zodiaque (fol. 38 v°), des prédictions pour les jours du mois de Moharrem (fol. 46 v°), et, comme dans certains livres arabes, des alphabets coptes, hébreux, himyarites, pehlvis, complètement défigurés, et qui dérivent de ceux qui se trouvent tout au commencement du Fihrist (man. arabe 4457, fol. 16-21), ainsi que des dessins astronomiques grossièrement exécutés et dressés d'après les théories de Ptolémée. Ce fragment, dont il est difficile de détailler exactement le contenu par suite de la diversité des questions astrologiques qui y sont traitées, se termine par des tables de la lune, intitulées جدول احكام كلى بر بودن ماه در بروج خالى السير ; il est évident qu'il est une partie du numéro suivant. L'auteur raconte qu'à l'époque où il l'a composé, il avait déjà vécu 170 ans et qu'il avait visité les 72 nations ou confessions dont a parlé Mahomet, qu'il avait appris leurs langues et leurs écritures (fol. 41 v°); parmi ses sources, il cite Mohammed ibn Ali el-Termidi el-Motétebbib (fol. 35 r°), Djélal ed-Din (fol. 6 v°), les savants du Maghreb (fol. 7 r°, 31 v°), les savants arabes (fol. 10 v°), le كتاب تدبير چمن, qui fut rédigé par les astrologues du roi de Chine (fol. 43 v°), l'histoire de l'astrologue et magicien Selman el-Maghrébi (fol. 31 v°).

5° كتاب دقايق للحقايق. Traité d'eschatologie et de magie, par Nasir ed-Din Mohammed ibn Ibrahim ibn Abd Allah, qui, d'après l'intitulé (fol. 51 r°), était généralement connu sous le nom de الرمّال المعزم الساعتى الهيكلى, et qui le composa à Akséra à اقسرا en l'année 670 de l'hégire; l'auteur est nommé également Mohammed ibn Ibrahim ibn Ali (fol. 54 r°), et Mohammed ibn Ibrahim el-Sidjistani (fol. 81 r°); cf. n° 1.

Ce traité, qui commence par : الحمد لله رب العالمين واهدنا الصراط المستقيم صراط الدين وملدر الامور وخالق النـور وقـاسم الارواح وخـالـق الاصباح وراحم الاعار ومدبّر الليل والنهار... se divise en 44 chapitres, traitant des noms de la divinité, des anges, de la cosmologie du monde intangible d'après les doctrines de l'ésotérisme musulman, et des merveilles du monde, ce qui fait quelquefois ressembler ce livre à l'عجـائـب الخلوقات de Kazwini. On trouve, entre autres choses dans ce fragment, les conditions que doit réunir le parfait astrologue (fol. 64 r°), les anges des 4 éléments (fol. 66 r°), les autres anges (fol. 67 v°), section à laquelle se rattache en partie le fragment n° 1, et les figures sous lesquelles les astrologues se représentent les planètes. Y sont cités, le كتاب سير الملوك (fol. 64 r°), le كتاب حلّه قر (fol. 110 v°), le كتاب بيان النجوم (fol. 108 r°), Selman ibn Dekkak, auteur du بيان العلوم (fol. 89 r°), les Évangiles, انكليون, qui sont le livre sacré d'Adam (fol. 97 r°), Abou Ali el-Dekkak (fol. 81 r°, 108 r°), Bedrimani (fol. 79 v°), le même citant Pline بلنياس (fol. 77 v°), Pline, vizir d'Alexandre et sultan des magiciens (fol. 67 v°, 71 r°, 72 v°), Avicenne, citant Pline (fol. 99 v°). [Fol. 51 v°].

3° مؤسّس العوارف. Fragments d'un traité en vers dans lequel il est parlé

de la résurrection, des miracles de Mahomet, d'Alexandre le Grand, etc.,
par le même auteur, nommé ici Mohammed ibn Ibrahim, qui était plus connu
sous le nom de Nasir el-Rammal el-Sa'ati el-Sivasi, qui le composa à Kaïsariyya en l'année 671 de l'hégire, et qui le dédia au sultan seldjoukide du
pays de Roum, Ghiyas ed-Din Kaï Khosrav III [666-682] (fol. 137 v°).

Début :   بنام ايزد بخشايندهٔ بخشايشكر

كه مردمرا بديد آورد و جانرا	سپاس آن پادشاه ى مكانرا
كه دانا خوانذ انرا پاك جوهر	زقدرت وى بديد اورد كوهر
جز او يزدان توى دانى نباشذ	چنان جوهركه اوكان نباشذ

. . . .

Le papier et l'encre de cette partie du manuscrit sont dans un tel état
qu'il est difficile de dire d'une façon précise de quel sujet il y est traité;
tout le volume est d'ailleurs très fatigué et beaucoup de feuillets tombent
en morceaux. On lit au recto du premier feuillet le titre étrange «Histoire d'un roy de Perse».

On trouvera dans la *Revue des bibliothèques* (année 1898, p. 24) une
description des peintures assez grossières qui ornent ce manuscrit, mais
dont quelques-unes (fol. 9 r°, 69 r°, 72 r°, 73 v°, 83 r°, 113 r°, 115 r°,
et 121 v°) sont des copies très fidèles de primitifs arabes copiés servile-
ment sur des originaux byzantins.

Neskhi persan de la fin du vıı° siècle de l'hégire (fin du xıı° siècle). 146 feuillets. 24 sur 16 centimètres. Reliure en basane pleine au chiffre du roi. —
(Gaulmin; Regius 1553. — Ancien fonds 174.)

900

كنه المراد فى وفق الاعداد. Traité sur la composition des
carrés magiques, par Yakoub ibn Mohammed ibn Ali ibn
Abd er-Rezzak el-Tausi الطاوسى (fol. 2 v°).

Le nom de l'auteur se trouve au centre d'un grand carré magique dressé
par lui, sous la forme محل يعقوب بن محمد بن على بن عبد الرزّاق الطاوسى
(ms. 901, fol. 45 r°); un autre de ces carrés (*ibid.*, fol. 44 r°) est signé
يعقوب بن شمس الدّين بن حاجى عزّ الدّين بن عبد الرزّاق
Ce traité est un exposé de la science connue chez les Musulmans sous le
nom de علم اعداد وفق. dont le but est de dresser des carrés magiques

10.

مرتّبعات. Il est divisé en trois sections, nommées لوح pour rappeler la table astrale اللوح المحفوظ de l'Ésotérisme musulman, une préface et une conclusion (man. 901, fol. 2 r° et Hadji Khalifa, V, p. 260). Ces carrés magiques peuvent être composés, soit avec des chiffres, soit avec des lettres prises avec leur valeur numérique, soit avec des mots qui sont le plus souvent les épithètes de la Divinité dans le tesbih, soit de la combinaison de ces trois éléments.

Début : حمدی بر وفق اعداد نا متناهی مقرون بتسبیح افراد و ازواج
مکوّنات از ماه تا ماهی......

Bon nestalik persan, copié en Ramadan 894 de l'hégire (1489 de J.-C.), par Hasan ibn Hosein ibn Mohammed el-Hadi el-Hoseini. 196 feuillets. 25 sur 18 centimètres. Reliure en cuir brun. — (Supplément 368.)

<h2 style="text-align:center">901</h2>

Le même ouvrage.

L'un des possesseurs de ce manuscrit y a vu, comme le montre une note inscrite au recto du premier feuillet, le وفق المراد فی کنه الاعداد de Shéref ed-Din Ali Yezdi, que Hadji Khalifa (t. V, p. 260) nomme کنه المراد فی علم الوفق والاعداد, et qui traitait du même sujet que le présent ouvrage. Il se peut que les deux traités indiqués par Hadji Khalifa sous les numéros 10951 et 10952 soient le dédoublement d'un seul et même livre de cabale, celui qui se trouve dans le présent manuscrit. Une note écrite au recto du folio 114 : لقد تمّ النقل والسّواد المسمّی بوفق المراد فی کنه الاعداد...فی عام اربع وتسعین وتسعمائة وهـذه الـنـسـخـة الاصلیة...نقلت من النسخة, indique qu'il a été copié sur l'exemplaire autographe en l'année 994 de l'hégire (1585 de J.-C.). On lit, au recto du premier feuillet, l'ex-libris d'Abou Bekr ibn Roustem ibn Ahmed ibn Mahmoud el-Shirvani. Ce manuscrit porte sur l'un des plats intérieurs de sa reliure l'estimation à 8 piastres.

Manuscrit de luxe en bon nestalik à frontispices et encadrements en or et en couleurs, daté de 994 de l'hégire (1585 de J.-C.). 115 feuillets. 31 sur 19 centimètres. Reliure en maroquin brun estampé. — (Ancien fonds 167.)

<h2 style="text-align:center">902</h2>

Horoscope d'un prince persan.

Le nom de ce personnage a été effacé avec intention; il se trouvait au folio 5 r°, et il semble être . . . . . امير غياث الدّنيا والدّين. La personne qui l'a gratté a écrit à sa place, sur la partie effacée, خاورشاه, mais ce nom n'a aucune authenticité; la date de sa naissance est fixée au 16 du mois de Redjeb 844 de l'hégire. Il reçoit (fol. 5 r°) les titres de و سعادت برج

سروری نور حدقۀ غطمت و جلالت نور حديقت سلطنت و اقبال سلالۀ اعاظم امرا عجم خلف آکابر ولاة الامم شمس فلك حکومت و امارت برجيس سپهر عظمت و ابالت ثمرۀ ملك, qui rappellent ceux que portaient les princes de la dynastie timouride, d'autant plus que le personnage inconnu, pour lequel a été dressé cet horoscope, est né à Hérat (fol. 6 r°), qui est qualifiée de دار السلطنة; toutefois, il faut remarquer que, ni Abd er-Rezzak el-Samarkandi, dans le مطلع السعدين, ni Khondémir, dans le حبيب السير, ne mentionnent la naissance d'un prince dans la famille timouride au mois de Redjeb 844. Les noms des ascendants de ce Ghiyas ed-Din. . . (?) ont également été effacés; son père est qualifié de الامير الاعظم الاعدل الاحکم افتخار اعاظم الامرا والحکّام, et son grand-père semble s'être nommé . . . . . امير عبد الله. Le nom de l'astrologue a également disparu, mais on lit encore, dans la marge du folio 193 recto, cette note d'une main postérieure : . . . المشهور. . . هذا استخراج محد؟ بن محد بن حسن Un possesseur turc de ce manuscrit a écrit, au recto du folio 2, une note ainsi rédigée: بطول و عرض هراة امرا عجم دن بر نيك اوغلى نك طاليعدر, ce qu'un savant européen a traduit : «Directions en arabe» (sic).

Nestalik persan cursif de l'année 844 de l'hégire (1440 de J.-C.). 197 feuillets. 15 sur 11 centimètres. Reliure en basane pleine au chiffre du roi. — (Thévenot; Regius 1554, 3. — Ancien fonds 176.)

903

لوايح القمر. Traité d'auspices, اختيارات et احتراز, d'après les pronostics astrologiques tirés des positions de la lune, par Hoseïn ibn Ali el-Vaïz el-Kashifi.

L'auteur dit dans sa préface qu'il composa ce précis مختصر astrologique, après avoir écrit six traités d'astrologie intitulés مواهب زحل, مباهج عطارد, مباهج الزهرة, لوامع الشمس, سوانح المرّيخ, ميامن المشتری

(fol. 9 r°), et il le dédia au célèbre vizir Mir Ali Shir Névaï, dont il ne cite pas le nom, mais qu'il qualifie de آستان سعادت ترجمان اصف ایام دستور الانام ملجبا الامرآء شرقا و غربا معاد الوزرآء......... et d'autres titres tout aussi pompeux. Il est divisé en une préface, deux discours et une conclusion, subdivisés en un grand nombre de chapitres dont le détail se trouve donné dans la préface, au folio 3 r° et v°. Le Lévayèh el-kamar n'a pas été connu de Hadji Khalifa, pas plus que les six traités astrologiques qu'Hoseïn ibn Ali el-Vaïz el-Kashifi avait consacrés aux influences des planètes supérieures. On trouve au folio 126 v° un extrait du commentaire du divan de Ali.

Bon nestalik persan, copié en 1002 de l'hégire (1593 de J.-C.) par Mohammed Moukim el-Hoseïni pour un certain Molla Ishak Mounadjdjim ibn Molla Yousouf Hakim Guilani, 198 feuillets, 24 sur 16 centimètres. Reliure en cuir rouge. — (Supplément 1742.)

904

كفاية التعلم فى صناعة التنجيم. Traité d'astronomie et d'astrologie, par Zahir el-Hakk (wéd-Din) Aboul Mahamid Mohammed ibn Masoud ibn Mohammed ibn Zéki el-Ghaznévi.

Le titre et le nom de l'auteur sont donnés dans la préface (fol. 2 r° et v°):

بدانكه علم این كتاب نجوم است و نام وی كفاية التعلم فى صناعة التنجيم و نام مصنف خواجه امام اجل سيد العلما ظهر (sic) الحـقّ ابو الحامد محمّد بن مسعود بن محمّد بن زكى الغزنوى ادام الله توفيقه....

On lit au recto du premier feuillet un titre contemporain du manuscrit, qui porte كفاية التعلم در احكام نجوم, qui est celui que Hadji Khalifa a connu (t. V, p. 219). Dans ce passage de son dictionnaire bibliographique, Hadji Khalifa donne au nom de l'auteur sa forme réelle de ظهير الدين.

Zahir ed-Din avertit le lecteur dans sa préface qu'il a voulu faire un livre aussi complet que possible, dont l'étude soit également profitable aux personnes désireuses de se mettre au courant de cette science, et à celles qui y ont acquis une grande habileté.

Il n'y a pas de division indiquée dans la préface; l'auteur décrit d'abord le ciel et ses mouvements, d'après la théorie hellénique que l'on retrouve chez tous les scientistes et théosophes musulmans, puis il passe ensuite à l'étude de l'astrologie proprement dite. Le تنجيم comprend toutes les observations astronomiques et astrologiques, que les savants de cette époque confondaient volontiers, tandis que le تقويم désigne les calculs célestes qui ont pour objet l'établissement des tables.

Début : سپاس و ستایش خدایرا جلّ جلاله که آفریدکارست ی

محایل حاجت و آفریدکار بدلائل و حجت و آسمان و زمین را بدست
قدرت ارزوی خود هست کردانید

Ce manuscrit a été copié pour la bibliothèque du roi de Perse Shah Ismaïl Séfévi II, qui régna de 984 à 985 de l'hégire, comme l'indique une note inscrite au recto du folio 1 dans un très beau nestalik écrit à l'encre

d'or : لخزانة كتب السلطان الاعظم الاعدل الجليل ولخاقان الاعظم الاكرم
التبیل ابو المظفر شاه اسماعيل الصفوى الثانى خلد اللهم ايام سلطنته
وارشاده ما سبق الغداة على الاصيل

Manuscrit de grand luxe en beau nestalik persan, copié au cours des années 1576-1577, avec encadrements et frontispices en or et en couleurs. 309 feuillets. 24 sur 14 centimètres. Reliure de l'époque en maroquin estampé et doré. — (Gaulmin; Regius 1554. — Ancien fonds 170.)

905

كتاب مفاتیح المقالیق. Traité de cabale, d'astrologie et de magie, par Maulana Dehdar مولانا دهدار.

L'ouvrage commence sans doxologie par : امّا بعد لحمد والصلوة على
النبى وآله عليهم السلام این رساله مشتمل است بر مقدّمه و دوازده
فصل... ; il est divisé en une préface, douze chapitres et une conclusion
خاتمه ; Le détail des chapitres est donné au folio 1 r°; cet ouvrage contient un grand nombre de talismans et de carrés magiques, dont plusieurs n'ont pas été terminés; le cinquième chapitre est consacré aux vertus du célèbre sceau de Salomon (fol. 35 r°). L'auteur savait quelques mots d'hébreu (fol. 70 v°), et il connaissait les doctrines du Soufisme outrancier, dont il expose une partie au commencement du Mafatih el-makalik. Il cite (fol. 4 v° et 6 r°) le Goulshen-i raz de Mahmoud Shébistéri, qu'il nomme Djébistéri جبستری, Siradj ed-Din Kasim-i Envar (fol. 3 r°), Hadji Nizam ed-Din Mahmoud Daï-i Shirazi-i Amoli (fol. 3 v°), Sheïkh Zeïn ed-Din Ali (fol. 16 v°), le sheïkh Aboul Hasan Nisibini (fol. 23 r°), le célèbre Aboul Abbas Fakhr ed-Din Ahmed el-Bouni, l'auteur du Shems el-méarif (fol. 23 r°),

Mohyi ed-Din Mohammed Ibn el-Arabi (fol. 23 v°), le sheïkh Saad ed-Din Hammouya (fol. 23 r°), et deux traités que lui-même avait écrits avant le Mafatih el-makalik, le كشف الاسرار (fol. 5 v°) et le مرات لحقايق (fol. 6 r°), qui est peut-être, soit le كشف اسرار لحروف ووصف معانى, soit le كشف اسرار لحكما وهتك نواميس القدما الظروف, qui sont cités par Hadji Khalifa (t. V, p. 199), plutôt le premier.

Bon neskhi persan de la fin du xvii° siècle. 137 feuillets. 23 sur 16 centi-mètres. Reliure orientale en cuir souple. — (Supplément 1060.)

906

Recueil de pièces traitant de cabale et de magie.

1° رسالة فى علم القيافة. Traité de divination par l'inspection des diffé-rentes parties du corps, en vers, incomplet de la fin (fol. 1 v°).

2° Tableaux de divination formés de lettres de l'alphabet arabe (fol. 7 r°).

3° Tableaux de divination formés de mots arabes et persans (fol. 22 r°).

Mauvais nestalik et semi-shikestèh indiens du commencement du xviii° siècle. 209 feuillets. 19 sur 11 centimètres. Cartonnage. — (Anquetil 67. — Supplé-ment 385.)

907

رساله در علم قيافه. Traité anonyme sur la science de la physiognomonie.

Le titre complet, tel qu'il est donné au verso du second feuillet, est رساله در علم قيافه كه بجهة پادشاه ساخته اند مشتمل بر چند بين فصل. Ce petit traité, qui n'est qu'un abrégé, est divisé en 22 chapitres très courts, précédés d'une introduction composée de deux parties, dont l'une traite de l'excellence de cette science, et l'autre de ses sources; il com-mence par : در كليات اين علم و ان دو فصل است فصل اوّل در ...... بيان فضيلت اين علم و فوايد او فصل دوّم در اصول علم فراست و اعتبارات او; il est suivi (fol. 20 v°) d'un opuscule de trois pages traitant de la même science, intitulé در بيان علم قيافه, et commençant par : كفته اند لون.

بیاض منوط با کبودی و سبزی چشم دلیل است بر ‌گشت رون و ی

شرئ ; cet opuscule ne porte pas de nom d'auteur.

Très bon neskhi persan, copié sur ‹‹‹ feuilles de papier de couleurs variées en Djoumada second 1301 (mars 1884 de J.-C.) par Ibn Mohammed Ali Abd er-Rahim el-Firouzkouhi. 21 feuillets. 21 sur 13 centimètres. Reliure en peau bleue. — (Tholozan. — Supplément 1272.)

908

Recueil de prédictions astrologiques.

Ce traité, qui est anonyme et qui ne porte pas de titre, commence par une étude sur les étoiles, la forme et les influences des planètes; il continue (fol. 4 v°) par les thèmes astrologiques et l'histoire des prophètes depuis Adam jusqu'à Goushtasp, le roi de Perse qui reçut l'Avesta de Zoroastre, soit Adam, Seth, Akoush, qui est le même que Tahmouras, l'enchaîneur des démons, Djemshid, Idris-Énoch, etc., jusqu'à Zoroastre. Cette étude sert pour ainsi dire d'introduction au reste du livre. Au folio 14 r°, commence, sous le titre de باب آغاز کتاب حکم جاماسب, un traité de prédictions qui fait suite au précédent, et qui est attribué au sage Djamasp, vizir du roi kéanide Goushtasp; il commence par کوید که (ms. چنین (چین) نکاه کردن در حال اختران کی . Ces prédictions, dans lesquelles Djamasp dévoile à son maître les destinées du monde depuis son règne jusqu'à la fin des temps, se rapportent principalement à la Perse; elles sont basées en partie sur des réalités historiques, présentées sous une forme abstruse, comme dans tous les livres de ce genre. Sindjar le Seldjoukide est cité au folio 38 recto, et presque immédiatement on trouve la mention d'un roi dont les descendants régneront 500 ans. Au folio 39 recto, deux descendants de Seldjouk s'emparent de tout l'Iran depuis le Khorasan jusqu'au pays de Roum; ils se nomment Masoud et Daoud. L'un règne à Isfahan, l'autre dans l'Azerbeïdjan, et tous les deux sont tués au bout de dix ans de souveraineté. Ils ont pour successeur (fol. 39 r°) un prince seldjoukide nommé Shemshir-baz. Au folio 40 recto, il est parlé des Mongols, gens tout petits, qui habitent le désert, et qui se nourrissent de cadavres; on trouve même l'horoscope de Ghazan, c'est-à-dire du sultan mongol de la Perse qui se convertit à l'Islamisme, au folio 40 verso, avec la mention de deux Seldjoukides, Bourendè-Tigh et Salahvaran. Tchinkkiz paraît au folio 44 verso, mais on voit, au folio 46 recto, un souverain seldjoukide battre les Mongols. Il est vraisemblable que ce Livre de Djamasp a été composé immédiatement après la mort du sultan seldjoukide Thoghril II († 529), avant que son auteur n'eût été fixé sur les destinées des deux Seldjoukides de l'Irak, Daoud

(525-533) et Masoud (529-547), ce qu'établissent suffisamment la durée fantaisiste de leur règne, évalué à dix ans, et les noms également fantaisistes de Shemshir-baz, Bourendè-tigh et Salahvaran, c'est-à-dire entre 529 et 533. Les mentions de Tchinkkiz et de Ghazan doivent être des additions postérieures, car ces sortes de livres se prêtent aisément à ces allongements. Un ouvrage analogue à ce traité se trouve dans le fonds arabe, avec cette même attribution : ils n'ont rien de commun avec un livre d'alchimie que Djamasp aurait écrit pour le roi Ardéshir, et dont Hadji Khalifa parle dans son Dictionnaire bibliographique (t. III, p. 384), et seulement de très lointains rapports avec deux chapitres (fol. 429 v° et 430 v°) du Djamasp namè mazdéen contenu dans le manuscrit 201. On trouve, au folio 52 r°, l'horoscope du monde au moment de l'apparition du Dedjdjal, et, au folio 61 v°, entre autres horoscopes, celui de la fin du monde.

Début : الحمد لله هادى الانسان الى تمهيد قواعد الاحسان الذى خلق البشر فى احسن التقويم...

Ce manuscrit porte l'ex-libris d'un turc nommé Mohammed Obeïd Allah Mousazadè, et on trouve, au folio 1 recto, le nom des Sept Dormants.

Bon neskhi persan, daté du mois de Shavval 741 de l'hégire (mars 1341 de J.-C.). 63 feuillets. 24 sur 15 centimètres. Cartonnage. — (Supplément 380.)

909

Recueil de deux traités de divination.

1° فال نامه ou فال ابجد . Traité de divination par le moyen des lettres ا، ب، ج، د، combinées trois par trois, en vers, sans nom d'auteur.

Début : بنام ايزد

سه بارت كر الف آيد درين فال   مبارك باشدت روز و مه و سال

بعزت بر سر كردون قدم زد   ....

(fol. 1 v°).

2° اختلاج نامه . Traité de divination par l'étude des mouvements involontaires des membres; dans le titre de cet opuscule, dont la copie est restée incomplète, اختلاج est traduit par جنبيدن اندامها (fol. 12 r°).

Gros nestalik indien, copié par un parsi à la fin du xviiie siècle. 15 feuillets. 27 sur 15 centimètres. Reliure en basane au chiffre de Napoléon Ier. — (Anquetil 68. — Supplément 379.)

910

Recueil d'opuscules d'astrologie et de cabale.

On y trouve, entre autres pièces, des pronostics pour les sept jours de la semaine, des carrés magiques et des talismans pour toutes sortes d'objets, des interprétations de songes, des prières et des litanies, la liste des imams (fol. 82 r°), des معصوم (fol. 85 v°).

Bon talik indien du milieu du xviii° siècle. 116 feuillets, 19 sur 12 centimètres. Reliure en soie rose brochée recouverte de papier. — (Ouessant. — Supplément 381.)

911

Recueil de talismans, de formules cabalistiques, de carrés magiques et de prières.

Assez bonne écriture persane, copiée en 1272 de l'hégire (1855 de J.-C.) par Mohammed Riza, fils de Hadji Molla Roustem Kourdji. Rouleau de 7 mètres sur o m. 18. — (Supplément 1218.)

912

Recueil de formules magiques.

Ce petit volume contient : la sourate Ya-sin (fol. 2 v°); la sourate انا انزلنا (fol. 12 v°); un talisman composé de chiffres et de mots arabes (fol. 13 v°); un fragment en persan intitulé شرح صلوات كبير (fol. 14 r°), mais dans lequel se trouve racontée l'histoire d'une femme qui devint amoureuse de son fils, et qui profita d'un moment où il était ivre pour se donner à lui. Le fils, ayant par la suite épousé la fille qui était née de cet inceste, apprit à quel forfait sa mère s'était livrée; il voulut détruire la tombe dans laquelle elle était inhumée et brûler son corps. Il vit alors sa mère assise dans son tombeau, ayant devant elle un Koran qu'elle lisait, entourée des houris du paradis; elle lui apprit que, malgré le crime qu'elle avait commis, la récitation des grandes prières صلوات كبير, non seulement l'avait sauvée de l'enfer, mais lui avait valu de vivre ainsi par delà la tombe. Après ce préambule, vient (fol. 19 v°) le texte arabe de ces grandes prières, qui sont une longue litanie. On trouve ensuite une prière en arabe pour écarter tous les maux دفع جميع بلاهـا و افتها

(fol. 33 v°); une prière, également en arabe, pour faire naître l'affection دعا جهت محبت (fol. 34 v°); un talisman pour le même objet, composé de chiffres et de mots arabes (fol. 35 v°); un talisman pour empêcher les ennemis que l'on a de répandre leurs calomnies زبان بند دشمنان (fol. 36 r°), suivi de plusieurs sourates du Koran, de formules de talismans en arabe (fol. 42 r°); un talisman dont les propriétés sont longuement expliquées dans un petit traité en persan (fol. 44 r°); la prière du grand nom d'Allah اسم اعظم (fol. 51 v°); le talisman de Salomon, avec une explication en persan (fol. 56 r°); etc.

Assez bon neskhi osmanli du xvii° siècle. 81 feuillets. 10 sur 7 centimètres. Reliure en maroquin brun estampé et doré. — (Galland 3; Ancien fonds arabe 229. — Supplément 1173.)

MUSIQUE.

913

Recueil de traités de musique.

1° مقاصد الالحان. Traité de musique, par Abd el-Kadir ibn Ghaïbi el-Hafiz el-Maraghi.

Ce traité est l'abrégé d'un ouvrage beaucoup plus considérable, écrit par Abd el-Kadir sous le titre de جامع الالحان, et terminé en 816 de l'hégire. Le Makasid el-alhan, qui fut terminé en 821 de l'hégire, et dont la lecture, suivant son auteur, doit dispenser de consulter d'autres ouvrages, est dédié au sultan timouride Moïn ed-Din Shah Rokh Béhadour [† 850 H.] (fol. 2 v°). D'après Éthé (*Bodleian Catalogue*, 1843), ce traité fut dédié au prince Baïsonghor, fils de Shah Rokh, qui mourut en 837 de l'hégire.

Il est divisé en une préface مقدمة, douze chapitres باب et une conclusion خاتمة, dont le détail est donné aux folios 2 v°-4 r° et dans le Catalogue de la Bodléienne. Cette bibliothèque possède les deux manuscrits autographes du مقاصد الالحان et du جامع الالحان (fol. 1 v°).

2° Chapitre d'un traité de musique en turc, portant le titre de قول عشاق مع كليات اون ايكى مقام اصول خفيف بسنه خواجه (fol. 103 r°).

3° Traité de musique, sans titre ni nom d'auteur, divisé en deux chapitres, le premier (fol. 106 v°), traitant de la mélodie نغم, le second (fol. 120 v°), de la mesure ايقاع. Ce traité est suivi (fol. 127 r°) d'un fragment également en turc, commençant par : اولدرکه راست اغازایدی ، اینه چار کاه قرار ایدی, qui en fait probablement partie.

Début : سپاس و خداوندی که شعبه دانان مقامات بندک کوش
... امید (fol. 104 v°).

4° Traité de musique, en turc, sans titre ni nom d'auteur.

Début : پس امدی بلکل که اون ایکی مقام یدی اوازه دورت شعبه قرق
سکز ترکیب.. (fol. 13a v°).

5° کنز التحف فی الموسیقی . Traité de musique composé par Émir ibn Khidr Mali el-Karamani el-Maulévi, dans la ville de Constantinople روم, en 838 de l'hégire.

Le titre et le nom de l'auteur ne sont donnés (fol. 190 r°) que dans une souscription qui semble avoir été ajoutée après coup, et qui n'offre par conséquent pas de garanties d'authenticité. Un exemplaire du Kenz el-tohaf, conservé à l'India Office, et sans nom d'auteur, a été copié en 784 de l'hégire (n° 2763); de plus, d'après un chronogramme, qui se trouve à la fin du présent volume et du manuscrit de Londres (*Supplement,* 115), cet ouvrage a été composé en 756 ou 764 de l'hégire, et dédié à un Alide nommé Seyyid Ghiyas ed-Daulèh wed-Din el-Hoseïni.

Ce traité est divisé en une préface et quatre discours مقاله (fol. 155 r°); la préface traite de l'excellence de la musique et de sa supériorité sur les autres arts; le premier discours, de la science de la musique théorique علم موسیقی; le second, de la musique pratique; le troisième, de la construction des instruments de musique. Le quatrième discours contient des conseils aux personnes qui veulent se livrer à l'étude de la musique. Le détail de ces quatre discours est donné aux folios 155-156; les noms des instruments à vent et à cordes qui sont décrits et figurés dans le troisième discours sont : عود (fol. 173 v°); رباب (fol. 174 v°); مزمار (fol. 175 r°); پیشه (fol. 175 v°); چنك (fol. 176 r°); نزهه (fol. 177 r°), قانون (fol. 178 v°); مغنی (fol. 179 v°); le Kenz el-tohaf est précédé d'une introduction dans laquelle l'auteur cite des vers de Sadi, Kémal ed-Din Ismaïl, Djémal ed-Din Abd er-Rezzak et Envéri.

Début : شکر و سپاس بی حق و قیاس سزاوار حضرت آن پادشاهی که
در سرایرده عظمتش ... (fol. 147 v°).

6° Noms d'artistes qui vécurent à l'époque du sultan timouride Hoseïn Baïkara, en turc (fol. 190 v°).

7° Fragment d'un Insha en langue turque, contenant des lettres du sultan Mourad Khan Ghazi (1042 H.), du sultan Ibrahim Khan (1051 H.) et d'autres documents épistolaires.

Ce manuscrit porte, imprimée plusieurs fois, la mention «Di casa Minutoli Tegrimi».

Une partie du numéro 1, les numéros 2-5 sont d'un assez bon neskhi, le numéro 7 d'une bonne écriture turque de la seconde moitié du xviii° siècle. 212 feuillets. 20 sur 14 centimètres. Cartonnage turc. — (Minutoli. — Supplément 1121.)

914

Traité de musique vocale, par Émir Khan.

Ce traité, qui ne porte point de titre, a vraisemblablement été composé sous le règne du souverain séfévi Shah Sultan Hoseïn (1105-1135 H.), comme on le voit par un passage d'une très médiocre kasida écrite par Émir Khan (fol. 3 v°).

Début : تفصیل اساس اصول هفده گانه که اکنون بین الحفاظ
بنوزده بحر متداول است

Beau talik persan du milieu du xviii° siècle. 90 feuillets. 32 sur 20 centimètres. Cartonnage. — (Supplément 1087.)

915

Traité de musique.

Ce traité est incomplet du commencement, et tous les titres des chapitres, qui devaient être écrits à l'encre rouge, ont été omis par le copiste.

Le manuscrit débute par : و این دو نوع از ادراك اعنی ادراك محاكات
و تالیف مخصوص است بقوة ممیزة از قوای نفس حیوان مخصوصا الانسانی...

Ce manuscrit contient de nombreux graphiques tracés à l'encre rouge, dont les légendes ont été omises.

Bon nestalik persan, copié en 1275 de l'hégire (1858 de J.-C.) par Molla Mohammed Mehdi Aga Babashahmirzani آقا بابا ماهمیرزانی. 61 feuillets. 34 sur 21 centimètres. Reliure en peau rouge souple. — (Supplément 1085.)

VARIA.

916

Recueil de traités d'agriculture.

1° Traité d'agriculture et d'agronomie, sans titre ni nom d'auteur.

Début : در فلاحت و اين حرفت بهترين حرفت طبيعتست و اوّل (fol. ۱ r°). صناعتى كه ايزد تعالى

2° Traité d'agriculture, sans titre ni nom d'auteur.

La première partie est consacrée à la culture des arbres, la seconde, à la culture des légumes et des plantes maraîchères.

Début : سپاس بى قياس مر حضرت خداوند جهان و پروردكار عالميان (fol. 35 v°). و درود فراوان

3°. ارشاد الزّراعة. Traité d'agriculture et d'agronomie.

Ce traité, qui est divisé en 8 livres روضه, subdivisés en sections dont le détail se trouve donné au folio 84, a été composé en l'année ۹۲۱ de l'hégire (fol. 84 v°).

Début : ...بعد بحكم آنكه المامور معذور اين بيچاره كلك نا مرادى (fol. 84 r°). بر صحيفه...

Bon nestalik persan du milieu du xixᵉ siècle. 164 feuillets. 27 sur 19 centimètres. Reliure en cuir vert. — (Supplément 1059.)

917

Reproduction figurée des monnaies des souverains musulmans de Dehli.

La première de ces pièces porte le nom de Fakhr ed-Daulèh Sultan Nasir ed-Din Sébouktéguin, avec la date de 367 de l'hégire. On lit au droit :

الملك

لله الـواحـد الـقـهـار
فخـر الـدولة سـلـطان
ناصر الدين سبكتكين
سكه

et à l'avers :

سنه سبع وستين
وكلهمائة جلوس
ضرب دار السلطنة
بـلــدة لاهــور

La dernière porte le nom de l'empereur Mohammed Shah Alem Padi-shah, avec la date de 1176 de l'hégire.

On trouve, au recto du folio 2, la figuration de quelques monnaies in-diennes, dont deux portent sur l'une de leurs faces le mot नारा répété plu-sieurs fois; une autre de ces monnaies représente Siva avec le nandou, ac-compagné de la légende नागायाकनामात. Ce volume a probablement été exécuté sur les ordres du colonel Gentil, comme le montrent certains détails d'exécution, et on ne sait comment il a passé en la possession de Langlès, qui l'offrit en 1821 à la Bibliothèque du Roi. Un traité analogue, avec le titre de تفصيل سكه, compilé par le navvab Yahya Khan Béhadour Hizebr Djeng en 1186 de l'hégire, se trouve à la bibliothèque de l'India Office (n° 2789).

Bonne écriture indienne de la fin du xviii° siècle. 11 feuillets. 32 sur 20 centi-mètres. Demi-reliure. -- (Langlès. — Supplément 1007.)

918

Traité de cuisine, de boulangerie et de pâtisserie, sans titre ni nom d'auteur.

Cet ouvrage est d'origine indienne; il commence par : ... اما بـعـد چنين كويد اقلّ و اضعف عباد الله الـحـتـاج فى غـفـر الله... قسم نائهای; il est précédé d'une table des matières qui en occupe les deux pre-miers feuillets; les feuillets 56-60 contiennent un recueil de recettes culi-naires. Le présent exemplaire a été payé 4 roupies par Gentil.

Assez bon nestalik et shikestèh indiens de la seconde moitié du xviii° siècle. 60 feuillets. 23 sur 16 centimètres. Reliure en cuir brun. — (Gentil 130. — Supplément 351.)

919-929

Registre brouillon d'une maison de commerce indienne.

Les livres de comptabilité de cette maison, qui faisait des affaires aussi bien avec les Français qu'avec les Musulmans, portent approximativement sur les années 1186-1199 de l'hégire.

Shikestèh-amiz très négligé d'une lecture assez pénible de 1186-1199 de l'hégire (1772-84 de J.-C.). 450, 393, 426, 495, 467, 440, 489, 417, 465, 332, 339 feuillets, 22 sur 12 centimètres. Demi-reliure. — (Supplément 1594-1604.)

PHILOLOGIE.

GRAMMAIRE ARABE ET PERSANE.

930

Commentaire en persan sur la Kafiya d'Ibn el-Hadjib.

Le titre de ce commentaire et le nom du grammairien qui l'a composé ont disparu avec la préface et le commencement de l'ouvrage; ce commentaire est très étendu et très bien fait; le texte arabe de la Kafiya a été reporté au XVIII° siècle dans les marges du manuscrit. Hadji Khalifa (*Dict. bibl.*, t. V, p. 7 et 12) cite, comme commentaires persans du célèbre traité de grammaire d'Ibn el-Hadjib, celui du Seyyid-i Shérif Ali ibn Mohammed el-Djourdjani, l'auteur des Taarifat, que Fluegel attribue à tort à Nour ed-Din Abd er-Rahman el-Djami, ce qui est impossible, Djami n'étant jamais, et pour cause, nommé el-Seyyid, le titre d'الشريف السيّد désignant toujours, par contre, Ali ibn Mohammed el-Djourdjani. D'autres commentaires persans en ont été écrits par Moïn ed-Din Mohammed Émin el-Hérévi et Ala ed-Din Ali ibn Mohammed el-Koushi. Un exemplaire du commentaire du Seyyid-i Shérif se trouve à la Bodléienne (Éthé, n° 2434). La الكافية في النحو du sheïkh Djémal ed-Din Abou Amrou Osman ibn Omar, surnommé Ibn el-Hadjib el-Malaki el-Nahvi († 646 H.), est un livre très estimé chez les Musulmans, mais de beaucoup inférieur au Moghni d'Ibn Hisham; elle a été l'objet d'un nombre considérable de commentaires, qui, presque tous, ont été écrits en arabe. L'auteur lui-même, Djémal ed-Din Ibn el-Hadjib, a composé, sous le titre de الوافية, une ordjouza destinée à expliquer la Kafiya, et cette ordjouza fut commentée par Molla Hasan ibn Mohammed el-Bourini el-Shafeïi († 1024 H.). Parmi les commentateurs du texte de la Kafiya, Hadji Khalifa cite le sheïkh Radi

II. 11

ed-Din Mohammed ibn el-Hasan el-Astérabadi el-Nahvi (683), dont le travail fut glosé par Ali ibn Mohammed el-Djourdjani; Rokn ed-Din Hasan ibn
Mohammed el-Astérabadi el-Hasani († 717), qui écrivit trois commentaires sur la Kafiya, dont le moyen fut glosé par el-Djourdjani et son fils
Mohammed, par Mohammed ibn Abd Allah el-Mérini, Siradj ed-Din Mohammed ibn Omar el-Halébi. Ismaïl ibn Ali commenta les exemples de ce
commentaire sous le titre de كشف الوافية. D'autres commentateurs furent
Djélal ed-Din Ahmed ibn Ali ibn Mahmoud el-Ghadjouvani; le sheïkh
Shems ed-Din Mohammed ibn Abi Bekr ibn Mohammed el-Khabisi, dont le
commentaire est assez résumé, et dans lequel l'auteur mêle le texte de la
Kafiya et son interprétation; il fut glosé par le Seyyid-i Shérif Djourdjani
et par Ahmed ibn Ismaïl el-Kourani sous le titre de الموشّح (889), les vers
qui servent d'exemples au موشّح furent commentés par un savant du Kirman
pour Shah Shodja, Tadj ed-Din Abou Mohammed Ahmed ibn Abd el-Kadir
ibn Mektoum el-Kaïsi el-Hanéfi († 749 H.); Nedjm ed-Din Saïd el-Adjémi,
avec le titre de الشرح السعيدى, qui est à la fois le commentaire de la Kafiya
et du commentaire que l'auteur en avait écrit; Ahmed ibn Mohammed el-
Halébi, connu sous le nom de fils du Molla († 1000); Nedjm ed-Din
Ahmed ibn Mohammed el-Khamouli († 727 H.), sous le titre de تحفة
الطالب; Shems ed-Din Mohammed ibn Abd er-Rahman el-Isfahani († 749),
qui composa un commentaire aussi considérable que celui de Radi ed-
Din, auquel il adjoignit une préface formée de dix dissertations; Shihab
ed-Din Ahmed ibn Omar el-Hindi († 849), dont le travail fut glosé par
Molla Bayan Allah el-Khanpouri, par el-Tokati, el-Kazérouni, Ghiyas ed-
Din Mansour; Ahmed ibn Mohammed el-Zabidi et-Iskendéri el-Malaki
(† 801); Isa ibn Mohammed el-Séfévi († 906); Ala ed-Din Ali el-Fénari;
Hakim Shah Mohammed ibn Moubarek el-Kazwini, avec le titre de كشف
الحقايق; Mohammed ibn Mohammed el-Esnévi el-Koudsi (808), sous le
titre de المناهل الصافية فى حلّ [مشكلات] الكافية; Mir Hoseïn el-Meïboudi, avec le titre de مرضى الرضى. Ces commentaires sont éclipsés par
la célébrité de celui que Nour ed-Din Abd er-Rahman el-Djami († 898)
écrivit sous le titre de الفوايد الضيائية, qui est une œuvre de jeunesse,
et qui fut glosé par le molla Isam ed-Din Ibrahim ibn Mohammed el-Isféraïni († 943) dans un sens souvent opposé au texte de Djami, et dans un
esprit également hostile à Molla Abd el-Ghaffour, qui avait aussi composé
un commentaire de la Kafiya. Un grand nombre de grammairiens ont
commenté le traité d'Ibn el-Hadjib après cette date; on en trouvera la
liste dans le Dictionnaire bibliographique de Hadji Khalifa, aux pages 10
et suivantes, 250 et suivantes, de l'édition de Constantinople.

Bon neskhi persan du xvi⁰ siècle. 182 feuillets. 18 sur 13 centimètres. Reliure
boukhare. — (Decourdemanche. — Supplément 1707.)

931

Recueil d'opuscules relatifs à la grammaire arabe.

1° ميزان. Traité sur la conjugaison du verbe régulier arabe, par le sheïkh Sadi de Shiraz.

Le titre et le nom de l'auteur de cet opuscule ne sont donnés que dans la souscription (fol. 3o r°) : تمام شد نسخة ميزان من تصنيف حضرت مخدوم شيخ سعدى شيرازى قدّس اللّه سرّه

L'attribution à Sadi n'est point sûre, car elle ne figure ni dans l'exemplaire de Londres (Rieu, *Catalogue*, p. 523), ni dans celui d'Oxford (Éthé, *Catalogue*, n° 1660), mais on la trouve dans le manuscrit de l'East India Office (n° 2414); un traité sur la morphologie صرف est attribué à un autre grand poète persan, Djami (Éthé, *Catalogue of the Persian Manuscripts in the Bodleian Library*, n° 1662, 2).

Ce traité a été imprimé sous le titre de ميزان صرف à Calcutta, en 1805, et en 1258 de l'hégire.

Début : ... بدان اسعدك اللّه تعالى فى الدّارين كه جمله افعال متصرّفه بر سة كونه است ماضى و مستقبل و حال... (fol. 1 v°).

2° منشعب. Traité sur la conjugaison et la dérivation du verbe arabe, des formes فعل et فعلل.

مولوى مصلح الدّين شيخ سعدى Cet opuscule avait été attribué à Sadi شيرازى, au folio 42 v°, mais cette mention a été ensuite rayée, sans que l'on puisse savoir si c'est avec raison. Il est vraisemblable que cet opuscule est du même auteur que le ميزان; il est généralement intitulé منشعب.

Début : ... بدان اسعدك اللّه تعالى فى الدّارين كه جمله افعال متصرّفه بر دو كونه است ثلاثى و رباعى (fol. 33 v°).

3° پنج كنج. Traité sur la flexion تصريف des verbes arabes à seconde et troisième radicale faible et des verbes géminés, sans nom d'auteur.

Ce traité, qui a été édité à Calcutta en 1805 (Rieu, *Catalogue*, p. 522), est divisé en cinq chapitres باب subdivisés en cinq sections; le présent exemplaire ne comprend que les deux premiers chapitres; le premier est intitulé در شناختن; le second, در شناختن مجارى صرف افعال و اسماء اجناس افعال و اسماء متمكن و آنچه بدان تعلّق دارد (fol. 44 r°).

11.

Ce traité porte également le titre de تصریف مـن عـلم القرن (Éthé, *Catalogue of Persian Manuscripts in the East India Office Library*, n° 2411, n° 3).

Début : ....این کتاب ایست مبوّب و مفصّل در تصریف کلام عـرب ؛ (fol. 43 v°). که جمله وی پنج باب است

4° صرف میر. Traité de la flexion du verbe arabe, par Mir Seyyid-i Shérif Djourdjani.

Le titre n'est donné que dans la souscription (fol. 109 r°), et le nom de l'auteur ne figure pas dans le présent exemplaire.

Djourdjani, né en 740 de l'hégire à Taghou طاغو, près d'Astérabad, fut nommé en 779, par le prince mouzafféride Shah Shodja, professeur au Dar el-shéfa, à Shiraz; l'émir Témour l'envoya à Samarkand (789 H.). Djourdjani rentra à Shiraz après la mort de Témour, et il y termina sa vie en 816 de l'hégire. C'était un esprit encyclopédique, et il a composé un grand nombre d'ouvrages, dont l'un des principaux est le کتاب التعریفات والاصطلاحات (voir l'article de de Sacy, dans les *Notices et extraits*, t. X).

Le Sarf-i Mir, auquel Hadji Khalifa donne le titre de تصریف السـیـّد الشریف, est divisé en deux sections فصل; la première, subdivisée en dix chapitres, est consacrée à l'étude de la flexion du verbe trilitère; la seconde, subdivisée en trois chapitres, de celle du verbe quadrilitère (fol. 70 r° et v°). Il a été imprimé à Calcutta en 1805 et lithographié à Lakhnau en 1844 et en 1288 de l'hégire. Il en existe un exemplaire d'une autre rédaction à l'East India Office (Éthé, *Catalogue*, n° 2410).

Début : ......بـدان ایـبـدك الله تـعـالى فى الـتـداریس کـه کـلـمـات : (fol. 67 v°). لغت (لغلت .ms) عرب بر سه کونه است اسم و فعل و حرن

5° زبـدة (فى علم الصرن). Traité sur la flexion des quatre classes de verbes arabes, مضاعف et معتلّ ,مهموز ,صحیح, par Zahir ibn Mahmoud ibn Masoud el-Alévi (مسعودن العلوى, fol. 110 r°).

Le titre n'est donné que dans la souscription, au folio 116 v°; ce traité a été publié à Calcutta en 1805; il a été commenté par un certain Mohammed Dervish; un exemplaire de ce commentaire existe à l'East India Office, sous le numéro 2422.

Début : بـدان عـلـك الله تعالى که جمله اسما و افـعـال بر چهار کونه است (fol. 109 v°).

6° مائة عامل ou مائة العوامل. Traduction en vers persans du traité sur les «cent régissants» de la langue arabe, écrit en arabe par Abou Bekr Abd el-Kahir ibn Abd er-Rahman el-Djourdjani († 471 H.).

Le titre n'est donné que dans la souscription (fol. 119 r°), et le nom de l'auteur arabe paraît dans le cinquième vers :

عامل اندر نحو صد باشد چنین فرموده اند

شیخ عبد القاهر جرجان پیر هدا

Ce traité a été commenté, sous le titre de زبدة النحو, par un auteur anonyme qui a dédié son travail à Sir Robert Chambers († 1803) [Éthé, *Catalogue of the Persian Manuscripts in the Bodleian Library*, 1659]; un autre commentaire anonyme existe à l'East India Office Library, sous le numéro 2433. Le texte arabe de cet ouvrage est très commun, et il a été souvent commenté en arabe.

Début :   بعد توحید خداوند درود مصطفی

نعت آل پاك پیغمبر رسول مجتبی   (fol. 117 r°).

Le texte de ce manuscrit est assez fautif et le copiste ne savait pas un mot d'arabe.

Assez bon nestalik indien, copié en 1212 de l'hégire (1797 de J.-C.). 119 feuillets. 24 sur 16 centimètres. Cartonnage. — (Supplément 397.)

932

میزان. Traité sur la conjugaison du verbe régulier arabe, avec une introduction et une paraphrase en persan.

Le titre n'est pas donné dans cet exemplaire, qui est anonyme; on lit seulement au verso du dernier feuillet نسخة میزان عربی. Il est différent du traité du même titre qui est décrit sous le numéro 931, 1°, mais il est assez vraisemblable qu'il n'en est qu'un remaniement et qu'il est du même auteur. D'après Erskine, le titre de cet opuscule serait دستور العمل (Rieu, *Catalogue*, p. 524). Cet exemplaire est incomplet de la fin.

Début :   بدان اسعدك (الله) تعالی فی الدارین (القرین) (ms.) که جمله.

افعال متصرفه بر چهار کونه است ماضی و مستقبل (و) امر و نهی اما

مانمی آنباشد که بزمان (بزبان) (man.) کذشته تعلق دارد...

Assez bon nestalik indien de la fin du xviiie siècle. 33 feuillets. 32 sur 21 centimètres. Cartonnage. — (Ouessant. — Supplément 404.)

933

Recueil de traités de grammaire.

1° موازین. Traité sur les formes dérivées de la racine arabe trilitère, sur les pluriels brisés et les mutations des lettres faibles, écrit en persan par Seyyid Mohammed Shérif Kadiri pour le chevalier de Maisonneuve موسى ميزونيو (fol. 33 r°). Ce traité débute sacs préface par (fol. 7 v°):

بدان اسعدك الله تعالى فى الدّارين كه الفاظ ثلاثى بر دو نـوع است بجـرّد
و مزيد فيه و ثلاثى بجرّد لفظى باشد كه.....

Les formes arabes sont quelquefois accompagnées d'une traduction interlinéaire en persan, écrite à l'encre rouge (fol. 7 v°).

2° شرح آمدن. Traité sur la grammaire et la conjugaison persanes, sans nom d'auteur.

Le titre n'est donné que dans la souscription (fol. 43 v°), sous la forme تمت نسخة شرح آمدن; quelques mots persans sont accompagnés d'une traduction hindoustanie écrite à l'encre rouge (fol. 37 v°).

3° Précis sur les éléments constitutifs de la langue persane, divisés, par imitation de l'arabe, en اسم, فعل, حرف, sans titre ni nom d'auteur.

Début: لفظا بر سلّه قسم است اسم و فعل و حرف پس اسم چون مـرد و زن (fol. 43 v°).

4° كليد الفاظ عجم. Précis de grammaire persane, sans nom d'auteur (fol. 47 v°); verbe (fol. 47 v°), nom (fol. 52 r°), particule (fol. 54 r°).

Assez bon nestalik indien, copié en 1209 de l'hégire (1794 de J.-C.), à Phoul-tchéri بهولچرى (fol. 33 r°). 56 feuillets, le reste du volume étant resté en blanc. 22 sur 17 centimètres. Reliure en basane. — (Maisonneuve. — Supplément 407.)

934

مفاتيح الدّرّية. Traité abrégé de grammaire persane en arabe, par un anonyme.

Ce traité comprend les divisions suivantes: les masdars, autrement dit les infinitifs (fol. 2 r°); les noms et les verbes (fol. 7 r°), حروف المعانى

(fol. 9 v°); le nom, les relations des mots dans la phrase, et d'autres questions (fol. 12 v°).

Début : ..... سبحان ألّذى اخلص الانسان بالنطق من عائم.

Bon neskhi avec filet rouge, copié, probablement à Constantinople, vers le milieu du XIXᵉ siècle. 16 feuillets. 21 sur 15 centimètres. Cartonnage turc. — (Supplément arabe 1266. — Supplément 1175.)

935

تحقيق القوانين. Traité de grammaire de la langue persane, en persan.

Ce traité, qui est anonyme et qui ne porte pas de titre, est consacré à la morphologie صرف et à la syntaxe تحو ; l'auteur cite parmi ses sources (fol. 1 v°) le برهان قاطع, le نهر الفصاحة, le تحفة العجم, le بحر قلزم, et un traité d'un certain Abd el-Wasi عبد الواسع.

Le Nahr el-fasahet, dont il est question dans l'introduction du Tahkik el-kavanin, a été écrit par un nommé Katil en 1214 de l'hégire (Rieu, *Catalogue*, p. 520).

Début : الحمد لله ربّ العالمين والصّلوة والسّلام على رسوله محمّد سيّد الاوّلين والاخرين .....

Bonne écriture persane, copiée en 1278 de l'hégire (1861 de J.-C.) par le kadi Ali Akbar Tafarroushi تفرشى, qui avait pris en poésie le takhallus de Berki برق. 54 feuillets. 32 sur 20 centimètres. Reliure en peau rouge souple. — (Schefer 12. — Supplément 1315.)

936

دانستن ou التحفة الهادية. Éléments de la grammaire persane, à l'usage des enfants turcs, par Mohammed ibn Hadji Élias.

Cet abrégé est divisé en 10 sections, comprenant la flexion des verbes, et quatre chapitres, qui forment un lexique des mots les plus courants, avec leur traduction en turc osmanli (Hadji Khalifa, *Dictionnaire bibliographique*, t. II, p. 243). Le nom de l'auteur se trouve quelquefois sous la forme Mohammed ibn el-Hadjdj Élias. Le nom de دانستن a été donné à cet opuscule, parce que ce verbe est le mot par lequel débutent les exemplaires qui ne contiennent pas la préface qui se trouve dans le présent manuscrit.

Début : ‫..... اتا بعد چنین می کوید احواج الناس محمد بن حاجی‬
‫الياس غفر الله عنهما بحرمة النبی والعباس...‬

Assez bon nestalik turc du commencement du XVIIᵉ siècle. 26 feuillets. 16 sur 10 centimètres. Reliure en maroquin noir. — (Thévenot; Regius 1378. — Ancien fonds 183.)

937

Le même ouvrage, sans la préface qui se trouve dans le nᵒ 936.

Le vocabulaire, pour la partie relative aux verbes, est plus complet que dans l'exemplaire précédent. On lit au recto du folio 1 la formule ‫.٠. شنسه .٠. ‬ = ‫الحمد لله‬, et la correspondance des lettres arabes avec le système cryptographique maghrébin dans lequel elle est écrite. soit :

‫هنت‬	‫دمت‬	‫جلس‬	‫بكر‬	‫ايفش‬
٥ ٥ ٥	٣ ٣ ٣	٣ ٣ ٣	٢ ٢ ٢	١ ١ ١

(sic) ‫طضع‬	‫حصص‬	‫زعظ‬	‫وخغ‬
٩ ٩ ٩	٨ ٨ ٨	٧ ٧ ٧	٩ ٩ ٩

Ce système cryptographique, qui est en somme un aboudjed, est donné, avec certaines variantes qui proviennent vraisemblablement des copistes, dans le ‫شوق المستهام فی معرفة رموز الاقلام‬ d'Ibn Wahshiya, p. 7 du texte arabe édité par Hammer (*Ancient Alphabets and hieroglyphic caracters explained with an account of the Egyptian priests, their classes, initiation, and sacrifices, in the Arabic language by Ahmad bin Abubekr bin Wahshih and in English by Joseph Hammer, Secretary to the Imperial Legation at Constantinople*, London, 1806), comme un système indien. On lit sur l'un des feuillets de garde, écrite par Armain, cette note bizarre : «Abrégé de la grand-mère persienne, expliquée en turc».

Bon nestalik turc cursif, écrit à l'encre noire pour le persan et à l'encre rouge pour le turc, daté de Ramadhan 1017 de l'hégire (décembre 1608 de J.-C.). 52 feuillets, 19 sur 13 centimètres. Reliure en maroquin rouge aux armes du cardinal de Richelieu. — (Richelieu; Regius. — Ancien fonds 182.)

938

Le même ouvrage.

Exemplaire ne contenant pas la préface du n° 936.

La première page porte un essai de traduction italienne et cette note singulière d'Armain : «Abrégé d'une grand-mère persienne expliquée en turc».

Assez bon neskhi turc du milieu du xvii° siècle. 23 feuillets. 15 sur 10 centimètres. Cartonnage européen. — (Ravius [Christiani Ravii Berlinatis]. — Ancien fonds 214.)

939

«Elementa linguae persicae».

Traité de grammaire de la langue persane, en latin, sans nom d'auteur; le persan est écrit à l'encre rouge.

Début : «Grammatica est ars bene loquendi ut Persis persice, Arabibus arabice».

Écriture du xvii° siècle. 128 pages. 22 sur 18 centimètres. Reliure en cuir rouge. — (Supplément 1009.)

940

«Principes de la langue persanne».

Cet abrégé de grammaire persane, en français, qui porte la date de 1770, est probablement l'œuvre de Ouessant, qui a inscrit au recto du feuillet de garde la note suivante : «Cette grammaire appartient à moy, Auguste, Jacques, Anne, Ouessant, employé de la compagnie des Indes, dans l'Inde et interprette des langues persanne, maure et bengale». (Cf. p. 38.) La copie est datée (ibid.) du 20 août 1771, elle a été exécutée à Mohammedpour. Cet abrégé est suivi de la «généalogie des empereurs mogols depuis Taïmour langue jusque à Chaalem» (p. 39), des noms des mêmes souverains répétés aux pages 42 et 43, d'un poème de 17 distiques dans lesquels sont énumérés les Grands Mongols (p. 44), le premier étant

ميـر طيـمور خسرو و الآكبر

بعد زان ميران شه نيكو سير

et d'une liste des nombres cardinaux et ordinaux de la langue persane
(p. 45). Toutes ces pièces, sauf la liste des empereurs timourides, sont de
la main d'Ouessant.

Écritures passables de 1771 et 1772, 47 pages, 38 sur 25 centimètres, Reliure indienne en cuir rouge. — (Ouessant. — Supplément 1003.)

<h2 style="text-align:center">941</h2>

Manuel de la langue persane.

Ce manuel, qui est sans titre, et qui ne porte pas de nom d'auteur, commence par les paradigmes de la conjugaison à laquelle sont consacrés les
trois premiers فصل de l'ouvrage; le quatrième contient un vocabulaire des
mots persans rangés par catégories sémantiques; le cinquième, qui a été
omis par le copiste, devait comprendre la déclinaison des noms, les pronoms, les particules et les nombres. Les mots persans sont écrits sur le
côté droit des pages et le côté gauche est resté en blanc; cette disposition
avait évidemment été adoptée pour que l'on puisse y ajouter une traduction
dans une langue européenne.

Bon neskhi d'une main turque du commencement du XIXe siècle. 81 feuillets.
17 sur 11 centimètres. Demi-reliure. — (Supplément 401.)

<h2 style="text-align:center">DICTIONNAIRES ARABES-PERSANS.</h2>

<h2 style="text-align:center">942</h2>

كتاب المصادر. Dictionnaire des masdars de la langue
arabe, expliqués en persan, par le kadi Abou Abd Allah
el-Hoseïn ibn Ahmed el-Zauzéni الزوزني.

Zauzéni, qui est mort en 486 de l'hégire, est l'auteur d'un commentaire
sur les Moallakas. Quelques-uns des masdars sont traduits en turc dans les
interlignes. (Voir Rieu, *Catalogue*, p. 505; Fleischer, Catalogue de Leipzig,
p. 331). Un des possesseurs de ce manuscrit a ajouté dans les marges des
significations ou des mots qui avaient été omis par Zauzéni; ces additions,
comme l'indique une note du folio 166 recto, sont tirées du تاج المصادر
d'Abou Djaafar Ahmed ibn Ali el-Moukri el-Bo'haki; elles ne sont guère
postérieures au milieu du XIVe siècle, car elles présentent les particularités
orthographiques que l'on remarque dans les manuscrits copiés en Perse

à l'époque des Mongols, telle, entre autres, la ponctuation du ڊ suivant une voyelle dans les mots comme رسیدن، بودن.

Abou Djaafar el-Beïhaki, surnommé Djaafarek (le petit Djaafar), mourut en 544 de l'hégire; le Tadj el-masadir devait présenter de grandes similitudes avec le Masadir de Zauzéni; comme ce dernier, en effet, el-Beïhaki tira les matériaux de son livre du Koran, des traditions, des proverbes et des poésies arabes (Hadji Khalifa, *Dict. bibl.*, t. II, p. 93). Le Tadj el-masadir est un ouvrage très rare; le Kitab el-masadir de Zauzéni est l'une des sources les plus importantes des lexiques postérieurs.

Beau neskhi arabe, copié en 650 de l'hégire (1252 de J.-C.) par Osman ibn Mohammed ibn Osman el-Adib. 166 feuillets. 24 sur 16 centimètres. Cartonnage turc. — (Coislin; Saint-Germain 202. — Supplément 415.)

943

Le même ouvrage.

Cet exemplaire, qui est disposé sur deux colonnes, ne contient pas la préface qui se trouve dans le manuscrit précédent; quelques-unes des annotations marginales qui se lisent dans le manuscrit 942 ont pénétré dans le texte du présent volume; il commence par une préface en latin dans laquelle se trouvent exposées la dérivation et le nombre des formes des verbes arabes, tant trilitères que quadrilitères.

Cette préface, qui semble avoir été écrite en Perse dans la première moitié du xviiᵉ siècle, est intitulée «Praxis coronæ fontium», c'est-à-dire مقدّمة تاج المصادر «Préface du Tadj el-masadir» d'Abou Djaafar Ahmed ibn Ali el-Moukri el-Beïhaki, dont il est parlé dans le numéro précédent. En tout cas, le corps de l'ouvrage n'est point le Tadj el-masadir de Beïhaki, puisque l'on n'y trouve point tous les mots ajoutés dans les marges du précédent exemplaire, et qui, d'après la note finale, sont tous empruntés au Tadj el-masadir (man. 942, fol. 166 r°). Les deux manuscrits 942 et 943 contiennent deux rédactions avec de légères variantes du Kitab el-masadir de Zauzéni. La préface du n° 943 est vraisemblablement l'œuvre de l'un des religieux carmes, qui, vers le milieu du xviiᵉ siècle, séjournèrent à Isfahan, et qui traduisirent la Bible et les Évangiles en persan (voir n°ˢ 1038 et 1039); les abréviations que l'on y trouve montrent qu'il dut l'écrire dans un âge fort avancé, car elles sont très bien indiquées, comme au milieu du xviᵉ siècle.

Bon neskhi persan, copié en 1060 de l'hégire (1650 de J.-C.). 155 feuillets. 20 sur 20 centimètres. Reliure en peau brune souple. — (Renaudot; Saint Germain 468. — Supplément 416.)

944

دستور اللغة العربية . Vocabulaire arabe et persan, par Abou Abd Allah el-Hoseïn ibn Ibrahim ibn Ahmed el-Natanzi, le maître dans la langue arabe et dans la langue persane ذو اللسانين.

L'auteur de ce traité rapporte dans sa préface, qui, dans le présent manuscrit, est d'une main turque du XIXᵉ siècle, très fautive, et qu'il faut corriger à l'aide de celle du man. arabe 4286, que sa composition repose sur le Coran, les traditions prophétiques, les écrits des grands écrivains, tels que le el-Sifat, le el-Elfaz, le el-Masadir, le el-Terdjouman, le el-Wasitè, le el-Islah, les livres de lecture plaisante, les lettres, les livres écrits sur la discrimination des mots prétendus synonymes, les livres de proverbes, les divans, tels que ceux d'el-Thayi, d'el-Bohtori, d'el-Moténebbi, les recueils de poésies arabes, tels que le Hamasa d'Abou Tammam, les autres semblables, et les sept Moallakas. Il l'a divisé en 28 livres, d'après le nombre des lettres de l'alphabet, qui correspondent aux mansions de la lune, chacun de ces livres étant subdivisé en 12 chapitres, suivant le nombre des mois de l'année et celui des signes du zodiaque :

فهذا دستور اللغة العربية المستعملة المعتمدة المأثورة الواردة في كتاب الله تعالى ومعظم اخبار الرسول عليه السلام ومصنّفات الادبآء كالصّفات والالفاظ والمصادر والترجمان والواسطة والاصلاح وكتب المذلة والرسائل وكتب الفرق والامثال ودواوين الحدثين كالطّائى والبحترى والمتنبّى وبجموعاتهم كالحماسة ونحوها والقصائد السبع حررها الشيخ الاديب ابو عبد الله الحسين بن ابراهيم بن احمد النطنزى ذو اللسانين ..... وقال قسمتها على ثمانية وعشرين كتابا بعدد للحروف المناسبة لمنازل القمر واوردت في كل كتاب اثنى عشر بابا بعدد شهور السنة وعدد البروج الاثنى عشر ....

L'auteur du Destour el-loghat est mort, suivant Hadji Khalifa, en l'année 499 de l'hégire (Dict. bibl., t. III, p. 227); il était originaire de la petite ville de نطنزه Natanza, qui dépendait d'Isfahan, et qui en était distante d'environ 20 farsakhs (Yakout, Modjem, t. IV, p. 793). Il fut le contemporain d'un autre savant philologue, également originaire de Natanza, Aboul Fath

Mohammed el-Natanzi, qui mourut en Moharrem 497 de l'hégire. D'après une note écrite sur le folio 1 r° du ms. 945, le Destour el-loghat est également connu sous le titre de كتاب الخلاص, comme l'indiquent ces vers arabes :

كتاب الخلاص كتاب به   خلاص النطنزي يوم الحساب

اراح به الخلق عن كدّهم   لجاء بمقصودهم في كتاب

man. 945, folio 1 recto.

Le Kitab el-khalas est cité par Hadji Khalfa sans autre mention t s ans nom d'auteur; cet ouvrage a été la source des lexiques postérieurs, tels le Kanoun el-adab, man. 948, qui en fait un traité différent du Destour el-loghat, comme on le voit par l'exposé de ses sources qu'il donne dans sa préface. On le trouve également avec le titre de دستور اللغة بالفارسية والعربية.

Bon neskhi extrêmement serré, copié, vraisemblablement en Perse, dans les premières années du vi° siècle de l'hégire (comm. du xii° siècle de J.-C.). 81 feuillets. 25 sur 19 centimètres, Demi-reliure. — (Supplément 1740.)

945

كتاب المرقاة في اللغة الفارسية. Vocabulaire persan-arabe, par Bédi el-Zéman Hoseïn ibn Ibrahim el-Natanzi.

Sur l'auteur qui mourut en 499 de l'hégire, et qui écrivit le كتاب الخلاص, voir le numéro 944. Ni le titre, ni le nom de l'auteur ne se trouvent dans le corps de l'ouvrage, et ils ont été rétablis par un possesseur turc de ce manuscrit, qui était très au courant de la littérature arabe. On lit dans sa courte introduction : وبعد هذه محائف تتضمن اسماء مترجمة لا بد

للمبتدى ان يتلقنها ولمريد الادب ان يتحفظها و يتيقنها لتكون مرقاة الى معرفة كلام العرب وتوطية لسلوك طريق الادب, ce qui montre qu'el-Natanzi a voulu écrire un livre tout à fait élémentaire que les étudiants puissent apprendre par cœur. Le Merkat est rangé, non par ordre alphabétique, mais suivant l'ordre des matières, et il est divisé en douze chapitres, dont le détail est donné aux folios 2-3.

Début : الحمد لله مبدع الاشيا بقدرته ومصورها ببدائع حكمته
والصلوة على المعبوث الى كافة الانام محمد المصطفى واله الكرام

Bon neskhi persan, copié en Zilhidjdja 847 de l'hégire (mars 1444 de J.-C.), 57 feuillets. 18 sur 13,5 centimètres. Cartonnage turc. — (Supplément 1648.)

946

مقدّمة الأدب. Rudiments de la langue arabe, par Mahmoud ibn Omar el-Zamakhshari († 538 H.).

Zamakhshari rapporte dans sa préface (fol. 3 r°) que l'émir Béha ed-Din Ala ed-Daulèh Aboul Mouzaffer Atsiz ibn Khvarizmshah, qui régna de 521 à 551 de l'hégire, le fit prier de faire exécuter pour sa bibliothèque une copie de la Mokaddimet el-adab, qui fut, comme on le voit, composée à une date antérieure à l'année 521 de l'hégire, avant l'avènement d'Atsiz.

Cet ouvrage est divisé en cinq sections, ainsi qu'il suit : القسم الاوّل فى الاسمآء القسم الثّانى فى الافعال القسم الثّالث فى الحروف القسم الرّابع فى تصريف الاسمآء القسم الخامس فى تصريف الافعال (fol. 4 r°).

Cette version de la Mokaddimet el-adab, qui commence par : الحمد لله الذى فضل على جميع الالسنة لسان العرب كما فضل الكتاب المنزل على ساير الكتب والصلوة على النبى العربى وعلى آله اشرف العرب بعد النبى وللجلالة, est identique à celle qui se trouve dans les manuscrits arabes 4483, 4489-4492. Le présent manuscrit ne comprend que les deux premiers chapitres; le premier contient les noms arabes rangés d'après l'ordre des matières et accompagnés de leurs pluriels quand ils ne sont pas réguliers; le second, qui est incomplet de sa première page, contient (fol. 87 r° et suiv.) les verbes arabes accompagnés de leurs masdars; ce second chapitre se retrouve, au complet, dans le manuscrit arabe 4490, folio 52 verso. Il est séparé du texte du premier chapitre, qui se termine au folio 48 verso, par un petit traité anonyme, commençant par une invocation spéciale, qui contient un vocabulaire, rangé d'après l'ordre alphabétique de la dernière radicale, de mots arabes qui peuvent, avec des sens très différents, porter sur leur première radicale les trois voyelles, autrement dit un مثلّث; ce traité porte des annotations interlinéaires en persan. Le reste de la Mokaddimet el-adab se trouve dans ce manuscrit arabe, mais dans un assez grand désordre, et avec des lacunes, jusqu'au folio 207 recto, où commence le كتاب المصادر du kadi Abou Abd Allah el-Hoseïn ibn Ahmed el-Zauzéni (n° 942).

Le texte arabe du présent manuscrit 946 est accompagné d'une traduction persane interlinéaire et d'une traduction en turk oriental partielle, mais fort importante par suite de l'antiquité de ce manuscrit, qui a évidemment appartenu à un Turk du Ma-vara-'nnahar. La Mokaddimet el-adab, qui est presque entièrement inconnue en Perse et dans le monde arabe, est en effet très célèbre dans la Transoxiane. Une édition de la Mokaddimet el-adab, comprenant la préface et les deux premiers chapitres, a été publiée par Wetztein, à Leipzig, en 1850. Cet ouvrage a été traduit en turc osmanli par Ahmed ibn Khaïr ed-Din Guzelhisari, plus connu sous le nom de Khodja Ishak Efendi († 1120), sous le titre de ترجمة في الادب اقصى (Hadji Khalifa, *Dict. bibl.*, t. VI, p. 76 et éd. de Constantinople, t. II, p. 503).

Beau neskhi présentant des particularités graphiques curieuses, telles la ponctuation du د dans les mots persans, du ن, ر, د, ج, ط, ص dans les mots arabes, analogues à celles du neskhi du Rahet el-soudour (ms. 438) et du manuscrit du Mafatih el-kaza (man. 895), vraisemblablement du milieu du XIIe siècle de notre ère. 150 feuillets, 30 sur 21 centimètres. Demi-reliure en chagrin rouge. — (Supplément 1631.)

947

Le même ouvrage,

Version différente de celle qui est décrite sous le numéro précédent. Les mots arabes sont rangés d'après l'ordre alphabétique et sont accompagnés d'une traduction persane écrite à l'encre rouge; quelques-uns sont traduits en français et en turc osmanli dans l'interligne. Cet exemplaire, comme celui du British Museum, ne comprend que la préface et le premier chapitre. Il commence par : الحمد لله سپاس مر خدای را الذى آن خدائي كه فضل افزون كرد على برجميع هه الالسنة زبانها لسان زبان العرب عربرا كما چنانكه فضل الكتاب افزون كرد كتاب

Bon neskhi turc vocalisé du commencement du XVIIe siècle. 83 feuillets, 20 sur 15 centimètres. Cartonnage turc. — (Oratoire 22 D E. — Supplément 449.)

948

قانون الادب. Dictionnaire arabe-persan, par Aboul Fazl Hoseïn ibn Ibrahim ibn Mohammed el-Tiflisi.

L'auteur rapporte dans sa préface (fol. 3 v°) que, s'étant mis à rechercher les traités de philologie arabe ادب (voir Lane, *An Arabic-English dictionary*, p. 35) qui avaient été composés en langue persane, il ne trouva pas de dictionnaire dans lequel les noms avec leurs pluriels brisés, les verbes et les particules, c'est-à-dire l'ensemble de la langue arabe, de l'عربيّة, fussent expliqués en langue persane : كتاب نديدم كه اسما و افعال

و جمع و حرف و اين جمله مشروح اندرو بود چنانكه معنى هر يكى از آنچه ياد كرده شد بپارسى واضح در ان كتاب ديدار كرده باشند كه مر هر خواننده و آموزنده انرا زود فهم كند و در باب...... (fol. 3 v°). Ce fait le décida à composer un ouvrage qui comblât cette lacune. Aboul Fazl Hoseïn cite parmi ses sources le كتاب غريب المصنّف, le كتاب جَمْهَرَة, ابواب اللّغة, le مجاح اللّغة, le اصلاح المنطق, le ديوان الادب, le مجل اللّغة, le متغيّر, le ادب الكاتب, le غريب de Abou Obeïd, le الـفـاظ الـجـمـوع, le الادب, le كتاب المهار, le كتاب الروضة, le مشكل اللّغات, le بجموع الادب, le الالفاظ, le كتاب الالفاظ d'Ibn Sikkit, un traité du même titre d'Abd er-Rahman, le غريب للحديث, le غريب القرآن, le شرح فصيح الكلام, le لباب, le نسم التصرف(?) le كتاب المداخل, le كتاب العين, le كتاب اصلاح كتاب الواسطة, le كتاب الاشتقاق, le كتاب مشكل d'Ibn Kotaïba, le الادب le تسمية الاشياء, les Séances, le ابنية الاسماء والافعال, le حقايق اللّغة, le دستور, le الثناى فى آلاسامى, le ترجمان قرآن, le فقه اللّغة, le كتاب, le كتاب الغنية, le المدخل فى اللّغة, le كتاب مصادر قاضى, le اللّغة كتاب, le خلاص نطنزى, le ارشاد فى اللّغة, le مبادى اللّغة, le البدلة الـمـقـصـود, le بيان اللّغة, la مقدّمة آلادب de Zamakhshari, le البلغة والمهدود, le مثلث de Kotrob, le كتاب السلامة, le شرح سبع طول, com- mentaire des Moallakas, et un commentaire du Hamasa, dont il ne cite ni le titre, ni le nom de l'auteur. Plusieurs de ces livres, le Masadir du Kadi, le Destour el-loghat, la Mokaddimet el-adab, se trouvent décrits dans les numéros précédents, et cette liste, donnée sous cette forme concise, contient l'énumération d'excellents ouvrages de la littérature arabe ancienne.

Aboul Fazl Hoseïn insiste sur l'utilité du Kanoun el-adab, dont il fait un très grand éloge. D'après lui, toute personne, en Perse, qui se livrait à l'étude des belles-lettres, et qui écrivait, soit en prose, soit en vers, était tenue de s'en servir, et sa possession dispensait les littérateurs de recourir à d'autres livres, car, si, à son époque, il existait en arabe beaucoup de livres qui traitaient des sciences musulmanes, il n'y en avait point qui fussent écrits en langue persane (fol. 4 r°). Le dictionnaire proprement dit, qui est rangé d'après l'ordre de la dernière lettre, est précédé d'une étude sommaire sur la langue arabe et, au folio 10 verso, de la manière de s'en servir. L'auteur rapporte dans sa préface (fol. 3 v°), qu'il ne se mit à rédiger le Kanoun el-adab qu'après avoir terminé un traité d'astrologie intitulé بيان النجوم. D'après une note écrite par le copiste tout à fait à la fin du volume (fol. 366 r°), Hadji Khalifa (*Dict. bibl.*, t. V, p. 25), et Rieu (*Catalogue*, p. 852), Aboul Fazl Hoseïn est l'auteur de plusieurs autres livres, le حجّة الابدان, qui est un traité de médecine; le كامل التعبير, dédié au sultan seldjoukide d'Iconium, Kilidj Arslan ibn Masoud († 588), et qui est évidemment un traité d'interprétation des songes; le أصول الملاحم, traité de divination par les éclipses et les phénomènes atmosphériques, qui est une sorte de commentaire des deux كتاب الملحمة, attribués l'un au prophète Daniel, l'autre à Djaafer el-Sadik; le كفاية الطبّ, traité de médecine dont trois exemplaires se trouvent sous les numéros 831-833, et qui est dédié au sultan seldjoukide Kotb ed-Din Mélik Shah II. Le nom de cet auteur se trouve tantôt sous la forme Houbeïsh, tantôt sous la forme Hoseïn, et, dans le man. 831, il est nommé el-Ghaznévi.

Très bon neskhi persan à encadrement et à frontispice en or et en couleurs, copié à Baghdad en 990 de l'hégire (1582 de J.-C.) par Manedni مانحد ibn Nour ed-Din ibn Kémal ed-Din Moallem el-Dizfouli, pour son usage personnel. 366 feuillets. 31 sur 21 centimètres. Reliure en cuir brun. — (Supplément 429.)

949

Le même ouvrage.

Exemplaire sans la préface; les deux feuillets de la fin sont une restauration du xvii° siècle.

Bon neskhi vraisemblablement du milieu du xiii° siècle. 276 feuillets. 25 sur 16 centimètres. Reliure en veau plein au chiffre de Napoléon I°. — (Ducaurroy 50. — Supplément 430.)

950

الصراح من الصحاح. Traduction abrégée du Sahah de Djauhéri, par Aboul Fazl Mohammed ibn Omar el-Khalid, surnommé Djémal el-Kourashi جمال القرشي.

Le père de Djémal el-Kourashi était l'un des hafiz de Bilasaghoun (Rieu, *Catalogue*, p. 507). Bilasaghoun, que l'ignorance des copistes a souvent transformée en بلاد ساغون, était une grande ville sur les frontières du pays des Turks, derrière le Sihoun, et près de Kashghar. Yakout, qui donne ce

II. 12

renseignement (t. I, p. 708), ajoute que beaucoup de savants et juristes musulmans en étaient originaires.

Cette traduction fut exécutée sur un exemplaire complet très correct, formé de quatre gros volumes, qui se trouvait dans la bibliothèque de la Médrèsè el-sahibiyyè el-bourhaniyyè el-masoudiyyè, dans la ville de Kashghar :

حتّى ظفرت بنسخة مصححة لخزانة كتب المدرسة الصاحبيّة البرهانبّة
المسعودية بكاشغر دامت معمورة مبانيها بسعادة بقا بانيها فى اربع
مجلداتٍ ضخام صحاح كاسمها غير سقام لحملنى استثقالها على الايجاز
(fol. 1 v°).

D'après une note qui se trouve tout à fait à la fin de la copie, le Sourah min el-Sahah, qui est également nommé الصراح فى اللغة, fut terminé à Kashghar durant la nuit du mardi السلخ seizième jour du mois de Safar 681 de l'hégire. Le Sourah, qui est l'une des principales sources des dictionnaires postérieurs, a été imprimé à Lakhnau en 1289 de l'hégire et à Calcutta en 1812.

Le présent exemplaire était fortement incomplet quand il fut acquis par Anquetil Duperron; les vingt premiers feuillets ont été rétablis d'après un autre exemplaire, et les feuillets 20-93, qui étaient mutilés à leur partie inférieure, ont été restaurés par la même personne.

Bon neskhi copié vraisemblablement dans le pays de Kashghar en 700 de l'hégire (1300 de J.-C.), 591 feuillets. 25 sur 15 centimètres. Reliure en cuir brun. — (Anquetil 32. — Supplément 428.)

951

كنز اللغات. Dictionnaire arabe expliqué en persan, par Mohammed ibn Abd el-Khalik ibn Maarouf.

L'auteur fait ressortir dans sa préface l'importance de la langue arabe pour tous les Musulmans, principalement pour les personnes qui étudient les sciences ésotériques, ou qui s'occupent de philologie : و اصحاب معنى

حقيقت و اهالى دانش و بصيرة و جويندكان معرفت انواع لغت...
(manuscrit 952, folio 1 verso). Cela le détermina à composer un ouvrage dans lequel se trouveraient la plus grande partie des mots fondamentaux de la langue arabe, et tous ceux qui figurent dans le Koran : بنابرين

بتوفيق الله المعين نسخه در ترجمة اكثر امهات لغات عربيّة و تمام قرآنيه
ترتيب نمودم (ibid.), à l'aide des ouvrages suivants : le Sahah, le Modjmel.

le Destour el-loghat (n° 944), le Masadir (n° 942), l'Ikhtiyarat-i Bédïï (n° 836 et suiv.), le commentaire du Nisab et le Loghat el-Koran. Le Kenz el-loghat est dédié au sultan du Guilan, Kar Giya Mohammed, qui régna de 851 à 883 de l'hégire, et à son fils, Kar Giya Mirza Ali, qui fut assassiné en 911 de l'hégire par son frère (Rieu, *Catalogue*, p. 508, et Hadji Khalifa, *Dict. bibl.*, t. V, p. 256). Chacun des chapitres débute par les masdars et se continue par les mots dérivés. Ce dictionnaire a été lithographié en Perse en 1233 de l'hégire; il en existe deux exemplaires dans le fonds arabe sous les numéros 4298, 4299-4300.

D'après le copiste du manuscrit 951, le nombre des sources utilisées par l'auteur du Kenz el-loghat est beaucoup plus considérable; il affirme qu'il a vu le manuscrit de l'auteur, et que Mohammed ibn Abd el-Khalik a mis à contribution environ 180 ouvrages, lexiques, commentaires sur le Koran, traités de traditions, de jurisprudence, de grammaire, de prédication et

de médecine : اعلم ان مؤلف هذا الكتاب قد اجاد فى تأليفه واحسن فى

تصنيفه وابدع فى ترتيبه وترصيفه وقد وقفت على مسوّدة هذا الكتاب

فاستفدت منها انه مستمدّ من زها مائة وثمانين مصنّفًا من كتب اللغة

والتفسير والحديث والفقه .... والنحو والوعظ والطبّ وغير ذلك

(fol. 375 r°).

Il cite notamment les commentaires du Kadi (Beïdhawi), de Baghawi, de Kortobi, du célèbre Soufi Abd el-Kérim ibn Hawazin el-Kosheïri, d'Aboul Leïs, de Sourabadi السورآبادى, le Keshshaf de Zamakhshari, le الكواشى, les gloses du Keshshaf par el-Taftazani, le commentaire de la préface du commentaire de Beïdhawi, le تفسير اللباب, le ملتقط المعالم, les gloses du commentaire de Beïdhawi, le المواهب العليّة d'el-Kashifi, le تفسير d'el-المصابيح, le تفسير السورابانى, le تفسير روض الجنان, le عين الحياة Baghawi, sur les traditions, avec ses gloses, le صحيح de Termizi, le تجريد avec son commentaire, le احاديث الغرر والدرر, le شهاب للحديث, le الاصول, le المصباح فى النحو, traité de syntaxe, avec son commentaire, le الاصباح, le الفوائد الضيائية, commentaire de la Kafiya par Djami, le commentaire de la Kafiya par el-Razi, le الفائق par Zamakhshari, le commentaire de la Kafiya par el-Djourdjani, le commentaire du مفتاح (العلوم) (de Sakkaki), le commentaire des (cent) régissants العوامل, le commentaire du المراح sur la morphologie par Ibn Hilal, le شرح العزّى par Taftazani, le commentaire du الصرف par el-Zendjani, le المقصود, d'autres commentaires sur le المراح, les تمرين الطلاب; parmi les œuvres lexicographiques. le kamous, le Sahah d'el-Djauhéri, le مختار الصحاح, le مختصر الصحاح,

le مقدمة الادب, تهذيب العحاح, le Destour el-loghat (de Natanzi), la الافعال (de Zamakhshari), le تاج الاسامى, سامى الاسامى (de Meïdani), le ساى الاسامى (de Kortobi), les gloses du الافعال, le عقد لجواهر, نصاب الصبيان, le الاسماء el-Zauzéni (sic), le نصيب الفتيان de Djar Allah et Zamakh-shari, le ديوان اللغة, قانون اللغة, le تحفة الملوك, le منشآت اللغة, مفتاح اللغة, le المغرب, la traduction du لغات par Djar Allah el-Zamakhshari, le المصادر (de Zauzéni), le تاج الحكم, le بحل اللغة, le القران الصراح من vraisemblablement le محاح الفارسى, le سلك لجواهر, le المصادر (n° 950), les gloses sur le Sahah, la مقدمة de Zamakhshari, probablement la même que la مقدمة الادب, le لغات القران par el-Bou-khari; parmi les livres de jurisprudence, les gloses de la الهداية qui a pour auteur Tadj el-Shéria, le commentaire de Kodouri par el-Zahidi, le com-mentaire de Kodouri par el-Akta', le انوار الفقه, le كتاب الاقناع, le commentaire de la مقدمة d'Aboul Leïs, le الكافى, la فوايد القدورى, le منظومة الفقه, le commentaire de l'الانوار, le traité de Démiri commentant le المنهاج, le commentaire du Kounia القنية, le العلما, le فوايد كتاب, le غاية السرور, le كتاب الهادى للشادى, le الذريعة الى مكارم الشريعة par Ibn el-Djauzi, sur la prédication, le اطباق الذهب et son commentaire, le الدرّة الفاخرة فى كشف علوم الاخرة, le روح الاحيا, le النهاية par Ibn el-Athir, le تنبيه الغافلين, le قوت القلوب, le محرر الفقه, le الغرايب, le commentaire de la préface du محرر الفقه, le الفتوحات المهذب, l'استعمال par le sheïkh Mohyi ed-Din ibn el-Arabi, les المكية d'Ibn el-Arabi, les وصايا d'Ibn el-Arabi, le قصص, histoire (des prophètes) par el-Kisaï, le تحفة المواعظ, le طبقات العباية, le غرايب de عوارف المعارف, l'حياة لحيوان (de Démiri), le ديوان (de Kazwini), le المخلوقات اغاثة Sohraverdi, le الاذكار, le قمع النفوس, le وصايا الزينية, le اللهفان par Ibn al-Taïm el-Djouziyé, le داعى الوداع, le فصوص, ou Fosous el-hikem, par Mohyi ed-Din ibn el-Arabi, avec ses deux commentaires, les اصطلاحات de Mohyi ed-Din ibn el-Arabi, les اصطلاحات de Ghazali, le كتاب الدرة فى شرح العقايد de Mohyi ed-Din ibn el-Arabi, le العقايد par Ibn Hazm el-Andalousi, le كتاب الشان par Mohyi ed-Din ibn el-Arabi, le مباحج الفكر ومناهج العبر, la Risalè روضة لحبور ومعدن السرور, le نظم السلوك de Kosheïri sur le Soufisme, le commentaire du السلوك, les رسايل اخوان الصفا du sheïkh Abd er-Rahman el-Antaki, les الصفا, les التعجيجات الاستغفرا, le وخلاص الوفا, le commentaire de la Shatibiyya d'Ibn Ferro, le commentaire de la Djazariyya par le kadi Zakaria, le السماع, le commen-taire des اللمعات, le المستزاد, le الاصل, le commentaire de la kasida d'el-Bousti, le commentaire de la kasida en ta d'Omar ibn el-Faridh, l'اختيارات كتاب الشعر le commentaire de la préface du Goulistan, le الميدانى, بديعى

فتوح الشام le, انوار سهيلى l', من تجريد الاصول le divan du sheïkh
Sénaï, le لطائف de Sáni'i, le زين العرب, le الجمالى, les gloses du المغرب,
le commentaire de la ملحة d'el-Hariri. Parmi les livres de médecine et
autres, le copiste cite le منهاج الدكان, le منهاج البيان, le الموجز, le
شرح الشونيز, le commentaire du الموجز par el-Aksérayi, le مطلوب الاطبا,
رسالة نور الابصار فى مجاوبة للحكم la, رسالة للحكمة la, مهذب الطب, le
تعبير المنام le, مفردات الجمالية على الموجز le, مهراريس مع تلميذه le
وفية par Djabir, le البرهانى, le شرح البغدادى على الشذور le, كتاب الاس
شرح مشكلات الشذور, le كتاب الفلاحة, le (وفيات) الاعيان, le commentaire de la البيان, les خطبة d'Ibn Souweïdi, le كتاب للحق
تلخيص المعانى le, التلخيص, les gloses du كتاب الصناعة, le والصدق et
ses gloses, le الفريدة اللالى qui est un com-
mentaire de la Shatibiyya, le القياس, le commentaire de la مقدمه par el-
Karamani, le نامه ظفر, les اصطلاحات d'el-Kashani, le الاستنباط, le commentaire du شهاب الاخبار et d'autres. Beaucoup de ces ouvrages, dit le
copiste, étaient indiqués dans des gloses marginales du brouillon d'Abd
el-Khalik. Cette liste comprend, comme on le voit, un choix des meilleurs
ouvrages de la littérature musulmane, dont beaucoup sont aujourd'hui
perdus, ou égarés, et dont l'existence à la fin du ixᵉ siècle de l'hégire
est nettement établie par elle. Parmi les traités d'ésotérisme qui y sont
cités, on remarque particulièrement l'حوارن المعارف de Sohraverdi (arabe
1332 et persan n° 108), les الفتوحات المكيّة فى معرفة اسرار المالكيّة
والملكيّة, le فصوص للحكم (arabe 1340 et suiv., persan n° 126), les الوصايا,
par le célèbre Soufi espagnol Mohammed ibn Ali ibn el-Arabi, ainsi que son
traité des expressions techniques de l'Ésotérisme, qui forme le dix-huitième
livre des el-Foutouhat el-mekkiyè (arabe 1336, fol. 531 v°), ou qui
est peut-être le traité contenu dans le man. arabe 4801, fol. 99), le كتاب
الشان d'Ibn el-Arabi, dont le vrai titre est سلخ الشان, et qui est un traité
dans lequel Ibn el-Arabi explique le فى كل يوم هو فى شان du Koran
(arabe 2502), et le commentaire de la kasida en ta d'Omar ibn el-Faridh
(nᵒˢ 100 et 101).

Il convient de n'attribuer à cette note qu'une importance très relative, car
il est facile de se convaincre par la lecture du Kenz el-loghat que son auteur n'a pas utilisé toutes les sources qui y sont énumérées; la terminologie
soufie, en particulier, a été complètement sacrifiée, et il est certain que Mohammed ibn Abd el-Khalik n'a pas consulté les ouvrages écrits par Mohyi
ed-Din ibn el-Arabi; à ce point de vue, le Kenz est inférieur au Keshf el-
loghat (ms. 982).

Cet exemplaire porte des gloses marginales, parmi lesquelles on remarque
des extraits des ouvrages suivants; le commentaire de Beïdhawi, le تهذيب

العجاج, le Héyat el-heïvan de Démiri, le مباح الفكر, le كشّان de Zamakhshari, le تجربات par Ibn Souveïdi, les gloses au الافعال, à la الهداية de Tadj el-Shéria, le commentaire des Moallakas par Zauzéni, la مقدّمة الادب, le Sahah, le Destour el-loghat, le منهاج الدكان, le Kamous, le وصايا du sheïkh Mohyi ed-Din ibn el-Arabi, le كتاب البرهان, les الفتوحات المكّيّة de Mohyi ed-Din ibn el-Arabi, un commentaire sur Kodouri, le commentaire de la kasida en *ta* d'Omar ibn el-Faridh, le قوت القلوب, le روضة الحبور ومعدن السّرور, les اصطلاحات d'el-Ghazali, le الفصوص par el-Djoundi (*sic*), le التنزيل (ou معارج) معانى, etc. Ces gloses, qui comprennent justement les ouvrages cités dans la note précédente, remontent évidemment à la rédaction originale du Kenz. On trouve à la fin du volume deux notes; l'une contient la liste de quelques mots arabes, qui étaient employés à l'époque de la rédaction du Kenz el-loghat, et qu'on ne trouve point dans le Sahah, ou que le Sahah donne dans une acception différente, avec une traduction persane. La seconde est la liste des sources du Kenz el-loghat qui a été analysée plus haut.

Bon nestalik persan, copié sur l'autographe en 960 de l'hégire (1552 de J.-C.) par un certain Mohammed ibn Bayézid. 376 feuillets. 28 sur 17 centimètres. Cartonnage turc. — (Supplément 441.)

952

L même ouvrage.

Cet exemplaire porte au dernier feuillet l'ex-libris de Mohammed Kara-baghi avec la date de 1195 de l'hégire.

Nestalik persan passable, copié en 1051 (احده) *sic*, expliqué par احدى وخمسين (والف) de l'hégire (1641 de J.-C.) par un certain Ibn Hosein Sadr ed-Din Shah-mouradi سهمرادى. 342 feuillets. 25 sur 18 centimètres. Reliure en cuir noir estampé. — (Schefer 248 *bis*. — Supplément 1565.)

953

Le même ouvrage.

Ce livre porte au recto du folio 1 le titre de جواهر الكنز لعماد (*sic*); on lit, au folio 2 recto, une tradition rapportée par el-Fadil el-Arbébili dans le كشف اللغة d'après Aboul Mouayyad ibn Ahmed el-Khvarizmi. On trouve tout au commencement une notice de la main d'Anquetil.

Bon neskhi persan du commencement du xviie siècle. 319 feuillets. 21 sur 12 centimètres. Reliure en plein maroquin rouge portant «Bibliothèque de Monsieurs. — (Anquetil?, Charles-Philippe, comte d'Artois, plus tard Charles X, Arsenal. — Supplément 439.)

954

Le même ouvrage.

Bon nestalik indien à filets rouges et bleus de la seconde moitié du xviie siècle. 267 feuillets. 26 sur 16 centimètres. Reliure indienne en cuir rouge estampé et doré. — (Brueys 85. — Supplément 438.)

955

Le même ouvrage.

Assez bon neskhi persan, copié en 1133 de l'hégire (1720 de J.-C.) par Mohammed (Taki) ibn Hadji Mohammed Mehdi Guilani. 322 feuillets. 30 sur 20 centimètres. Reliure persane contemporaine en cuir vert. — (Tholozan. — Supplément 1293.)

956

منتضب اللغات شاه جهانى. Dictionnaire arabe expliqué en langue persane, par Abd er-Réshid el-Hoseïni el-Médéni el-Tatavi.

Le titre de ce dictionnaire, qui est également connu sous le nom de فرهنك رشيدى عرى, n'est donné qu'au folio 5 verso. L'auteur est plus connu pour avoir écrit un dictionnaire persan expliqué en persan qui porte le titre de Farhang-i Réshidi (n° 1004); il appartenait à une famille de Seyyids originaires de Médine, et il naquit à Tata, d'où ses deux surnoms. Ce dictionnaire, comme l'auteur le dit dans sa préface, a été composé en langue persane pour donner l'explication des mots indispensables de la langue arabe qui sont d'un usage courant, d'après les ouvrages les plus estimés, tels que le Kamous, le Sahah et le Sourah :

چنین کوید بندة افقر و ذرة احقر عبد الرشید للحسینى المدنى اصلا و التتوى مولداكه این كتابيست در تحقيق بيان لغات ضروريةً كثير الاستعمال منتضب ازكتب معتبره چون قاموس و صحاح و صراح بعبارت فارسى عام فهم خاص پسند و تحقيق الفاظ و تنقيح معانى... (fol. 5 r°).

Bien, dit-il, que le Kamous soit un ouvrage universellement estimé qui

jouit de toute la confiance des savants, bien qu'il soit un océan dont le
Farhang-i Réshidi-i arabi n'est qu'un des fleuves qui viennent s'y jeter, il
critique assez sévèrement sa disposition et son arrangement, en relevant
contre Firouzabadi des fautes de méthode auxquelles il se vante d'avoir
échappé. De ces imperfections du Kamous, trois sont bien connues des personnes qui se sont servies de ce dictionnaire, mais les autres sont de l'invention d'Abd er-Reshid, et elles ne correspondent à rien. Il en compte neuf qui
sont les suivantes : 1° Firouzabadi explique les mots arabes par des termes
plus difficiles à comprendre que ceux qu'il veut interpréter, de telle sorte
qu'on est obligé d'interpréter ses explications pour avoir le sens des mots
que l'on cherche; 2° dans la plupart des cas, Firouzabadi interprète les
mots qu'il veut expliquer par des mots qui ont plusieurs significations, de
telle sorte que l'on ne sait quel aspect de leur sens il a voulu spécifier; en
outre, ce qui est encore plus extravagant, dans un passage, Firouzabadi explique un mot x par un mot y, et, dans un autre passage, il explique le
mot y par le mot x, ce qui constitue un cercle vicieux; 3° dans beaucoup
d'endroits, il a fait preuve d'une prolixité fâcheuse en citant des choses qui
n'ont rien à voir avec l'établissement du sens des mots, comme on le remarque, par exemple, dans les explications qu'il donne sur les médicaments,
explications qui sont du domaine de la médecine et non de la philologie; par contre, dans des cas où l'on aurait besoin d'explications très
détaillées, Firouzabadi s'est montré d'une extrême concision; 4° l'auteur
du Kamous, suivant en cela la méthode du Sahah, a rangé ses mots sous
la racine d'après l'ordre de la dérivation, de sorte que beaucoup de personnes qui ne connaissent pas la morphologie de l'arabe, ne peuvent trouver les mots qu'elles cherchent; 5° il a mis en tête de ses explications
quelques signes tels que, si on ne les connaît pas, il est impossible d'interpréter les mots; cette imputation est parfaitement injuste, car ces signes
sont au nombre de cinq : ع = موضع; د = مدینة; ه = قریة; ج = جمع; م =
معروف (ms. arabe 4263, fol. 2 r°); 6° quand un mot a plusieurs significations, l'auteur du Kamous sépare ces significations par l'intercalation de
plusieurs mots, tandis qu'il eût mieux valu grouper toutes ces significations en un seul et même endroit; 7° dans plusieurs endroits du Kamous,
on trouve des omissions que l'auteur du Mountakhab el-loghat-i Shahdjihani reconnaît lui-même comme inhérentes à la nature humaine; 8° l'auteur du Kamous, pour indiquer la voyelle de la première consonne d'un
mot, ne se conforme pas d'une façon absolue aux règles qu'il a établies
lui-même dans sa préface; certaines personnes ont dit pour l'excuser que
cela se produit pour des mots dans lesquels il est notoire que la première
syllabe porte un damma ou un kesra, et non un fatha, mais Abd er-Réshid
s'élève contre cette excuse, car la notoriété d'un fait n'est pas une chose
absolue, et elle dépend des gens qui la font; 9° en ce qui concerne la forme

des mots, l'auteur du Kamous détermine la forme d'un mot inconnu par un mot d'une forme qui n'est pas plus connue, de sorte qu'il est quelquefois impossible de déterminer la prononciation exacte d'un mot qui se trouve dans le Kamous.

Le Mountakhab el-loghat-i Shahdjihani n'est point rangé suivant l'ordre des racines, mais bien d'après l'ordre de leurs dérivés, d'après leur première et leur dernière lettre, le ة en étant excepté; il est dédié à l'empereur timouride de l'Hindoustan, Aboul Mouzaffer Shihab ed-Din Mohammed Shah Djihan Padishah Ghazi (fol. 4 r° et 376 v°), et il fut terminé en l'année 1046 comme l'indique un chronogramme en vers qui se trouve à la fin des exemplaires de cet ouvrage :

نسخهٔ جامع زلغات عرب   از نسخ معتبرهٔ منتخب

نسخهٔ قاموس و مهذّب صحاح   كنز و اسای و مصادر صراح

يافته اتمام بعهد شهى   از حقّ و از خلق جهان آكهى

سلطنت آرای ممالك ستان   شاه جهان ثانى صاحب قران

از ى درايجخش ى قال و قيل   كفت خرد منتخب ى بدييل

C'est un travail fort soigneusement fait, mais sans aucune utilité pratique, comme le montre assez l'ordre qui a été adopté par Abd er-Réshid.

Bon nestalik indien du XVII° siècle, copié par un certain Mohammed qui demeurait à Siyalkouti سيالكوتى. 376 feuillets. 31,5 sur 18 centimètres. Cartonnage. — (Leitner. — Supplément 1615.)

957

Le même ouvrage.

Bon nestalik indien, copié pour lui-même (fol. 1 r°) par Khalifa Seyyid Asad Allah, fils de Seyyid Feïz Allah ibn Seyyid Maarouf el-Hoseïni, qui habitait à جكهى qui dépend de l'arrondissement de Naranoul نارنول, قصبهٔ, dans la ville d'Akbarabad, en 1103 de l'hégire (1691 de J.-C.). 398 feuillets. 23 sur 13 centimètres. Reliure en plein maroquin au chiffre de Louis-Philippe. — (Anquetil. — Supplément 444.)

958

Le même ouvrage.

Cet exemplaire ne comprend pas toute la partie de la préface dans laquelle l'ouvrage est dédié à l'empereur Shah Djihan; il commence sans le bismillah par : و بعد چنين كويد بندهٔ افقر و ذرّهٔ احقر عبد الرّشيد

......الحسيني المدني. Les premiers et les derniers feuillets portent des notes sur des questions de droit, de théologie, etc; on y trouve, entre autres choses, une note sur les poids (folio 3 recto) et un extrait du Sourah.

Cet exemplaire porte, au folio 4 recto, l'ex-libris d'un nommé Abd er-Rahman ibn Abd el-Wasi واسع, et, au folio 360 recto, une note de la main de ce même personnage.

Bon neskhi indien du milieu du xviiᵉ siècle. 365 feuillets. 24 sur 14 centimètres. Reliure indienne en cuir brun avec gaufrages. — (Brueys 84. — Supplément 445.)

959

نصاب نزهة الصبيان. Vocabulaire arabe-persan en vers, par Abd el-Médjid.

L'auteur de ce vocabulaire, qui est analogue au نصاب الصبيان, ne se nomme point dans sa préface, et son nom ne se trouve indiqué que dans la souscription de l'ouvrage (fol. 27 v°); la date à laquelle il a été composé est marquée ainsi qu'il suit : ......تاريخ اختتامش كه زياده صد و هشت

سال از هجرت نبوى است عليه السّلام برين كونه در سلك نظم كشيد
لله الحمد كه اين نظم لطافت اكين
يافت اتمام در ايّام سعادت آمود
سال تاريخ چو جستم زنهان خانة دل
ناكهان پير خرد نظم نو آئين فرمود

ce qui donne l'année 1108 de l'hégire.

Début : ......جواهر زواهر حمد و ثناى بى منتها.

Assez bon nestalik indien, copié par Sheïkh Moudjir (ou Mohyi) ed-Din en 1179 de l'hégire (1765 de J.-C.), pour Ouessant موسى اوسان صاحب فرانسيس. 27 feuillets. 25 sur 16 centimètres. Cartonnage. — (Ouessant. — Supplément 455.)

960

بحر الفضائل. Dictionnaire arabe et persan, expliqué en persan, par Mohammed ibn Kivam ibn Roustem ibn Ahmed ibn Mahmoud Bedr-i Khizaniyyè بدر خزانية el-Balkhi, connu sous le nom de Kamar كمر.

L'auteur dit dans sa préface, dont le texte est extrêmement corrompu, qu'il a voulu faire un dictionnaire pour expliquer les mots difficiles et les expressions obscures, tant persans qu'empruntés à des langues étrangères, qui se trouvent chez les poètes et les prosateurs persans. Il a dépouillé, pour la rédaction de ce dictionnaire, un très grand nombre d'ouvrages de toute espèce (fol. 2 v°), parmi lesquels il cite les poésies de Roudégi, Onsori, Amik-i Boukhari, Khakani, Envéri, Nizami, Saadi شرف الدّين, Khosrav-i Dehlévi, le Kalila et Dimna, les histoires des prophètes, Zahir ed-Din Faryabi, des traités d'Insha ترسلات, des traités de terminologie soufie, les dictionnaires arabes les plus estimés, le Tadjeïn, le Sahah, le Tadj-i Masadir, la Mokaddima de Djar Allah, le مغرب (de Motarrizi), le سامى في الاساس, تهذيب المصادر, le مستخلص قرآن, de nombreux commentaires et beaucoup de lexiques. Le Tadjeïn, «les deux Tadj», est probablement la fusion du تاج الاسما في اللغة (Hadji Khalifa, éd. de Constantinople, t. I, p. 211), dans lequel un savant qui n'est pas nommé réunit le كتاب الاسماء de Zamakhshari, le كتاب السامى de Meïdani, avec le Sahah de Djauhéri, et du تاج المصادر de Beïhaki, ou, comme cet ouvrage semble cité en même temps que le Tadjeïn, du traité sur les masdars de Zauzéni qui est décrit sous le n° 942 (voir n° 979).

Le Bahr el-fadaïl, dans lequel l'auteur ne voulut point introduire de citations poétiques, pour des raisons qu'il a données dans le Djévahir el-maani, était divisé en deux tomes (قسم), quarante-deux chapitres (باب) et trente-sept sections (فصل). Le présent exemplaire ne contient que les lettres د-ا de l'alphabet: la nomenclature en est restreinte et l'ouvrage n'a aucune importance; les explications très résumées, et souvent insuffisantes, montrent assez l'ignorance de l'auteur qui a écrit un commentaire sur le Makhzen el-esrar de Nizami en 1091 (voir n° 979); dans le manuscrit du British Museum, il est nommé .....ibn Mahmoud Bedr-i Khizanè el-Balkhi el-Karkhi. La copie incomplète du Bahr el-fadaïl se termine par un chapitre, qui est compté comme étant le onzième de l'ouvrage, et qui traite des sacrifices.

Début : حمد و سپاس مر احدیراکه املاك و اناس.

Nestalik indien médiocre de la fin du XVII° siècle. 49 feuillets. 24 sur 14 centimètres. Reliure en basane. — (Supplément 451.)

961

نصاب الصبيان. Vocabulaire arabe-persan en deux cents vers, par Abou Nasr Masoud ibn Abi Bekr ibn Hosein ibn Djaafer Férahi فراهي.

Férahi était originaire de Férah qui est une petite ville entre Hérat et Sidjistan (شرح نصاب, ms. 963, fol. 2 v°). Le Nisab el-sibian est un livre d'enseignement primaire en Perse et aux Indes, où il a été fréquemment imprimé, et souvent commenté, par Mohammed ibn Fasih Desht-i Bayazi دشت بياضي, dont le commentaire existe sous le numéro 963, par Nizam ibn Kémal ibn Djémal ibn Hosam el-Hérévi, plus connu sous le nom d'Ibn Hosam (India Office, n° 2382), par Ali ibn Omar ibn Ali el-Nadjdjar (Bodléienne, n° 1641), par Mohammed Saad, Yousouf ibn Mani (cf. Bloch-mann, *Contributions*, p. 7 et Hadji Khalifa, *Dict. bibl.*, t. VI, p. 346). Le célèbre Seyyid el-Djourdjani n'a pas dédaigné de gloser cet ouvrage. Ce vocabulaire, mis sous forme de kasida, a reçu le titre de مثلث اللغات (India Office, n° 2384-2385). Un exemplaire avec traduction partielle en turc, daté de 867 H., existe dans le Supp. turc sous le n° 678.

Début : الحمد لله رب العالمين والعاقبة للمتقين والصلوات على رسوله.

Bon nestalik indien de la seconde moitié du xviii° siècle. 37 feuillets. 21 sur 16 centimètres. Cartonnage. — (Supplément 456.)

962

Le même ouvrage.

Bon neskhi turc daté de 1218 de l'hégire (1803 de J.-C.). 32 feuillets. 21 sur 15 centimètres. Reliure en peau brune souple. — (Supplément 410.)

963

شرح نصاب الصبيان. Commentaire sur le Nisab el-sibian de Abou Nasr Masoud ibn Abi Bekr Férahi, par Mo-hammed ibn Fasih Mohammed, surnommé Kérim Desht-i Bayazi Kouhistani.

Le commentateur, qui vivait à l'époque de l'empereur Akbar (Éthé,

India Office, n° 2383), dit, dans une préface assez obscure (fol. 2 r°), qu'il n'existe pas, pour commencer l'étude de la langue arabe, de meilleur traité que le Nisab el-sibian. Le père du commentateur avait ajouté à son exemplaire un certain nombre de vers qui contenaient des mots omis dans le Nisab, et ce fut sur l'ouvrage ainsi augmenté et complété que Mohammed ibn Fasih se donna la tâche de rédiger un commentaire de ce livre d'enseignement primaire.

Début : جد و ثناء نا معدود و شكر و سپاس نا معدود مر حضرت علم معبود و كريم واجب والوجود.....

Ce commentaire est suivi, au folio 1 5 4 recto, d'un petit opuscule, sans titre ni nom d'auteur, sur les expressions techniques employées par les Soufis dans leurs ouvrages, soit en prose, soit en vers, non dans le sens exotérique ظاهر, mais bien dans le sens ésotérique باطن; il commence par :

...بدانكه بعضى الغاظ كه در سخنان صوفيان در نظم و نثر واقع ميشود انرا معنى ظاهر..... Le nom du copiste de ce manuscrit a été gratté.

Bon nestalik indien, copié en 1113 de l'hégire (1701 de J.-C.). 127 feuillets. 23 sur 13 centimètres. Reliure en peau de vache rouge. — (Anquetil 40. — Supplément 411.)

964

Vocabulaire de formes verbales arabes traduites inter-linéairement en persan.

Ces formes sont rangées par classes, et d'après l'ordre alphabétique de la dernière lettre de la racine arabe; ce vocabulaire est dépourvu de préface. D'après une note inscrite au recto du premier feuillet : كتاب لغة يسمّى الحكم والمحيط, cet ouvrage porterait le titre de الكتاب الحكم. Le الحكم الاعظم était, d'après Hadji Khalifa (Dict. bibl., t. V, p. 427), un grand ouvrage lexicographique, composé par Aboul Hasan Ali ibn Ismaïl, connu sous le nom d'Ibn Sayyida ابن سيده, qui mourut en l'année 458 de l'hégire. Le Mohkam fut revu هذب par Safi ed-Din Mahmoud ibn Mohammed el-Ourmavi el-Iraki (+ 723). Il est possible que le présent manuscrit contienne un extrait de l'édition revue et corrigée par el-Iraki.

Bon neskhi copié, probablement en Asie Mineure, en 785 de l'hégire (1383 de J.-C.). 171 feuillets. 23 sur 16 centimètres. Reliure en basane pleine aux armes du roi. — (Renaudot; Saint-Germain 480. — Supplément 412.)

965

Recueil de traités de lexicographie arabe.

1° Glossaire anonyme et sans titre de mots arabes rangés d'après l'ordre alphabétique de la première lettre, et traduits interlinéairement en persan.

2° Le même ouvrage que le numéro 964, portant le titre de كتاب الافعال والاسما, qui lui est attribué par le copiste (fol. 63 v°).

On lit, au verso du folio 61, une tradition relative au Prophète, et, au recto du folio 63, un acte de donation, de la main du copiste, concernant le présent volume.

Bonnes écritures turques vraisemblablement de la même main, celle du numéro 2 datée de l'année 864 de l'hégire (1459 de J.-C.); le copiste est Khalil ibn Hadji Ahmed. 234 feuillets. 18 sur 14 centimètres. Demi-reliure. — (Renaudot; Saint-Germain 482. — Supplément 413.)

966

Le même ouvrage que les numéros 964 et 965, 2.

La traduction persane est quelquefois accompagnée d'une traduction en langue turque. Cet exemplaire porte, au recto du folio 2, le titre de كتاب مصادر الافعال, qui n'a rien d'authentique. Il existe, au commencement et à la fin du volume, deux tables des subdivisions de l'ouvrage avec les renvois à la pagination orientale du manuscrit.

Bon neskhi turc, copié en 891 de l'hégire (1486 de J.-C.) par Yousouf ibn Hadji ibn Pir Ali ibn Sheïkh Ali ibn Mohammed ibn Seyyid Ali Arz(endjani). 231 feuillets. 22 sur 14 centimètres. Reliure turque en cuir rouge estampé. — (Oratoire D E 24. — Supplément 414.)

967

Vocabulaire arabe-persan.

Ce vocabulaire, qui ne porte ni titre ni nom d'auteur, est rangé suivant l'ordre alphabétique de la première lettre; l'ordre alphabétique n'est point suivi à l'intérieur des sections formées par chacune des lettres de l'alphabet. La traduction persane est écrite dans les interlignes à l'encre rouge.

Bon nestalik indien de la seconde moitié du XVIIIe siècle. 10 feuillets. 24 sur 17 centimètres. Demi-reliure. — (Ouessant. — Supplément 408.)

968

Vocabulaire arabe-persan en vers des mots de même forme dont le sens varie suivant la voyelle que porte la première radicale.

Ce مثلث ne porte pas de nom d'auteur; d'après le vers par lequel il se termine :

این چنین شعر بدیعی را بدیعی نظم کرد

تا بود در روزکار آن همچنین نام و نشان

(folio 4 recto), il a été composé par un personnage nommé Bédiï.

Début : از پس حمد خـــداونیـد زمیـس و آسمـان

کرده ام نظم مثلث هـمچـوروشـن اخـتـران

در خط است یك لفظ خود سّه لغت حاصل شود

کر تو بارا فتح وكسر و ضمّ بدین ترتیب خوان

Ce volume porte, au recto du folio 4, la signature d'Ouessant «interprète juré du Roy», avec la date de 1785.

Bon nestalik indien de la fin du xviii° siècle. 4 feuillets. 27 sur 17 centimètres. Cartonnage. — (Ouessant. — Supplément 405.)

969

كتاب الثلاث. Dictionnaire arabe-persan.

Les premiers feuillets de la préface ayant disparu, ce titre ne se trouve que dans la souscription, au recto du folio 109. L'ordre dans lequel sont rangées les racines arabes est indiqué dans ce qui reste de la préface. Hadji Khalifa ne connaît pas de dictionnaire arabe-persan portant ce titre.

Bon neskhi turc, copié par Hasan ibn Hadji Bey ibn Khalil en l'année 807 de l'hégire (1404 de J.-C.). 109 feuillets. 22 sur 14 centimètres. Demi-reliure. — (Supplément 400.)

970

وضوح النصابین. Vocabulaire élémentaire arabe et persan,

par Sheïkhem ibn Maulana Kélan ibn Sheïkh Ahmed شیخم
ابن مولانا كلان بن مخدوم الصبيان شیخ احمد.

L'auteur, qui est évidemment d'origine indienne, dit, dans sa préface, qu'il a compilé ce vocabulaire à l'aide de quatre nisab dont il ne donne point les titres; les mots sont rangés d'après l'ordre alphabétique de la première lettre, mais cet ordre n'est point suivi dans les sections formées par chacune des lettres de l'alphabet; la graphie des mots arabes est très fautive, et la copie se termine avec : يشرب (sic) نام شهر مدينة يمان نقش هر جيزى. La date à laquelle vivait Sheïkhem ibn Kélan n'est point indiquée.

Le folio 15 est formé par deux billets qui n'ont rien de commun avec le lexique.

Bon nestalik indien de la seconde moitié du xviii° siècle. 48 feuillets. 28 sur 18 centimètres. Cartonnage. — (Ouessant. — Supplément 406.)

DICTIONNAIRES PERSAN-PERSANS.

971

معيار جمالى ومفتاح ابوالمعانى. Traité de prosodie, de métrique et de lexicographie persanes, par Djani Shems (ed-Din) Fakhri Isfahani جانى شمس فخرى اصفهانى (fol. 4 v°).

Le titre n'est donné qu'au folio 6 recto et dans la souscription. L'auteur de ce traité rapporte, au cours d'une préface écrite dans un style très recherché (fol. 4 v° et suiv.; Hadji Khalifa, *Dict. bibl.*, t. V, p. 641, sous معيار نصرى), qu'en 713 de l'hégire, alors qu'il était encore dans ses années d'adolescence, il eut l'occasion de se rendre dans le Louristan, et que, durant un laps de temps d'ailleurs assez court, il fréquenta la société des savants et des poètes qui florissaient dans cette contrée. Le profit qu'il retira de ses relations avec ces personnes lui permit d'écrire un précis de prosodie مختصرى در فن عروض, auquel il donna le titre de معيار نصرى, en l'honneur de l'atabek du Lour-i Bouzourg, Nosret ed-Din Ahmed, qui était mort à l'époque à laquelle Shems-i Fakhri écrivit la préface du Miyar-i Djémali, comme on le voit par انار الله برهانه, et par le titre d'اتابك سعيد مغفور. Nosret ed-Din Ahmed était le fils du cinquième atabek du Grand Lour, Yousouf Shah Ier († 680), et le frère de l'atabek Afrasiab. Afrasiab dut la souveraineté du Louristan à la protection du Tchheng siang

Boukha et des émirs d'Arghoun, et il envoya son frère, Nosret ed-Din Ahmed, à la cour du souverain mongol. Afrasiab, d'après le Gouzidè, se livra à toutes sortes de violences et, après la mort d'Arghoun, il chercha à se rendre indépendant des Mongols (690). Cette tentative se termina par l'anéantissement des armées louristanes; battu par l'émir Touladaï, Afrasiab se réfugia dans la forteresse de Mandjesht ماجشت, et il dut se rendre au général mongol qui le conduisit à son souverain, Geïkhatou. Geïkhatou pardonna cette insurrection à Afrasiab, grâce à l'intervention de sa femme, Padishah-Khatoun, et à celle d'Uruk-Khatoun, veuve d'Arghoun, et il lui laissa le gouvernement de ses états. Nosret ed-Din Ahmed resta à la cour du souverain mongol dans une condition voisine de celle d'otage. Afrasiab fut condamné à mort en 696 par ordre de Ghazan, et son trône fut donné à Nosret ed-Din; ce prince répara, autant qu'il lui fut possible, les mauvais effets du règne d'Afrasiab, qui avait tyrannisé ses sujets et dilapidé les finances de ses états. Nosret ed-Din eut d'abord comme héritier présomptif Malik Kotb ed-Din, fils d'Imaded-Din Pehlévan, fils de l'atabek Alp Arghoun, et frère de Yousouf Shah Ier, et, après la mort de ce prince, son fils, Yousouf Shah. Il mourut en 733 de l'hégire, et son fils monta sur le trône avec le nom de Yousouf Shah II. Quoique ce précis formât un traité de métrique fort estimable, l'auteur reconnaît lui-même que le peu de temps dont il avait pu disposer ne lui avait pas permis d'atteindre le but qu'il s'était proposé, et il conserva toujours le dessein de le recommencer, et d'en faire un livre de prosodie et de métrique parfait pour les poètes, en rassemblant un nombre d'exemples beaucoup plus considérable, de façon à ce que l'on n'eût pas besoin de recourir à un autre livre sur ces questions. Ce fut en revenant se fixer à Isfahan, au retour d'un voyage qu'il était allé faire à Shiraz, à une date qu'il n'indique pas, qu'il put entreprendre ce travail, et il le dédia à l'émir Djémal ed-Din Sheïkh Abou Ishak (743-758, voir n° 880). La composition du Miyar-i Djémali se place donc entre les années 733 et 744, et ce fut tout au commencement du règne d'Abou Ishak que ce livre lui fut dédié. Pour s'attirer la protection d'Abou Ishak, Shems-i Fakhri n'avait pas hésité à sacrifier son plan primitif, et, au lieu de choisir ses exemples dans les poètes persans, il déclare que «toutes les poésies et tous les vers qui sont donnés comme exemples dans ce traité, sont composés au nom, ou avec les surnoms et les titres de ce puissant souverain, de telle sorte que, dans tout ce livre, il n'y a point d'autres poésies empruntées aux poètes qui ont vécu avant moi, sauf quelques vers que j'ai été obligé d'y faire figurer comme exemples. Toutes ces poésies sont de l'invention et de la création de ce pauvre esclave (que je suis)...»

و بجموع اشعار و ابیات شواهد این قزرا بنام یا لقب یا کنیت این
پادشاه صاحب دولت خلد الله ملکه موشح کردانید چنانچه در بجموع

این رساله هیچ شعر بیکانه از اشعار متقدّمان ومتأخران نیست الا چند
بیت معدود که بضرورت استشهاد آورده شد بلکه جمله مخترع طبع
... است ضعیف بنده این خاطر مبتدع و (fol. 6 r°). Shems-i Fakhri,
dont les vers sont cités par le Djihangiri et par les lexicographes turcs,
mourut en 744 de l'hégire d'après Hadji Khalifa (*Dict. bibl.*, t. V, p. 640).
L'édition de Constantinople (t. II, p. 468) donne, et probablement avec
raison, 744 comme la date de la composition du Miyar-i Djémali, et non
comme celle de la mort de son auteur.

Le Miyar-i Djémali est divisé en trois livres فنّ; le premier, qui traite
spécialement de la métrique, comprend dix chapitres dont le détail est donné
au folio 6 verso; le second (fol. 40 v°) traite de la rime et compte cinq
chapitres; le troisième (fol. 59 v°), des figures de rhétorique بدائع الصّنائع.
La principale des autorités de Shems-i Fakhri pour cette partie du Miyar
est le حدایق السحر فی دقایق الشعر de Rashid ed-Din Omar ibn Abd el-
Djélil el-Omari, surnommé el-Vatvat; en plus de ses propres vers, Shems-i
Fakhri cite des vers arabes de différents auteurs et des vers persans empruntés à une kasida de Maulana Kivam ed-Din de Gandja (fol. 40 r°).

Le Miyar-i Djémali est suivi (fol. 105 v°) d'un مثلث commençant par :
... ربّ بفتح را مهمله پروردکار و بکسر جمع آدمیان, puis par un lexique
persan disposé d'après la dernière lettre, qui contient presque exclusivement les mots de la langue ancienne; on y trouve même des mots pehlvis
sémitiques mal lus et considérés à tort comme iraniens, par exemple شیدا
qui est une transcription du pehlvi ଏଏଏ *shédâ*, des mots araméens
comme جلیپا, qui est le syriaque ‏ܨܠܝܒܐ‎ «croix», lesquels ont été intro-
duits en Perse par les Nestoriens qui, au moyen âge, sont allés jusqu'en
Chine. Quoique ce lexique ne forme qu'un appendice au Miyar-i Djémali,
c'est presque uniquement par lui que cet ouvrage est connu; il est en effet
l'un des traités les plus anciens de lexicographie persane, l'une des sources
des dictionnaires plus récents, tels que le Farhang-i Djihangiri et le Borhan-i
kati, et ce traité de prosodie assez médiocre ne peut soutenir la comparaison avec le traité de Shems-i Kaïs.

Le plus ancien des lexiques persans, après le lexique d'Asadi, est celui que
fit rédiger Monkké Khaghan (646-655 H.). Fadl Allah Rashid ed-Din nous
apprend, dans la Djami el-tévarikh, que Monkké donna l'ordre «que les
fonctionnaires apprissent les différentes sortes d'écritures, tant persane
qu'ouïghoure, chinoise, tibétaine et tanggoutaine, de telle sorte que, toutes
les fois qu'on aurait à rédiger un décret, on le fit dans la langue et dans
l'écriture des gens auxquels il s'adressait». فرمان شد تا ..... از جمیع.

اصناف كتبه ملازم بـودنـد از فـارسی و ايـغـورى و خـيـتـائـي و تـبـتـى و تنكقوتى تا هركه بموضعى فرمانى نويسند بزبان و خط آن قوم اصدار افتد (ms. 255, fol. 237 v°).

Une copie manuscrite de ce lexique, ou d'un ouvrage qui en est voisin, existe, en même temps que plusieurs autres vocabulaires de langues de l'Extrême-Orient dans les «Écritures des peuples tributaires de la Chine» (nouveau fonds chinois 986). Ce lexique persan est rangé d'après le même ordre des matières que l'on trouve dans tous les lexiques asiatiques, ou à peu de chose près, tels l'Amarakosha, la Mahavyutpatti (chinois 2022-2023), le lexique mongol-arabe (man. de Gaulmin), et le Farhang pehlvi-pazend (n° 186, 4); les mots persans y sont accompagnés d'une traduction et d'une transcription en caractères chinois : اسمان traduit 天 *thian* «ciel», est transcrit 阿恩嫣恩 *a-ssé-ma-'en;* نياز traduit 拜 «adoration» est transcrit 你呀子 *ni-ya-tzeu;* من traduit 我 «je, moi» est transcrit 蠻 *man.* La collection de ces lexiques, tibétain (si-fan), ouïghour (kao-tchhang), persan (hoeï-hoeï), dialectes siamois parlés près du Laos (pa-pé et pé-y), birman (mien-tien) et siamois (siuen-lo), accompagnés de l'alphabet sanskrit népalais, forme la collection du bureau des interprètes de Pékin. Cette collection, sous sa forme actuelle, date des tout premiers commencements de l'époque des Ming, car on y trouve des lettres qui sont datées des années Hong-wou du Thaï-Tsou des Ming, mais il est probable que la plus grande partie des documents qui y sont rassemblés datent de l'époque des Yuan, et par conséquent que le lexique persan qui en fait partie est la traduction du lexique persan-mongol qui avait été rédigé sous le règne et par les ordres de Monkké Khaghan.

Début : جدى كه حدّ آن در غايت نيابد و سپاسى كه قياس آن در حواس نكنجد مقدّرى را كه خيمهٔ كبود افلاك را بى عروض و اوتـاد و اسباب و فواصل بر افراشت قادرى كه باغ قدرت...

Très beau nestalik persan, copié par un certain Southi صفى Mazendérani en 1016 de l'hégire (1607 de J.-C.). 172 feuillets. 24 sur 15 centimètres. Reliure en maroquin rouge estampé et doré. — (Brueys 90. — Supplément 457.)

972

اداة الفضلاء. Dictionnaire poétique de la langue persane, par Kazi Khan Bedr Mohammed Dehlévi, surnommé Dharval دهاروال.

13.

Kazi Khan étudia dès sa jeunesse les poètes persans sous la direction de Kazi Bourhan ed-Din et du lexicographe Sheïkhzadè Ashik; il consacra beaucoup de temps à la lecture des divans, et il recueillit ainsi un nombre considérable de mots persans, grecs, pehlvis, turks du Mavarannahar (fol. 3 v°). Il composa le Adât ال-fouzala d'après les ouvrages suivants qu'il cite dans sa préface : le فرهنك نامه du poète indien Fakhri Kavvâs, qui vécut sous le règne du sultan Ala ed-Din Khalatchi (695-716 H.), la رسالك نصير, le dictionnaire de Asadi Tousi, le دستور الافاضل, le لسان الشعرا et le فوايد برهانى و فردوسى; il ajouta aux matériaux qui lui furent fournis par ces documents les expressions composées qu'il releva dans les poésies de Khakani, Envéri, Zuhir ed-Din-i Faryabi, Firdousi, Nizami, Saadi et d'autres poètes persans (man. 972, fol. 3 v°-4 r°, et Rieu, *Catalogue*, p. 491). Kazi Khan présenta son lexique en 822 de l'hégire (man. 972, fol. 4 r°; man. 973, fol. 3 v°) au prince Kadr Khan ibn Dilaver Khan, de la dynastie des Ghourides du Malva, qui régnait sur la province de Tchandéri et à la cour duquel il avait résidé durant quelque temps (Rieu, *ibid.*, p. 492). Les mots persans sont souvent accompagnés de leurs équivalents en arabe, en turc, ou en indien.

Début après l'invocation : ..... اما بعد بنده ضعيف اميدوار برجمت پروردكار و ملتجى بحضرت الله الكريم المتعال قاضى خان بدر محمّد دهلوى المعروف بدهاروال چنين كويد...

Ce manuscrit, ainsi que le manuscrit 973, porte une notice fortinexacte d'Eusèbe Renaudot.

Assez bonne écriture indienne de la première moitié du xvii° siècle. 165 feuillets. 21 sur 12 centimètres. Reliure en maroquin brun estampé. — (Renaudot; Saint-Germain. — Supplément 426 A.)

973

Le même ouvrage.

Exemplaire incomplet de la fin; les huit premiers feuillets ont été refaits.

Assez bon noskhi indien tendant au nestalik, de la seconde moitié du xvi° siècle. 185 feuillets. 24 sur 14 centimètres. Cartonnage. — (Renaudot; Saint-Germain 643. — Supplément 426.)

974

شرفنامة احمد مُنَيْرى. Dictionnaire persan, par Ibrahim Kivam ed-Din Farouki فاروق.

Le Shéref-namèh est dédié (ms. 975, fol. 2 v°) à la mémoire du sheïkh
قطب الاقطاب Shéref ed-Din Ahmed ibn Yahya el-Mouniari, natif de
Mouniar, qui vint à Dehli sur les ordres de Sheïkh Nizam ed-Din Auliya et
qui fut reçu dans la confrérie tchishtie par le sheïkh Nedjib ed-Din Firdousi.
Shéref ed-Din el-Mouniari mourut à Béhar en 782 de l'hégire (Rieu, *Catalogue*, p. 492). D'après un quatrain qui se lit à la fin de l'un des exemplaires du Shéref-namèh qui sont conservés au British Museum (cf. Blochmann, *Contributions to Persian Lexicography*, p. 7-9), cet ouvrage fut
terminé sous le règne du sultan Aboul Mouzaffer Barbek Shah, qui régna
sur le Bengale de 864 à 879 de l'hégire. Le titre de l'ouvrage est donné
dans la kasida écrite à la louange du sheïkh Shéref ed-Din el-Mouniari
sous la forme :

شرفنامهٔ احمد مُنیَری است   سرابا که هلو ز دُرّ دری است

(man. 975, fol. 3 r°). Une date beaucoup plus précise que celle indiquée par
Blochmann, celle du mois de Moharrem 878 de l'hégire, est indiquée dans
une longue kasida, plus que médiocre, qui termine le manuscrit 975, et
dans laquelle il est dit (fol. 338 r°) :

فراوان دولتت هم بیشم باد   هزاران عزّتت‌را بیشم باد

بغیض فضل عام ذو الجلالی   شهور سال ان جمله جلالی

که افزودست از تو قدر عالم   سلام الله علیك ای صدر عالم

درود حقّ تعالی بر روانت   طفیل احمد آخر زمانت

کذشت ویك مهی افزون بر ان رفت   زبجرت هشصد و هفتاد هم هفت

بر آمودم بفضل حقّ تعالی   که این نامه بکوهرها معنی

Le nom de Barbek Shah se lit également dans la pièce de vers qui pré-
cède le chapitre des noms de nombre turcs (ms. 975, fol. 331 v°).

Ce dictionnaire porte également le titre de فرهنك ابراهیمی.

Début :

سر اغاز هر نامه‌را که هست   بنام خداوند هستی به است

Le Shéref-namèh comprend de nombreux exemples empruntés aux meilleurs poètes persans ; il débute par un chapitre sur les lettres employées
comme affixes ou suffixes, et se termine par deux chapitres additionnels,
l'un sur les noms de nombre en turc (ms. 975, fol. 331 v°), le second, sur
les mètres (*ibid.*, fol. 332 v°). Chacun des chapitres dont il se compose est
précédé, dans l'édition complète, d'une longue pièce de vers composée
par Ibrahim Farouki.

Exemplaire d'une rédaction abrégée ne contenant ni la préface, ni les deux chapitres relatifs aux noms de nombre turcs et aux mètres; un exemplaire d'une rédaction analogue existe à la Bibliothèque Bodléienne (Éthé, *Catalogue*, n° 1719); le présent exemplaire est encore plus abrégé que le numéro 976.

Beau nestalik persan copié en 907 de l'hégire (1501 de J.-C.). 289 feuillets, 19 sur 12 centimètres. Reliure en maroquin rouge aux armes du roi. — (Colbert 5290; Regius 1573,3. — Ancien fonds 186.)

975
Le même ouvrage.

Exemplaire de la rédaction primitive et complète; le texte en est très défectueux.

Ce manuscrit portait au recto de son premier feuillet l'empreinte de cachets d'officiers des empereurs mongols. Cette page a été depuis recouverte d'une feuille de papier sur laquelle se trouve inscrite l'estimation de ce volume à 20 piastres.

Bon neskhi indien du XVII° siècle. 339 feuillets. 28 sur 17 centimètres. Reliure en cuir brun. — (Supplément 421.)

976
Le même ouvrage.

Exemplaire d'une rédaction abrégée, portant un nombre considérable d'additions marginales.

On trouve, au verso du second feuillet, une liste de dictionnaires persans, et, au recto du folio 2, l'ex-libris de Mohammed Émin ibn Vali ed-Din el-Moufti, avec la date de 1196 de l'hégire. La liste comprend le Shéref-namèh, le جامع الفرس d'Ayinè Kouli, le بحر الغرايب de Halimi, le شامل اللغة de Kara Hisari, le مجموعة الانس, le معيار جمالى, le اياسى, le سرورى كاشانى qui est formé de trois risalè, l'une par Maulana Yakini (900 H.), le خوشى, le وسيلة المقاصد, le لغت مثنوى, le لغة شهنامه par Khatib Roustem-i Maulévi, le فرهنك نامه, le دقة الله, le شاهدى, le دشيشه du kadi Zahir ذكوى, le لغة اسدى, le فرهنك حسينى, le ضمير, Abou Hafs Soghdi, le مشكلات شهنامه, le اقنوم, le دستور, le فرهنك على بيك, le كشف اللغات والاصطلاحات, par Abd er-Rahim ibn Ahmed, qui a puisé la plupart de ses renseignements dans le Farhang de Sheïkh Ibrahim et dans celui de Sheïkh Mohammed ibn Lad, ainsi que dans le Shéref-namèh, le

فرهنك قواس, qui fut une source du مويد الفضلا. Le Shéref-namèh, d'après
cette même note, a pour sources le فرهنك زفان كويا, le ادات الفضلا,
le مويد فرهنك نامه d'Asadi Tousi, le لسان الشعرا, le اجمال حسينى,
الفوايد, Kazi Khan, Ashik, le افتخار الحكما, Shihab ed-Din Hakim Kermani.

Bon nestalik turc è encadrements et frontispices en or et en couleurs du
xvii° siècle. 195 feuillets. 25 sur 15 centimètres. Reliure en maroquin brun estampé
et doré recouverte de soie verte. — (Schefer 79. — Supplément 1388.)

977

Le même ouvrage.

Exemplaire d'une rédaction abrégée, commençant sans préface et ne
comprenant, ni les kasidas qui commencent chacun des chapitres, ni les
deux chapitres sur les noms de nombre turcs et les mètres. Cet exemplaire
a été complété dans les marges à l'aide de nombreux extraits en persan, et
quelquefois en turc, de lexiques persans, parmi lesquels on relève les suivants : les مشكلات ou مشكلات القصايد et les مشكلات شاهنامه, le
بجوعة الانس, le traité كجودية (cf. كجودى, n° 976) souvent cité sans plus de
détails, le جامع الفرس, qui est également très souvent cité, et qui a pour
auteur Ayiné Kouli (n° 976), le معيار جمالى, le مويد الفضلا, le كشف
اللغات, la risalè d'Abou Hafs Soghdi, et des notes de Azmizadè, de Tché-
lébi-beg.

Bon neskhi turc à encadrements de la fin du xvii° siècle. 252 feuillets. 22 sur
14 centimètres. Reliure turque en maroquin noir estampé et doré. — (Ducaurroy 49. — Supplément 425.)

978

Le même ouvrage.

Exemplaire d'une rédaction abrégée, précédée d'une courte introduction
en prose qui débute par : الحمد لله الذى خلق الانسان وعلمه البيان,
وفتح خزاين قلبه بمفتاح اللسان والصلوة على رسوله محمد سيد الانام,
et qui contient les deux chapitres finaux sur les noms de nombre turcs et
sur les mètres. La copie du Shéref-namèh est suivie, au folio 314 recto,
d'un vocabulaire arabe expliqué par des gloses interlinéaires en langue persane; cet opuscule, qui est incomplet du ى, débute sans préface.

Assez bon nestalik indien de la première moitié du xviii° siècle. 326 feuillets.
23 sur 13 centimètres. Reliure indienne en cuir rouge gaufré. — (Anquetil 45.
— Supplément 420.)

979

تحفة السعادة. Dictionnaire persan, par Mahmoud ibn Sheïkh Ziya ضياء.

Sorouri a utilisé cet ouvrage pour la seconde édition de son dictionnaire, et il nomme le père de l'auteur Ziya ed-Din Mohammed (Rieu, *Catalogue*, p. 494).

Le Tohfet el-saadet débute par une préface en vers dans laquelle on trouve un chapitre consacré à la louange du sultan Sikender :

مدح شاه جهان بكو محمود	بعد نعت رسول صاحب جود
در ثنا و دعای شاه جهان	هركه سازی بنامه خامه روان
دین و اسلام ازو كرفت نظام	پادشاه جهان سكندر نام

(fol. 3 r°), et du maître de Mahmoud ibn Ziya, Khvadjagi Sheïkh Saïd, ou Saïd ed-Din (fol. 3 v°). L'auteur, qui était poète et qui dit avoir composé des poésies, fut invité par plusieurs de ses amis à rédiger un lexique qui leur permit principalement de lire les vers des poètes : كفتند كه مطلوب ما كلی است كه جزوی چند از لغات مختلف ملخص و معرب و معجم از كتب اساليف تاليف كنی تا اغلب لغات ابيات شعرآء شيرين كلام و فضلاء عالی نام معلوم كردند علی لخصوص اشكال الفاظ اشعار فصاحت شعار مفهوم كردند (fol. 4 v°). Cela le détermina à réunir les mots déris, parsis, de la Transoxiane, turks, avec quelques additions de mots arabes, en compilant les manuscrits des meilleurs dictionnaires existant à son époque, soit le ضمير, le (الافاضل) دستور, les lexiques de Fakhr-i Kavvas, de Kazi Zahir, le زفان كويا, le دستور الفضلاء, le اداق, le فرهنك, le شرف نامة احمد منيری, le شرح مخزن (الاسرار), le الفضلاء, le صراح, حسينی et le عجائب ; ses sources pour les mots arabes sont le le (اللغة) دستور (Hadji Khalifa, *Dict. bibl.*, t. III, p. 227), le خلاصة, le تاجين et le نصيب الولدان (voir n° 960). Le Tohfet el-saadet fut terminé le 10 safar de l'année 916 de l'hégire :

سنه تسعه مائة و ستة عشر	بر كذشته دهم زمان صفر
داشتم تحفة السعادت نام	كه شد از فضل ذو الجلال تمام

914

(fol. 5 r°).

Le Tohfet el-saadet comprend vingt-neuf chapitres subdivisés en deux parties, la première comprenant les mots simples, la seconde, les expressions composées. Il est cité parmi les sources du Farhang-i Djihangiri sous le titre de فرهنك اسكندرى (ms. 990, fol. 2 v°).

Le sultan Sikender, auquel est dédié le Tohfet el-saadet, est le sultan Sikender Lodi, fils de Behloul Lodi, qui régna de 894 à 923 de l'hégire; en effet, Firishta cite, dans le Goulshen-i Ibrahimi, ce dictionnaire comme ayant été composé sous le règne de Sultan Sikender. Son auteur paraît, d'après les termes mêmes de Firishta, avoir écrit une histoire de Sikender ibn Behloul Lodi; en tout cas, il est certain qu'il mourut après lui, c'est-à-dire postérieurement à l'année 923 : كتاب فرهنك سكندرى و ديكر كتب در عهد

او بسيار نوشته شد مدت سلطنت آن پادشاه جهارا صاحب فرهنك

سكندرى ميكويدكه بيست و هشت سال و پنجـماه بود

سكندر شه هفت كشور نماند   نماند كسى چون سكندر نماند

(ms. 243, fol. 222 v°; édit. de Bombay, t. I, p. 346). Sheïkh Saïd ed-Din n'est point cité parmi les grands sheïkhs de l'Indoustan dans la douzième makala du Goulshen-i Ibrahimi.

L'un des commentaires persans sur le Makhzen el-esrar de Nizami a été composé par Mohammed ibn Kivam ibn Roustem el-Balkhi, qui, d'après un manuscrit d'Aoude, le termina en 1091 (n° 960; Rieu, Catalogue, p. 573; Hadji Khalifa, Dict. bibl., t. V, p. 466). Ce volume porte l'ex-libris de Mohammed Asad el-Hoseïni el-Maulévi, fils de Vézir Hafzi Ibrahim Pacha.

Exemplaire de luxe, nestalik turc à encadrements et à frontispices en or et en couleurs écrit avec des encres de couleurs, copié, d'après une note du folio 1 recto, par Azmizadè au milieu du xvii° siècle. 26 sur 15 centimètres. Reliure en maroquin rouge estampé. — (Ducaurroy 48. — Supplément 427.)

980

مؤيّد الفضلآء. Dictionnaire persan, par Mohammed ibn Lad.

L'auteur a fait entrer dans le Mouayyid el-fouzala toute la matière du Shéref-namèh et du Kouniat el-talibin de Kazi Shah قاضيشه; il a, de plus, utilisé pour l'arabe le Sourah et le Tadj, et, pour les mots persans, le

شرح, le موايد الفوايد, زفان كويا le, le دستور الافاضل, le اداة الفضلآء

(voir فرهنك عطى على بيكى le, طب حقايق الاشيآء le, خزون الاسرار

page 208) et le فرهنك نامه de Fakhr-i Kavvas (man. 980, fol. 1 v°, 2 r°; Rieu, *Catalogue*, p. 494). Ce dictionnaire contient tout ce qui est nécessaire pour la lecture et l'interprétation du Shah namèh, de la Khamsè de Nizami, de la Sittè de Sénaï, des divans de Khakani, Envéri, Zahir (ed-Din-i Faryabi), Onsori, Hafiz, Selman (-i Savédji), Saadi. Le manuscrit porte, au recto du folio 1, l'attestation du mounshi de Brueys, Mirza Kanbar Ali, qu'il est complet, et le titre inexact de قنيمه الطالبين (*sic*). La date de Mohammed ibn Lad n'est point connue d'une façon précise; Blochmann fixe la date de la composition du Mouayyid à l'année 925 de l'hégire, sans citer l'autorité sur laquelle il se fonde. Il est à supposer que le Kazi Shah du présent manuscrit est différent du personnage qui est cité plus haut sous le nom de Kazi Khan (n° 976). قنيمة الطالبين est la forme exacte du titre contre قنيمة الطالبين dont le sens est complètement impossible.

Nestalik et talik indiens passables, copiés vers le commencement du XVIII° siècle, sur papier bleuté. 407 feuillets. 26 sur 15 centimètres. Reliure en basane pleine aux armes de Napoléon I°°. — (Brueys 86. — Supplément 944.)

981

Le même ouvrage.

D'après une note qui se trouve tout à fait à la fin du volume (fol. 354 r°), ce manuscrit, qui était incomplet du commencement et de la fin, fut complété en 1817 par les ordres du capitaine John..... Harriott : جناب حداوند نعمت مظهر قدرت جناب كپتان جان سپلس هاريأت صاحب بهادر; Cet officier se trouvait alors à Calcutta, et il fit copier les quelques pages qui manquaient à son exemplaire sur celui qui appartenait à la bibliothèque de la Compagnie des Indes كپنى بهادر, lequel exemplaire provenait de la bibliothèque de Tipou Sultan.

Sur l'un des feuillets de garde, cet ouvrage est donné à tort comme étant le كنز اللغات; ce même feuillet porte le cachet de Harriott. On lit au recto du folio 2 la façon de se servir du Mouayyid el-fouzala.

Nestalik indien passable copié sur du papier de couleur, probablement vers le commencement du XVIII° siècle. 354 feuillets. 29 sur 17 centimètres. Reliure indienne en chagrin noir estampé. — (Harriott. — Supplément 419.)

982

كشف اللغات والاصطلاحات. Dictionnaire persan et arabe, composé principalement pour faciliter la lecture des livres soufis, par Abd er-Rahim ibn Ahmed Sour سور, originaire de Béhar.

L'auteur, qui appartenait évidemment au Soufisme, déclare dans sa préface (fol. 1 v° et suiv.) que, très souvent, plusieurs de ses amis, de ses frères, au sens mystique, et de ses enfants vinrent le trouver pour lui demander des éclaircissements sur la terminologie des Ésotéristes علم اصطلاحات, et qu'ils lui causèrent ainsi beaucoup de dérangements et de peine. Les questions qu'ils lui posèrent, et dont Abd er-Rahim donne des exemples (fol. 1 v°-2 r°), prouvent d'ailleurs que ces gens ignoraient les éléments mêmes de la doctrine soufie : c'est ainsi que l'un d'eux vint lui demander ce qu'étaient au juste le قطب, le غوث, les deux إمام, les Saints et le Sceau des prophètes. Abd er-Rahim consignait ses réponses par écrit, au fur et à mesure des questions qu'on lui posait, de façon à éclairer la religion de ses frères en Soufisme. D'autres circonstances l'amenèrent à rédiger le Keshf el-loghat : son fils, Sheïkh Shihab, ayant entrepris sous sa direction la lecture du divan de Kasim-i Envar, fut rebuté par le grand nombre de mots arabes qui s'y rencontraient. Abd er-Rahim les chercha presque tous, en vain, dans le dictionnaire de Sheïkh Ibrahim ibn Kivam (sic), soit le شرن نامه احمد (n° 974 et suiv.), et dans celui de Sheïkh Mohammed ibn Sheïkh Lad, soit le مؤيد الفضلاء (n° 980 et 981), de sorte qu'il fut obligé d'avoir recours au Sourah, au Tadjein et au Kenz el-loghat qu'il trouva également fort incomplets. Cela le décida à composer le présent dictionnaire, dans lequel il fit entrer plus de mots arabes que n'avaient fait ses devanciers, en omettant délibérément les mots persans d'usage courant. Il renvoie les personnes qui auraient quelque doute sur les mots arabes au Sourah, au Tadjein et au Kenz el-loghat, celles qui ne seraient pas sûres du sens des mots persans, au dictionnaire d'Ibrahim, à celui de Sheïkh Mohammed ibn Lad et au اصطلاح الشعرآء. Quant aux personnes qui ne seraient pas satisfaites de ses explications sur les termes de la terminologie des Ésotéristes, il leur conseille de prendre le commentaire du Fosous el-hikem qui est connu sous le nom de Keïsari قيصرى, le commentaire du راز كلشن, et le traité arabe de terminologie soufie d'Abd er-Rezzak Kashi (voir Rieu, *Catalogue*, p. 832).

Dans ce dictionnaire, les mots d'origine persane sont indiqués par un ن. Hadji Khalifa (*Dict. bibl.*, t. V, p. 215) donne à l'auteur le nom de سوربهارى, comme d'ailleurs l'auteur du Létaïf el-loghat (fol. 2 v°), et il indique pour la composition du Keshf la date de 1060 de l'hégire; c'est là une erreur évidente, car cet ouvrage lexicographique est cité par Hoseïn Indjou, sous le titre de فرهنك شیخ عبد الرحم بهارى, dans la liste des sources du Farhang-i Djihangiri, qui a été terminé en 1017 de l'hégire (ms. 990, fol. 2 v°, et Rieu, *Catalogue*, p. 495). D'après un exemplaire qui a été utilisé par Blochmann (*Contributions*, p. 10), et qui contenait une autre préface, l'auteur fut le disciple de Sheïkh Mohammed, fils de Lad, qui composa le Mouayyid el-fouzala. Dans cet exemplaire, Abd er-Rahim cite parmi ses sources, le موبّد الفضلاء, un dictionnaire par le kadi Nasir ed-Din Gounbédi كنبذى, le قنية الطالبين, les dictionnaires de Fakhr-i Kavvas, d'Ali Nikhaï (voir p. 208), d'Émir Shihab ed-Din Kirmani (voir n° 976), le كافية كيش, le لسان الشعرآء, le اصطلاح الشعرآء, le جامع القنايع, et un dictionnaire par Sheïkh Mohammed Khogari خغرى (?). Malgré ses prétentions, cet ouvrage est assez médiocre au point de . vue de l'interprétation des termes qui se trouvent dans les livres d'Ésotérisme.

Le Keshf el-loghat a été imprimé à Calcutta, vers 1840. Le commentaire du Fosous el-hikem, qui a été utilisé par Abd er-Rahim, a pour auteur Sheïkh Daoud ibn Mahmoud Kaïsari qui mourut en 751 de l'hégire (Hadji Khalifa, *Dict. bibl.*, t. IV, p. 427); ce commentaire parut avec deux préfaces; dans la seconde, il porte le titre de مطالع خصوص الكلم, et il est dédié au vizir Ghiyas ed-Din, fils de Rashid ed-Din, l'auteur de la جامع التواريخ.

Ce manuscrit porte au recto du folio 1 l'estimation de sa valeur à   ⸙ 50 roupies.

Nestalik indien passable à encadrements, daté de 1069 de l'hégire (1658 de J.-C.). 488 feuillets. 24 sur 14 centimètres. Reliure indienne en maroquin rouge. — (Anquetil 44. — Supplément 424.)

983

مفتاح المعضلات. Vocabulaire persan et arabe, par Abd el-Mennan Sheïkh Bourhan Sikrival.

D'après ce qui est dit dans la courte préface de cet ouvrage (fol. 1 v° et 2 r°), l'auteur a eu le dessein d'interpréter les mots persans et arabes rares et difficiles à comprendre qui se rencontrent dans les lettres du vizir d'Akbar, Aboul Fazl ibn Moubarek : منكه..... عبد المنّان شيخ برهان سيكرى والم در فراهم آوردن الفاظ مغلقه مكتوبات (ms. مكنونات) جامع المعقول و المنقول حاوى الفروع والاصول..... شيخ ابو الـفـضـل نـوّر الله مرقده...

Aboul Fazl était mort à l'époque à laquelle Abd el-Mennan rédigea ce

livre, qui, par conséquent, n'est pas antérieur à l'année 1011 de l'hégire.
Le Miftah el-mon'zilat contient 2,275 mots expliqués interlinéairement en
persan facile; il est suivi d'extraits des œuvres d'Aboul Fazl ibn Moubarek,
entre autres, d'une invocation à l'empereur Akbar.

Assez bon nestalik indien du commencement du xviii° siècle. 41 feuillets, 23
sur 16 centimètres. Reliure en cuir rouge. — (Ouessant. — Supplément 409.)

984

فرهنك جهانكيرى. Dictionnaire persan, illustré de nombreux exemples empruntés aux principaux poètes persans, par Navvab Adhod ed-Daulèh Djémal ed-Din Hoseïn
Indjou ibn Fakhr ed-Din Hasan.

Hoseïn Indjou appartenait à la célèbre famille alide des Indjou de Shiraz. D'après l'auteur du Méasir el-ouméra (ms. 640, fol. 160 v°), les
الحوبة, l'une des familles les plus considérables de Shiraz, descendaient
de Kaïm er-Reïs ibn Hasan Tabatabaï Tchini جيني (ou peut-être Khoténi
ختنى). Mir Shah Mahmoud et Mir Shah Abou Tourab vécurent sous le
règne du séfévi Shah Tahmasp, et ils arrivèrent, grâce à l'entremise de
Mir Shems ed-Din Asad Allah Shoustéri, sadr-i Iran, le premier à la charge
de sheïkh el-Islam de toute la Perse, le second, à celle de kadi el-koudat.
Djémal ed-Din Hoseïn Indjou fut d'abord au service des souverains du
Dekkan; il entra au service d'Akbar en 994, et devint commandant de
900 hommes avec un traitement de 85,200 roupies; ce fut lui qui négocia,
en 1013, le mariage du prince Danial avec la fille d'Adil Shah. Il fut
nommé par Djihangir, gouverneur du Béhar, et reçut en 1027 le titre de
Adhod ed-Daulèh; d'après le Tarikh-i Mohammédi, il mourut à Agra en
l'année 1035 de l'hégire (Rieu, *Catalogue*, p. 479, 1088; Blochmann,
Contributions, notice 7).

L'auteur du Farhang-i Djihangiri dit dans sa préface (ms. 984,
fol. 2 r° et suiv.) que, dès sa jeunesse, il s'appliqua avec ses amis à la lecture des anciens poètes de la Perse; beaucoup des divans qu'il eut ainsi
l'occasion de consulter contenaient ce que Hoseïn Indjou nomme des
mots parsis, pehlvis et déris, c'est-à-dire, non des mots pehlvis véritables,
qu'il n'aurait pu comprendre, mais des mots anciens et vieillis, tels que
ceux qui se rencontrent dans le Shah namèh, et des vocables employés
dans un sens spécial à la poésie, tels évidemment ceux qui se trouvent dans
les livres des Soufis avec des acceptions particulières sur lesquelles le sens

ordinaire des mots ne donne que peu de renseignements. Ces difficultés arrêtèrent Hoseïn Indjou qui dut chercher dans les dictionnaires persans les mots dont il ignorait le sens, ou les acceptions spéciales : چون اكثر اشعار

ایشان مشتمل بود بر لغات پارسی و پهلوی و دری و اصطلاحات در شعر و غیر آن ناچار بكتب لغات پارسی كه آنرا فرهنك میخوانند رجوع افتاد

Il lui arriva très souvent de ne trouver ni les uns ni les autres dans les ouvrages qu'il consulta et, quand il les trouva, les divergences des auteurs étaient telles qu'il lui fut impossible de savoir quel était au juste le sens d'un mot ou d'une expression; de plus, les dictionnaires rédigés par les Persans ne distinguaient que d'une façon tout à fait insuffisante l'origine arabe ou persane des mots qu'ils expliquaient. Ces lacunes, qui sont d'ailleurs signalées par beaucoup d'auteurs de dictionnaires persans, engagèrent Hoseïn Indjou à entreprendre la rédaction d'un farhang qui fût exempt de toutes les imperfections qu'il avait remarquées dans les œuvres de ses devanciers. Il y travailla durant trente ans, et il se vante d'avoir réuni dans son dictionnaire plus de mots de l'ancienne langue de la Perse musulmane que ne l'avait fait aucun de ses prédécesseurs. Au mois de Zoulkaada de l'année 1005 de l'hégire (sic), l'empereur Djélal ed-Din Mohammed Akbar Padishah s'en vint à Srinagar, la capitale du Kashmir : رایت آفتاب

اشراق بندكان حضرت عرش آشیان اعنی خدیو اعظم جم جاه خسرو عالی پناه پادشاه درویش نهاد و درویش پادشاه نژاد آن واقف اسرار حقیقی و مجازی جلال الدّین مهد اكبر پادشاه غازی در شهر سری نكركه دار الملك كشمیر است نزول اجلال داشت. . . . .

L'un des amis de Hoseïn Indjou parla, dans un cercle que tint l'empereur Akbar, du travail lexicographique auquel il s'était livré pour fixer, d'une façon qui fût définitive, le sens des mots de la langue ancienne de la Perse. L'empereur qui, comme tous les princes de la dynastie timouride, s'intéressait aux travaux littéraires, accorda une audience à Hoseïn Indjou, et il approuva ses efforts en lui disant que «depuis l'époque à laquelle les Arabes ont conquis les pays de l'Adjem, la langue persane s'est mêlée de mots arabes, pendant que la majorité des mots parsis, déris et pehlvis (c'est-à-dire ici des mots d'origine iranienne) ont été abandonnés et ont même complètement disparu devant cette invasion; aussi est-il à peu près impossible d'expliquer les ouvrages qui, dans les temps anciens, ont été écrits par les gens qui parlaient le parsi (c'est-à-dire le persan non mélangé d'arabe, tel qu'il se trouve dans le Shah namèh), ainsi que les vieux poètes. C'est pourquoi, peu de temps avant la présente époque, j'ai donné l'ordre que quelques-unes des personnes qui fréquentent ma cour et qui sont versées dans la connaissance de la philologie, entreprennent la rédaction d'un ouvrage dans lequel seraient réunis les mots persans employés par les auteurs anciens et les significations techniques des mots employés par les poètes. Personne ne put venir à bout de cette tâche, aussi, il faut que ce soit toi qui composes à la gloire de mon nom auguste un livre qui traite de cette science excellente».

از ان زمان که عربانرا بربلاد عجم استیـلا دست داده زبان پارسی با کلام عرب امیزش پخیرفته اکثر لغات پارسی و دری و پهلوی متروك بل نا بود گشته بنابرین شرح کتبی که در قدیم الآیام پارسی پرداخته اند و معان اشعاری که شعرای باستان برپور نظم آراسته اند در سراپردهٔ إخفـا و ستر حجاب مخفی و مستور مانده و لهذا قبل ازین چندی از بندهـای درکاه افاضل بفاءرا بترتیب کتاب مشتمل بر جمع لغات پارسی باستـانی و مصطلحات امر فرموده بودیم هیچکدام از عهدهٔ آن بیرون نتوانستنـد آمد باید که تو درین فنّ شریف کتابی بنام نای و اسم سای ما مرتّب ......سازی. Pour répondre à l'ordre impérial, Hoseïn Indjou se mit à l'œuvre, et il réunit un grand nombre de farhangs pour les compiler; ces dictionnaires sont cités ainsi qu'il suit dans le manuscrit 984, fol. 3 r° : le farhang 1° d'Aboul-Hafs Soghdi; 2° d'Aboul-Mansour Ali ibn Ahmed Mansour Asadi el-Tousi; 3° le فرهنك ابراهيمی (n° 974 et suiv.); 4° le اداق الفضلاء de Kazi Khan Bedr Mohammed Dehlévi, connu sous le nom de درهاروال (voir n°s 972-973); 5° le farhang de l'oustad Abd Allah Nishapouri; 6° le فرهنك تحفة الاحباب (voir n° 979); 7° le فرهنك اسكندری par Hafiz Oubhi اوبهی; 8° le dictionnaire en vers intitulé فرهنك جامع اللغات de Niyazi Hédjazi; 9° le farhang de Hoseïn Véfai; 10° le فرهنك حسينی; 11° le farhang de Hakim Kathran; 12° le فرهنك دستـور (n° 944); 13° le فرهنك دستور الفضلاء; 15° le فرهنك دستور الفضلاء; 14° le فرهنك دستور الافاضل; 16° le رسالة النصير ; فرهنك زفان كويا و جهان پویا, connu sous le nom de حسین) est le mongol (حسین «secrétaire») composé par Bedr ed-Din; 17° le فرهنك سروری کاشی هفت بخشی) هفت بخشی (n° 995); 18° le سخنی de Saad ibn Nasr ibn Taher ibn Yétim el-Ghaznévi, qui est نظامی نامهٔ dédié au célèbre vizir Nizam el-Moulk, et qui contient 1,205 mots (sic); 19° le فرهنك شرف-نامه dédié à Ahmed Mouniari, par Ibrahim Farouki (n°s 974 et suiv.); 20° le farhang de Sheïkhzadèh Ashik (n° 976); 21° le farhang de Sheïkh Abd er-Rahim Béhari (n° 982); 22° le farhang de Sheïkh Mahmoud Béhari; 23° le فرهنك ضميری; 24° le فرهنك عاصمی;

فرهنك على نيك بى 25° le ; فرهنك عجايب 26° le ; فرهنك عاملى 27° le
(sur ce nom mongol, voir n° 253) ; 28° le فرهنك فوايد برهانى ; 29° le
farhang de Kazi Zahir ; 30° le فرهنك قنية الطالبين 31° le ; فرهنك قنية
فرهنك لغات ديوان خاقانى 33° le ; فرهنك لسان الشعرآء 32° le ; الغتيان
destiné à faciliter la lecture des œuvres poétiques de Khakani ; 34° le
فرهنك لغات شاهنامه, lexique du Shah namèh ; 35° le farhang de Mohammed ibn Kaïs ; 36° le farhang de Mohammed ibn Hindoushah Mounshi, qui fut composé au nom de Ghiyas ed-Din, fils de Fadl Allah Rashid
ed-Din ; 37° le فرهنك مختصر ; 38° le farhang de Mirza Ibrahim ibn Mirza
Shah Hoseïn Isfahani ; 39° le فرهنك معيار جمالى (n° 971) ; 40° le farhang
de Maulana Hahdad Serhendi ; 41° le farhang de Mansour-i Shirazi ; 42° le
farhang de Maulana Moubarek Shah Ghaznévi, connu sous le nom de
Fakhr-i Kavvas ; 43° le فرهنك مؤيّد الفضلآء de Mohammed-i Lad (n° 980) ;
44° le فرهنك مؤيّد الفوائد. En plus de ces quarante-quatre ouvrages,
Hoseïn Indjou dit qu'il a mis à contribution neuf autres lexiques dont il ne
connaissait ni le titre ni le nom de l'auteur, des commentaires sur le Koran
تفاسير, des chroniques تواريخ, des livres en zend et en pazend (sic), et
encore bien d'autres ouvrages, en particulier des divans. La plupart des
commentaires sur le Koran que consulta Indjou avaient été composés à des
époques anciennes et leurs interprétations étaient rédigées dans une langue
difficilement intelligible pour un contemporain d'Akbar. C'est ainsi qu'il
trouva dans le تفسير زاهدى le mot صابيين «Sabéens», expliqué par
نغوشاك, et que, pour savoir ce que signifiait نغوشاك, il dut chercher ce
mot dans le تفسير كبير et dans le تفسير حسينى, qui est probablement
la traduction persane du grand commentaire de Tabari (n° 25) ; il prit
également soin de vérifier la signification des noms qui désignent les
oiseaux employés à la chasse dans un باز نامه, ceux de médecine et de
pharmacologie dans le ذخيرهٔ خوارزمشاهى (n°° 820-827) et dans
l'اختيارات بديعى (n°° 836-843), les noms de localités dans le نزهة
القلوب d'Hamd Allah Mostaufi (n°° 657 et suiv.) et dans le عجايب
البلدان. Hoseïn Indjou poussa même le scrupule jusqu'à demander à
des gens de Ghazna et de Kaboul le sens exact de mots employés par
Hakim Sénaï Ghaznévi dans la حديقه et dans son divan, et à des personnes originaires du Khorasan et du Badakhshan, celui de mots qu'il
trouva dans le divan et le سفر نامه (n°° 644-645) de Nasir-i Khosrau.
Parmi les livres historiques que Hoseïn Indjou dépouilla pour la rédaction
du Farhang-i Djihangiri, se trouvent la جامع التواريخ de Rashid ed-Din
(fol. 608 v°), citée à propos de l'étymologie de آذربيجان et le حبيب
السير de Khondémir.

Le résultat qu'atteignit Hoseïn Indjou ne répond guère à l'énorme effort que suppose tout ce dépouillement, car le Farhang-i Djihangiri est loin d'être suffisant pour la lecture des chroniques, et les اصطلاحات qui se rencontrent à chaque hémistiche des poèmes soufis n'y sont que très médiocrement expliquées. Il est certain que tous les ouvrages qu'Hoseïn Indjou cite dans sa préface n'ont pas été entièrement dépouillés par lui, et qu'il s'est borné à y prendre un certain nombre de renseignements; il en est de même pour tous les auteurs de dictionnaires persans qui éblouissent le lecteur par l'étalage de leurs sources, quand leur travail, uniquement destiné à expliquer les mots difficiles de la poésie, est des plus imparfaits, sans l'ombre d'autorité, et ne peut supporter la comparaison avec les dictionnaires anciens de la langue arabe dont les auteurs se donnaient la peine d'aller recueillir, durant de longues années, les éléments dans les tribus nomades, sans se fier à des manuscrits d'une correction toujours douteuse. Le dictionnaire de Hoseïn Indjou ne fut terminé que trois années après la mort d'Akbar, en 1017 de l'hégire, et il est dédié à l'empereur timouride Aboul Mouzaffer Nour ed-Din Mohammed Djihangir avec le titre de فرهنك جهانكيرى (fol. 4 r°); la date à laquelle il fut terminé est indiquée par le quatrain suivant :

مرتب كشت این فرهنك نامى

بآسم شاه جم جاه جهانكیر

جستم سال تاریخش خرد کفت

زهى فرهنك نور آلدّین جهانكیر

Le Farhang-i Djihangiri se termine par un appendice خاتمة (man. 990, fol. 610; man. 984, fol. 500) subdivisé en cinq chapitres, que l'on ne trouve pas dans tous les exemplaires, et qui contiennent principalement les mots étrangers au persan, ainsi que les mots dits zends et avesta. Le premier de ces chapitres porte le titre de در اوّل مشتمل بر كنایات و ; le second est intitulé در دوم مشتمل بر لغات ; اصطلاحات و استعارات مركّبّه از پارسى و عربى یا دو كلمه عربى كه بروش پارسى آورده باشند در سیوم مشتمل بر ; يا پارسى و تركى یا پارسى و لغت دیكر, le troisième; در چهارم ; لغاتى كه یكى از حروف بیكانه در آن یافته شده, le quatrième; در پنجم مشتمل بر, le cinquième; مشتمل بر لغات زند و بازند و وستا لغات غریبه.

D'après une tradition recueillie par Anquetil chez les Parsis du Goudjarate, ce dictionnaire ne serait point l'œuvre d'Hoseïn Indjou, qui se serait borné à en surveiller l'exécution. On lit en effet, au recto du folio 1 de son exemplaire du Farhang-i Djihangiri (ms. 987) : «...fait par les ordres de Azad eutdoleh, amir de Djehanguire....; on dit que Djehanguir écrivit à Chah Abbas de lui envoyer deux destours du Kirman. Ce prince en manda d'Hyezd (*sic*) et les fit partir pour Dehly. Ce sont eux qui ont fait le dictionnaire». Dans les *Mémoires de l'Académie des Belles-Lettres*, tome XXXI, page 381, Anquetil donne une version différente de cette tradition, en disant que ce fut l'empereur Akbar qui envoya demander à Shah Abbas de lui envoyer un destour habile dans la loi des Parses. Le roi séfévi envoya le destour Ardéshir du Kirman à la cour d'Akbar, et ce serait ce personnage qui aurait commencé la rédaction du Farhang-i Djihangiri. Cette théorie, d'après laquelle le destour Ardéshir serait le principal auteur du Farhang, a été reprise par M. Modi dans *The Parsees at the court of Akbar*, p. 20 et suiv. Dans un passage du Farhang, fol. 185 v°, Fakhr ed-Din Indjou dit que l'explication du mot برسم, le رَسْمْیدَه de l'Avesta, lui a été donnée par un mobed nommé Ardéshir, qu'Akbar avait fait venir du Kirman pour déterminer d'une façon certaine le sens des mots de la langue de la Perse d'avant l'Islam

شرح این لغت از مجوسی که در دین خود : فرس

بغایت فاضل بود و اردشیر نام داشت مجوسیان اورا موبد میدانستند

و حضرت عرش آشیانی بعض از برای تحقیق لغات فرس .... از کرمان

طلبیده بودند. Ce passage n'est pas suffisant pour établir la thèse des Parsis et, en admettant même qu'Akbar eût chargé le destour Ardéshir de rédiger un dictionnaire persan, on a vu par les paroles de l'empereur qui sont rapportées plus haut (p. 207) qu'il n'aurait pu arriver à bout de cette tâche. En réalité, Ardéshir ne fut mandé du Kirman dans l'Inde que pour donner des renseignements sur la langue persane non musulmane aux personnes qui avaient été chargées par Akbar de rédiger le dictionnaire, et qui n'y purent parvenir. Loin d'être le principal auteur du Farhang, il fut seulement consulté par Hoseïn Indjou sur le sens de quelques mots spéciaux aux Mazdéens et pour la plus grande partie des soi-disant mots pehlvis qui se trouvent dans le quatrième appendice :

فقیر حقیرکه راقم

این حروفم یعنی از پارسمیان را که در دین زردشت بود دیدم که جز

چند از کتاب زندوستا داشت چون مرا رغبت و شغف تمام بمجمع لغات

فرس (c'est-à-dire parsis et avestiques) بود در فرس از زند و ابستا کتابی

معتبر و بزرگتر نیست بجهت تحقیق لغات با او محبت میداشتم و اکثر

لغاتی که در خاتمهٔ این کتاب اند از زند و بازند و ابستا نقل شده

از تقریر آن زردشتی ...... Ce fut tout simplement à cela que se réduisit la collaboration du destour Ardéshir Kirmani (fol. 28 r°), et il eût été désirable que Hoseïn Indjou le consultât plus souvent pour éviter d'écrire des âneries comme ابستنا تفسیر زند است (fol. 128 v°) «l'Avesta est le commentaire du Zend», quand, dans toute la littérature mazdéenne, le mot *zend* a le sens de «commentaire». Beaucoup des mots qui se trouvent dans le quatrième appendice sont tirés du lexique pehlvi-pazend (n° 186, 4).

Le contenu du Farhang-i Djihangiri est décrit dans Rieu (*Catalogue*, p. 479); cet ouvrage a été publié à Lakhnau en 1293 de l'hégire, mais l'édition est moins complète que le présent manuscrit; il est, pour les mots persans, la principale source du برهان قاطع et des lexiques postérieurs. C'est ce dictionnaire que Riza Kouli Khan (voir n° 650) a publié sous son nom, en le mettant dans l'ordre alphabétique ordinaire, et en le criti-quant fort, ainsi que le Borhan-i kati, sous le titre de فرهنك ناصری (Téhéran, 1288, autographié par Mirza Agayi Kéméréï). Le présent exem-plaire est complet; il contient les prolégomènes et les appendices.

Beau neskhi indien à encadrements et frontispices en or et en couleurs de la première moitié du xvii° siècle. 620 feuillets. 29 sur 16 centimètres. Reliure en cuir rouge. — (Schefer 244. — Supplément 1560).

985

Le même ouvrage.

Exemplaire comprenant la préface divisée en douze آئین, mais ne con-tenant pas les appendices.

Assez bon neskhi indien du milieu du xvii° siècle. 717 feuillets. 25 sur 14 centimètres. Reliure en cuir noir. — (Supplément 1284.)

986

Le même ouvrage.

Exemplaire de luxe ne contenant pas les appendices.

Beau nestalik indien à encadrements et à frontispices en or et en couleurs de la seconde moitié du xvii° siècle. 571 feuillets. 30 sur 17 centimètres. Reliure en maroquin rouge plein au chiffre de la première République. — (Leroy. — Sup-plément 434.)

14.

987

Le même ouvrage.

Exemplaire incomplet de la fin et ne comprenant ni la préface, ni les appendices.

Nestalik indien passable de la fin du xvii° siècle. 299 feuillets. 31 sur 18 centimètres. Cartonnage indien. — (Anquetil 51. — Supplément 435.)

988

Le même ouvrage.

Exemplaire sans les appendices, ne contenant pas les citations en vers, et incomplet de quelques feuillets de la fin. Il a été acquis en 1122 de l'hégire par un certain Molla Mirza Mohammed pour la somme de 3,000 dinars (fol. 1 r°).

Neskhi tendant au nestalik du commencement du xviii° siècle. 218 feuillets. 30 sur 18 centimètres. Reliure persane en maroquin brun estampé. — (Supplément 435.)

989

Le même ouvrage.

Exemplaire incomplet de la préface et des cinq chapitres de la conclusion. Ce manuscrit porte, au folio 1 recto, une notice de la main de Frazer et le cachet du mounshi de Brueys, Mirza Kanbar Ali.

Neskhi indien passable, copié à Ahmédabad en 1144 de l'hégire (1731 de J.-C.) par Mohammed Kazem, fils de Sheïkh Obeïd Allah. 302 feuillets. 28 sur 17 centimètres. Reliure en maroquin rouge à filets d'or. — (Frazer; Brueys 87. — Supplément 945.)

990

Le même ouvrage.

Exemplaire complet, comprenant l'introduction et les appendices.

Bon neskhi et nestalik indiens à encadrements de couleur, copiés pour le colonel chevalier de Maisonneuve كولونيل همواك دمىزونيو, par un Indou nommé اساس كردهون دوس, fils de كوينداس بن پاك الىالعا; la copie a été terminée le 3 Safar 1238 de l'hégire, date correspondant au 20 octobre 1822. 698 feuillets. 36 sur 28 centimètres. Reliure en basane pleine. — (Maisonneuve 1. — Supplément 437.)

991

Le même ouvrage, sans les prolégomènes, ni les appendices.

Début : آب چهار معنی دارد ١ معروفست ٢ بمعنی رواج و رونق و جاه و عزت .....

D'après une note de la main de Gentil (?), cet ouvrage serait le «Mountakeboul logat Chadjehani, dictionnaire choix des mots persans par l'empereur Chadjehan....». Cette attribution est certainement erronée, le منتضب اللغات شاهجهانی d'Abd er-Reshid el-Hoseïni el-Médéni el-Tatavi étant un dictionnaire arabe expliqué en persan (n° 956 et Rieu, *Catalogue*, p. 510). D'après une note vraisemblablement autographe qui se lit au recto du premier feuillet : تاریخ چهاردهم شهر شعبان سنه شاهجهان ثانی احد در بلده لکهنو عرض دیده شد, l'empereur timouride Réfi ed-Daulèh Shah Djihan II (1719), se trouvant à Lakhnau, au cours de la première année de son règne, a eu l'occasion de se servir de ce dictionnaire.

Assez bon neskhi indien de la fin du XVII° siècle. 370 feuillets. 23 sur 13 centimètres. Reliure en maroquin brun avec filets en or. — (Anquetil 48. — Supplément 446.)

992

Le même ouvrage.

Exemplaire d'une rédaction abrégée.

Bon neskhi indien écrit sur deux colonnes, copié à Surate au cours de la quatrième année du règne de l'empereur Aziz ed-Din Alemgir II, soit 1170 de l'hégire (1756 de J.-C.). 183 feuillets. 21 sur 15 centimètres. Reliure en cuir rouge estampé. — (Anquetil 43. — Supplément 418.)

993

Dictionnaire persan expliqué en persan, sans préface et anonyme.

Ce dictionnaire, qui commence par : آبْ ١ یعنی مای ٢ بمعنی رواج ٣ بمعنی طرز و روش ٤ ماه سبم تابستان ٧ بمعنی عزّت آبآ ١ بمعنی آش و شوربا

و ماستبا ۲ يعنى با هلشد يعنى با فلان..., est un remaniement du Farhang-i Djihangiri disposé d'après l'ordre alphabétique ordinaire, et dépouillé
de ses citations poétiques. D'après une note qui se lit au recto du folio 1 du
manuscrit 992, Anquetil croyait que cet ouvrage abrégé était la première partie du Farhang-i Sorouri; c'est là une opinion erronée, causée
par le fait que l'explication des mots persans dans le Farhang-i Sorouri
et dans le Farhang-i Djihangiri est rédigée à très peu de chose près dans
les mêmes termes, mais le fait que le présent traité contient un assez grand
nombre de mots qui ne se trouvent pas dans le Farhang-i Sorouri, tandis
qu'ils figurent dans le Farhang-i Djihangiri, montre assez qu'il est un
extrait de ce dernier lexique. Le dictionnaire proprement dit est suivi de
cinq appendices; le premier (fol. 224-251) comprend les expressions persanes composées, il débute par : آب آتش رنگ و آب آتش زاى و آب آتش
نماى و آب آذرسان و آب ارغوانى و آب شنکرف این لغات دو معنى
دارد.......; le second contient les composés dont l'un des termes est
arabe (fol. 252-273); le premier mot expliqué آب حيات est rendu par
اول معروفست ۲ باصطلاح سالکان کنايه از عشق و محبت است که هر
که از آن جام جرعة بچشد معدوم و فانى بگردد و باصطلاح شعراء کنايه
از ذهن معشوق و تکلم وى بود; le troisième contient les mots dans lesquels
se trouve une des lettres spéciales à l'arabe et étrangères au phonétisme
iranien (fol. 273-274); le quatrième (fol. 274-278), les mots dits zends,
pazends et avesta, avec le titre لغات کتاب زند و بازند و وستا و این هر
سه کتاب از کهرانست که ابراهيم زرتشت در دين آتش پرستى تصنيف
کرده است.... Ces prétendus mots zends, pazends et avesta ne sont,
comme l'on sait, que des mots pehlvis mal lus et complètement défigurés.
Le cinquième appendice contient les mots indous, turks, etc. (fol. 279-282).

Le quatrième appendice de ce lexique a été copié par Daoud Isfahani, et
il se trouve sous les n°° 213-214. Les mots expliqués sont écrits à l'encre
rouge et vocalisés avec soin. Certaines copies de cet abrégé du Farhang-i
Djihangiri en présentent des rédactions encore abrégées.

Bon nestalik persan, copié en 1042 de l'hégire (1632 de J.-C.) par un nommé
Maulana Khosrev el-Moallem (fol. 220). 283 feuillets. 20 sur 14 centimètres.
Reliure européenne. — (Regius 1571. — Ancien fonds 187.)

994

Le même ouvrage.

D'après une note non signée, de la main de Langlès, qui se lit au recto du folio 2, ce lexique, qui est rangé suivant l'ordre alphabétique habituel, est un «dictionnaire persan par Petis de la Croix, provenant de Deshautes rayes (sic) déposé par la veuve de (ce) dernier, à la Bibliothèque Nationale, avec plusieurs autres manuscrits orientaux, en l'an 2 de la République». En réalité, ce dictionnaire est le même remaniement du Farhang-i Djihangiri qui se trouve dans le numéro précédent, mais disposé de manière à recevoir une traduction française. Les mots à expliquer sont écrits par une main qui paraît occidentale, tandis qu'une partie du commentaire qui en est donné est écrit en bon nestalik persan d'une main certainement orientale; ce volume contient seulement quelques interprétations en français. On trouve à la fin du dictionnaire proprement dit, qui ne comprend pas les cinq appendices du numéro précédent, une liste des mots spéciaux à la langue du Shah namèh de Firdousi et (fol. 281 r°) un «vocabulaire en langue mogole». Ce vocabulaire est une copie, dont on a fait disparaître la division en chapitres, du كتاب فى اللغة المغولية, dont une copie manuscrite, de la main de Daoud Isfahani, se trouve dans un manuscrit de l'Anvar-i Sohaïli; les premiers mots seuls sont traduits en français; il se termine par cette note : لسان المغول يتداخل كثيرًا من الالفاظ التركية كما يتداخل الاعاجم من العرب والارمن والكرج يستعمل الروميّة, qui montre que la personne qui l'a écrite était fort peu au courant de la nature de la langue mongole.

Assez bonnes écritures de la première moitié du xviiᵉ siècle. 285 feuillets. 33 sur 23 centimètres. — (Pétis de la Croix; Deshauterayes. — Supplément 1005.)

995

بجع الغرس. Dictionnaire persan, par Mohammed Kasem ibn Hadji Mohammed Kashani, qui portait le surnom poétique تخلّص de Sorouri.

Sorouri, qui vécut la plus grande partie de sa vie à Isfahan, voyagea dans l'Inde sous le règne de Shah Djihan, et mourut en se rendant à la Mecque; il était à Lahore en 1036 de l'hégire (Rieu, *Catalogue*, p. 498). L'auteur a compilé, pour la rédaction du Medjma el-Fours, 16 vocabulaires persans qui étaient en sa possession en 1008 de l'hégire, et qu'il cite ainsi (ms. 996, fol. 7 r°; ms. 997, fol. 2 r°): le شرف نامه dédié à Ahmed Mouniari, le ميعار جالى de Shems-i Fakhri, le تحفة الاحباب de Hafiz Oubbi أوبهى, plusieurs traités lexicographiques dus à Hoseïn Véfayi, Abou Mansour Ali ibn Ahmed el-Asadi el-Tousi, Mirza Ibrahim ibn Mirza Shah Ho-

seïn Isfahani, Mohammed-i Hindoushah (voir n° 1017), Abou Hafs Soghdi,
le الغضلاۆ مۈیّد de Mohammed ibn Lad, le commentaire du سامی فى الاسامی
de Meïdani, le الغضلاۆ ةادا de Kazi Khan Bedr Mohammed Dehlévi, surnommé Dharval دهاروال, le جامع اللغات, en vers, de Niyazi Hédjazi, ou,
suivant d'autres manuscrits, Boukhari بخاری, le زفان کویا, la traduction
de la صندبه d'Abou Reïhan el-Birouni, le traité de Loutf Allah ibn Yousouf Halimi qui est expliqué en turc et le لسان الشعراۆ. La liste de ces
sources varie suivant les exemplaires du Farhang-i Sorouri; elle n'est complète que dans les manuscrits 996 et 997, et elle est fortement incomplète
dans les manuscrits 995 et 998. Sorouri exclut de son lexique les mots
persans et arabes qui se rencontrent couramment, mais il y fit entrer un
grand nombre d'exemples empruntés aux meilleurs poètes; il dédia le
Medjma el-Fours au souverain séfévi Abbas Shah Béhadour Khan (996-
1038) [ms. 996, fol. 8 r°]. Cet ouvrage est également connu sous les titres
de فرهنك سروری et de لغت فرس سروری (fol. 1 r°).

Nestalik persan, copié à la fin du xvii° siècle par Hébib Allah ibn Saad ed-Din
Mohammed ibn Khalil Allah ibn Saad ed-Din Mohammed el-Kashani, 198 feuillets. 26 sur 15 centimètres. Reliure en cuir brun estampé et doré. — (Schefer
114. — Supplément 1422.)

996

Le même ouvrage.

On trouve au folio 3 recto des ghazels copiés par un certain Sheïkh
Gauher کوهر.

Bon talik et nestalik indiens, copiés par Mohammed Yakoub en 1096 de l'hégire (1684 de J.-C.). 490 feuillets. 28 sur 17 centimètres. Reliure en basane au
chiffre du roi. — (Anquetil 47. — Supplément 431.)

997

Le même ouvrage.

Assez bon nestalik indien de la fin du xvii° siècle. 591 feuillets. 27 sur
16 centimètres. Reliure européenne en veau plein. — (Supplément 432.)

998

Le même ouvrage.

Exemplaire incomplet du dernier feuillet.
On lit, au recto du feuillet 469, une note d'après laquelle ce manuscrit

a été acquis, au commencement du mois de Safar 1236, pour le compte du colonel Chevalier Simonet de Maisonneuve : سردار و الاتبار کولونیل شیوالی, سمولت دمیزولیو اعنی سردار کوق فرائسیس, à Surate, d'un Arménien. Le mounshi qui a écrit cette note, le Persan Seyyid Mohammed Ali Mounshi, affirme à tort, qu'après l'avoir lu complètement d'un bout à l'autre, il n'y a pas trouvé la moindre lacune. L'ex-libris de l'Arménien qui a vendu ce livre à Maisonneuve, se lit au verso du feuillet 468.

Gros nestalik indien de la première moitié du xviii° siècle. 469 feuillets. 26 sur 15 centimètres. Reliure indienne en cuir rouge estampé et doré. — (Maisonneuve. — Supplément 433.)

999-1001

برهان قاطع. Dictionnaire persan, comprenant les mots empruntés à l'arabe et aux autres langues, par Mohammed Hoseïn ibn Khalaf el-Tébrizi, surnommé Borhan برهان.

Le Borhan-i kati contient toute la matière du Farhang-i Djihangiri, du Medjma el-Fours, du Sourmè-i Soleïmani et du Sahah el-adviya de Hoseïn el-Ansari; il a été terminé en 1062 de l'hégire, comme l'indique le chronogramme کتاب نافع برهان قاطع (fol. 3 r°), et dédié au sultan Kotb Shah de Golconde, Sultan Abd Allah ibn Kotb Shah (1035-1083). Le Borhan-i kati est précédé d'une introduction divisée en neuf faïda dans laquelle Mohammed Hoseïn étudie la nature de la langue persane et plusieurs questions grammaticales. C'est ce lexique qui forme la base du *Lexicon persico-latinum* de Vüllers; il a été publié par Roebuck à Calcutta en 1818 et réimprimé en 1822 et 1834. Une traduction turque a été imprimée à Constantinople en 1214 et à Boulak en 1251 de l'hégire (Rieu, *Catalogue*, p. 500); cette traduction est supérieure à l'original.

Exemplaire complet en trois volumes; le premier contient les lettres ا à ح, le second, les lettres خ à شذ, le troisième, le reste de l'alphabet. Ce manuscrit a été soigneusement revu et corrigé.

Bon nestalik indien à encadrements et à frontispices du milieu du xviii° siècle. 480, 322 et 506 feuillets. 31 sur 18 centimètres. Reliure indienne en cuir noir. — (Supplément 1261, 1262, 1263.)

1002

Le même ouvrage.

Cet exemplaire a été payé 43 roupies, soit 102 livres, par Anquetil (fol. 1 r°).

Bon nestalik indien à filets rouges et bleus, terminé en Redjeb 1123 de l'hégire (Août 1711 de J.-C.) à Surate در بندر مبارك سورت. 573 feuillets, 41 sur 24 centimètres. Reliure en basane pleine. — (Anquetil 62. -- Supplément 443.)

1003

Le même ouvrage.

Cet exemplaire se termine par l'attestation qu'il est rigoureusement complet.

Bon nestalik indien de la fin du xviiᵉ siècle. 819 feuillets, 24 sur 14 centimètres. Reliure en maroquin brun estampé. — (Supplément 442.)

1004

فرهنك رشيدى. Dictionnaire persan, par Molla Abd er-Réshid ibn Abd el-Ghaffour el-Hoseïni el-Médéni el-Tatavi التتوى.

L'auteur, qui cultiva la poésie, naquit à Tata; il appartenait à une famille de seyyids originaires de Médine; il est l'auteur d'un dictionnaire arabe-persan intitulé منتخب اللغات شاهجهانى ou رشيدى عربى, qui, comme l'indique son titre, est dédié à l'empereur Shah Djihan, et dont un exemplaire se trouve sous le n° 956. Le Farhang-i Réshidi est une compilation faite principalement d'après les deux dictionnaires persans que Molla Abd er-Réshid jugeait les meilleurs, le Farhang-i Djihangiri et le Farhang-i Sorouri, mais auxquels il reproche un trop grand nombre de citations poétiques, le manque de précision dans la détermination du sens, de la prononciation et de l'origine des mots. Ces reproches, qui sont aussi sévères que ceux que l'auteur a adressés à Firouzabadi, ne manquent d'ailleurs pas toujours de justesse : 1° les auteurs du Farhang-i Djihangiri et du Farhang-i Sorouri se sont montrés beaucoup trop prolixes dans leurs explications des mots, en donnant des interprétations répétées sans aucune utilité, et des exemples en vers qui, suivant l'auteur du Farhang-i Réshidi, ne servent à rien, ce qui est un avis complètement dénué de sens commun; 2° dans certains mots, la forme et le sens n'ont pas été déterminés et fixés d'une façon suffisante; 3° des mots arabes et turks se trouvent mélangés avec les mots purement persans, sans que rien n'indique qu'ils sont étrangers; 4° il y a des erreurs dans l'orthographe des mots, et le même mot se trouve à plusieurs places sous des graphies différentes; ces erreurs, provenant de la confusion des lettres qui ne se distinguent que par les points diacritiques ت, ب, ن, etc., sont d'ailleurs beaucoup plus fréquentes dans le Farhang-i Sorouri que dans le Farhang-i Djihangiri, et l'auteur du Farhang-i Réshidi en donne plusieurs exemples curieux qui montrent le danger qu'il y a à établir un dictionnaire d'après le dépouillement de manuscrits aussi corrompus que le sont les manuscrits persans. Ce fut pour remédier à ces défauts que Molla Abd er-Réshid rédigea le Farhang-i Réshidi (fol. 2 v°, 3 r°) sur le plan du Borhan-i kati. La date de sa composition est indiquée par le chronogramme (fol. 3 r°) :

باد فرهنك رشیدی مقبول ⁣ كشت تأریخ وی ازروی قبول

soit 1064 de l'hégire.

L'introduction مقدمه (fol. 3-14) traite de la grammaire persane. On trouve, au verso du dernier feuillet, le commencement de l'histoire des Sept Dormants اصحاب الكهف.

Bon nestalik indien à encadrements, copié en 1115 de l'hégire (1703 de J.-C.) par Abd el-Médjid ibn Abd el-Latif Ghouri. 398 feuillets. 25 sur 14 centimètres. Reliure en maroquin rouge plein. — (Haughton. — Supplément 980.)

1005

كتاب فرس. Vocabulaire persan, par Seyyid Shérif-i Lahédji.

Le titre et le nom de l'auteur ne sont donnés que dans une note par laquelle débute l'ouvrage, et qui est ainsi rédigée : كتاب فرس من تصنیف (fol. 1 v°). Ce vocabulaire contient principalement des mots anciens; c'est ainsi que l'on trouve (fol. 19 r°) les noms des sept keshvares de la cosmogonie mazdéenne, sous une forme d'ailleurs très altérée; il est rangé d'après l'ordre alphabétique de la première lettre, mais cet ordre n'est point suivi dans l'intérieur des chapitres formés par chacune des lettres de l'alphabet.

Début : اما بعد بدانكه زبان فارسی را دری و پهلوی نیز.........

کویند و مراد بفارسی فرس قدیم است و از حروف تهجی هفت حرف در

لسان فارسی مستعل نیست ث ح ص ض ط ظ ع ....

Bon neskhi persan du commencement du xvi° siècle. 24 feuillets. 20 sur 11 centimètres. Cartonnage. — (Renaudot; Saint-Germain 620. — Supplément 450.)

DICTIONNAIRES TURK ORIENTAL-PERSANS.

1006

خلاصهٔ عبّاسی. Dictionnaire turk oriental-persan, par Mohammed Khouyyi.

Le Khilasè-i Abbassi est dédié (fol. 2 v°) au prince Shah Abbas Kadjar, qui est évidemment Abbas Mirza, fils de Feth Ali Shah Kadjar. Suivant la préface (fol. 2 v° et suiv.), qui est très fautive dans tous les exemplaires, et que Vámbery a assez mal reproduite dans ses *Čagataïsche Sprachstudien* (Leipzig, 1867), le Khilasè-i Abbassi est l'abrégé du Sengilakh کتاب سنکلاخ de Mirza Mehdi Khan, l'historien de Nadir Shah (n° 486-489), appelé Mehdi Khan Nadéri dans le man. suppl. turc 1000; le Sengilakh est pour la langue turki un ouvrage aussi important que le Borhan-i katí (voir n°ˢ 999-1001) l'est pour la langue persane, mais il contient des explications que Mohammed Khouyyi juge trop détaillées, et qu'il qualifie de زیادات, sur le sens des mots dérivés. Il estime également que le Sengilakh comprend trop de discussions philologiques, lesquelles étaient, dans la pensée de Mirza Mehdi Khan, destinées à éclairer le sens des vers de Mir Ali Shir Névaï. Le Sengilakh avait la prétention de contenir tous les mots de la langue turki; Mohammed Khouyyi l'abrégea considérablement en omettant les formes dérivées, et en en faisant disparaître les exemples, ce qui fut une faute très grave, car ils sont le plus souvent indispensables pour fixer le sens des mots turkis. Ces suppressions furent considérables, car, s'il faut en croire Mohammed Khouyyi, le Khilasè-i Abbassi serait à peine la dixième partie du Sengilakh. En réalité, ces suppressions n'ont pas seulement porté sur les formes dérivées, mais aussi sur des mots primitifs souvent fort importants : کتاب سنکلاخ که مرحوم میرزا مهدیخان در لغات

ترکی نوشته و تار و بود آن نظیرا مانند برهان قاطع در لغة فارسی رشته

مشتمل است بر زیادات در بیان معانی اشتقاقات و بیان معانی بعضی لغات

و حاوی بود بر ابحاث و غیره از شارحان لغة ترکی در فهم اشعار نوائ

و غیره تصرف در ان کتاب نظیر الحکم و العباب شود بطوری که همه لغات
که در ان کتاب است درین محتصر درج لهذا کثیرین دعا کویان و اقـلّ
منسوبان محمد خوبی از برخی از اوقاتـرا بآن خرج کرده مشتقاتـرا حـذن
و معری از شواهد ساخته و ابحاث و تکریرات از او انداخته اکتفا بهمین
معانی مصادر و جوامد چه بعد از دانستن معنی النصر مثلا در لغة
عربی بمعانی مشتقات آن بمقابسه میتوان علم بهم کرد و برای غایت توضیح
در ذیل یك مصدر کیفیت اشتقاقاتـرا بیان نمود تا بآن قرار از همه مصادر
معلوم شود علاوه آن در مقدمهٔ کتاب قواعد و ضوابط لغـة تـرکی بیـان
شده و از آن هم کیفیت اشتقاقات واضح است و بعد از اتمام مرام کتاب
محتصری شد کذاشته شده در طرز اتمام که تمام آن بحـسب حجم
وکتابت عشری از اعشار سنكلاخ نیست.

Le contenu du manuscrit 1006, qui est fort incorrect, et qui présente
beaucoup de lacunes, a été inséré, avec certaines omissions toutefois, par
Pavet de Courteille dans son *Dictionnaire turk-oriental*; cet érudit s'est servi
pour corriger son texte d'un autre manuscrit qui lui fut communiqué
par A. Querry, et il n'a pas eu connaissance du man. suppl. turc 744.
Malgré les affirmations de Mohammed Khouyyi, le Khilasè-i Abbassi et le
Sengilakh sont loin de contenir la moitié des mots de la langue turki, et
c'est beaucoup s'avancer que de dire comme le fait Vámbery : «Chulasei
Abbasi ist auch in der That ein wohlgeordnetes und inhaltreiches Glossa-
rium der türkischen Sprache von der chinesisch-tatarischen Mundart
angefangen bis zum Dialecte der Osmanli» (*Čagataische Sprachstudien*,
p. 201). En réalité, le Sengilakh ne contient pas un grand nombre de
mots qui se rencontrent à chaque instant dans les ouvrages écrits en turk
oriental, mais, en revanche, on y trouve un certain nombre de mots mongols de la langue du XIIIᵉ siècle qui sont employés par les historiens persans de l'époque des Mongols, tels Ala ed-Din Ata Mélik dans le Djihankou-
shaï, Rashid ed-Din dans la Djami el-tévarikh et Vassaf dans sa chronique.
Ces mots n'ont absolument rien à faire dans un dictionnaire turki, pas plus
que des mots latins dans un thesaurus grec, mais le mal ne serait pas
irrémédiable si on les y trouvait tous avec de bonnes explications, ce qui
n'est pas. Defrémery, qui ignorait la distinction entre le mongol et le turk,
dans un compte rendu du *Dictionnaire turk-oriental* de Pavet de Courteille,
publié dans le *Journal des Savants* de septembre 1871, a relevé un certain
nombre de ces omissions, en les imputant à Pavet de Courteille, quand la
responsabilité en remonte plutôt à l'auteur du Sengilakh. Ces lacunes

se remarquent surtout pour la langue ancienne; beaucoup des mots du Vocabulaire ouïghour-chinois, tels (ردددحمد) *kurkirti* traduit 雷 «tonnerre», سحتحمد *sitchikan* traduit 鼠 «souris», محمدمد *tchimat* traduit 怒 «colère», دومدد *abatchi* traduit 婦 «mari», رمحمد *kuten* traduit 客人 «hôte», sans parler des mots ouïghours directement empruntés au chinois, tel محنلمحب *linghoua*, qui est la transcription de 蓮花 *linghoua* «nénuphar», n'y paraissent pas. De plus, les mots mongols, que l'auteur a pris pour des mots turks, s'y trouvent avec des fautes de points diacritiques qui les rendent méconnaissables, ce qui prouve que Mirza Mehdi Khan Nadéri, ou l'auteur qu'il a copié, les a ramassés dans des manuscrits fautifs des historiens de l'époque mongole, et que son ignorance du mongol l'a empêché de les analyser et de les corriger. En somme, le Sengilakh, et par conséquent son abrégé, ne sont guère utiles que pour l'étude des écrivains de la fin du règne des Timourides, et surtout pour ceux de l'époque de Sultan Hoseïn.

La langue turki, dont il est traité dans ce dictionnaire, et l'ouïghour, sont d'ailleurs apparentés de très près aux langues tongouses dont elles sont des dérivés à flexions plus complètes, et dont beaucoup des racines sont apparentées avec les mots chinois correspondants dont elles tirent probablement leur origine, les mots ouïghours et turks étant souvent des abréviations phonétiques des mots mongols, comme حمونلمحب = تمه *dabaghan*, devenu *daban* et *daba;* یل *yil* «année» ریل, commun au mongol et à l'ouïghour, est le chinois 年 *nien;* l'ouïghour مد, اوط «bœuf» est le chinois 牛 *ngau;* محمد, اوت «feu» est le mongol محتلسمد *outaghan* «fumée» devenu *outaan*, *outaa;* le turc ایناق «ami» est le mongol حنلسمد *inakh;* صو, ی *ousoun*, ce mot turk étant emprunté au chinois 水, anciennement *sou;* ایحو, احو «apanage» est le mongol محتسنل *intchi* «dot»; محمحب *altoun* «or» est le mongol محمحب *altan*, probablement *al* «rouge» + 金 *kin*, anciennement *kim*, avec l'alternance *t = k;* تمور *témour* «fer», commun au mongol et à l'ouïghour, est apparenté au chinois 鐵 *thié*, *thé*, avec le suffixe *-mour* qui se retrouve dans محمحب *yaghmour*, chinois 雨 *yu*, et peut-être au latin *fer-rum*.

Le Sengilakh est un ouvrage très rare; il fut commencé sous Nadir Shah, et il ne fut terminé qu'en 1173 de l'hégire. Un exemplaire complet de ce dictionnaire existe au British Museum (Oriental 2892, provenant de S. Churchill; Rieu, *Catalogue of Turkish Man.*, p. 264); il commence par une introduction grammaticale, qui porte le titre spécial de مبانی اللّغة, et qui a été abrégée par Sheïkh Mohammed Salih Isfahani, dans le آل تغای ناضری, dont l'impression n'a pas été terminée. Le Sengilakh se termine par un appendice contenant les mots arabes et persans et les expressions métaphoriques employées par Névaï; cet appendice se trouve en tête du كتاب عدن (supp. turc 1000) dont il va être parlé. Ses sources sont principalement les œuvres de Mir Ali Shir Névaï (supp. turc 316 et 317), les Mémoires de Zahir ed-Din Mohammed Baber Padishah, les poésies de Loutfi, Heïder Telbè (supp. turc 978); on y trouve également des mots mongols employés par Djouveïni, Rashid ed-Din, Vassaf, Mirkhond, mais ce dépouillement n'a pas été fait complètement; le Farhang-i Djihangiri et le Borhan-i kati y sont également cités (ms. supp. turc 1000, fol. 299 r°). Il est d'ailleurs probable que, si incomplet qu'il soit, Mehdi Khan ne l'a pas exécuté lui-même, mais qu'il s'est contenté de copier le lexique de la Chronique de Vassaf qui fut traduit du persan en langue turque par Nezmizadè-i Baghdadi Mourtida Éfendi, fils de Seyyid Ali Éfendi Nezmi el-Baghdadi, dont Hadji Khalifa parle, sans l'avoir vu, dans son *Dictionnaire bibliographique* (t. VI, p. 555). En somme, Mirza Mehdi Khan n'a utilisé aucun document turk antérieur au xv° siècle, ce qui explique son insuffisance pour la langue ancienne. Un autre exemplaire du Sengilakh se trouve à la Bodléienne (Éthé, *Catalogue*, n° 1760). Il existe dans le Supplément turc, sous le n° 1000, une rédaction abrégée du Sengilakh, avec le titre de كتاب عدن, par un auteur inconnu, qui a été copiée en 1294 de l'hégire par un certain Djafer Karadjadaghi (قراجه داغى, fol. 1 v°; plus loin Karadaghi قرادافى, fol. 40 r°) Azerbeïdjani, pour le compte de Ch. Schefer : بر حسب ارادۀ جناب فخامت نصاب

عوارف و معارف انتساب مدير السنة شرقیّة رئیس مدرسۀ اريانتال موسيو

شغر مترجم اوّل دولت بهيّه فرانسه ......, par l'entremise de M. Bernay,

chargé d'affaires de la légation de France برنى شارژ دافر. Le titre de كتاب عدن, qui est donné à cet ouvrage, est répété au fol. 2 r°; il n'est pas connu par ailleurs. Cette copie de Djafer Karadjadaghi ne contient aucun des exemples qui font la grande valeur du ms. de Londres; Karadjadaghi prend soin dans son introduction d'avertir que le كتاب عدن de cet auteur inconnu n'est qu'un faible extrait du Sengilakh de Mehdi Khan Nadéri :

این کتاب مشتمل بر قواعد نحویّه و لغات مشکلۀ ترکی رشتۀ ایست از

بحر موّاج کتاب سنکلاخ تألیف مهدیخان نادری که بطریق استراق کشکولی

بـر کـرده عـدن نام کـذارده انـد, que le manuscrit qu'il a copié était corrompu, mais que sa connaissance du turk lui a permis de rétablir les formes correctes. Pour l'intelligence de ce passage, il faut savoir que le mot کشکول, qui est insuffisamment expliqué dans le Borhan-i kati, désigne une sorte de grosse noix de coco, percée d'une ouverture, que les derviches portent sur l'épaule, retenue par une chaîne, et dans laquelle ils mettent les aumônes qu'ils reçoivent.

Abbas Mirza, second fils du roi Feth Ali Shah Kadjar, et prince royal de
Perse, naquit vers 1785; il fut gouverneur de l'Azerbeïdjan et, à plusieurs
reprises, il commanda les armées persanes, notamment pendant la campagne de 1826-1828, qui se termina par le traité de Turkmentchaï, et
durant laquelle il fut l'adversaire malheureux du feld-maréchal prince
Paskiévitch Érivanski; en 1829, il fut envoyé par Feth Ali Shah en ambassade auprès de l'empereur Nicolas I⁰ʳ, pour faire amende honorable au sujet
de l'assassinat à Téhéran du poète Griboyédof, ministre de Russie en Perse.
A. Jaubert a laissé de ce prince, qui mourut en 1833, un curieux portrait
dans son *Voyage en Arménie et en Perse*, chap. xix (cf. le *Tarikh-i djiha-
nara*, n° 494).

Riza Kouli Khan avait commencé l'impression du Sengilakh, sous son
nom, avec le titre de فرهنك ناصری, mais cette édition en est restée à ses
premières feuilles. Un exemplaire, qui paraît meilleur, du Khilasè-i Abbassi
existe dans le supplément turc sous le n° 744. La dédicace en est rédigée
au nom de السلطان بن السلطان شاه عباس (fol. 2 r°), c'est-à-dire du prince
Abbas Mirza Kadjar, qui eût régné sous le nom de Shah Abbas Kadjar.

Nestalik persan cursif, copié à Téhéran, en 1264 de l'hégire (1847 de J.-C.).
246 feuillets. 21 sur 16 centimètres. Demi-reliure. — (Desgranges. — Supplément 452.)

DICTIONNAIRES PERSANS-TURCS OSMANLIS.

1007

القلسميّة. Traité de lexicographie persane à l'usage des
Osmanlis, par le kadi Loutf Allah ibn Abi Yousouf el-
Halimi الحليمى († 928 H.).

Le titre de cet ouvrage n'est point indiqué dans sa préface. Hadji Khalifa, dans son *Dictionnaire bibliographique* (t. II, p. 19 et t. III, p. 503),
nomme ce dictionnaire القنيّة, et Rieu a adopté, d'après un exemplaire
du Loghat-i Nimet Allah, la forme القلسميّة (*Catalogue*, t. II, p. 515); tous
les exemplaires de ce dernier ouvrage décrits dans le présent catalogue
(n°ˢ 1020-1025) donnent au dictionnaire de Loutf Allah ibn Abi Yousouf
el-Halimi le titre de القلسميّة. A une époque antérieure, Loutf Allah el-
Halimi avait composé, sous le titre de بحر الغرايب, un traité de lexicographie persane en prose et en vers منظومًا و منثورًا; la lecture du Behr el-
gharaïb offrait assez de difficultés pour que plusieurs personnes lui aient
demandé d'en rédiger un commentaire auquel, d'après Hadji Khalifa, il

donna le titre de القاسميّة : ....، بال شكسته ضعيف ميكويد چنين وبعد

لطف اللّه بن ابي يوسف الحلمى .... كه چون بهر ضبط زبان ملاحت،
كتاب جامع و پر لطافت، بر رشته نظام كشـيـده، و بـانـواع قوانـيـن
ولطائف آرايـيده، و بنام بحر الغرائب اشتهار داشتـه، و هر كس بـروى
دستى افراشته، امّا در مشكلاتش كه متردّد كشتـنـد، بـر سوى فقـيـر
و حقير متردّد كشتند، پس حرص و نياز ايشانرا رأفـتى بـردم، و قصد
توضيح ايـن كـتـاب كـردم، و شـرح اورا بـر دو دفـتـر تقـسـيـم كـردم،

(man. 1007, fol. 3 r°; 1010, fol. 3 v°). La Kasimiyya est divisée en deux
livres d'étendue et d'importance très inégales : le premier (fol. 3 v°-
149 r°) forme un dictionnaire persan-turc rangé d'après l'ordre habituel
de l'alphabet arabe; on y trouve des exemples empruntés aux œuvres des
poètes persans : Dakiki, Latifi, Zahir ed-Din-i Faryabi, Shems-i Fakhri, etc.;
le second (fol. 149 v°-174 r°), qui porte le titre de دفـتـر دوم در بيـان,
est écrit en turc; il traite de ques- عبـارات غير ظاهرة و قواعد معتبرة
tions grammaticales, de versification et de prosodie, فى فوائد شتّى, comme
dit Hadji Khalifa (t. IV, p. 503). Il existe une rédaction abrégée de cette
édition de la Kasimiyya, qui ne contient pas les exemples empruntés aux
poètes persans (n° 1008), et une autre édition, dans laquelle le premier
defter comprend deux chapitres (n° 1010, 1°), ce qui ne se trouve point
dans celle-ci.

La date de la rédaction de cet ouvrage n'est point marquée dans la préface, et Hadji Khalifa ne l'indique pas davantage; il est difficile de déterminer d'une façon précise s'il est antérieur au commentaire du Bahr el-
gharaïb qui porte le titre de نثار الملك (n° 1011-1014), car la Kasimiyya
n'est point citée dans la préface du Nisar el-mélik, ni le Nisar el-mélik
dans celle de la Kasimiyya. De plus, ce qui complique la question au
point de la rendre à peu près insoluble, il est dit, dans la préface du Nisar
el-mélik (n° 1011), que cet ouvrage, le Nisar, est un commentaire du
Bahr el-gharaïb, dans lequel Loutf Allah Halimi a fait entrer des exemples
en vers; or, ces exemples en vers ne se trouvent pas dans les exemplaires
du Nisar el-mélik, tandis qu'ils existent dans une classe de manuscrits de
la Kasimiyya, de telle sorte que cette édition de la Kasimiyya semble être
l'original de l'édition du commentaire du Bahr el-gharaïb dont les exemplaires du Nisar el-mélik décrits sous les n°° 1011-1014 contiendraient
une rédaction abrégée.

On trouve, aux folios 2-3, la liste des mètres usités dans la poésie turque
et persane, avec le وزن, et des exemples en turc et en persan. Cette liste est
d'une main assez postérieure au reste de l'ouvrage. Ce volume a été acquis

par Galland, en 1710, pour la somme de trois piastres; on y lit, au verso de l'un des feuillets de garde, une notice très exacte de la main de Galland.

Bon neskhi turc, copié par Abd Allah ibn Djafer el-Ladaki اللادقى en 911 de l'hégire (1505 de J.-C.). 175 feuillets. 26 sur 18 centimètres. Reliure en maroquin rouge aux armes du roi. — (Galland 68; Regius 1625. — Ancien fonds 178.)

1008

Le même ouvrage.

Exemplaire comprenant le premier defter, c'est-à-dire le vocabulaire persan-turc osmanli, sans les citations poétiques, avec des abréviations; un des possesseurs de ce manuscrit avait commencé à recopier dans les marges les citations qui ont été omises.

Assez bonne écriture turque, datée de 931 de l'hégire (1524 de J.-C.). 161 feuillets. 21 sur 15 centimètres. Reliure en maroquin rouge aux armes du roi. — (Thévenot; Regius 1395, 4. — Ancien fonds 190.)

1009

Le même ouvrage.

Exemplaire contenant le premier defter, c'est-à-dire le vocabulaire persan-turc osmanli, avec les citations poétiques.

Une note inscrite par Armain sur le verso de l'un des feuillets de garde donne comme titre à ce volume «Cherh Bahrul garaib (شرح بحر الغرائب), dictionnaire persien et turc par Halimi... ». Au recto du feuillet 1, se trouve une note en arabe sur l'orthographe de certains mots tels que المومنين, الصلوة, etc.

Assez bon nestalik turc du xviiᵉ siècle. 328 feuillets. 21 sur 15 centimètres. Reliure européenne en parchemin. — (Ravius [Christiani Ravij Berlinatis]; Gaulmin; Regius 1389. — Ancien fonds 193.)

1010

Recueil de traités de philologie persane à l'usage des Turcs osmanlis.

1° Le premier defter de la قسميّة de Loutf Allah Halimi, sans les citations poétiques. Cette copie de la Kasimiyya de Halimi, dans laquelle un possesseur de ce manuscrit a vu le بحر الغرايب, appartient à une édition différente de celle qui est conservée dans le manuscrit 1007. D'après la préface de la Kasimiyya qui se trouve dans le manuscrit 1010, le premier defter de ce traité de lexicographie est divisé en deux sections, l'une consacrée aux substantifs, l'autre aux verbes : و دفترى اوّلرا بر دو قسم ; la première منقسم قسم اوّل در بيان اسمآء و قسم دوم در بيان الفعال section du premier defter contient, malgré ce qui est dit dans la préface, les verbes, comme dans le n° 1007, et on y remarque seulement un certain nombre d'omissions qui portent sur les noms. La seconde section, qui ne se trouve dans aucun autre manuscrit, a presque entièrement disparu dans le manuscrit 1010, et il ne reste (fol. 126 v°) que quelques-uns des verbes qui commencent par les lettres de *lam* à *ya*, et qui sont appelés, du nom de ces lettres, بائيّه et واويّه، نونيّه، ميميّه، لاميّه. Ce fragment de la seconde section du premier defter de la Kasimiyya est suivi (fol. 127 r°) d'un troisième chapitre de ce même defter, dont il n'est point fait mention dans la préface, et qui porte le titre de باب سيوم در اشتقاق ; c'est ce chapitre dont un résumé se trouve dans l'exemplaire du Nisar el-mélik qui est décrit sous le n° 1013, fol. 69 v°; il est divisé en une préface et plusieurs sous-chapitres; la préface commence par : يا قرّة العين اشعدك الله فى الدّاربن كلّه ; on trouve au cours de ce chapitre la liste des اوّلا اوج قسمه مقتسمدر aoristes des verbes persans irréguliers avec leurs équivalents en turc osmanli. Il est à présumer que le cinquième باب, dans lequel se trouvent des noms de vêtements et d'armes, et qui termine le manuscrit 1013, fol. 72, appartient également à une édition de la Kasimiyya.

2° تاج الرّوس وغرّة النّفيس. Traité de lexicographie persane interprété en turc par Ahmed ibn Ishak el-Bakkal el-Kaïsari القيصرى, originaire de la ville de Kaïsariyya, dans le pays de Roum.

L'auteur dit, dans la préface de ce traité, qu'à son époque, il existait des traités de philologie arabe qui permettaient une étude aisée de cette langue, mais que personne ne s'était avisé de rédiger un ouvrage dans lequel fussent déterminées les règles des langues autres que l'arabe, le persan par exemple, de telle sorte que les Persans, les Turcs, les Arabes et les autres peuples pussent facilement apprendre les langues qui leur étaient étrangères; Ahmed ibn Ishak el-Bakkal el-Kaïsari, s'étant livré à des études sur le lexique et la grammaire des langues, trouva que les plus parfaits au point de vue des règles formatives étaient ceux de l'arabe. Il rédigea cet opuscule sur les noms, les verbes et les mots invariables de la langue persane, pour faciliter aux Turcs Osmanlis l'étude de cette langue :

معلومست كه محقّقان ادب در لغات عرب استقرا و تتبعرا ......

15.

دلیل کرفته قوانین نهاده اند که بدان اسما و افعال و حروف و متصرّفات
اینهارا در می یابند و غیر ایشان نیز بسبب آن از الفاظ عرب مستفید
و محظوظ میکردند و هیچ کس را داعیهٔ آن باعث نکشته که در غیر تازی
قاعدتی نهد تا فرس و ترك و تازی و غیر ایشان بر سبیل تسهیل از زبان
یکدیکر بهره‌مند کردند پس منفتح این کلمات و مفتّح این لغات .... در
اصطلاحات السنه تاقل نمود و قواعد از آن خوبتر و مضبوطتر [که] در
لسان عرب نهاده اند یافت او نیز بوسع طاقت در آن فنّ کلمهٔ چند از
اسما و افعال و حروف از آنچه بخاطر آمد از زبان فارسی بقلم آورده جریدهٔ
موسوم بتاج الرؤس وغرّة النفوس وضع کرد تا از موایّد این فوایّد زبان فارسی
نیز بهره یابد (fol. 138 r°).

La date à laquelle fut composé le Tadj el-rouous n'est point indiquée,
mais, si l'on s'en tient à l'affirmation d'Ahmed ibn Ishak, qu'avant lui il n'y
avait aucun ouvrage analogue au sien, il faut en inférer que le Tadj el-
rouous, qui d'ailleurs n'est point cité par Hadji Khalifa, est plus ancien que le
اقنوم عجم, dont la composition est certainement antérieure à l'année 898 de
l'hégire (Hadji Khalifa, *Dictionnaire bibliographique*, t. I, p. 386 et Éthé,
Bodléïenne, n° 1686), que le وسیلة المقاصد الی احسن المراصد de
Khatib Roustem el-Maulévi (n° 1015), que le شامل اللغة d'Hassan ibn Hoseïn
Imad el-Karahisari, qui fut composé au plus tard en 918 de l'hégire, et
que le تحفهٔ شاهدی, qui fut écrit en 920 de l'hégire par Ibrahim ibn
Khodaï Dédè el-Shahidi (n° 1018).

L'importance du Tadj el-rouous répond assez mal à ce qui est dit dans sa
préface, car cet ouvrage ne consiste qu'en un abrégé insignifiant de grammaire avec un petit vocabulaire persan-turc; il est divisé en cinq chapitres
très courts, fol. 138 v°; le premier traite des noms concrets اسماء ذات;
le second, des substantifs en général اسماء; le troisième, de la conjugaison
اشتقاق; le quatrième est une liste de quelques verbes persans à l'infinitif
مصدر; le cinquième, intitulé در قواعد حروف, traite de la formation du
causal, de celle du pluriel, de celle du thème de l'aoriste des verbes irréguliers. La copie du Tadj el-rouous se termine par تمّت لغة حلمیّة, ce qui est
évidemment une erreur du copiste du manuscrit.

On lit au recto du premier feuillet une note d'après laquelle «ce livre est
un lexicon persien expliqué en turc, qui a esté envoyé de Constantinople à
Monseigneur Colbert par le sieur de la Croix, secrétaire de M⁰ Nointel,
Ambassadeur de France à la Porte du grand Seigneur et receu au mois de
Janvier 1675». On trouve, au recto du folio 3, des vers de Nizami, Hafiz,

Mir Ali Sbir Névaï, un extrait d'un livre turc en vers, intitulé چوبان نامه, et l'ex-libris d'un Osmanli nommé Hasan Sivasi; au verso du folio 148, se lisent des vers de وهكی et de Nédjati.

Assez bonne écriture turque, copiée dans la forteresse de ودین کزین en l'année 953 de l'hégire (1546 de J.-C.). 151 feuillets. 20 sur 11 centimètres. Reliure en basane pleine au chiffre du roi. — (Colbert 5955; Regius 1374, 3. — Ancien fonds 189.)

1011

نثار الملك. Vocabulaire persan-turc osmanli, par Loutf Allah ibn Abi Yousouf el-Halimi.

Le titre est donné dans le manuscrit 1013, au folio 3 recto, et le n. n de l'auteur au folio 2 recto. Le Nisar el-mélik est un commentaire du بحر الغرايب (fol. 2 v°) dont un autre commentaire, que Hadji Khalifa nomme قائمة, en réalité قاسمیة, est décrit sous les n°° 1007-1010.

L'auteur dit dans la préface du Nisar el-mélik que cet ouvrage a été entrepris sur le désir du prince osmanli Bayézid, fils de Sultan Mohammed Khan el-Fatih, qui régna de 886 à 918 de l'hégire; il a été terminé en l'année 872 de l'hégire, comme l'indique l'addition de la valeur numérique des lettres du titre نثار الملك qui forme un chronogramme :

چنین میکوید ضعیف شکسته بال .... لطف الله بن ابی یوسف
الحلیمی که زبان فارسی بغراست فارسان فصاحت و بلاغت و استادان ملاحت
افعم السنه و املح ابنیه است...پس بدابر غرض فصاحت بالذات و ضبط
اغراض ثقات تتبع اسلوب این زبان کرده و جهت استعلانش بضبط آورده
بهر عنادل حدادق مکاتب جامع جمیع مطالب بسلک نظام آورده بودم
و بحر الغراتب نام کرده باز باشارت امر واجب الامتثال....سفری مغسر و
دفتری مقرّر بر نج بسط و تمهید و شرح و تقیید به تسوید آوردم و بابیات
ثقات تایید کردم و این دراری دُرر دریا بصورت نظم و نثار درکاه
عالمیناه شهرزادة جوان بخت بحلی تاج و تخت....السلطان بن السلطان
سلطان بایزید بن بجمد خان خلّد الله سلطانهما و اوضح علی العالمین
برهانهما و رسم این درر دری نثار الملک نهاده شد و بر دفق
تاریخ افتاده... ۸۷۲

(man. 1013, fol. 2 r°-3 r°; man. 1011, fol. 1 v°-2 r°.)

Le Nisar el-mélik contient la substance du premier livre de la Kasimiyya avec quelques abréviations; les vers persans qui sont annoncés dans la préface de Loutf Allah ne se trouvent dans aucun des exemplaires (voir n° 1007); dans quelques exemplaires, l'explication des mots persans en turc osmanli a été fortement abrégée; ces divergences, et une légère variante que présentent les manuscrits dans la préface, ne sont cependant pas suffisantes pour que l'on distingue plusieurs éditions du Nisar el-mélik.

Exemplaire contenant le texte du Nisar el-mélik le plus complet; il porte au recto de l'un des feuillets de garde le titre de لغة حليمى, qui s'applique plutôt à la Kasimiyya, avec un ex-libris qui a été effacé, mais dans lequel on peut lire la date de 991 de l'hégire.

Au recto du premier feuillet se trouvent les invocations (vird) récitées par Fatima, fille de Mahomet, pour chacun des jours de la semaine, avec le titre de ... بو حضرت فاطمنك ورديدر رضى الله عنها.

Nestalik turc cursif, copié par un nommé Aboul Kheïr el-Hakir ibn Khalil ibn Inbégi اينبكى en 895 de l'hégire (1489 de J.-C.). 155 feuillets. 18 sur 12 centimètres. Reliure en veau plein aux armes de Napoléon Ier. — (Ancien fonds 204.)

1012

Le même ouvrage.

Comme l'indiquent deux notes, l'une collée sur l'un des plats intérieurs de la couverture : «Codex scriptus manu Davidis Ispahanensis hic Lutetiæ anno 1643», et l'autre par laquelle se termine le volume, fol. 248 r° : اينى (l'année de grâce) كتاب را داود بن سعيد نوشت در پاريز در سال عنايت هزار ششصد چهل سه, cet exemplaire fut écrit à Paris, par Daoud ibn Saïd d'Ispahan, en 1643. La copie est disposée sur deux colonnes; l'une d'elles, celle de gauche, qui est restée en blanc, était destinée à recevoir une traduction française. Cet exemplaire du Nisar el-mélik a été transcrit sur le manuscrit 1011.

Nestalik passable de l'année 1643 de J.-C. 248 feuillets. 36 sur 25 centimètres. Reliure en basane pleine. — (Thévenot; Regius 1366, 3. — Ancien fonds 177.)

1013

Le même ouvrage.

Le texte de ce manuscrit est plus abrégé que celui du n° 1011; en revanche, il est suivi, au folio 69 verso, d'un chapitre intitulé فصل در

بدان كه اصل مشتق منه دربی, qui commence par : اشتقاق امثله مختلفه, et, au folio 7a verso, d'un chapitre intitulé الباب, زمان صيغة ماضيست, et, au folio 7a verso, d'un chapitre intitulé الخامس فى ذكر الامتعة والاقمشة والاسلحة, qui contient les noms de divers ustensiles, d'étoffes, de vêtements et d'armes, en arabe et en persan, avec une traduction interlinéaire en turc osmanli. Le premier est l'abrégé du troisième chapitre du premier defter de l'édition de la Kasimiyya qui est décrite sous le n° 1010, et il est vraisemblable que le second appartient également à une édition de la Kasimiyya, voir n° 1010.

Par suite d'une mauvaise interprétation des termes de la préface, cet exemplaire porte au recto du folio 1 le titre inexact de بحر الغرائب لمولانا لطف الله الچلبى ; ce titre a trompé Galland qui a écrit sur ce feuillet : «Hoc vocabularium persico-Turcicum dictum mare admirabilium authore lutfullah halimio, Antonius Gallandius comparavi Constantinopoli an. ch. MDCLXXII. Author componebat anno Hegiræ DCCCLXXII.» Ce volume porte les ex-libris de deux Osmanlis nommés Ibrahim Shéref ed-Din et Seyyid Abd el-Halim.

Bonne écriture turque du commencement du XVI° siècle. 177 feuillets. 18 sur 13 centimètres. Reliure en maroquin rouge aux armes du roi. — (Galland, 69; Regius 1626. — Ancien fonds 191.)

1014

Le même ouvrage.

Exemplaire de la rédaction abrégée du Nisar el-mélik; la traduction turque interlinéaire des mots persans est plus abrégée encore que dans le manuscrit 1013; il se termine, au folio 73 recto, par le chapitre intitulé فصل در اشتقاق امثله مختلفه (cf. n° 1013, fol. 69 v°). Il porte, au folio 2 recto, le titre de لغة حلمى چلبى. On trouve au recto du fol. 1 un quatrain de Kheyyam, un quatrain de 'Asdjadi, l'ex-libris d'un Osmanli nommé Ali Mir علميـر ibn Yousouf ibn Ali ibn Moustafa, le petit-fils du copiste; au recto du folio 2, celui de Mohammed Salih Abou Zakir این ذاكر.

Bons neskhi et nestalik turcs, copiés au mois de Djoumada premier de l'année 911 de l'hégire (octobre 1505) par Hadji Ali ibn Moustafa. 74 feuillets. 25 sur 16 centimètres. Demi-reliure. — (Supplément 453.)

1015

وسيلة المقاصد الى احسن المراصد. Vocabulaire persan-turcosmanli, avec un abrégé de grammaire persane en vers turcs, par Khatib Roustem el-Maulévi.

Hadji Khalifa (*Dictionnaire bibliographique*, t. VI, p. 441) donne à cet ouvrage le titre de وسيلة المقاصد لغة الغرس, et on le trouve également nommé لغت رستم مولوى, du nom de son auteur (Fluegel, *Catalogue de Vienne*, t. I, p. 197). Le présent manuscrit ayant été relié d'une façon défectueuse, le titre se lit au folio 39 recto et le nom de l'auteur au folio 31 verso. D'après ce que dit Roustem el-Maulévi dans sa préface, il ressort que toute l'instruction que recevaient les enfants des derviches de l'ordre des Maulévis consistait à apprendre le Koran par cœur, et qu'il voulut leur donner des connaissances plus étendues dans les autres sciences; suivant la coutume des Mystiques, qui est celle des théologiens et des juristes, les jeunes Maulévis, qui étaient de langue turque, devaient commencer par apprendre l'arabe, et Roustem el-Maulévi prétend s'être aperçu que cette étude leur présentait de grandes difficultés parce qu'ils n'avaient aucune teinture de la langue persane. Ce fait le détermina à rédiger en vers turcs un abrégé des règles fondamentales de la grammaire de cette langue. Le Wasilet el-makasid est rangé suivant l'ordre de l'alphabet arabe, chacune des consonnes étant subdivisée en trois sections correspondant aux trois voyelles; il comprend trois chapitres et une conclusion; le premier chapitre contient les infinitifs, le second, la conjugaison des verbes et le troisième, les substantifs. La conclusion contient les pronoms, adverbes, nombres, etc. :

چنین کوید اضعف عباد الله القوى خطیب رسم المولوى چون مولوى زادكان بعون عنایت یزدان حفظ قرآن كردند چنانكه هر یکی را ...كفتن لازم آمد پس خواستم كه از سایر علوم هم بهرمند شوند بطریق سلوك مخلصین ابتدآء بلغات تازى كنند دیدم كه آنها نیز بى زبان پارسى آسان نمى كردند این رسالة را از ان جهت جمع كردم و قوانین كلیّات فُرسرا بقدر الوسع والطّاقة بنظم اوردم تا طالب ما را خوب و راغب ما را مرغوب نماید الْتِمَاس الدُّعَاء بِالتَّنَظُّم ...... و ترتیب حروف تهجّى را در مصادر و اسما بكار بردم دیكر حركات كلثهرا اعتبار نهادم تا خواننده كان و جوینده كان را در یافتنى اسان شود والله خیر المیسّرین و بر سه باب و خاتمه مرتّب شد باب اوّل در ترتیب مصادر و اوزان و حالات آنها كه مشتملست بر بیست فصل و هر فصل بر سه حالات باب دوم در ترتیب امثله من المختلفة و المطردة و تغییرات و ابدالات آنها كه مشتملست بر نه قسم و پنجاه و دو

انواع باب سوم در ترتیب اسماء موجودات من الاصول و المخترعات کـه
مشتملست بر بیست فصل و هر فصل بترتیب حروف بر سه حرکات خائمة
الکتاب در ترتیب معانی حروف من الادات والظروف و الاعداد و الوقوف و اورا
نهادم (man. 1015, fol. 31-32 r°; وسيلة المقاصد الی احسن المراصد نام نهادم
man. 1016, fol. 1 v°-2 v°).

La date de la composition du Wasilet el-makasid est fixée par un chronogramme qui se trouve tout à la fin de l'ouvrage, dans le man. 1015
au folio 29 verso, dans le man. 1016 au folio 91 verso.

تاریخ وسیلة المقاصد

قلدی اجمده لغائه سعی کثیر	اول مبارک یلک که اشبو فقیر
قالمیشیدی که دفتر ینی حقیر	کونلر ندن اولوز بشیله یوزی
یزدی تاریخینی برآت منیر	چون تمام اتدی نصف شعبانده

. . . .

La date indiquée par ce chronogramme est 904 de l'hégire, qui est la
somme des valeurs numériques des lettres de منیر (=برآت) برآت. Selon
Hadji Khalifa, le Wasilet el-makasid contient 1,095 verbes à l'infinitif
et 10,000 noms : وعدد ما ذكر فيه من المصادر الف وما ابة الا خمسًا
ومن الاسماء عشرة الف. Le présent manuscrit est relié en désordre, et il
commence au folio 31 verso.

On lit sur l'un des feuillets de garde cette note de la main de Lacroix :
«Ce dictionnaire appartient à M'. Galand qui me l'a laissé, partant pour
le levant, ce 11° Octobre 1678.»

Bonne écriture turque de la fin du xvi° siècle. 66 feuillets. 21 sur 15 centimètres. Reliure en maroquin rouge aux armes du roi. — (Galland 72; Regius 1629. — Ancien fonds 199.)

1016

Le même ouvrage.

Cet exemplaire est suivi au folio 92 recto d'un مثلث par un certain
Ahmed.

Neskhi turc passable, copié en 1095 de l'hégire (1683 de J.-C.). 94 feuillets.
20 sur 15 centimètres. Cartonnage turc. — (Supplément 1749.)

1017

التِّجاح الكَجمية. Vocabulaire persan-turc osmanli.

Le titre de l'ouvrage est indiqué au folio 1 verso, au cours d'une courte préface en langue arabe dans laquelle le nom de l'auteur ne paraît pas; cet ouvrage est celui que Hadji Khalifa (*Dict. bibl.*, t. IV, p. 91) et l'auteur du Loghat-i Nimet Allah (n° 1020 et suiv.) nomment صحاح العجم, lequel a pour auteur Hindoushah el-Nakhtchévani, comme le montre la comparaison du fragment de préface donné par Hadji Khalifa avec celle du présent exemplaire. Hindoushah el-Nakhtchévani, qui était très vraisemblablement un Mystique, dit, dans sa préface, dont le texte est très altéré dans cet exemplaire, que la plupart des livres célèbres écrits par les sheïkhs, autrement dit par les docteurs soufis, sont composés en langue persane, et que, d'autre part, le plus grand nombre des personnes qui désiraient les lire n'étaient point de langue persane. Cette circonstance le détermina à composer, à leur intention, un vocabulaire divisé en chapitres dont chacun correspond à une lettre de l'alphabet arabe. Les mots persans sont distribués dans ces chapitres d'après leur dernière lettre, mais chacun de ces chapitres est divisé en sections qui sont formées et classées d'après la première lettre des mots. Hindoushah el-Nakhtchévani donna à ce dictionnaire le titre de el-Sihah el-adjémiyya pour indiquer qu'il fut composé à l'imitation du el-Sihah el-arabiyya de Djauhéri :

فلما رأيت اكثر الكتب المعتبرة من مصنفات (ms. مصنفّى) المشايخ المهرة
مدوّنة بلغة فارس (ms. الفارس) وكان اكثر راغبيها في تلك اللغة غير
فارس جمعت في حقّ الاخر لكلّ حرف على الترتيب بابًا مستقلاً ثم جعلت
في كلّ باب لحقّ الاوّل على ترتيب كلّ حرف يوجد فضلاً ...... وسمّيته
بالتّجاح العجمية لكونه على اسلوب التّجاح العربية.

Le Farhang-i Djihangiri et le Medjma el-Fours citent parmi leurs sources le farhang de Mohammed, fils d'Hindoushah el-Nakhtchévani, dédié à Ghiyas ed-Din, fils de Rashid ed-Din; il est vraisemblable que c'est cet ouvrage remanié qui se trouve dans le présent exemplaire, et que cet Hindoushah est le père de l'auteur du Destour el-katib (man. 1054), à moins, ce qui est très possible, qu'Hadji Khalifa ait commis une erreur, et qu'il ait écrit Hindoushah au lieu de Mohammed ibn Hindoushah, car les auteurs du Farhang-i Djihangiri et du Medjma el-Fours étaient mieux renseignés que lui. D'autre part, comme il ne peut être question de lexicographie turc-osmanlie à l'époque des Mongols, il faut admettre que le présent ouvrage est la traduction en

ture du el-Sihah el-adjémiyya, peut-être par Yahya Amri Roumi Kou-
rashi, auquel Hadji Khalifa (*ibid.*) attribue un ouvrage lexicographique
nommé صحاح العجم, qui semble le dédoublement du premier.

Le Sihah est divisé en trois sections : la première comprend les substantifs اسما; la seconde (fol. 81 v°), les verbes مصادر, et la troisième
(fol. 96 v°), un précis de la conjugaison persane rédigé en langue arabe.
L'importance de ce vocabulaire ne répond, ni à son titre, ni au but que,
d'après les termes de la préface, son auteur s'était fixé, car il serait complètement insuffisant pour la lecture des livres mystiques. Le el-Sihah el-adjémiyya, qui est l'une des sources du Farhang-i Djihangiri, du Medjma el-
Fours et du لغت نعت الله, eut deux éditions, la seconde plus développée
que la première, comme le disent Nimet Allah (voir n° 1020) et Hadji
Khalifa (*ibid.*), dont le texte est corrompu, et dans lequel il faut probablement lire : وهو مختصرٌ قديمٌ وهو معروف بدبرينه وجدبدٍ...) (cf.
n° 1020), les termes de Hadji Khalifa semblant dire qu'il y a eu deux abrégés du Sihah en plus de l'original. La première édition portait le titre spécial
de الصحاح العجمية دبرينه. La préface rapportée par Hadji Khalifa diffère
assez de celle du présent manuscrit pour qu'il soit vraisemblable qu'il
l'a empruntée à un exemplaire d'une édition différente. Un ouvrage portant le même titre, et rédigé en persan par Maulana Mohammed ibn Pir
Ali, surnommé Birguili (+981), est mentionné par Hadji Khalifa (*ibid.*).

La copie du Sihah est suivie de deux traités de lexicographie persane expliqués en turc osmanli; le premier (fol. 105 v°), fragmentaire, في بيان اسما,
comprend environ 450 mots commençant par *alif* et *ba;* le second (fol. 110 v°),
qui porte le titre de كتاب ترجمه, débute également sans préface.
Ce manuscrit porte au recto du folio 1 le titre de لغت اخترى.

Assez bonne écriture neskhi turc non datée, du commencement du xvii° siècle.
13a feuillets. 20 sur 14 centimètres. Reliure en maroquin rouge aux armes du
roi. — (Ancien fonds 198.)

1018

تحفة شاهدى. Vocabulaire persan-turc osmanli, en vers
mesnévis, par Ibrahim Shahidi, fils de Khoudaï Dédè.

D'après une note qui se lit au recto du folio 42, le Tohfè-i Shahidi
contient 450 vers, et le titre en est donné au folio 2 recto (vers 20). L'auteur
était un derviche de l'ordre des Maulévis, originaire de Maghla, dans la
province de Mentéshé; il dit dans une préface écrite en vers mesnévis,
dont le texte est corrompu dans le présent manuscrit, et dont un lecteur a

signalé les nombreuses défectuosités, qu'ayant étudié avec son père, qu'il perdit à l'âge de 10 ans, soit en 885, un vocabulaire persan-turc en vers nommé Tohfè-i Hosami, ainsi que d'autres lexiques en vers, il lui fut possible, quand il eut continué ses études après la mort de son père, de lire par la suite le Mesnévi de Djélal ed-Din Roumi, sans avoir recours à l'aide d'aucun maître. Cela le détermina à composer à son tour un vocabulaire persan-turc, à l'imitation du Tohfè-i Hosami, dans lequel il fit entrer beaucoup de mots du Mesnévi, auquel il donna son nom, et qu'il appela en conséquence Tohfè-i Shahidi. A la fin de chaque chapitre se trouve un vers dont une moitié est écrite en persan et l'autre en turc, ainsi que l'indication de la mesure dans laquelle le chapitre est écrit :

يس اندن صكرة بل مرحوم و معلوم

خدای اول كالاتيملـه مـشـهـور

كـه والـد در بـوتـاج وكـدايـه

اولا روحـيـنـه رحـت بى نـهـايـه

دخى معصوم ايكن جهدبله مرحوم

اوقتمشدى لغتلر باكـه منظـوم

اوتـيـدر اوّلا تحــفــه حـسـامـى

معطّر اولدى انكله جان مـشـاى

دى منظوم اوقـتـدى چوق لـغـات

ابجـودى طبعـه آب حسـيـات

شورتمه اولدم لغت عـطـنـده ماهـر

لـغـتـكـم بـلـسم اولـيـدى نـادر

كدا ده سـالـه اولـدقـده خـدای

ايـدوب رحـلـت قـودى دار فـنـای

بڭـا كـه اولدى لغت عـطـى مـطـر

نـه عـطـه باشلـسم اولـدى مـيـسـر

خصوصا عـم رتـان كـه سـلـطـان

جلال الـتـين ديمشـدر مـعـز قـران

كـتـاب مثنـوى كـم قـوت جـان در

ضـيـا و نـور چـشم عـاشـقـان در

بكاكشف اولدى بى تعلم استاد

انكله ايدرم عشاقـه ارشاد

. . . .

تمام اولدقجه هربر قطعـه موزون

يزردم انـده بـربـيـت هـايـون

كـه اولا فارسى بـر مصـرعـى هم

بـرى تـرك اولا نـه بـيـش و نـه كـم

كـه تـرك فارسى بـه اولا مـقـابـل

بـلـور اهـلى كه اولـور بو نظم مشكـل

بو رسمه ايـلـدم اول بيتى تـرتـيـب

كـه بـيـلـه مبـتـدى احـوال تركيب

چو الطاف خـدا كـوسـتـردى اتمـام

ديدم بن دائ تحفـه شـاهـدى نـام

كـدايـم شـاهـدى مـولـوى يـم

ديار منـتـشـادة مـعـلـوى يـم

La date de la composition du Tohfè-i Shahidi est indiquée par un chronogramme qui se trouve à la fin du volume (fol. 41 v°) :

چو حساب ابجدى بـلـدك تمام

تحفـه ملك تاريخيـنى بـل اى هـام

بو حساب اوزره ايت بو مصرعدن شمار

قالدى سندن شاهدى نـو يادیكار

۹۲۱

soit l'année 921 de l'hégire. L'auteur naquit en 875; il fut sheïkh des Maulévis à Brousse, et il mourut en 957 de l'hégire, laissant un divan et des mesnévis (De Hammer, *Geschichte der Osmanischen Dichtkunst*, t. II, p. 258; Rieu, *Catalogue*, t. II, p. 514). Le Tohfè-i Shahidi est un livre élémentaire destiné aux enfants, analogue au دانستن, et il a été souvent commenté; Hadji Khalifa (*Dict. bibl.*, t. VI, p. 598) cite, entre autres commentaires de cet ouvrage, le تحفـة میر de Seyyid Mohammed el-Djémali ibn Seyyid Abd el-Baki, connu sous le nom de Piri Pacha-zadè, qui fut composé en 1101; le فيض الهادى بحل مشكلات الشاهدى, composé

en 1112 par Mohammed Ismet ibn Ibrahim, surnommé Hadji Tchélébi;
un commentaire par Sakizi ساقزى Ibrahim Éfendi; un autre par Moustafa
ibn Mirza, qui était imam à la mosquée d'Ibrahim Pacha el-Nishandji,
composé en 1124; le تحفة الملوك, écrit en 1063 par Abd er-Rahman ibn
Abd Allah el-Kouddousi; le كلشن شاهدى qui fut composé vers 1163 par
Moustafa Isam ed-Din el-Hoseïni el-Nakshibendi. Un commentaire en arabe,
par Maulana Abd el-Kadir ibn Omar el-Baghdadi, est décrit dans le Catalogue de Fluegel (t. I, p. 136).

Cet ouvrage porte également les titres de لغت شاهدى منظوم، شاهدى
et كتاب شاهدى. Le texte du présent manuscrit présente un grand nombre
de gloses. On trouve au recto du folio 1 des énigmes en turc.

Assez bon neskhi turc du commencement du xvii° siècle. 51 feuillets. 15 sur
13 centimètres. Reliure en basane au chiffre du roi. — (Thévenot; Regius 708.
— Ancien fonds 215.)

1019

Le même ouvrage.

Copie par un Européen d'un exemplaire du Tohfè-i Shahidi, différent
du numéro précédent. Cet exemplaire, qui a appartenu à Gaulmin, est probablement de sa main; en tout cas, il est facile de voir que la personne qui
a copié ce manuscrit ne comprenait rien au texte qu'elle avait sous les yeux.

Mauvais neskhi du milieu du xvii° siècle. 25 feuillets. 17 sur 11 centimètres.
Brochure. — (Gaulmin; Regius 1394. — Ancien fonds 216.)

1020

لغة نعمت الله. Dictionnaire persan expliqué en turc osmanli, avec des exemples empruntés aux meilleurs poètes
persans, par Nimet Allah ibn Ahmed ibn Kazi Moubarek
el-Roumi.

Dans quelques exemplaires, l'auteur est nommé el-Roumi el-Nakshibendi. Nimet Allah déclare dans sa préface qu'il avait formé pour son usage
une collection de lexiques persans, et qu'il en compila un nouveau avec ces
documents pour attacher à son nom le souvenir d'une œuvre utile; parmi
les sources dont il se servit, Nimet Allah cite le عجم اقنوم; la قاسميّه (sic)
de Loutf Allah Halimi (n°⁵ 1007-1010); le Wasilèt el-makasid وسيلة
المقاصد الى احسن المراصد (n°⁵ 1015-1016); le dictionnaire de Kara-Hi-

sari et deux éditions du صحاح الجم (n° 1017), l'une, la première, étant une édition abrégée, et la seconde, une édition amplifiée. En plus de ces autorités, Nimet Allah consulta un grand nombre d'autres ouvrages lexicographiques qu'il mit largement à contribution, et dont il ne cite pas les titres. Le dictionnaire de Nimet Allah est divisé en trois sections; la première est consacrée aux verbes qui, comme l'indique assez leur nom de masdars, sont donnés sous la forme de leur infinitif; la seconde section traite de la flexion de la langue persane; la troisième, des noms, tant primitifs que dérivés. Nimet Allah adopta l'ordre alphabétique qui avait été suivi par l'auteur du Ounnoum-i Adjem, c'est-à-dire que chacune des lettres comprend trois chapitres, le premier contenant les mots commençant par la lettre portant la voyelle *a*, le second, par la lettre portant la voyelle *i*, le troisième, par la lettre portant la voyelle *ou*. Nimet Allah déclare qu'il a omis, de propos délibéré, les mots d'un usage courant, et qui sont connus de tout le monde :

بر خاطر.... نعت الله بن احمد بن مبارك الرّوی را خطور کرده که از کتبهای لغات فارسی لغتها جمع کنم و کتابی سازم که ازین بیچاره یادکار ماند و باشد که کار کسی را شاید

ازین بهتر چه باشد هیچ کاری   که در عالم بماند یادکاری

....

پس از بسیار کوشش از چندین لغات جمع کردم هیچو اقنوم عجم و قاسویّه لطف الله حلیمی و وسیلة المقاصد و لغة قره حصاری و صحاح عجم دیرینه مختصر و صحاح عجم جدید کبیر و جز اینها بسیار کتب چیدم و بر سه قسم مرتّب ساختم اوّل مصادر آوردم که اصل است بعد از ان قواعد این زبان دَری ایراد کردم بعد از ان اسمآء جامده و مشتقّه آوردم و ترتیب حروف را بر قاعدهٔ اقنوم عجم مرتّب کردم اوّلاً باب مفتوحه، و ثانیاً مکسوره و ثالثاً مضمومه تا یافتن لغة مطلوب آسان شود و حرکة اوّلش معلوم شود و در تفسیر معنای هر لغت علی حده توضیح کردم قطعًا لفظ معروف ننبشتم از بهر آنکه احتمالست لغتی نزد بعضی معلوم شود و نـزد بعضی مجهول باشد پس آن بهتر که لفظ معروف ننویسم..........

و نامش را نام خود اضافت کردم یعنی لغت نعت الله نهادم وبالله التوفیق (man. 1020, fol. 2 v°).

Hadji Khalifa (*Dict. bibl.*, t. VI, p. 362), qui donne un résumé de la préface, le nomme كتاب دعة [cf. ms. 1022, fol. 1 r°, دعة الله فى لغة الفرس

(sic) الله بلغة الفارس], et fixe la mort de Nimet Allah à l'année 969 de
l'hégire. Il est certain que la composition de cet ouvrage doit se placer aux
environs de l'année 947 de l'hégire, car le man. 1020 se termine par la
souscription suivante : قد وقع على الفراغ من تسويد هذه اللغة وجمعه

التى جمعته من اللغات الكثيرة عن يد العبد الضعيف المذنب الـجـرم

الحتاج الى رحمة الصمد الفقير نعت الله بن احمد تمت الـلـغـات فى اوّل

دى الحجة فى يوم الثلثاء فى وقت الظهر سنه سبع واربعين وتسعاية ٩٤٧

d'après laquelle Nimet Allah copia de sa main le présent exemplaire en
l'année 947 de l'hégire (voir le numéro 1021).

Cet exemplaire porte les ex-libris de Du Ryer, de Yahya ibn Moustafa, de Hasan ibn Ahmed el-Fakir, de Mahmoud Yémini et de Mohammed
Riza el-Ounsi (الانسى), ce dernier daté de 994 de l'hégire.

Bonne écriture turque à l'encre rouge et noire, copiée en 947 de l'hégire (1541
de J.-C.) par l'auteur lui-même, Nimet Allah. 350 feuillets. 19 sur 12 centimètres. Reliure en basane pleine au chiffre de Louis-Philippe. — (Du Ryer;
Regius 1388 et 697. — Ancien fonds 195.)

1021

Le même ouvrage.

D'après la souscription, qui est à très peu de chose près identique à celle
du manuscrit précédent (fol. 202 v°), cet exemplaire est également autographe : قد وقع الفراغ من تسويد هذه اللغة وجمعه التى جمعتـه مـن

اللغات الكثيرة على يد العبد الضعيف المذنب الجرم الحتاج الى رحمة

الصمد الفقير نعت الله بن احمد تمت اللغات فى اواسط صفر سنه سبع

وخمسين وتسعاية من الهجرة النبويّة فى جوار ابى ايوب الانصارى

Cet exemplaire d'une récension abrégée du dictionnaire de Nimet Allah
donné comme autographe, présente des omissions même dans la préface, où l'on ne trouve pas le passage dans lequel l'auteur indique ses
sources; ces lacunes ont été remplies postérieurement par un possesseur
de cet exemplaire qui a terminé ce travail dans l'un des deux mois de
Djoumada 962; de plus, la traduction en turc osmanli des mots persans est
quelquefois plus abrégée que celle du numéro 1020, et certaines citations
poétiques sont omises. On lit, au folio 1 recto, le titre de كتاب اللغة فى
الفارسيّة. Un exemplaire de cette seconde édition abrégée du dictionnaire

de Nimet Allah, portant le titre de جمع اللغات, existe au British Museum (Rieu, *Catalogue*, t. II, p. 515). Le présent manuscrit montre que cette édition abrégée a été faite par Nimet Allah lui-même.

Les premiers et les derniers feuillets sont couverts de notes sans importance: on y trouve, au recto du folio 2, les dates d'avènement des sultans de la dynastie d'Osman, avec l'indication de la durée de leur règne, depuis Sultan Osman Khan Ghazi (699 H.) jusqu'à Sultan Osman Khan II (1027 H.), une anecdote sur des Soufis qui demandèrent à Mahomet حضرت خداوندكار s'il est permis de boire du vin ou non, l'indication des sept circonstances dans lesquelles il est défendu de parler, une sentence du soufi Maulana Saad ed-Din-i Kashghari, une anecdote sur Semnoun-i Medjnoun سمنون مجنون, les quatre sentences qui étaient écrites sur le bâton de Moïse (fol. 3 v°), des vers en persan sur les obligations des Soufis, par Nedjm ed-Din el-Koubra, des vers persans de Ibn-Yémin et de Pehlevan (fol. 4 r°), de Sadi (fol. 4 v°), une explication d'el-Mostaghfiri sur la définition de la حجابة (fol. 6 r°), une note sur les songes et une autre note tirée du Mersad el-ibad (n° 93) [fol. 203 r°].

Cet exemplaire porte, au recto du folio 6, les ex-libris de Mohammed Sipahizadè, d'un nommé Abd el-Kérim, d'Ahmed, fils de Sheïkh Kasem, professeur à la مدرسة خَتَازيه de Constantinople, avec la date de 1003 de l'hégire. On lit tout à la fin du volume une note de la main de Baluze : «Codex iste ex Oriente in bibliothecam Colbertinam delatus est anno MDCLXXVI», et, à côté de la souscription, cette note en caractères divanis : عب سرح هذه الكتاب فى 21 أحد الجمدين سنة 492, d'après laquelle, le 21 de Djoumada premier de l'année 962 de l'hégire, un possesseur de ce volume le lut et l'accompagna de notes.

Assez bon nestalik turc, copié à Constantinople en 957 de l'hégire (1550 de J.-C.) par Nimet Allah, dans les environs de la mosquée d'Eyyoub. 203 feuillets. 21 sur 14 centimètres. Reliure en basane au chiffre du roi. — (Colbert 4581; Regius 1572, 3. — Ancien fonds 205.)

1022

Le même ouvrage.

Ce manuscrit porte, au recto du folio 1, le titre de كتاب نعمة الله بلغة الفارس. Dans cet exemplaire, l'auteur est nommé (fol. 1 v°) Nimet Allah ibn Ahmed ibn Moubarek el-Roumi el-Nakshibendi; on lit, au recto du folio 1, une note ainsi rédigée : «Nimet Ullah est un Lexicon persien expliqué par le Turc et un des meilleurs qu'il y ait en cette langue. Il a esté envoyé de Constantinople par le S' de la Croix, secrétaire de M' Nointel, Ambassadeur de France à la Porte du Grand Seigneur, et reçeu au mois de Janvier 1675. »

Bon neskhi turc, copié au mois de Djoumada second de l'année 979 de l'hégire (1571 de J.-C.) par un nommé Kanaan ibn Abd Allah كنعان بن عبد الله. 284 feuillets. 22 sur 15 centimètres. Cartonnage turc. — (Colbert 4547; Regius 1388, 3. — Ancien fonds 206.)

1023

Le même ouvrage.

Cet exemplaire, qui contient l'édition complète du dictionnaire, porte au recto du premier feuillet le titre de لغت نعمة الله المطوّل.

Bon nestalik d'une main turque, copié en 1037 de l'hégire (1627 de J.-C.). 350 feuillets. 21 sur 14 centimètres. Reliure en maroquin vert estampé et doré. — (Thévenot; Regius 1395 et 699. — Ancien fonds 197.)

1024

Le même ouvrage.

Les dernières pages sont couvertes de notes sans importance.

Bonne écriture turque à l'encre rouge et noire du xvii° siècle. 243 feuillets. 21 sur 15 centimètres. Reliure en parchemin. — (Gaulmin; Regius 1390 et 698. — Ancien fonds 196.)

1025

Le même ouvrage.

La copie du lexique de Nimet Allah est suivie, au folio 135 verso, d'un opuscule intitulé كتاب نام فائق لغات از فارسى لغت تتبّع, rédigé en turc sur la valeur grammaticale et l'emploi du ya final. L'auteur, qui ne se nomme pas, a composé ce traité d'après le كتاب الفائق qui fut écrit en arabe par Djar Allah Aboul Kasem ibn Omar el-Zamakhshari (+ 538):

بر مصنّفى كه كمال انصافله متّصف ايدى ايتدى سزكله بيـزم.....
مثلموز علامهٔ زمخشرينك اهل مكة ايله شرفها الله اولان قضيه سيـدر
كه اول قضيه نك اصلى بو در كه شول وقتده كه مذكور يكانهٔ زمانه فايق

نام كتابى كه لغات غريبۀ عربيّۀ عربيّتيني مشتمل در تمام اندى... Cet opuscule
qui ne porte point de titre, débute par : بو محايف پر لطايفك تسويحدنه

داعى و باعث و مضمون مكنوننده مندرج و مندمج اولان عوارف معارفك
تمهيدنه سبب حادث اول اولديكه ارباب فضل و اصحاب معرفت دن بر
جماعتله كه ميدان فرسك فارسلرى ايدبلر لغت فارسبده اخركلمه
لاحق اولان حرف بانك خصوصنده مناظره اولمدى اثناء محاورهده
حاضرلردن .... D'après Hadji Khalifa (t. IV, p. 327 et 348), le Kitab
el-faïk, dont le titre complet est الكتاب الفائق فى غريب الحديث, fut
terminé en l'année 516 de l'hégire; c'est, comme l'indique son titre, un
traité sur les mots rares qui se rencontrent dans le Koran et dans les
traditions musulmanes. Hadji Khalifa indique, sous le n° 8613, les titres
des principaux livres arabes qui traitent de cette science.

Cet exemplaire porte, au recto du folio 135, l'ex-libris d'Ahmed ibn
Mohammed ibn Ibrahim el-Kustendili الكستنديلى el-Baghdadi, avec la
date de 1092 de l'hégire.

Écriture turque passable à encadrements rouges de la fin du xvii° siècle.
146 feuillets, 20 sur 14 centimètres. Reliure turque en cuir brun doré. — (Ancien fonds 194.)

1026

Deux dictionnaires persans expliqués en turc osmanli,
par Mohammed ibn Bedr ed-Din Mounshi.

1° مثلّث en persan, ou vocabulaire des mots persans composés des mêmes
consonnes dont le sens change suivant la vocalisation.

Ce vocabulaire, qui commence par : سپاس و ستايش خلوص نمايش, a été
terminé en 991 de l'hégire, comme l'indique le chronogramme ci-dessous :

مثلّث هست فكر بكر منشى   كسى دیكر نكرد این شیوه در كار
بـود تـاریخ تـا روز قـیـامـت   بطعن فى حدش مخراش ای يار

2° Dictionnaire persan intitulé جنان الجنان.

Il a été terminé en 993, ou plutôt en 992, suivant l'addition des lettres,
comme l'indique le chronogramme suivant qui se lit au folio 59 recto :

بـوى تـاریخ آیدت فـاتح   نشر این روضهرا چو طى نكنى
سنة ۹۹۳

16.

On trouve dans ce dictionnaire, qui est assez résumé, de nombreux exemples empruntés aux poètes persans et des vers par Mounshi lui-même.

Mohammed ibn Bedr ed-Din el-Ak-Hisari, ou Sarou-Khani صاروخانى, qui prenait en poésie le tékhallous de Mounshi, naquit dans la ville de Ak-Hisar, dans la province de Sarou-Khan. Son principal ouvrage est un commentaire sur le Koran, auquel Hadji Khalifa donne les titres de تفسير المنشى et de نزيل التنزيل; ce commentaire était un abrégé fait sur le plan du تفسير الجلالين de Djélal ed-Din Mohammed ibn Ahmed el-Mahalli el-Shaféi († 864) et de Djélal ed-Din Abd er-Rahman ibn Abi Bekr el-Soyouti; toutefois, il était plus étendu que ce dernier ouvrage. Mohammed ibn Bedr ed-Din Mounshi commença la rédaction de ce commentaire à Ak-Hisar, au mois de Ramadhan 981, et il le dédia au sultan osmanli Mourad Khan ibn Sélim Khan, qui, pour l'en récompenser, lui confia, au mois de Rébi second 982, la dignité de sheïkh du Harem de Médine مشيخة الحرم النبوى, qu'il conserva jusqu'à sa mort; il mourut à la Mecque en l'année 1001 de l'hégire. Ce fut à la prière de Mohammed Mounshi que Soudi composa son commentaire sur le divan de Hafiz (Hadji Khalifa, *Dict. bibl.*, t. II, p. 358 et 380; t. VI, p. 339; Rieu, *Catalogue of Turkish Manu-scripts*, p. 159) [fol. 58 v°].

Le présent manuscrit est probablement autographe.

Bon neskhi à encadrements et frontispices en or et en couleurs; la copie est datée du vendredi sept Rébi II de l'année 994 de l'hégire (28 mars 1586), et elle a été terminée en face de la Kaaba تجاه الكعبة البيت الحرم. 156 feuillets. 20 sur 13 centimètres. — (Schefer 229. — Supplément 1540.)

1027

Dictionnaire persan et turc osmanli expliqué en arabe, par Seyyid Abd el-Wahhab el-Shéréfi.

Ce dictionnaire, qui ne porte point de titre, est rangé suivant l'ordre alphabétique ordinaire; son auteur, qui était probablement égyptien, se borne à dire dans une préface de quelques lignes (fol. 1 v°) : وبعد فهذه.....

رسالة مشتملة على بعض ألفاظ فارسى وتركى على قدر الطاقة وما يحتاج اليه الامر من العلاقة جعلتها على حروف الهجم لتكون سهلة المراجعة والله المستعان انشاء العبد الفقير السيد عبد الوهاب الشرى...

Ce dictionnaire est resté à l'état d'ébauche et beaucoup de ses chapitres comptent seulement quelques mots; d'autres sont restés complètement en

blanc; beaucoup de mots persans et turcs qui étaient écrits à l'encre rouge
sont devenus presque entièrement illisibles par suite de l'humidité qui a
endommagé ce volume.

Neskhi cursif, copié en Égypte au milieu du xix⁰ siècle. 286 feuillets, 20 sur
14 centimètres. Demi-reliure. — (Supplément 1580.)

1028

Lexique persan-turc osmanli.

Cet exemplaire débute sans préface, et ne porte ni titre ni nom d'auteur; il ne comporte pas d'exemples poétiques dans la partie purement
lexicographique; les mots y sont rangés d'après l'ordre alphabétique de la
première lettre; il est divisé en 3 sections : la première (p. 1) comprend
la liste des infinitifs مصادر; la seconde (p. 22), un abrégé très succinct de
grammaire, avec le titre de القسم الثان فى القواعد وما يتبعها; on trouve
dans cette partie des citations poétiques empruntées à Maulana Bedr ed-Din
Mahmoud ibn Yémin, Firdousi, Asadi, Latifi, Roudégi, Sadi, Hafiz,
Kémal-i Khodjendi, Hakim Sénaï, Kémal-i Isfahani, Shems-i Fakhri,
Khosrav-i Dehlévi, Homam-i Tébrizi, Kisaï, Djélal ed-Din-Roumi; la troisième section (p. 27) contient un lexique des substantifs اسما.
On lit la note suivante sur l'un des feuillets de garde : «Codex lexici
persici bibliothecae orientalis Christiani Ravii Berlinatis Constantinopoli
sibi comparavit 24 Jul. 1639.» Les feuillets de garde de ce manuscrit sont
couverts d'extraits et de notes sans importance.

Nestalik turc passable daté de l'année 939 de l'hégire (1532 de J.-C.).
186 pages. 22 sur 16 centimètres. Cartonnage. — (Rau; Gaulmin; Regius 1391.
— Ancien fonds 200.)

˙1029

Lexique persan-turc osmanli.

Ce lexique, dans lequel les infinitifs مصادر et les substantifs اسمآء sont
mélangés, débute sans préface, ni titre, ni nom d'auteur, par : باب فى ترجمة
الاسمآء والمصادر الفارسيّة على ترتيب هيجباء للحروف باب الالف
آ: كل معناسنه آمدن لفظندن تخفيف اولمشدر امردن....

Le turc et le persan sont presque entièrement vocalisés; on n'y trouve
pas d'exemples empruntés aux poètes persans.

Au recto du premier feuillet, on trouve la copie du rescrit impérial lancé en 1009 de l'hégire par Sultan Mohammed Khan III, fils de Sultan Mourad Khan, contre les gens qui buvaient du vin; ce document porte le titre de صورت خطّ هایون ملك رقاب امم سلطان سعادت مقرون محمّد خان ابن مراد خان.....; il est accompagné de cette note de la main de Galland : «Quod supra scriptum cernitur, edictum est Mahometis III vini prohibitorium latum anno Hegirae 1009. Hoc est an⸳ Ch. MDC.»

Cet exemplaire a appartenu à Galland, comme l'indique une note inscrite au recto du même feuillet : «Hocce vocabularium persico-turcicum Constantinopoli ab Ant. Gallandio comparatum est An⸳ MDCLXXII.», et une note écrite sur le plat de la couverture par Lacroix : «Ce livre appartient a M⸳ Galand qui me la laissé en depost allant au Levant ce 11° octobre 1678.»

Neskhi et nestalik turcs passables, copiés en 949 de l'hégire (1542 de J.-C.) par Khidr ibn Dervish Ali. 141 feuillets, 21 sur 14 centimètres. Cartonnage turc. — (Galland 71; Regius 1628. — Ancien fonds 201.)

DICTIONNAIRES DIVERS.

1030

دات يوكشا وحات ييكشا ou كتاب اصل المقاصد وفصل المراصد.
Dictionnaire de la langue balaïbalan.

Ce lexique, expliqué en turc osmanli, et aussi en arabe et en persan, contient les mots d'une langue nommée بالبیلن balaïbalan ou بآل یبکلی bala ibalan, dans laquelle le titre arabe de Asl el-makasid wé fasl el-marasid est rendu par دات يوكشا وحات ييكشا. Le balaïbalan, ou «langue de celui qui donne la vie (Allah)» لسان الحی, a été étudié par S. de Sacy dans un mémoire inséré dans les *Notices et extraits des manuscrits* (t. IX, p. 365); il est l'invention de Soufis qui appartiennent à l'Ésotérisme outrancier et qui vivaient en Turquie, probablement des Bektashis qui pratiquent les doctrines houroufics. Certains indices permettent en effet de croire que les personnes qui écrivaient le balaïbalan attribuaient une valeur intrinsèque aux lettres des racines, au moins à certaines d'entre elles : dans کم, par exemple, le ب médial indique la communauté d'action entre plusieurs personnes. Le fait qu'elles nomment كوهر la première voyelle, le fatha de l'arabe, montre assez leurs tendances soufies, car il y a là une allusion transparente au «Joyau Primordial» الجوهر الاول qui, dans la théorie des Ésotéristes, fut la première création de l'Être unique. L'auteur de ce lexique, dont le nom n'est pas connu, dit dans sa préface qu'un de ses amis, qui appartenait évidemment au Soufisme, l'encouragea à entreprendre un lexique qui permît de lire les ouvrages traitant des sciences ésotériques qui étaient écrits dans l'idiome balaïbalan; ce fut pour répondre à ce désir qu'il rédigea le Asl el-makasid, en disposant les mots qui y figurent, sous chacune des lettres, en 9 classes, d'après l'ordre qui avait été suivi dans un ouvrage intitulé قانون الادب, sur lequel il ne donne pas plus de renseignements, «de façon que les personnes qui se livrent à l'étude des sciences, soit ésotériques, soit exotériques, علوم باطن و ظاهر, puissent parvenir aisément au but de leurs recherches» (fol. 71 v°). Un traité d'Ésotérisme écrit dans cette langue singulière est cité dans le Asl el-makasid sous la forme de پیر فان ببن, dont la traduction en persan est نما آثینة جهان (fol. 72 v°); il est évident que, malgré la similitude de leurs titres, ce livre n'a rien de commun avec le جام کیتی نما, traité de métaphysique qui fut écrit vers la fin du ix° siècle de l'hégire par le kadi Mir Hoseïn el-Meïboudi (n° 121).

Le balaïbalan est un idiome formé en partie sur le modèle de l'arabe; toutes les racines de cette langue sont, ou bilitères, ou trilitères, et aucune d'elles ne compte plus de trois lettres : بال بیبلی ده اوج حرفدن زیادۀ بولنمز (fol. 72 v°). Certaines formations sont imitées de l'arabe, le م du balaïbalan correspondant par exemple à la particule de comparaison ك de l'arabe, à la formative م des noms de lieu, au ن conjonctif, à la particule ل spécialisant le sens du présent dans la forme لِیَعْلَمُ; par contre, la formation du pluriel est empruntée au persan, et le balaïbalan ne connaît point les pluriels brisés de l'arabe; c'est ainsi qu'il rend مقاصد par وکشا، مراصد par بکشا, mots dans lesquels l'*élif* semble être l'abréviation de la particule ها du persan, وکش correspondant à قصد et بکش à رصد. Il paraît s'y trouver des formations imitées de l'osmanli dans la dérivation verbale, le transitif dérivant du neutre par l'intercalation entre les deux dernières radicales d'un ن; d'autres formations sont nettement persanes, en particulier, les nombres ordinaux formés des cardinaux par l'adjonction d'un م, comme جلم «troisième», de جل «trois»; le participe est formé par l'adjonction au thème d'un ن qui doit être une abréviation du suffixe ان du participe présent du persan; de même, l'article, qui est ی en balaïbalan, est probablement l'*izafet* du persan, lequel primitivement était un pronom relatif.

Le lexique est divisé en deux parties : la première, qui est subdivisée en six sections, comprend les infinitifs; la seconde contient les substantifs ou noms communs.

Début de la préface en balaïbalan :

بَشَانَ يَمَّانَ يُغْنَانَ يَهَمَانَ

بسم ربان چنا وزنس رکوزاو ينشا فاجا الجس قم يمفـا رعـالای قـاجـا ايرفم ايمغم جه مكنـد سنـی ذات جام بنـشنا اخشنا اجـفـری المنـابی چـابـا ديکرفـنا رابا يعشنا شناى.....

En arabe : الحمد لله الذی صدّر مصادر الاشياء نورا.

Bonne écriture turque de la fin du xvıᵉ siècle. 334 feuillets. 21 sur 15 centimètres. Reliure orientale en maroquin rouge estampé. — (Vansleb; Regius 1575.
— Ancien fonds 188.)

1031

Dictionnaire français-persan, par Ouessant.

D'après une note qui est écrite sur l'un des feuillets de garde, ce dictionnaire, qui a été terminé en 1780, contient 8960 mots français et
53760 mots persans. Le persan est écrit en caractères latins et la transcription en est faite d'après la prononciation indienne.

Bonne écriture datée de 1780. 256 pages. 32 sur 20 centimètres. Reliure
indienne en cuir rouge. — (Ouessant. — Supplément 1012.)

1032

Dictionnaire français-persan.

Ce dictionnaire, qui est disposé sur deux colonnes, est resté à l'état
d'ébauche, tant pour le vocabulaire français que pour sa traduction en
langue persane.

Assez bonne écriture nestalik vraisemblablement du commencement du xıxᵉ siècle.
184 feuillets. 21 sur 16 centimètres. Reliure de forme orientale en basane. —
(Supplément persan 1006.)

1033-1034

Dictionnaire français-persan.

Ce dictionnaire, qui a été rédigé en Perse par un Européen, comprend deux volumes in-folio se terminant au folio 502 du n° 1034, où il est daté du 20 août 1852. On trouve ensuite (fol. 503-519) la copie mise au net du commencement de ce dictionnaire, A-Affidé, puis un vocabulaire français-persan s'étendant jusqu'à Béquiller, dans lequel les mots persans sont transcrits en lettres latines.

Écritures cursives du milieu du xixe siècle, copiées en partie sur du papier persan. 546 et 555 feuillets. 36 sur 25 centimètres. Demi-reliure. — (Supplément 1043-1044.)

1035

Vocabulaire français, persan et turc osmanli.

Cet ouvrage, qui ne porte ni titre, ni nom d'auteur, est disposé sur trois colonnes, d'après l'ordre alphabétique des mots français. Le persan et le turc sont transcrits en lettres latines; les six premiers feuillets contiennent les mots persans et turcs écrits dans les caractères originaux.

Début :	A datif	Ber. Beh	Ah. eh. yah. yeh
	Aage	Omour	Omour

Bonne écriture de la deuxième moitié du xviie siècle. 35 feuillets. 25 sur 15 centimètres. Cartonnage. — (Colbert 3543; Regius 1571, 4. — Ancien fonds 207.)

1036

Vocabulaire persan-français, par M. d'Arvieux.

Ce vocabulaire porte au recto du premier feuillet la note suivante : «Vocabulaire persan et françois. 1672. Transcrit d'un pareil écrit de la main de Mr d'Eruieux dans le temps qu'il fut a Constantinople pour les affaires du Roy»; il est tout entier de la main d'A. Galland, et il est disposé suivant l'ordre alphabétique ordinaire du persan; il commence par :

Vien	آ
Eau	آب
Lieu priué	آب خانه
Larme	آب چشم

Laurent d'Arvieux, que Galland nomme, dans son Journal, Mr d'Ervieux, appartenait à une famille lombarde, dont le nom était Arveo au singulier et Arvei au pluriel; la branche provençale de cette famille, à laquelle il se rattachait, avait changé son nom patronymique en Arviou, et c'est sous ce nom que le chevalier fut d'abord connu à la cour où l'on prit bientôt l'habitude de le nommer Arvieu. Ce fut lorsqu'il se rendit à Constantinople, en qualité d'envoyé extraordinaire, que M. de Lionne, secrétaire d'État aux Affaires Étrangères, transforma son nom en d'Arvieux. Il était né en 1634, et il mourut en 1702, sans laisser de postérité. Il a écrit un récit fort curieux de sa vie et de ses voyages dans les Échelles, qui fut publié à Paris, chez Delespine, en 1735, sous le titre de *Mémoires du chevalier d'Arvieux, Envoyé extraordinaire du Roy à la Porte, Consul d'Alep, d'Alger, de Tripoli et autres Échelles du Levant.....*, par le R. P. J. B. Labat, de l'ordre des Frères Prêcheurs. Ce fut sur le conseil du célèbre Melchisédech Thévenot, en 1666, que d'Arvieux entreprit, en même temps qu'une traduction de la géographie d'Aboul Féda, la rédaction du vocabulaire persan décrit ici; il ne mit que quatre mois à terminer ces deux travaux (*Mémoires*, t. IV, p. 104), ce qui explique la brièveté du vocabulaire que Galland remarqua quand le chevalier le lui montra à Constantinople, le mercredi 9 mars 1672 : «Mr d'Eruieux, dit-il dans son Journal, me monstra un dictionnaire latin et persan écrit de sa main propre, en tres beau charactere persan auec une centurie de prouerbe a la fin en persan et en latin aussi de sa main. Il m'a semblé que ce dictionnaire n'estoit pas suffisamment ample. Il me monstra aussi son dictionnaire arabe de Golius qui auoit toute sa marge sur laquelle iusques au ‌ il auoit transferé son dictionnaire persan, auec l'explication des mots, et il me dit qu'il emploieroit l'autre costé de la marge pour y mettre le dictionnaire turc aussi par ordre alphabétique.» (Français 6088, fol. 29 r°; Schefer, *Journal d'Antoine Galland*, t. I, p. 70.)

Assez bonne écriture neskhi datée de 1672. 143 feuillets. 20 sur 15 centimètres. Reliure turque en maroquin rouge. — (Galland 76; Regius 1633. — Ancien fonds 203.)

1037

Dictionnaire persan-latin, par Galland.

Cet ouvrage porte, au folio 1 recto, le titre : «Dictionarium persico-latinum ex Heptaglotto Edmundi Castelli excriptum». Le manuscrit est entièrement de la main de Galland, et la plus grande partie, à partir du recto du folio 17, en est copiée sur deux colonnes. Il commence par :

آ character dies solis. Item Tauri in Zodiaco

پآ Aqua

آبَا et آبَآ mirum, papa, et sine medda cibus, liquidus, uirulentus

آبَاتَان nomen montis

Bonne écriture de la seconde moitié du XVIIᵉ siècle. 218 feuillets. 24 sur 19 centimètres. Reliure en maroquin rouge plein aux armes du roi. — (Galland 77; Regius 364. — Ancien fonds 202.)

1038

Vocabulaire persan-italien des mots contenus dans la Dottrina Christiana des Jésuites de Lahore, rédigé par les pères carmes qui dirigeaient le Collège des langues orientales de Saint-Pierre et Saint-Paul à Isfahan.

Cet ouvrage porte le titre suivant : «Vocabulario Persiano et Toscano di tutte le parole che si contengono nel libro della Dottrina Christiana che gli anni adietro in Lahor per opera di Padri Jesuiti, in lingua Persiana fu scritta a publica utilità di curiosi di questa lingua. Messo in sieme da gli studenti del Collegio delle lingue Orientali di San. Pietro et Sant. Paulo che nella Citta di Sphahan capo et Regia di tutto l'Imperio Persiano. Da i P. P. Carmelitani scalzi ultimamente e statto eretto.»

Les mots composés du persan sont expliqués d'une façon correcte au point de vue grammatical, et les auteurs distinguent l'origine des mots. Le présent exemplaire est précédé d'un index des mots italiens qui sont cités dans l'ouvrage, avec le renvoi à la pagination primitive, de manière à servir de lexique italien-persan. On y trouve également la traduction persane du Pater, de l'Ave, du Credo et des Commandements de Dieu, les deux premières pièces étant accompagnées d'une transcription en lettres latines.

Le Vocabulaire persan-italien commence ainsi qu'il suit :

بنام خدا پدر و پسر (پیر .man) و روح القدوس
باب الف فصل الف

| Principio | ن.۲.ج.5. | Ebtida | ابتدا |
| Parte | ن.۲.ج.3. | Agera | اجرا |

L'Ave Maria commence par : سلام بر تو ای مریم امودۀ عنایت خداوند

با تست مبارک هستی در میان زنان و مبارک است میوۀ شکم تو عیسی,

ce qui est transcrit : Salem ber tou I Meriem amoudeh aanayet Khondauend batou'st, moubarek der mion zenon ve moubarek est miueh chekom tou Aaissa... On remarque dans cette transcription la prononciation dialectale o de l'*á*, qui est particulière à la contrée d'Isfahan.

L'un des pères jésuites les plus célèbres qui travaillèrent aux Indes à l'époque d'Akbar est le père Xavier, parent de saint François Xavier, qui a composé le مرآت القدس et le وقايع حواريان ; la Dottrina Christiana dont on a ici le vocabulaire n'est point son œuvre (voir n° 13 et 14, et Sommervogel, *Bibliothèque de la Compagnie de Jésus*, VIII, 1337 et suiv.).

Assez bon neskhi persan et écriture italienne du milieu du xvii° siècle. 74 feuillets, 25 sur 15 centimètres. Demi-reliure européenne. — (Colbert 3544; Regius 1571 2. — Ancien fonds 209.)

<h1 style="text-align:center">1039</h1>

Le même ouvrage.

Cet exemplaire est une copie plus soignée de l'ouvrage qui se trouve décrit dans le numéro précédent; il contient une préface adressée à «gli Studenti del Colleggio delle lingue orientale di S. Pietro e S. Paolo di Spahan», et, plus généralement, aux personnes qui étaient curieuses d'étudier la langue et la littérature de la Perse; l'auteur se plaint dans cette préface de manquer de grammaires et de dictionnaires de la langue persane, et il espère que ce vocabulaire rendra quelques services aux personnes qui la veulent étudier. Le père jésuite Jérôme Xavier (†1617) avait composé aux Indes un *Rudimenta linguae persicae* (Sommervogel, *Bibliothèque de la Compagnie de Jésus*, VIII, col. 1339), qui n'était sans doute pas parvenu en Perse à l'époque à laquelle ce vocabulaire fut rédigé. La rédaction de cette préface doit se placer, à très peu de chose près, un peu avant l'époque à laquelle Louis de Dieu fit imprimer sa grammaire persane (*Rudimenta linguæ persicæ authore Lud. de Dieu. Accedunt duo priora capita Geneseos persica translatione Jac. Tawusi; Lugdun. Batav. ex offi cina elzeviriana*, 1639, in-4°), ce qui explique qu'elle n'était pas encore connue des Carmes d'Isfahan.

Bonne écriture nestalik persane du commencement du xvii° siècle. 136 feuillets. 30 sur 20 centimètres. Reliure occidentale en basane noire. — ('Thévenot. — Ancien fonds 179.)

<h1 style="text-align:center">1040</h1>

Vocabulaire persan-latin, par Saumaise.

Ce vocabulaire, qui est rangé sur deux colonnes, a été fait en partie sur une traduction persane de la Bible, comme le montrent suffisamment les renvois aux passages de la Genèse, du Lévitique, etc., et les équivalences des mots hébraïques. On y trouve également, dans quelques cas, les équivalents arabes des mots persans, ainsi que leur traduction en langue turque, cette dernière étant empruntée à un dictionnaire que Saumaise désigne seulement par le titre de Lexicon persico-turcicum. Ce vocabulaire, qui porte comme épigraphe Ζῆν βουλόμενος μὴ πράττε θανάτου ἄξια et Initium Sapientiæ timor Domini, est daté de l'année 1587. Bénigne de Saumaise, né à Semur vers 1560, mourut à Dijon en 1640; il hérita en 1587 de la charge de lieutenant au bailliage de Semur, et il fut nommé par Henri IV conseiller au parlement de Bourgogne; son principal ouvrage est *Denys Alexandrin, de la Situation du Monde*, traduit du grec en vers français, Paris, 1597. Son fils, Claude de Saumaise, né à Semur en 1588, mort à Spa en 1658, eut une érudition encyclopédique, et il occupa à Leyde la charge qui avait été celle de Scaliger. Il a laissé un grand nombre d'ouvrages dont une centaine sont restés manuscrits et sont passés en la possession de Ph. de la Marre. C'est vraisemblablement de la Marre qui a inscrit au verso du feuillet 53 la note suivante : «Claudij Salmasij aduersaria linguæ arabicæ», par suite d'une confusion entre les deux Saumaise que la date de 1587 aurait dû lui faire éviter.

Écriture cursive de 1587. 53 feuillets. 30 sur 20 centimètres. Reliure en parchemin blanc. — (De la Marre; Regius 534, 3; ancien fonds arabe 1249. — Supplément 1176.)

1041

Vocabulaire persan, turc osmanli, français et italien.

Ce vocabulaire est disposé sur quatre colonnes sans ordre alphabétique; la traduction française des mots orientaux est à peu près complète; l'italien n'existe que pour les premières pages; il ne porte ni titre, ni nom d'auteur.

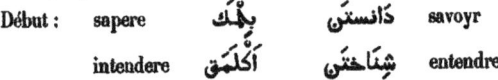

Début :   sapere   بِلْمَك   دَانِستَن   savoyr

intendere   أَكْلَمَق   شِنَاخْتَن   entendre

Bon neskhi d'une main turque du XVIᵉ siècle. 13 sur 21 centimètres. Brochure. — (Colbert 3667; Regius 1574, 2. — Ancien fonds 208.)

1042

Liste de noms propres persans et hindoustanis accom-

pagnés d'une transcription en caractères latins, de la main du colonel Polier.

Ce vocabulaire, qui contient aussi bien des noms de personnages historiques, comme اعظم ملك حيدر, بستى سنكه چرسا, que des noms de villes اكره, اندبور, et des noms de mois اكهن, آسن, est divisé en sections dont chacune comprend une lettre de l'alphabet arabe. L'ordre alphabétique n'est point suivi dans l'intérieur de ces diverses sections. On lit au bas du recto du folio 1, en caractères d'impression, la mention : Antoine Polier an 2.

Bon nestalik indien de l'extrême fin du xviiie siècle. 49 feuillets. 34 sur 11 centimètres. Demi-reliure. — (Polier. — Supplément 3 a 5.)

DIALOGUES.

1043

Dialogues élémentaires persans-turcs, par Abd er-Rahman ibn Hadji Hoseïn Hamidi.

Chacun de ces dialogues est précédé d'un abrégé de la conjugaison du verbe qui figure le plus souvent dans la composition de ses phrases, par exemple : فصل دانستن مى بايد دانست دانستند دانستى ندانستى... (fol. 2 r°). La version turque interlinéaire est écrite à l'encre rouge, et il est visible qu'elle a été copiée par une personne qui ignorait cette langue.

Début : شكر و سپاس خداى ابراكه افريد هغه افريدرا بيچون و بى چرا. شكر و منت الله كه جميع عالمى برتدى تنلك سز دى بيچونسز.

Bon nestalik turc, copié en 1076 de l'hégire (1665 de J.-C.). 64 feuillets. 21 sur 15 centimètres. Reliure en maroquin brun estampé. — (Vansleb; Regius 1569. — Ancien fonds 184.)

1044

Vocabulaire et dialogues persans-anglais.

Cet opuscule, dont beaucoup de feuillets sont mutilés, commence par un vocabulaire rangé par ordre des matières des mots les plus courants; il se

continue par une série de dialogues élémentaires et se termine par des modèles de lettres. Il a été composé aux Indes, vraisemblablement en 1206 de
l'hégire (fol. 49 v°), soit en 1791 de notre ère; le nom de l'auteur a disparu par suite de l'état de mutilation du volume.

Bon nestalik indien de l'extrême fin du xviii° siècle. 50 feuillets. 21 sur
13 centimètres. Demi-reliure. — (Ochoa 50. — Supplément 977.)

PROSODIE ET MÉTRIQUE.

1045

بدايع آلافكار ك صنايع آلاشعار. Abrégé sur les figures et les
tropes employés par les poètes persans, par Hoseïn ibn
Ali el-Vaïz el-Kashifi.

Ce traité est dédié à Shodja ed-Daulèh wéd-Din Émir Seyyid Hasan
(fol. 1 v°); il est divisé (fol. 2 v°) en une préface subdivisée en quatre sections, deux chapitres et une conclusion. La préface traite de la définition de
la poésie et de ses origines, des diverses formes poétiques, kasida, ghazal,
kata'a, rouba'ï, fard, mesnévi, mousammath, tardji'at, mousath, des moda-
lités du vers, et de la terminologie poétique. Le premier chapitre est consacré aux figures poétiques, le second, aux fautes que les poètes commettent,
cette partie de la science poétique étant spécialement nommée علم نقد.
La conclusion, qui est subdivisée en 7 sections, traite de la rime قافيه. Ce
précis, rédigé sous une forme très concise, est très inférieur au livre de
Shems-i Kaïs, mais il constitue un manuel commode. On ne trouve aucun
renseignement sur Émir Seyyid Hasan dans le Médjalis el-mouminin.

Début : الحمد لمبدع البدايع والشكر لمنشى الصنايع ثم الصلوات
والتحايا اهدى لخلاصة البرايا چون جناب معلى و سده على حطرت....

Bon nestalik persan avec encadrements en or et en couleurs, daté de Safar
987 de l'hégire (avril 1579 de J. C.). 74 feuillets. 23 sur 13 centimètres. Reliure
orientale en cuir brun doré. — (Schefer 196. — Supplément 1506.)

1046

براهين آلعجم ك قوانين آلمعجم. Traité sur la rime, par Mohammed Taki Kashani, surnommé Sipehr سپهر.

Le titre n'est donné qu'au folio 9 verso, tout à fait à la fin d'une longue préface écrite dans un style diffus; Sipehr y raconte (fol. 7 v°) qu'ayant consacré sa jeunesse à l'étude de la littérature et de la poésie, il se rendit à Téhéran, à la cour de Feth Ali Shah, et qu'il fut accueilli par Feth Ali Khan, qui était le poète lauréat ملك الشعرآء de ce souverain; il jouit durant vingt jours de son hospitalité et Feth Ali Khan se déclara émerveillé de son talent. Il confia à Mohammed Taki qu'il avait eu l'intention d'écrire un traité sur la rime, mais qu'il en avait laissé passer le temps, et il l'encouragea à réaliser ce projet en prenant ses vers comme exemples. Mohammed Taki s'en retourna à Kashan, et Feth Ali Khan étant mort sur ces entrefaites, il abandonna le projet qui lui avait été ainsi suggéré. Plus tard, en 1250, il retourna à la cour, où il obtint les faveurs de Mohammed Hoseïn Khani, fils de Feth Ali Khan, qui avait hérité de la charge de poète lauréat. Ce personnage l'incite à reprendre le projet qui lui avait été inspiré par son père, et Mohammed Taki se mit immédiatement à l'œuvre, sans toutefois se laisser imposer le choix des vers de Feth Ali Khan. La date de 1250 est également indiquée dans une kasida (fol. 6 v°), sous la forme:

بعشـر دوّم از دومیـن جمادی ماه

زسال هجرت رفته دو ششصد و پنجاه

Le Bérahin al-'adjem fut achevé, comme l'indique un chronogramme qui se lit à la fin d'une kasida qui le termine:

سپهر این نامه چون بنوشت کفت از بهر تاریخش

که قانون فصاحت از براهیـن العجم آمـد

(fol. 177 r°), en 1251 de l'hégire. Le nom de Sultan Mohammed Shah Kadjar, à qui est dédié le Bérahin, figure plusieurs fois dans des pièces de vers composées en son honneur par Sipehr (fol. 5 v°, 6 bis r°, 177 r°); l'ouvrage est divisé en une préface subdivisée en 3 فصل, et 24 chapitres. Les exemples sont empruntés aux meilleurs poètes de la Perse, Aboul Faradj, Asir ed-Din Akhsikéthi, Envéri, Ferdousi, Khakani, Khosrav-i Dehlévi, Nasir-i Khosrau, Nizami, Onsori, Saadi, Selman-i Savedji, Hakim Sénaï, ce qui n'empêche pas cet ouvrage d'être très médiocre. Son auteur, Mohammed Taki, s'est fait confier par ses intrigues la rédaction d'une histoire générale de la Perse, destinée dans son esprit à remplacer toutes celles qui existaient avant lui, comme Rashid ed-Din avait essayé de le faire, mais avec d'autres moyens; cette chronique, nommée Nasikh el-tévarikh, n'a aucune valeur.

Nestalik persan cursif tendant au shikestèh, copié en 1253 de l'hégire (1837 de J.-C.). 178 feuillets. 21 sur 13 centimètres. Reliure orientale en cuir noir estampé. — (Schefer 228. — Supplément 1539.)

1047

Petit traité de prosodie et de versification persanes.

Cet opuscule ne porte ni titre ni nom d'auteur, et il commence sans le bismillah par : باب در بيان سخن موزون, de sorte qu'on peut le croire extrait d'un ouvrage plus considérable. L'auteur dit, dans une courte introduction, qu'à son époque, il existait, tant en arabe qu'en persan, de savants traités sur cette matière, et qu'il a écrit un traité élémentaire qu'on puisse mettre entre les mains des commençants. Cet ouvrage est divisé en trois chapitres (fol. 3 r°) dont deux seulement se trouvent dans le manuscrit, et dont le troisième a été omis par le copiste; le premier est intitulé فصل اوّل در شناخت وزن و قالبها و اعتدال آن (fol. 3 r°), et le second فصل دوم در شناخت اساى دواير و بحور و اوزان (fol. 11 v°). Il est possible que l'auteur de ce petit traité se soit nommé Mahmoud, car on lit tout à la fin :

تمت الكتاب وربنا محمود   وله المكارم والعلم والجود

(fol. 56 v°). On y trouve cités des vers de Rashid ed-Din Vatvat (fol. 41 v°, 43 v°), qui mourut en 578, de Shems ed-Din Kashi (fol. 45 r°), de Onsori (fol. 47 r°), mort en 441. Shems ed-Din Kashi, ou mieux Kashani, est un auteur très peu connu, qui a écrit, d'après la Djami el-tévarikh, une histoire des Mongols en mauvais vers.

On lit, au recto de l'un des feuillets de garde, le titre هذا كتاب عروض, qui a été écrit par un possesseur turc de cet exemplaire, et qui n'a rien d'authentique. Cet opuscule a vraisemblablement été écrit à l'époque mongole.

Début : بدانك وزن سختن و سنجيدن باشد و هرچه وزن كرده شود
آنرا موزون كويند و سخن نيز هين حكم دارد...

Bon nestalik persan, copié en 842 de l'hégire (1438 de J.-C.) par Ahmed ibn Abd Allah el-Farisi. 59 feuillets. 18 sur 9 centimètres. Cartonnage oriental. — (Colbert 6267; Regius 1393, 3. — Ancien fonds 320.)

1048

Petit traité de prosodie, sans titre ni nom d'auteur.

Début : سپاس وافر...... امّا بعد بدانكه ارباب صناعت عروض
بناء اصول اوزان شعررا بر سه ركن نهاده اند سبب و وتر و فاصله

سبب بر دو نوعیست سبب خفیف وآن لفظیست مشتمل بر یك متحرك
و یك ساكن .....

Ce traité est suivi (fol. 13 r°) d'un opuscule sans titre ni nom d'auteur
sur la rime علم قوافی, et (fol. 16 r°) de la copie d'un placet en turc non
daté adressé au sultan par un certain Mousa qui était mufti de Magnésie
et qui signe اذلّ البعاد موسی المفتی بمدینه مغیسا.

Nestalik turc très négligé du XVII° siècle. 16 feuillets. 21 sur 15 centimètres.
Cartonnage turc. — (Supplément 398.)

1049

Traité de prosodie persane.

Ce traité est incomplet du commencement et de la fin et il y a des in-
terversions dans l'intérieur du volume. Le nom de son auteur a disparu en
même temps que le titre, avec la préface et le premier chapitre dans son
entier. Le second chapitre commence au recto du second feuillet par ces
mots : فصل دوم در کیفیت اعتبار حرف متحرّك و ساکن در شعر و اشارت
بتقطیع شعر .....

Le volume a beaucoup souffert de l'humidité.

Assez bon nestalik persan de la seconde moitié du XVII° siècle. 78 feuillets.
18 sur 13 centimètres. Reliure en peau rouge souple. — (Renaudot; Saint-Germain 623. — Supplément 402.)

1050

Recueil de traités de prosodie et d'autres opuscules.

1° جمع مختصر. Traité élémentaire de prosodie, de la rime et de l'art
poétique, composé par Vahid-i Tébrizi وحید تبریزی; Vahid-i Tébrizi
écrivit ce petit précis pour l'instruction de son neveu.

Début : ...... اما بعد بدانکه این کتاب از منشات وحید تبریزی
است در علم عروض و قافیه و صنایع شعر که از برای عزیزی تالیف کرد
(fol. 3 v°).

2° Traité abrégé, sans titre ni nom d'auteur, sur les règles de la rime.

Ce traité, qui est très court, est divisé en une préface, cinq petites sections et une conclusion.

Début : .... نموده می شود که این مختصریست وای بقوانین قوای که

بموجب اشارت بعضی از اجلّه اصحاب احباب صورت تحریر (fol. 50 r°).

3° كلزار صفا, رسم الخطّ. Traité en vers sur l'art de la calligraphie, par Seïrafi (n° 1113).

Le titre n'est donné que dans l'introduction (fol. 58 r°) et dans la conclusion du livre (fol. 71 v°), et il est répété, avec le nom de l'auteur et la date de la composition du Goulzar-i séfa, dans un chronogramme qui se trouve dans cette conclusion :

نام كلزار صفایش زتهماست صیری بلبل كلزار صفاست

بی تاریخ تمای سخن هجو بلبل چو شدم دستان زن

آمد ازكلشن افلاك ندا

صیری ساكن كلزار صفا

ce qui indique la date de 950 de l'hégire. Seïrafi s'étend longuement sur la composition des encres de couleur qui jouent un grand rôle dans l'ornementation des manuscrits (fol. 56 v°).

4° معراج نامه. Récit en vers persans très médiocres sur l'ascension au ciel du prophète Mohammed, par un certain Attar, qui n'a rien de commun avec l'auteur du Tezkéret el-aulia.

Début : عون میخواهم دلم از خالی جان افرین

تا به نظم ارم زمعراج رسول العالمین

شرح معراج رسولرا بخواهم نظم كرد

انكه ایزد كفت ویرا رحمة للعالمین

Un opuscule intitulé شرح معراج existe au British Museum (Rieu, Catalogue, p. 348), attribué à Avicenne (cf. Hadji Khalifa, III, 443), mais il est en prose et tout à fait différent de celui-ci. Le récit du miradj ne figure point dans le recueil des œuvres de Férid ed-Din Attar, et l'attribution de ce médiocre poème au célèbre docteur soufi est impossible. La copie est datée de l'année 980 de l'hégire (fol. 73 v°).

5° Morceaux choisis de Aḳéfi عاكفی, Lisani, Selman, Katibi, sans commencement ni fin (fol. 79 r°).

17.

6° عشّاق نامه. Poème en mesnévis et en ghazals sur la correspondance amoureuse de deux amants.

Le titre de ce poème n'est indiqué que dans le dernier chapitre où l'on lit (fol. 105 v°) :

چو كونه كردم از تحرير خـامـه ** نهادم نـام ايـن عشّـاق نـامـه

سخن سازان كه دل بر نور دارنـد ** زمـن ديـوانـهرا مقـدور دارنـد

Il fut terminé, comme l'indiquent les premiers vers de ce chapitre (fol. 105 v°) :

به بهتر طالع و فرخنده ترفأل ** دوم روز از رجب در لام الف ذال

بنظم اوردم ايـن درد دل ريـش ** بهركس باز كغتم قصّة خويـش

en l'année 731 de l'hégire, et dédié au général mongol, devenu prince du Fars, Abou Ishak (fol. 82 v°), sur lequel voir n° 880, 1 :

جم ثانى نظـام دولت و ديـن ** ابو اسحق سلطان سلاطيـن

خستـه پادشاه داد كستـر ** جهانكير افتاب هفـت كشـور

Un ouvrage du même genre et portant le même titre se trouve au British Museum (Rieu, Catalogue, t. II, p. 594); le présent poème, d'après une note écrite sur l'un des feuillets de garde par un propriétaire du manuscrit serait l'œuvre d'un certain Kani كانى (fol. 82 v°).

Assez bonnes écritures nestalik turques de la fin du XVI° et du XVII° siècle. 105 feuillets. 18,5 sur 11 centimètres. Cartonnage turc. — (Supplément 1659.)

INSHA.

1051

Recueil de traités de correspondance diplomatique.

1° التوسّل الى التوسّل. Traité par Shems ed-Din Mohammed ibn el-Mouayyad el-Baghdadi.

Le commencement du volume a disparu avec la plus grande partie de la préface, et le titre, ainsi que le nom de l'auteur, ne se trouvent plus que dans la souscription (fol. 128 r°), توسّل منشات شمس بغدادى, et dans celle du traité suivant (fol. 174 v°), où il est dit : تمّ التوسّل الى التوسّل. Cet المسمى عكس تسميه التوسل الى التوسل اى لاحمد المويد البغدادى

ouvrage est évidemment celui que Hadji Khalifa cite, *Dict. bibl.*, t. II, p. 403, sans fournir sur lui aucun renseignement. Ce traité est divisé en trois sections (kism), dont le détail est donné ainsi qu'il suit au folio 1

recto : ق ١ در مناشير ديوانى و فتوح وعهود و معاهدات ق ٢ در امثله

و مكاتباتى كه از حضرت بـمـلـوك و اصحاب اطراف نافذ شـده است ق

٣ در اخـوانيات و ملاطفاتى كه مى بـبـزركان و دوستان نوشتنه ام

Comme l'a établi Dozy dans l'excellente notice qu'il a donnée d'un exemplaire complet du Tévessoul (*Cat. Cod. Orient. Bibl. Acad. Lugduno-Batavae*, vol. 1, p. 169 et suiv.), Shems ed-Din Mohammed ibn el-Mouay-yad el-Baghdadi était au service d'un sultan du Kharezm dont il ne cite pas le nom, et sur les ordres duquel il réunit les lettres qu'il avait écrites à différents princes en son nom, ainsi que plusieurs de celles que le sultan avait reçues. En fait, la plus grande partie des lettres qui composent ce recueil sont l'œuvre de son auteur, comme on le voit par plusieurs passages,

ex. : اين مثال (fol. 1 r°), بر نام... خاقان معظم كتابت نوشتنه ام

بجهت معارى ولايت خراسان نوشتنه ام (fol. 41 v°), et par l'intitulé de la troisième section.

Parmi les personnages royaux cités dans ces lettres, se trouve un souverain nommé Adhod ed-Daulèh Toghan-Shah (fol. 10 v° et 67 r°) qui régnait à la fin du vi° siècle. A ce renseignement qui est décisif, il convient d'ajouter des lettres écrites à l'atabek Shems ed-Din Pehlévan qui mourut en l'année 582 (fol. 57 r°, 58 r°, 59 r°), et les dates de 577 et 578 qui sont indiquées en toutes lettres, la première au folio 69 verso, la seconde aux folios 60 verso, 63 verso, ainsi que la mention de la prise de Boukhara qui eut lieu en 594 (fol. 45 v°). Ces dates placent Shems ed-Din Mohammed sous le règne de Sultan Tukush († 596), lequel prince est nommé dans l'ouvrage, Nasir ed-Din Malik Shah, et gratifié du titre de خاقان معظم. Ce traité d'Insha, pas plus que le suivant, n'a rien de commun avec le ترسّل de Moïn al-Zamadji el-Esfizari el-Hérévi (Éthé, India Office, 1131).

٢° التـرسّل الى التـوسّل. Recueil de documents épistolaires par Bedr ed-Din el-Bakhshi (?) el-Roumi.

Le titre de cet ouvrage et le nom de son auteur sont restés en blanc dans la préface, et ils ne se lisent plus que dans la souscription du volume

(fol. 174 v°) sous la forme : تمّ التـرسل الى التوسل المسمى عكس تسميه

التـوسل الى التـرسل اى لحـمـد بن الـمويد الـبـغـدادى وهـذا لإمـام عـالم

علامة فاضل ملك ادباء عصره المعروف ببدر الـديـن الـصـبـى الـروى

واختتم تزيينه برسم مطالعة للخدمة العالية العالمية الآمنة الجمالية مع
اضافاته بالادبيات بكورة الثغر انطالية الروم حفظها الله تعالى مبد حكخفد
جرة على يدى الداعى الى الله الراعى ابن الفلك الحرّر المنتقى...

L'auteur dit dans sa préface (fol. 129 r°) que, dans sa jeunesse, il s'occupa à rassembler des livres arabes, des lettres en arabe et en persan, des vers
et les meilleures pièces des écrivains, principalement celles d'un très célèbre
auteur dont le nom est resté en blanc dans la copie. Plusieurs de ses amis
lui ayant exprimé le désir de le voir écrire un livre sur ces sujets, il puisa
dans les documents qu'il avait ainsi ramassés et composa le التربسل. Bedr
ed-Din el-Roumi vivait certainement dans l'empire des sultans seldjoukides
du pays de Roum, comme on le voit par un passage du folio 130 verso, où

il dit : بارى عزّ اسمه بر تكرّر ايّام هاء آل سلجوق تا اشبانة نسر طاير بر
افراشته است.... Les documents qui sont contenus dans ce recueil ont
tous été écrits dans le pays de Roum; on trouve, au folio 150 recto, une
lettre écrite à un mélik de Malatiya, qui est nommé اكل القونية النجوانى
Akmal el-Konia el-Nakhtchévani, des lettres écrites de Kaisariyya (fol. 151 v°,
154 r°), envoyées à Konia (fol. 149 r°, 160 v°). La ville d'Antalia paraît,
au folio 166 verso, affublée du titre de مدينة الفلكيين, sans doute parce
que la famille du copiste, qui se nommait Ibn el-Falaki, y résidait. Parmi
les personnages auxquels sont adressées ces missives, il convient de citer
le molla Kémal ed-Din Hakim (fol. 131 v°), un émir, Béha ed-Din, prince
de la province maritime بها الدين ملك ساحل (fol. 136 r°, 152 v°),
l'émir Béha ed-Din, sans autre titre (fol. 140 v°, 141 v°, 142 r° et v°,
162 r°, 165 v°), l'émir Zahir ed-Din, nommé مخدومى و اميرى ظهير دينى
مسمى اى بعدر معرون بها الممالك قونيه, qui avait, à ce qu'il semble, des
fonctions dans la province de Konia (fol. 139 r°), l'émir Nosret ed-Din
(fol. 143 v°, 144 r°, 145 r°, 149 r°, 154 r°, 160 r°). On y remarque également (fol. 134 v°) une réponse adressée à l'auteur du recueil et (fol. 162 r°)
une lettre adressée à un personnage nommé حضرت ملك الامرا و الافاضل
بدر الدين يحيى. Béha ed-Din, prince de la province maritime, se trouvait à Konia quand cette ville fut attaquée par les Turcs d'Arménie, ancêtres des Osmanlis, et par les Karamaniens; la ville fut prise par Djamari
جرى, qui se faisait passer pour le fils du sultan seldjoukide Izz ed-Din, et
qui avait pris le titre de Ghiyas ed-Din Syavoush; Béha ed-Din fut mis à
mort sur ses ordres en l'année 676 de l'hégire (Houtsma, Histoire d'Ibn
Bibi, p. 323, 325, 326).

La date du manuscrit est citée plusieurs fois dans le volume; on lit au
folio 128 recto, dans une pièce de vers composée par le copiste :

باول از مه ذى الحجه در ثغر   بچار و ششصصده از تاريخ و هشتاد
تلم امذ براى اجل للخلق   بجال دولت و دين كهى دول باد

soit le 1ᵉʳ Zoulhidjdja 684 (28 janvier 1286), et, au verso du folio 197, on lit que la copie du Tévessoul a été terminée جمادی اوائل فی, c'est-à-dire dans les premiers jours de ce même mois de la même année, à Antalia; enfin, dans la souscription du Téressoul (fol. 174 v°), le copiste cite la date de م یه جمادی, c'est-à-dire du dimanche 14 Zoulhidjdja de la même année 684 (10 février 1286). La copie a été exécutée pour un émir des Seldjoukides nommé Djémal ed-Din. Le copiste de ce manuscrit, Ibn al-Falaki, était manifestement fou, comme on le voit assez par son idée singulière de donner à Antalia le nom de الفلكمین دار et par les extravagances de son écriture; il intercale son nom dans une lettre (fol. 166 v°) où sa présence est plus qu'insolite, et il s'amuse à ajouter, dans les poésies citées au cours des documents épistolaires du Tévessoul et du Téressoul, des vers décadents de sa composition, tant arabes que persans, suivant le cas, lesquels souvent n'offrent pas l'ombre de sens, et qu'une personne, qui a soigneusement révisé le manuscrit, a rayés ou marqués d'un ز (= زاید) pour indiquer qu'ils sont superflus.

On trouve à la fin du volume, et de la même main, plusieurs pièces détachées, parmi lesquelles une lettre en prose et en vers du sahib Shems ed-Din el-Isfahani (fol. 174 v°) adressée au kadi Djélal ed-Din Aboul Bérékat, datée de 385 de l'hégire; une autre qu'il écrivit alors qu'il était en prison (fol. 176 v°); une élégie en vers sur son malheureux sort (fol. 178 r°); une notice sur les Omeyyades de Damas (fol. 178 v°); une pièce intitulée الصدور ملك خدمتکار بزرکوار حضرت از مطاع مثال السلطنة لسان التراجمة امیر (fol. 179 r°), dont la réponse est restée en blanc; une autre lettre, moitié en prose, moitié en vers, adressée au sheïkh عالمی کبیری اعلی صدری عالی مجلس بزرکوار مشرفة ...... Djélal el-Millet wéd-Din Mélik el-Kondat (fol. 180 r°); une lettre que le sultan seldjoukide du pays de Roum, Rokn ed-Din Kilidj Arslan (IV) écrivit à son frère, le sultan Izz ed-Din Kaï-Kaous [II] (fol. 181 r°); un édit impérial منشور rédigé par Kémal ed-Din Kamyar (fol. 182 v°); deux lettres du sultan Djélal ed-Din Khvarezmshah Mangkoubirdi au sultan seldjoukide de Roum, Ala ed-Din Kaï-Kobad (fol. 184 v°, 185 v°); la réponse de Ala ed-Din Kaï-Kobad (fol. 186 v°); une lettre non officielle اخوانیات فی (fol. 187 v°); une lettre en prose et en vers sur l'amour divin عشق (fol. 188 v°).

Ce manuscrit porte l'ex-libris du kadi Mohammed ibn Khalil el-Tcherkessi, avec la date de 1175 de l'hégire; il a appartenu au Sérail, comme on le voit par les cachets apposés aux feuillets 1 r° et 189 v°.

Neskhi cursif et difficile à lire, copié à Antalia, dans le pays de Roum, نکورد الروم انطالیه السعر, par Ibn al-Falaki al-Moharrar Mounfiki (fol. 176 v°), en 684 de l'hégire (1286 de J.-C.). 189 feuillets, 23 sur 16 centimètres. Reliure en parchemin. (Schefer 47 *bis*. — Supplément 1353.)

1052

جلالتّه در علم مكاتبه . Traité dogmatique de correspondance officielle, par Mohammed ibn Ali el-Namous el-Havari الحوارى .

L'auteur, dont le nom est donné au folio 3 verso, était vraisemblablement employé dans la chancellerie des ilkhans de Perse, et il a écrit la Djélaliyyè der ilm-i moukatibè sous le règne du sultan mongol Sultan Oïtchaïtou Khorbanda Mohammed, dont il cite un yarligh en date de la 708e année de l'hégire. On voit, par la formule qu'emploie Mohammed ibn Ali el-Namous el-Havari après le nom de ce sultan, que ce traité d'Insha a été écrit de son vivant : در ابتداى سنه ثمان و سبعمايه كه مصالح و مهمات ديوان استغناء ممالك از حكم برليغ جهان كشاى سلطان الاسلام مالك رقاب الامم المؤيّد من السماء المنصور على الاعداء ظلّ اللّه فى الارض اولجايتو خربنده محمد (man. عمر) لا زالت سوابق دولته.... c'est-à-dire entre les années 708 et 716 de l'hégire. La Djélaliyyè est dédiée à un fonctionnaire nommé Djélal ed-Din Abou Yézid Zengui ibn Taher el-Féri-vendi جلال الحقّ والدّين وجيه الاسلام والمسلمين ابو بزيد زنكى بن طاهر الفريوندى وارث الوزارة ; le titre et la division de l'ouvrage sont donnés au folio 5 verso. La Djélaliyyè comprend deux sections : la première, qui est intitulée در مباحث علمى, traite en quatre chapitres de la théorie du métier de katib, de ce qu'il doit savoir, de l'objet de sa science et de sa dignité, le quatrième chapitre de cette première section porte le titre de فى تقسيم جموع الترسّل على ترتيب علل الاربع, et, entre autres choses, l'auteur y expose les principes de la rhétorique. La seconde section, در مسايل رسايل علمى, contient un recueil de modèles de correspondance écrits dans un style très recherché (fol. 56 v°), et divisé en trois chapitres. On y trouve cités le Khadjè Djélal ed-Din Mahmoud Shah, fol. 148 r°, le Khadjè Zia ed-Din fils de Zia el-Moulk, fol. 149 v°, le vizir Saad ed-Din, fol. 153 v° ; au recto du premier feuillet, on lit le titre inexact de انشا كلشن et, dans l'intérieur de la reliure, la mention que ce volume a été envoyé de Constantinople en 1671.

مر حضرت پاك با افرين جهان افرينیراكه وجود واجب الوجود........

Assez bonne écriture turque du xvi° siècle. 162 feuillets. 18 sur 12 centimètres.
Cartonnage turc. — (Regius 1579. — Ancien fonds 218.)

1053

رسائل الاعجاز. Traité dogmatique de la composition littéraire, par Émir Khosrav-i Dehlévi.

L'auteur, qui est l'un des plus célèbres poètes de l'Inde, étudie dans ce traité dix sortes de styles, dont le dernier est le sien propre; le Résail el-a'djaz fut terminé en l'année 719 de l'hégire, et sa préface contient le panégyrique des deux sultans de Dehli, Ala ed-Din Mohammed Shah Khalatchi (696-716 H.) et Kotb ed-Din Moubarek Shah (717-721 H.).

Il comprend cinq livres intitulés : ١° فی المفردات والمركبات من المكتوبات ٢° فی المرتبات من المكتوبات ٣°; فی اللطايف من المصنوعات ٤°; فی البدايع ٥°; من المعنويات ٥°, et une conclusion (fol. 24 v°). من المنشات
Le titre exact de cet ouvrage est اعجاز خسروی.

Nestalik indien de la première moitié du xiiᵉ siècle, avec encadrements et frontispices. 245 feuillets. 28 sur 17 centimètres. Reliure en maroquin noir gaufré signée Béha ed-Din Peshavéri. — (Darmesteter. — Supplément 1183.)

1054

دستور الكاتب فی تعيين المراتب. Traité sur le protocole de la chancellerie des sultans mongols de l'Iran, par Mohammed ibn Hindoushah el-Móunshi el-Nakhtchivani الجوانی, surnommé Shems.

L'auteur dit, dans une préface d'un style assez obscur, que, durant toute sa vie, il ne rechercha pas les faveurs des sultans mongols, pas plus que celles de leurs généraux et de leurs ministres, mais que ce furent au contraire les sultans mongols qui, ayant appris la renommée littéraire dont il jouissait, le mandèrent à leur cour pour y prendre la direction de l'office du

Protocole : اين دولتخواه از عنفوان شباب الی يومنا هذا هركز موقّر ملازمت

هيچ يك از سلاطين و امرا و وزرا نشده است بلكه ايشان مبالغت

تمام اورا از بلاد و بقاع طلبيده بتقلد ديوان انشا كه متعين اورا

..... دانسته امر فرموده اند (fol. 4 r°). Son nom a été surchargé dans la
préface du présent exemplaire, de sorte qu'il reste seulement : المشتهر...
..... بشمس المنشى, mais, après ces mots, on peut encore distinguer les
traces de l'ethnique الجوائق (fol. 2 v°). Les meilleurs traités d'Insha qui
étaient connus à l'époque de Mohammed ibn Hindoushah étaient ceux de
Rashid ed-Din Vatvat, de Béha ed-Din Mohammed Baghdadi, de Nour
ed-Din Mounshi, de Radi ed-Din Khashhâb خشاب, auxquels il donne les
titres de سابق افاضل وجود و استادان جهان, en ajoutant toutefois que
leur manière d'écrire était considérée comme archaïque et dénuée d'élégance;
d'ailleurs, malgré leurs mérites, ces livres, qui avaient été composés sous
les règnes précédents, ne pouvaient s'adapter à la rigueur et au formalisme
du protocole minutieux des Mongols. Ce fut pour remédier à ce défaut qu'il
entreprit à son tour de composer un traité d'Insha, dans lequel, comme
exemples curieux, il fit figurer quelques-unes des formules épistolaires de ses
devanciers, qui avaient moins vieilli que le reste de leur œuvre. Déjà, sous
le règne du sultan Ala ed-Dounia wéd-Din Abou Saïd Béhadour Khan,
le vizir Khvadjè Ghiyas el-Hakk wéd-Din Émir Mohammed-i Rashidi,
fils du célèbre Rashid ed-Din, et d'autres personnages importants qui
entouraient le prince, avaient obtenu de lui un rescrit impérial chargeant
Mohammed ibn Hindoushah de la rédaction d'un traité raisonné de la correspondance diplomatique et du Protocole, mais il n'avait pu faire aboutir
ce projet par suite du trop grand nombre de ses occupations et des
obstacles de tout genre qu'il avait rencontrés : بكرات صاحب مغفور...

خواجه غياث الحق والدّين امير محمّد رشيدى... و ديكر اركان دولت

و اعوان حضرت حكم يرليغ بتصنيف چنين كتابى رسانيدند بواسطة

كثرت اشغال و تعاقب موانع ميسّر نشد (fol. 4 r° et v°). Ce ne fut que
beaucoup plus tard, et à la fin de sa vie, qu'il réalisa le souhait du vizir
Ghiyas ed-Din et l'ordre d'Abou Saïd; il dédia le Destour el-katib au
sultan ilkhanien Moezz ed-Dounia wéd-Din Sheïkh Oveïs Béhadour Khan

....احد من اعاظم ملوك الاوّلين و اكارم سلاطين الاخرين خان بن

خان بن خان شيخ اويس بهادر خان (fol. 3 r°), qui régna de 757 à 777
de l'hégire.

Le Destour el-katib est un ouvrage bien fait, aussi important pour
l'étude de la chancellerie à l'époque des sultans mongols de Perse que l'est
ديوان الانشاء le pour celle du protocole des sultans mamlouks; malheureusement, les lettres qui le composent sont de la rédaction de l'auteur,

au lieu d'être des documents originaux, tels que ceux qui sont contenus dans le manuscrit 1051. Il forme, avec la 3ᵉ section de l'histoire de Ghazan Khan dans la جامع التواريخ, tout ce que l'on connaît de l'administration très compliquée et paperassière des Mongols de l'Iran qui a ses origines dans les procédés administratifs du Céleste Empire. On trouve dans ce livre, qui fut écrit vers la moitié du viiiᵉ siècle de l'hégire, l'origine des titres et fonctions de la cour des sultans mamlouks tels qu'ils sont exposés par l'Insha, à la fin du ixᵉ siècle. Le Destour el-katib est divisé en une préface, deux sections (kism) et une conclusion (man. 1054, fol. 4 v° et suiv.; Hadji Khalifa, Dict. bibl., t. III, p. 227). Le détail en est donné dans une table très touffue qui se trouve au commencement de tous les exemplaires, et dont voici les grandes divisions :

La première section, qui traite des lettres missives مكاتبات, est divisée en quatre degrés مرتبه ; le premier, subdivisé en deux ضرب, répartis à leur tour en plusieurs صورت, porte le titre de مرتبۀ اوّل در مكاتبات كه سلاطين بيكديكر نويسند و القاب و ادعیۀ ايشان و خواتين سلاطيـن و اولاد ايشان و ذكر پادشاه كاتب يعنی آنك مكتوب از قبل او نويسنـد و احوالی كه بدان متعلّق خواهد شد ; le second, subdivisé également en deux ضرب, est intitulé مرتبۀ دوم در مكـاتبـات امـراء الـوس و وزراء وخواتين و اولاد ايشان و نقيب النّقبا و سادات و مشايخ و مريدان و قاضی القضاة و ديكر قضاة و اتباع ايشان و نوّاب ديوان سلطنت و ديوان وزارت و امراء اولكا و تومانات و ايناقان و اتابكان و وكيل حضرت سلطنت و اصحاب ديوان بزرك و ديكر اركان مملكت ; le troisième, divisé en deux صنف, porte le titre de مرتبۀ سوم در مكاتبات اشراف النّاس از علما و حكما و مدرسان و مفتيان و مغسران و محدثان و مغيدان و ايمّه و خطبا و واعظ (sic) و اطبّا و فقها و حفّاظ و صلحا و ارباب فتوّت و سنقطعـان و كوشـه نـشيـنـان و محتسبان و منجمنان و شعرا و استادان و جد و پدر و جدّه و مادر و عمّ و خال و عمّه و خاله و برادران بزرك و كوچك و خواهـران و پـسران و دختران و خواجه سرايان و دوستان و ندما و تجّار و ابطال و شجعـان و اسفهسالاران و كوتواالان قلاع و مقدّمان طوايف و مهندسان و معـاران و صدور و اعيان و القـاب و ادعیۀ ايشـان و اوساط النّـاس وغـيـرهم ; le quatrième, subdivisé en vingt فصل, porte le titre de مرتبۀ چهارم

در مكاتبات مشتركه ميان سلاطين و امرا و وزرا و خواتين و خدم
و اركان دولت و ملوك ولايات و سادات و مشايخ و قضاة و عرضه
داشت رعايا بسلاطين و جواب آن و محاصره و اجوبه و شرط نامه
كه نواب و عمّال بسلاطين دهند و جواب آن و تذكره كه امرا و وزرا
و اعاظم مملكت نويسند و اجوبهٔ آن

La seconde section est intitulée در احكام ديواني و تفويض اعمال بامراء
مغول و وزرا و نواب و نواب ديوان سلطنت و استيفاء ممالك و الغ بيتكجي و نظارت
و اشراف و حكمى و انشا و نيابت وزارت و دفتر دارى و حكومت و متصرّى
ولايات و قانون و باساميشى و تعديل و حزر و تخمين و احصاء مواشى
و قوبجور و استخراج و اسفهسالارى و امارت عسس و متصرّى جزيه و ملك
التجارى و حكومت دار الضرب و معيّرى و صاحب جتى اموال و منـاصب
قلمى ولايات و تجارت بايرات و كاروان سالارى و رياست و توليت قضاياء شرى
از قاضى القضاة ممالك و قضاياء ولايات و نقيب النقبائى و حكومت اوقاف
سادات و اوقاف ممالك و امارت تجل و ولد حجّاج و تدريس و خطابت
و احتساب و اعادت و فقاهت و شيخى خانقاه و اثبات صوفى در ان
و ساءورى بيمارستان و كنابت دار الصفا و امينى آن و مؤرّى تج و قبالات
و عاملى زكات و حكومت بيت المال و متصرّى جزيه و تفويض امامت
و اذان و احسان و رعايت مصلحان و تهديد و سياست مجرمان و لوازم
و لواحق آن باب. Elle est subdivisée en deux chapitres.

Mohammed ibn Hindoushah a composé, sous le titre de مصباح الحكم, un
dictionnaire persan qu'il dédia au vizir Ghiyas ed-Din (voir n° 1017); son
père est vraisemblablement Hindoushah ibn Sindjar ibn Abd Allah el-
Sahibi el-Kirani (كيران est une petite ville de l'Azerbeïdjan), l'auteur du
تجارب السلف (voir n° 373), qui est une traduction fortement remaniée et
amplifiée du منية الفضلاء فى تواريخ الخلفاء والوزراء de l'alide Safi el-Hakk
wel-Millet wed-Din Mohammed ibn Ali el-Alévi el-Tiktaka (fol. 2 v°). Cet
ouvrage, qui a une assez grande importance pour l'histoire des vizirs des
Abbassides, et dont on ne retrouve pas l'équivalent dans toute la littérature arabe, est connu par le manuscrit autographe, entièrement vocalisé
(Arabe 2441), dont le titre n'est pas cité dans la préface, de telle sorte
que cette chronique est citée sous le nom inexact de Fakhri. Le Mouniet
el-fouzala fut composé par Ibn Tiktaka pour le patron d'Hindoushah,
Djélal el-Hakk wed-Dounia wed-Din Zengui Shah ibn el-Sahib el-Saïd Bedr

el-Hakk wed-Din Hasan ibn Ahmed el-Daméghani (fol. 2 v°). Le manuscrit arabe 2441 du Fakhri est au contraire dédié à un prince de Mausil, Fakhr el-Millet wed-Din Isa ibn Ibrahim, comme d'ailleurs un manuscrit moderne qui passe pour avoir appartenu au sultan Abd el-Hamid II, et qui a été, soi-disant, copié sur l'autographe avec le titre de الغُنوي في الاداب السلطانية والدول الاسلامية, par Tadj ed-Din Ali ibn Mohammed ibn Ramazan, surnommé Ibn el-Tiktaka; ce qui montre que les auteurs arabes dédiaient plutôt des exemplaires de leurs œuvres à leurs différents patrons, qu'ils ne leur dédiaient l'œuvre elle-même. La principale source du Fakhri est la chronique d'Ibn al-Athir.

Début : . . . . راه آن منازل و مراحل بين دور فهم سيار كه تحميدى

Exemplaire de luxe écrit avec des encres de plusieurs couleurs, copié pour être offert au sultan Sheïkh Oveïs (fol. 3 r°); neskhi menu tournant au nestalik copié entre 757 et 777 de l'hégire (1356-1374 de J.-C.), 219 feuillets. 28 sur 22 centimètres. Reliure en maroquin blanc. — (Supplément 463.)

1055

Le même ouvrage; exemplaire incomplet.

Nestalik persan de la fin du xv° siècle. 182 feuillets. 24 sur 18 centimètres. Cartonnage turc. — (Schefer 70. — Supplément 1378.)

1056

مناظر الانشاء. Traité de la composition épistolaire, par Mahmoud Djani ibn Sheïkh Mohammed Guilani († 886).

Le titre n'est donné qu'au folio 5 verso; l'auteur a composé un recueil de lettres diplomatiques intitulé رياض الانشا (n° 689); il est plus généralement connu sous le nom de Mahmoud Gavan. Mahmoud Gavan dit dans une préface assez confuse que l'art littéraire est l'une des divisions les plus importantes des douze sciences (fol. 2 r° et v°), et il expose longuement, en cinq points, d'après un traité intitulé مثل السّاير, la supériorité de la prose نثر sur la poésie نظم (fol. 3 r°), ce qui ne l'empêche point de citer de nombreux vers dans son livre. Le Ménazir el-insha est divisé (fol. 6 r°) en une introduction, deux livres nommés مقاله, et une conclusion. L'introduction (fol. 6 r°) a pour titre المقدّمة في بيان ماهية ; le علم الانشاء وموضوعه وغايته وغيرها ممّا يتعلّق به حصول المقصود premier livre, qui est subdivisé en sections nommées منظر, porte le titre

ﻓﻰ ﺗﻘﺴﻴﻢ ٱﻟﻜﻼم ﻋﻠﻰ ﻃﺮﻳﻖ اﻫﻞ ٱﻻﻧﺸﺎء وﺷﺮاﻧﻂ ٱﻟﻜﻠﻤﺎت (fol. 46 v°) de

ﻓﻰ ﺑﻴﺎن ٱﻻﻗﺴﺎم ; le second livre (fol. 95 r°), intitulé ٱﻟﻤﺴﺘﻌﻤﻠﺔ ﻓﻰ ٱﻻﻧﺸﺎء

وٱﻻرﻛﺎن وﺷﺮاﻧﻂ ﻣﺎ ﻳﻜﺘﺐ ٱﻟﻨﺎس ﺑﻌﻀﻬﻢ اﻟﻰ ﺑﻌﺾ , est plus spécialement
consacré à la composition épistolaire; il est également subdivisé en ﻣﻨﻈﺮ;
la conclusion (fol. 199 v°) est intitulée ﻓﻰ ﺑﻴﺎن ﻣﺎﻫﻴﺔ ٱﻟﺨﻂ وﺿﻮاﺑﻄﻪ .

La division intérieure de ce livre est très compliquée; on la trouvera
exposée d'une façon complète dans un article que de Hammer a publié
dans les *Wiener Jahrbücher*, vol. 62 et dans le Catalogue de Fluegel, I,
p. 237. Hadji Khalifa, dans son *Dictionnaire bibliographique*, fait un grand
éloge de cet ouvrage.

Ce volume porte un grand nombre de gloses marginales en persan destinées à éclaircir le sens de mots arabes d'une interprétation difficile pour
les Indiens. On lit au recto du premier feuillet l'ex-libris de Mohammed Mah,
fils de Seyyid Inayet Allah, et son cachet portant la date de 1196.

Talik indien cursif écrit en partie en travers des pages et tendant au shikestèh,
daté de l'année 1136 de l'hégire (1723 de J.-C.). 127 feuillets. 23 sur
13 centimètres. Reliure indienne en cuir rouge souple. — (Anquetil 29. — Supplément 460.)

1057

ﻛﻨﺰ ٱﻟﻠﻄﺎﻧﻒ. Recueil de modèles de lettres, par Ahmed
ibn Ali ibn Ahmed.

Le titre de l'ouvrage n'est indiqué qu'au folio 7 verso, et le nom de l'auteur est donné deux fois dans une préface (fol. 4 r° et fol. 8 r°) écrite
dans un style redondant et recherché, sans autres renseignements sur sa
personne; l'époque à laquelle il vécut était également inconnue à Hadji
Khalifa qui, dans son *Dictionnaire bibliographique* (t. V, p. 248), cite cet
ouvrage sous le titre de ﻛﻨﺰ ٱﻟﺒﻼﻏﺔ. On trouve, tout à la fin de la dernière
lettre contenue dans le Kenz el-létaïf, cette note : ﺗﻤﺖ ٱﻟﺮﺳﺎﻟﺔ ٱﻟﺸﺮﻳﻔﺔ

ﺑﻌﻮن ٱﻟﻠﻪ ﺗﻌﺎﻟﻰ وﺣﺴﻦ ﺗﻮﻓﻴﻘﻪ ﻓﻰ ﻋﺸﺮة (sic) رﺑﻴﻊ ٱﻟﺜﺎﻧﻰ ﺳﻨﻪ و (sic)

ﺛﻤﺎﻧﻪ وﺗﺴﻌﻴﻦ وﺛﻤﺎﻧﻤﺎﻳﺔ... , ce qui indique vraisemblablement que l'auteur termina cette lettre le 10 du mois de Rabi second de l'année 898 de
l'hégire; d'autre part, le Kenz el-létaïf est dédié à un personnage dont les
titres seuls sont donnés (fol. 6 r°) sous la forme ﻣﺠﺪ ٱﻟﺪﻧﻴﺎ وٱﻟﺪﻳﻦ

ﻓﺨﺮ اﻻﺳﻼم وٱﻟﻤﺴﻠﻤﻴﻦ ﺷﻤﺲ ٱﻟﻤﺸﺎرق وٱﻟﻤﻌﺎﻟﻰ ﺗﺎج ٱﻟﻤﻐﺎرق ٱﻻﻋﺎﻟﻰ اﻓﺘﺨﺎر

الطّالبيّة اختيار الهاشميّة . Le nom seul de Medjd ed-Din ne permet pas de l'identifier avec les Alides célèbres qui sont cités dans le Médjalis el-mouminin, si tant est qu'il s'y trouve. Ce fut sur l'ordre de ce personnage, qui certainement était un Alide, qu'Ahmed ibn Ali ibn Ahmed, qui désirait lui offrir un témoignage de sa gratitude, composa le Kenz el-létaïf (fol. 6 r°-7 v°); cet ouvrage comprend cinquante lettres en prose mêlée de vers arabes et persans; d'après ce qui est dit dans la préface, il y avait en plus cinq kasidas et cinq autres pièces en vers : حكم المأمور معذور

پنجه رساله و پنج قصیده و پنج قطعه انشا کرده شد من قریحۀ

جامدۀ وفطنۀ خامدۀ و ضمیر منیررا که مدبّر بترست

و خاطر عاطررا که مغسر سرّست بدین عبارات مشوّش و استعارات

ناخوش ابرام داد .... کفتم این مسوّدهرا اسمی باید تا بواسطۀ

میامن آن سمت قبول یابد و ازو صمت جخول مبرّا شود کفت، اورا باسم

و سمت کنز اللّطائف مسمّی و موسوم کردان......

Assez bon nestalik d'une main turque vraisemblablement du milieu du xviiᵉ siècle. 58 feuillets. 21 sur 14 centimètres. Reliure en basane pleine au chiffre de la Restauration. — (Supplément 326.)

1058

مخزن الانشاء . Traité de l'art de la correspondance diplomatique, par Hoseïn ibn Ali el-Vaïz el-Kashifi († 910 H.).

Cet ouvrage est dédié au sultan timouride Aboul Ghazi Kémal ed-Din Sultan Hoseïn ibn Mansour ibn Baïkara ibn Omar Sheïkh ibn Témour-Keurguen, et à son vizir, le célèbre poète Mir Ali Shir Névaï (fol. 4 v° et ms. 1059, fol. 1 v°); il a été terminé le vendredi 4 du mois de Zilhidjdja 907 de l'hégire, comme l'indique la souscription : وقد تمّ فى

للجمعة الشریف (sic) من شهر ذى الجحة المبارک ختم الله بالخیر والعاقبة

المنتظم فى شهور سنة سبع وتسعمایة جحرت علی ید الفقیر

المعتصم ..... حسین بن علی الکاشفی ایّده المولی باللطف الخفی ووقعت

قطعة فى تاریخ الاتمام یعرف منه الیوم والشهر والسّنة بالتمام

شكر لله كه باتمام رسيد   اين كتاب ازكرم سبحانى

چون بكلّى قلم غاليه بار   كشت فارغ زعبير افشانى

سال روز ومه اتمام نوشت   بچهارم زجهيد الْثَانى

Cet ouvrage est presque entièrement rédigé sous forme de tableaux syn-
optiques contenant les formules à employer. On y trouve le protocole qui
était en usage à la cour des derniers Timourides, et la fixité des formules qui
le composaient permet, grâce au classement qu'en a fait el-Vaïz el-Kashifi,
de déterminer le rang des personnages auxquels sont adressées des pièces
qui ne portent plus de nom de destinataire. Ces formules, copiées dans des
lettres que l'auteur avait à sa disposition, n'ont pas, malgré cela, l'autorité diplomatique qu'auraient des copies de documents officiels. El-Vaïz el-
Kashifi a inséré dans son ouvrage de nombreux vers propres à figurer
avantageusement dans les lettres, tant vers arabes que persans.

Il se compose d'une introduction عنوان dans laquelle Hoseïn ibn Ali
traite des connaissances que doit réunir le kâtib; de 3 chapitres صحيفه
traitant : 1° des adresses et suppliques خطابيات, 2° des réponses جوابيات,
3° de nombreuses formules en usage dans l'art épistolaire احوال ضرورى
الذكر, et d'une conclusion خاتمه contenant les formules d'invocations
particulières aux lettres. Hoseïn ibn Ali n'avait pas l'intention d'écrire le
troisième livre, qui forme presque un ouvrage spécial, et il ne le fit
(fol. 97 v°) que sur les instances d'un ministre qui joua un rôle important
à l'époque de Sultan Hoseïn Mirza, le poète Khadjè Afdal ed-Daulèh wed-
Din, qui était en fonctions à l'époque à laquelle Dauletshah écrivit son
Tezkéret el-shoara (man. 1129, fol. 117 v° et suiv.; cf. l'édition de Leyde,
dans laquelle ce personnage est nommé Afdal ed-Din Mohammed, p. 19,
et Afdal ed-Din Mahmoud, p. 513-515). Hoseïn ibn Ali lui donne une
longue liste de titres amphigouriques. Ali Shir mourut, d'après le
Hébib el-siyer, qui le nomme حضرت سلطانى مغرب, en 906 (ms. 320,
fol. 279 v°), avant que l'auteur n'eût terminé le Makhzen el-insha, très
vraisemblablement alors qu'il n'avait pas commencé la rédaction du troisième livre. Afdal ed-Din Mohammed fut l'un des subordonnés de l'émir
Nizam ed-Din Ali Shir Névaï (ibid., fol. 260 r°); son frère, Émin ed-Din
Mahmoud, fut le vizir de Sultan Hoseïn Mirza en 887, et il garda ces fonctions pendant cinq années jusqu'à ce qu'Afdal ed-Din Mohammed vînt
dans l'Irak : il fut alors destitué, puis il revint au vizirat. Il fut ensuite jeté
en prison par les intrigues de Kivam ed-Din Nizam el-Moulk, et il parvint à
s'enfuir après deux années d'internement, mais il resta caché jusqu'à ce
que son frère Afdal ed-Din vînt à Hérat; il retrouva alors la faveur de
Sultan Hoseïn Mirza et mourut en 910 (ibid., fol. 301 v°).

Début : هو الاوّل والاخر والظاهر والباطن وهو بكلّ شى علم

جد خداوند سرايم نخست

تا شود اين نامه بنامش درست

Ce manuscrit a été copié, comme l'indique la souscription citée plus haut, sur l'exemplaire autographe du Makhzen el-insha, lequel, après avoir fait partie de la bibliothèque de Sultan Hoseïn ibn Baïkara, a passé en la possession de Bédi ez-Zéman Mirza qui l'a apporté à Constantinople, en même temps que d'autres manuscrits qui appartinrent aux Timourides.

Beau nestalik turc à encadrement rouge, copié en Ramadan 953 de l'hégire (novembre 1546 de J.-C.). 192 feuillets, 32 sur 21 centimètres. Reliure en maroquin rouge aux armes du roi. — (Colbert 2296; Regius 1559, 3. — Ancien fonds 73.)

1059

محيفة ثان. Traité de la correspondance diplomatique, par Hoseïn ibn Ali el-Vaïz el-Kashifi.

Le Sahifa-i sani est un abrégé du Makhzen el-insha qui est décrit sous le n° 1058, et avec lequel il est généralement confondu. D'après ce que dit Hoseïn ibn Ali, dans une courte préface écrite dans un style compliqué, les courtisans de Aboul Ghazi Sultan Hoseïn Mirza

شهريار جهان ابو الـغـازى   ظل حقّ افتـاب مـلك اراى

شاه سلطان حسين كز عدلش   اندر اسانيد خـلـق خداى

(fol. 1 v°) ayant présenté à ce prince le Makhzen el-insha, il fit prier l'auteur d'en publier une rédaction abrégée dans laquelle il comprit ce qu'il y avait de meilleur en fait de vers arabes et persans, de passages en prose élégante فقرات, tant pour les lettres que pour les réponses, et, en général, tout ce qui est rigoureusement indispensable pour les besoins de la correspondance diplomatique : بنابرين معنى خلاصة

نقود مخزن ونقاوه نفايس آنرا در درج اين رساله درج كردد از ابيات

عرى و فارسى و فقرات خطابى و جوان آنچه احسن و اشهر بود ايراد

نمود و احوالى راكه ثبت آن در مكـاتبـت از جـمـلـة ضرورياتست

محيز تحرير در آورد شايد كه بنظر قبول حضرت سلطنت بناى معـزّ

...كشته سبب سر افرازى اين شكسته شود (fol. 2 r°).

Le Sahifa-i sani, qui est dédié à Sultan Hoseïn, est divisé, comme le précédent ouvrage, en une préface عنوان, trois livres صحيفة et une conclusion خاتمة; la préface porte le titre de در بیان آنچه کاتب را ضرورتست (fol. 2 v°); les trois livres, qui comportent une division interne assez compliquée, comprennent les formules épistolaires proprement dites disposées sous la forme de tableaux.

Le Sahifa-i sani est généralement confondu avec le Makhzen el-insha, comme le montrent les titres écrits au recto et au verso du premier feuillet; il est plus étrange que le copiste du présent manuscrit ait commis cette méprise, en écrivant, au verso du folio 59, au commencement du troisième livre, ce vers :

درین صحیفۀ ثالث زمخزن الانشا　　　بسی جواهر تحقیق ای کام انشا

qu'il attribue à Hoseïn ibn Ali el-Vaïz el-Kashifi et qui n'existe pas dans le Makhzen el-insha.

C'est probablement cet ouvrage qui a été lithographié à Lakhnau sous le titre de صحیفۀ شاهی (Rieu, Catalogue, p. 529). Les éditeurs ont sans doute été trompés par l'hémistiche qui se trouve au commencement du Sahifa-i sani : ای بنامت صحیفۀ شاهی.

La copie n'est pas terminée, et elle s'arrête dans le courant du troisième livre (fol. 75 v°). Elle est suivie (fol. 76 r°) de lettres écrites en persan, en tête desquelles on lit, d'une main moderne, le titre de منشآت شاه طاهر دکنی. Shah Taher Dekkani est le même personnage que l'auteur du Médjalis el-moumiuin (ms. 429, fol. 261 r°) nomme Shah Taher ibn Razi ed-Din el-Ismaïli el-Hosaïni el-Ethna'ashéri الاثناعشری; il était, dit Seyyid Nour Allah ibn Seyyid-i Shérif el-Maraashi, le descendant des khalifes fatimites خلفای علویۀ اسمعیلیۀ; ses ancêtres vinrent d'Égypte dans l'Irak-i Adjémi au temps où Hasan-i Sabbah se déclara le précurseur du Mahdi fatimite, ou un peu postérieurement à cette date; sa famille, qui vivait dans les environs de Kazwin, était connue sous le nom des Khavandis خاوندیۀ. Taher se fixa tout d'abord dans la ville de Kashan, où il se livra à l'étude des livres de philosophie et de scolastique, sous la direction de Maulana Shems ed-Din Mohammed Khidri خضری; il paraît, d'après ce que dit l'auteur du Médjalis el-mouminin, que la mauvaise réputation dont les Khavandis jouissaient à Kazwin poursuivit Shah Taher à Kashan; de plus, il fut en butte à l'hostilité non déguisée d'un personnage important, Seyyid Djémal ed-Din Sadr el-Astérabadi, qui voyait d'un fort mauvais œil son influence sur les Shiïtes. Ces difficultés, jointes à la mauvaise volonté que lui témoigna Shah Ismaïl Séfévi, le contraignirent à quitter la Perse et à se réfugier dans l'Hindoustan (926 de l'hégire);

il débarqua à Goa et séjourna durant quelque temps à Pirinda, puis il fut mandé en 928 à Ahmednagar par le sultan Bourhan Nizam Shah qui fit bientôt de lui son homme de confiance, et qui l'envoya à plusieurs reprises, en qualité d'ambassadeur, aux souverains du Goudjerate, de Golconde, de Bidjapour et de Khandès. Shah Taher convertit, en 944, Bourhan Nizam Shah à la foi shiïte, à la suite d'un prétendu miracle qu'il aurait accompli et qui est longuement rapporté par Seyyid Nour Allah ibn Seyyid-i Shérif el-Maraashi; d'après le Médjalis et le Tohfè-i Sami, il mourut à Ahmednagar en 952, en 953 d'après le Bourhan el-méasir, et d'après Firishta en 956 de l'hégire (Médjalis el-mouminin, ms. persan 429, fol. 261-262; Tohfè-i Sami, ms. persan 1144, fol. 26 r° et v°; Firishta, Goulshen-i Ibrahimi, éd. de Bombay, II, p. 213-230; Rieu, *Catalogue*, t. I, p. 395). Ces lettres sont extraites d'un ouvrage qui existe complet au British Museum (Harl. 499) sous le titre de انشاء شاه طاهر الحسيني. On trouve à la fin du manuscrit la lettre de Kalaoun à Sultan Ahmed Takoudar (fol. 106 v°).

Manuscrit de deux écritures, toutes les deux étant un assez bon neskhi turc du xviiᵉ siècle. 108 feuillets, 28 sur 19 centimètres. Cartonnage turc. — (Ducaurroy 47. — Supplément 467.)

1060

لطائف الانشآء. **Recueil de modèles de correspondance.**

L'auteur de ce traité était un homme très lettré; son nom n'est pas indiqué dans la préface, et le titre n'est donné qu'au folio 8 verso :

وشرف بشرف مطالعته وهو زبدة المأمول والمسؤل وسميتها بلطائف الانشاء ونستمد من اخوان الصّفآء وخلّان الوفآء لطف الله بهم فى آلاقطار والارجآء; il est dédié au sultan ottoman Sélim Iᵉʳ, fils de Sultan Bayézid المنظور بنظر العناية من حضر الله الملك المنان السلطان بن : (.H 926 ٪) السلطان سلطان سليمشاه خان بن سلطان بايزيد خان بن الغازى سلطان محمد خان... (fol. 7 v°).

Le Létaïf el-inshâ commence par une préface en arabe, écrite dans un style très recherché, qui débute sans le bismillah par : الحمد لله الملك آلمنان والمهمي آلدّيان الّذى خلق الانسان ورزقته النطق والبيان وشرّفه بتشريف وعلمناه للحكمة والقرآن قوله تعالى آلرّحمن علّم آلقرآن خلق

18.

الانسان علّمه البيان وفضله بالعقل والتّمييز والبيان. Cet ouvrage est divisé en une préface contenant les règles de l'art épistolaire; trois livres portant le titre de مطلب, dont chacun est consacré à l'une des trois langues musulmanes, le premier au persan, le second au turc, le troisième à l'arabe, chacun de ces livres comprenant deux sections, dans la première desquelles sont les lettres royales, et, dans la seconde, les lettres des particuliers : ورسمتها على مقدّمة وثلاثة مطالب المطلب الأوّل في رسائل الفرسية و المطلب الثاني في مكاتب التركيّة والمطلب الثالث في طوامير العربيّة وجعلت كلّ واحد منهم على صنفتين صنف السلطانيّات وصنف الاخوانيّات (fol. 4 v°). Chacune de ces deux sections est divisée en un assez grand nombre de paragraphes dont la liste est donnée au folio 5; cette division n'est d'ailleurs que très imparfaitement respectée. Cet ouvrage est excellent et il paraît rare; il a été payé 8 piastres au Caire par Vansleb, comme on le voit par une note inscrite dans l'intérieur de la couverture. On trouve, sur les premières et les dernières pages, des extraits en turc et les ex-libris de Ahmed ibn Hoseïn Solakzadè, qui a été effacé, de Abd el-Khalik ibn Véli Mohammed el-Ammari العاري, de Soleïman ibn Yousouf, connu sous le nom de el-Hoseïn avec la date de 1072 de l'hégire.

Beau neskhi turc de la seconde moitié du xvi° siècle. 159 feuillets. 26 sur 18 centimètres. Cartonnage turc. — (Vansleb; Regius 1559. — Ancien fonds 180.)

1061

صحيفة الاخلاص. Formulaire de lettres, par Abd el-Ghaffar Siddiki Hoseïni Khorasani Nishapouri Hérévi.

Le titre de cet ouvrage, qui est dédié au sultan osmanli Sélim I°' (fol. 2 r°, 4 r°, 96 r°), ne se trouve que dans la pièce de mauvais vers qui le termine, dans laquelle on lit le résumé de l'histoire de ce traité d'Insha (fol. 96 r°) et la date à laquelle il fut terminé, soit l'année 922 de l'hégire :

شد تمام این صحیفة الاخلاص در بخارا بسلطف یزدان
پس فرستادمش بملك شهی که مر اورا سزد جهانبانی
. . . .
سال اتمام این عیان کردد
کر شود ملتفت خراسان
۹۲۲

L'auteur, qui était originaire de Nishapour et qui habitait à Hérat : عبد
الغفّار صدّيقى حسينى خراسانى نيسابورى المولد هروى المسكن (fol. 2 v°),
rédigea ce recueil de lettres pour imiter celles de Nour ed-Din Abd er-
Rahman Djami, à Boukhara, et il l'envoya de cette ville au sultan osmanli
Sélim Khan dont les titres sont pompeusement donnés dans la préface,
avec le nom de معزّ لحقّ وللحقيقة وللخلافة والدّنيا والدّين سلطان
سليمشاه.

Les pièces de ce petit recueil sont des lettres d'un style très précieux,
et il est probable qu'Abd el-Ghaffar fut le disciple de Djami.

Début :

بسم الله الرحمن الرحيم　　　ناطقهرا هست عصاى كلم
تا شكند با خم چوكان بسم　　　كر بيانان عربرا طلسم

Assez bon nestalik turc de la fin du xvi° siècle. 96 feuillets. 17 sur 12 centimètres. Reliure orientale en cuir noir gaufré. — (Gaulmin; Regius 1578. —
Ancien fonds 217.)

1062

ارشاد الطالبين. Recueil de formules de lettres, par Hari-
karn, fils de Mithradas Kanbouh-i Moultani هركرن ولد
متهراداس كنبوة ملتانى.

L'auteur raconte dans sa préface qu'il se trouvait un jour à Mathoura
دار الخلافت بلده منهرا (sanskrit मथुरा), en compagnie de quelques-uns
de ses amis qui, lui rappelant qu'il avait été durant un certain temps
mounshi d'Itibar Khan, et qu'il avait consacré toute sa vie à l'étude de la
science épistolaire, le prièrent d'écrire à leur usage un traité d'Insha; ce fut
pour répondre à ce désir qu'il composa le irshad el-talibin (fol. 1 v°); cet
ouvrage est divisé en sept chapitres dont le détail est donné aux folios 1-2 :

باب ١ سلاطين بسلاطين نويسند باب ٢ در اصدار فراميـن بـاب ٣ در
شرح پروانجات باب ٤ در نوشتن عرايض باب ٥ در مكتوبـات كـه ابنـاى
روزكار با يكديكر نويسند باب ٦ در خطوط و تمسكات و قبـالات شرعى
باب ٧ در نوشتن دستك و سر نامه و غيرة......

Itibar Khan était un eunuque qui fut au service de l'empereur Djihanguir, et qui devint soubadar d'Akbarabad (1031 H.); il mourut un peu

plus tard (1033 H.). Le Irshad el-talibin a été publié et traduit par
F. Balfour en 1781 à Calcutta et réimprimé en 1831; il a été lithographié
à Lahore en l'année 1869.

Début : .... بعد از حمد وثناى مر حضرت ايزد متعال وقادر ذو الجلال

Nestalik médiocre d'une main indienne de la fin du xviiiᵉ siècle de J.-C.
64 feuillets. 21 sur 15 centimètres. Cartonnage. — (Maisonneuve. — Supplément 465.)

1063

تحفة السّلطانيّة (sic). Traité de correspondance, par Ḥa-
san ibn Goul Mohammed حسن ابن كل محمّد.

Le titre de ce traité est donné au folio 19 verso, et le nom de l'auteur
au folio 18 recto, après une longue préface dans laquelle Hasan ibn
Goul Mohammed ne donne pas de renseignements sur sa personne. Il
dédia ce traité d'Insha à un empereur timouride de l'Hindoustan dont il ne
cite pas le nom, et qu'il traite de حضرت ظلّ سبحانى جالس سرير كشور
ستان باعث امن و امانى نور باغ جهانبانى نور بچراغ شبستان ثمرة شجرة
حديقة دولت و كامرانى

مثنويات

شاه سكندروش انجم سپاه   حامى دين خسرو عالم پناه
هست كنش بحر وجود كرم   جود هه نزد وجودش عدم
ملك هه تابع فرمان او   كوى ستا در خم چوكان او
....

qui est vraisemblablement Shihab ed-Din Shah Djihan (1037-1069).

Le Tohfet el-sultaniyyè est divisé en trois chapitres (fol. 19 vᵒ); le
premier est intitulé در احكام سلاطين; le second, در مكتوبات و جواب آن,
et le troisième, و در مكاتبه شرعى, et le troisième, و جواب آن; cette division n'est respectée
qu'en partie, car on trouve des lettres dans la préface. Les lettres qui sont
contenues dans le Tohfet el-sultaniyyè sont presque toutes des lettres
fictives, de la composition de l'auteur; elles sont accompagnées de leurs réponses. Un grand nombre des mots arabes ou persans difficiles qui figurent
dans ces documents ont été traduits interlinéairement en persan courant;
ces gloses sont écrites à l'encre rouge.

Début : اوّل نامه بنام كردكارى كه نكارندة لوح و القلم و بر آرندة
.... عالمست از كتم و عدم و كريمة نون والقلم

Très bon talik indien, copié par un certain Shihab ed-Din Koraishi el-Siddiki
au mois de Djoumada second de l'année 1044 de l'hégire (nov. 1634 de J.-C.),
91 feuillets, 18 sur 12 centimètres. Reliure en parchemin blanc. — (Renaudot;
Saint-Germain 628. — Supplément 466.)

1064

كلشن القوانين. Traité d'Insha, rédigé par le voyageur
français Augustin Ouessant موسى اوكستيين اوسان صاحب
فرانسس (fol. 1 v°).

Un grand nombre des lettres qui figurent dans ce recueil sont l'œuvre
d'Ouessant, qui l'a composé en l'année 1781 (fol. prél. D). Le Goulshen
el-kavanin se divise en 12 chapitres باب, dont l'énumération se trouve
donnée dans la préface (fol. 2 r°) et dans des notices préliminaires écrites
de la main d'Ouessant (fol. prél. C, D et E). Les trois premiers chapitres
contiennent des modèles de lettres au roi et à ses ministres, le 4° et le 5°
de lettres à des parents, le 6° à des savants et à des gens remarquables par
leur piété, le 7° aux amis, le 8° aux fonctionnaires et aux hommes d'affaires; le 9° et le 10° contiennent des formules de requêtes et de remercie-
ments, le 12° des lettres diverses. On trouve de plus, au commencement et
à la fin de l'ouvrage, un recueil de phrases élégantes et de sentences arabes
traduites en persan, pour intercaler dans les lettres.

Nestalik et shikestèh-amiz indiens datés de 1196 de l'hégire (1781 de J.-C.),
date correspondante à l'année 1189 de l'ère du Bengale, copiés par Sheikh Mohammed Zéman, fils de Pir Mohammed, demeurant au lieu-dit Ardjouna ارجونه.
351 feuillets. 23 sur 16 centimètres. Reliure en maroquin rouge. — (Ouessant.
— Supplément 480.)

1065

Recueil, sans titre ni nom d'auteur, de formules épistolaires, d'énigmes, etc.

Ce recueil comprend (fol. 23 r°) les chiffres ordinaires, ceux par lesquels on exprime les sommes d'argent, en deniers, abbassis, shahis, tomans, les poids en menn, tchérek et occa, les mesures agraires; on y
trouve aussi des alphabets cryptographiques.

Début : الحمد لله رب العالمين وصلوة و سلام على خير خلقه محمد وآله

الطاهرين بعد بدانكه اين رساله ايست در باب انشا و بعضى از...

Ce volume porte des annotations d'un possesseur européen, probablement de la main de Thévenot.

Shikestèh turc du xvi° siècle de J.-C. 39 feuillets, 15 sur 10 centimètres. Reliure en peau noire souple. — (Thévenot. — Ancien fonds 219.)

1066

Le même ouvrage.

Exemplaire présentant quelques lacunes et ayant appartenu au même Européen.

Nestalik médiocre du xvii° siècle. 16 feuillets, 14 sur 11 centimètres. Reliure en peau souple. — (Thévenot. — Ancien fonds 222.)

LOGOGRIPHES.

1067

خُلَلُ مطرّز در فنّ معمّى ولغز. Traité sur les énigmes, par l'auteur du Zafer namèh (n°ˢ 455-463), Shéref ed-Din Ali Yezdi († 858).

Le titre de l'ouvrage est donné au folio 29 verso et par Hadji Khalifa (*Dict. bibl.*, vol. III, p. 108); c'est ce traité qui a servi de base à celui que Nour ed-Din Abd er-Rahman Djami a écrit sur le même sujet avec le titre de حلية; une édition abrégée du حلل مطرّز a été publiée par Shéref ed-Din sous le titre de منتخب حلل مطرّز, et un exemplaire de cet ouvrage se trouve décrit dans le Catalogue de la Bodléienne sous le numéro 1345 (cf. Hadji Khalifa, *ibid.*). L'auteur nous apprend dans sa préface (fol. 2 r°, 4 r° et v°) qu'en 832 de l'hégire, il faisait partie de la suite du prince timouride Aboul Fath Ibrahim Sultan, fils de Shah Rokh Béhadour et gouverneur du Fars, au cours de sa campagne contre l'émir turkoman Iskender ibn Kara Yousouf, la date de cet événement étant indiquée par le chronogramme suivant :

اسكندر تركان چو عصيان ورزيد

داراى زمان سزاى او واجب ديد

از تيغ ابو الفتح چو بكريخت جنك

تاريخ شد از قدر ابو الفتح پديد

Après la conquête de l'Azerbeïdjan, Shéref ed-Din, dont la santé était mauvaise, s'en revint à Shiraz avec une partie de l'armée, et ce fut en l'absence de son maître qu'il rédigea le Houlel-i moutarraz pour occuper ses loisirs. L'ouvrage proprement dit est précédé de deux chapitres préliminaires nommés اصل, qui portent les titres de در بیان صُوَر حُروف (fol. 5 r°) et در تبیین معنی دلالت و اشارت و بروز و ظهور آن (fol. 6 v°). La liste des chapitres nommés ببعضی از وجوه و طرق آن حُلَه est donnée dans la préface (fol. 29 r°) : 1° در شرح ماهیّتی در نمایش و آرایش وجوه که تعلّق بتکمیل صورت دارد °2 ; معنّی و لغز در بیان تحصیل مادّهٔ حرفی بحسب صورت کلامی که °3 ; اسم داشتته باشد در بیان مقصد بحسب صورت کنایی °4 ; اظهر و اشهر صور حرفست 5° در تبیین قواعدی که مبتنی است بر صورت معنوی عددی حرف.

Ali Yezdi s'excuse dans sa préface de ne pas entrer dans plus de détails sur le compte de Mirza Ibrahim, et il renvoie sur ce sujet à une chronique qu'il espérait terminer dans un délai assez court et dans laquelle il avait toutes les facilités désirables pour le faire : تاریخ همایون که اتمام آن از مساعدت توفیق مامولست (fol. 4 v°). Cette chronique n'a évidemment rien de commun avec le Zafer namèh qui s'arrête à la mort de Témour, et qui fut d'ailleurs terminé en 828 ; il y faut très vraisemblablement voir la grande chronique qui fut composée par l'auteur de l'appendice à la Djami el-tévarikh de Rashid ed-Din (man. 255), qui y fait allusion par trois fois (fol. 516 v°, 521 v° et 527 v°), et qui est probablement Shéref ed-Din Ali Yezdi, et non Hafiz Abrou, comme cela a été proposé dans le premier volume.

Ce manuscrit porte l'ex-libris de Kara Koullakdji.

Bon nestalik persan du commencement du xviiᵉ siècle. 133 feuillets. 25 sur 17 centimètres. Demi-reliure. — (Supplément 394.)

1068

افکار الشریف. Traité sur la composition des logogriphes, par un anonyme dont on ne connaît que les titres, el-Seyyid el-Shérif el-Mouammaï المعمائی.

L'auteur ne se nomme pas dans la préface, et le titre n'est donné qu'au folio 3 verso ; d'après les termes de cette introduction, el-Seyyid el-Shérif el-Mouammaï avait composé beaucoup d'autres ouvrages avant d'entreprendre la rédaction du présent traité de logogriphes ; tous ces ouvrages, sauf le dernier, la الغيّة الشّريف, sont d'ailleurs restés inconnus à Hadji Khalifa, tout comme le افكار الشّريف; ces livres sont tous des traités de logogriphes; le premier porte le titre de جمع القواعد فى آلاسم آلواحد; comme l'indique suffisamment son titre, il s'agissait dans ce traité d'un seul mot, le mot بابا, et non du nom d'Allah, comme on pourrait le croire par الاسم الواحد, dont l'auteur tirait, par suite de transformations, des subtilités qu'il qualifie d'extraordinaires (fol. 4 r°); les autres étaient la رسالة شريفيّة, abrégé en vers traitant des définitions et des divisions des énigmes et logogriphes, le تحفة الشّريف, le ايهام الشّريف, qui était un précis modérément abrégé, contenant un vers de la composition de l'auteur, dont, par suite de combinaisons de lettres, le Shérif faisait sortir mille noms : امّا بعد پوشيده نماند كه بعد از فراغ تسويد رسالة

جمع القواعد فى آلاسم آلواحد كه مؤدّى در يك اسم بابا باشد (اسم با باشد ms.) ورعايت امور غريبه درو بنهايت رسيده و رسالة شريفيّه كه تعريفات و تقسيمات درو منظوم و در كمال ايجاز و اختصار مختبر و مبنى از نكات بسيار بحكم خير آلكلام ما قلّ ودلّ و رسالة تحفة الشّريف كه مشتمل بر قواعد مخترعه و مخفيان لطيف بود نه در غايت اجمال كه طبعرا ازو ملالى باشد و نه در نهايت تفصيل كه بتطويل انجامد و رسالة ايهام الشّريف مشتمل بريك بيت كه ازو هزار نام استخراج و استنباط يافته مع التزام بسى از ايهام نيز امّا بجهل تفصيل آميز و از خاتمة اين رساله اطّلاعى بريس مقاله توان يافت و بعد از اكثرى از كتاب الغيّة الشّريف كه بمنزلة شرح اين تأليف است يعنى از ان ايهام الشّريف و تعريف اين تأليف سبب تطويل است (fol. 2 r°).

La conclusion du Efkar el-Shérif (fol. 113 v°) peut, à ce que dit l'auteur, donner une idée suffisante de ce qu'était le Ihâm el-Shérif; il composa encore la الغيّة الشّريف, qui était, en quelque sorte, un commentaire et un développement du Ihâm el-Shérif; Hadji Khalifa (*Dict. bibl.*, t. V, p. 636) l'a eue entre les mains, et il en donne une assez longue description; le vers fondamental du Ihâm et de l'Alfiyya était :

از قد و ابرو بديد آن ماه چهر   موج آب ديده ام بالاى مهر

(Hadji Khalifa, *ibid.*, p. 637). La Alfiyyat el-Shérif fut composée, au témoignage de Hadji Khalifa, en l'année 908 de l'hégire. Le Efkar el-Shérif est dédié au sultan des Osmanlis, Bayézid II, à la louange duquel le Shérif consacre une longue kasida qui se termine par le chronogramme suivant :

اين دعارا كفته امين امين هر امين

فاستجيبه يا الـه الـعـالـمـيـن

نكتهاى غـب دريـن تـألـيـف درج كردم بفكرهاى لطيف

اى شـريـنـى بـراى تـاريـخـش نظرى كن بـفكرهاى شريف

چو دروى فكر بسيار بيست هر جا بافكار الـشـريـف آمـد مسـمـا

(fol. 3 v°), ce qui indique, en même temps que le titre de l'ouvrage, l'année 906 de l'hégire. Ce qu'il y a de plus remarquable dans cet ouvrage, dit le Shérif, c'est que toutes les règles qui y sont formulées sont illustrées par des exemples tirés d'un seul mot, بابا, et d'un seul vers :

از قد و ابرو بديد آن ماه چهر موج آب ديده ام بالاى مهـر

(fol. 4 r°), ce qui revient à dire que, dans le présent ouvrage, le Shérif a réuni la matière du الـغـتـة الـشـريـف et de l'جمع القواعد فى آلاسم آلواحد.

La division de l'Efkar el-Shérif est très compliquée, elle comprend 7 climats اقلم, subdivisés en شهرستان, répartis en شهر, بلده, باغ, etc.

On lit à la fin du manuscrit deux chronogrammes en vers arabes par Sheïkh Mohammed, qui était mufti de Damiette.

Assez bon nestalik turc vraisemblablement de la fin du xvie siècle. 129 feuillets. 21 sur 14 centimètres. Reliure en maroquin brun. — (P. Lucas; Regius 1580. — Ancien fonds 212.)

1069

Recueil de traités sur la composition et la résolution des logogriphes, portant le titre général de رسايل از معمّيات.

1° Traité anonyme et sans titre commençant par :

ستايش سـزاوار آن حـضـرتـيـسـت كه از وحدتش هر نفس كثرتيست

چه كثرت هان وحدت صرف يافت كسى كوز صورت بـمـعـنـى شـتـافت

L'auteur de cet opuscule était contemporain de Shéref ed-Din Ali Yezdi qui mourut en 858 de l'hégire (n° 1067), et qu'il cite comme sa principale autorité. Ce petit traité est divisé d'une façon très compliquée en une préface مقدّمه, cinq chapitres اصل subdivisés en sections, et un appendice

ذیل; le sommaire en est donné aux folios 3 verso-4 recto; l'auteur a presque entièrement reproduit le texte de la division du traité de Shéref ed-Din Ali Yezdi (fol. ۹ v°).

۲° Traité anonyme et sans titre divisé en une préface, ۲6 chapitres très courts intitulés قاعده, et une conclusion خاتمه, subdivisée en 7 قسم. Cet opuscule débute par : این مختصریست مشتمل بر مقدّمة و قواعد چند كه معتبر است در معنّا و خاتمة امّا مقدّمه در بیان حقیقت معنّا و تقسیم آن و تعریف اقسامش... On y trouve cités Shéref ed-Din Ali Yezdi, Ala ed-Din Shami, etc. (fol. 43 v°).

3° الاحیا فی علم حلّ المعمّا. Traité sur les logogriphes par Minoutchéher el-Tadjir, surnommé Bédi el-Tébrizi منوچهر التّاجر الملقّب ببدیع التبریزی (fol. 65 r°).

Minoutchéher el-Tadjir, qui fut le disciple de Sheïkh Kémal ed-Din Khodjendi (fol. 68 r°), rapporte, dans une préface écrite dans un style assez embrouillé (fol. 65 r° et suiv.) que, dans sa jeunesse, en 794 de l'hégire, il voyageait avec son père, pour les affaires de leur commerce, dans le pays de Roum, quand ce dernier vint à mourir, après lui avoir fait promettre de ne pas renoncer à son état de commerçant, probablement dans la crainte qu'il ne se livrât entièrement à la littérature. L'auteur, ayant conçu le projet de s'en retourner dans le Fars پارس, passa par Ardébil تعروسه مدینة الاسلام أردبیل; au moment même où il arrivait dans cette ville sainte, quelques personnages importants et quelques Alides اشراف qui y habitaient prirent la décision de faire le voyage de l'Irak. Ces personnes avaient lu un عبّت نامه en vers, qui avait été composé par Minoutchéher el-Tadjir sous le titre de انیس العارفین; un de ses compagnons, le sahib-zadè Bedr ed-Din, Sheïkh Mohammed, fils d'un prévôt des marchands الصدر المحترم ملك التّجار, nommé Tadj ed-Din Khvadjè Hadji Ibrahim, et surnommé Shah Émiran, lui conseilla d'écrire un traité sur les logogriphes. D'après Minoutchéher, cette entreprise était particulièrement difficile, car il n'existait aucun ouvrage antérieur qui traitât de ce sujet, de sorte que le présent opuscule est entièrement de son invention : و تصنیفات متقدّمان و متأخران درین علم هیچ نسخه نبود و هیچ رساله درین فنّ نساخته اند و این تألیف اختراع خاصّ این فقیر است. Il fut terminé en quelques jours dans la ville de Yezd (fol. 67 v°). L'auteur a intercalé dans sa préface des phrases entières du Marzeban namèh.

Un exemplaire du traité de Minoutchéher existe au British Museum (Rieu, *Supplément*, p. 268).

Début : شكر و سپاس علیهیرا جلّ ثناوه که فطرت لوح آدمرا بنقش

(fol. 64 v°). پخبیر وعلّم آدم آلاسمآء كلّها كردانيد....

4° Traité anonyme et sans titre sur les logogriphes, divisé en une préface, 24 chapitres très courts اصل, et une conclusion. La table des chapitres est donnée au folio 76 verso. Cf. man. 1071, n° 1.

Début : بدانك ترتیب كرده شد این رساله بر يك مقدّمه و بيست

(fol. 76 v°). و چهار اصل و خاتمة مقدّمه در بيان معنى معمّا....

5° Traité anonyme et sans titre sur les logogriphes, divisé en une préface, 16 chapitres très courts اصل, et une conclusion. La table des chapitres est donnée au folio 83 verso.

Début : ....حمد ى حدّ وثناى ى عدّ مر پادشاهى ديده (fol. 83 v°).

6° Traité anonyme et sans titre sur les logogriphes, divisé en 37 chapitres قاعده.

La composition de cet ouvrage doit se placer aux environs de l'année 850 de l'hégire, et son auteur vivait dans l'empire des Timourides, car on y trouve les noms d'Oulough Beg Keurguen, de Sultan Baïsonkor, de Mohammed Djuki Béhadour.

Début : بدانك بيشتر معمّيات موقوف بحساب جلّ است بايد كه

(fol. 90 v°). بحفوظ باشد نا كشوده.....

On trouve sur les feuillets restés en blanc de ce manuscrit des énigmes empruntées à un grand nombre d'auteurs persans.

On remarque dans les trois derniers opuscules des graphies telles que بدانك, چنانك, et la présence dans le n° 6 des noms des princes timourides montre que ces formes se sont maintenues bien longtemps après la période mongole.

Bon nestalik turc cursif de la fin du xvi° siècle copié sur du papier de différentes couleurs. 96 feuillets. 22 sur 14 centimètres. Cartonnage turc. — (Coislin: Saint-Germain 632. — Supplément 396.)

1070

Recueil de traités sur les logogriphes.

1° Traité en prose et en vers, sans titre, sur les logogriphes, par Mir Hoseïn ibn Mohammed el-Hoseïni el-Nishapouri.

Cet opuscule est dédié à l'émir Mir Ali Shir Névaï († 906 H.) [fol. 3 r°], qui avait encouragé Mir Hoseïn à l'écrire; Mir Hoseïn le montra à Nour ed-Din Djami qui en approuva la composition; les logogriphes donnés comme exemples sont relatifs à des noms d'hommes. Mir Hoseïn naquit à Nishapour; il passa une partie de sa vie comme étudiant au collège el-Ikhlasiyya à Hérat, et il acquit une grande renommée dans le genre littéraire des معمّى (Hadji Khalifa, *Dict. bibl.*, t. III, p. 444; Rieu, *Catalogue*, p. 650; *Supplément*, p. 126). D'après l'auteur du Heft Iklim (man. persan 643, fol. 289 v°), sa réputation était telle que Djami dit que, s'il avait su qu'une telle personne s'occuperait un jour des logogriphes, il n'aurait jamais eu l'idée de travailler sur ce sujet. C'était un homme pour lequel le monde extérieur et ses conventions n'existaient point (Hébib-el siyer, man. 320, fol. 305 r°). Dans ses Mémoires (fac-simile des Gibb Trustees, fol. 180 v°), Baber parle de cet auteur qu'il nomme Mir Hoseïn Mouammayi; il dit, comme le fait le Heft Iklim, qu'il ne pensait durant toute la journée qu'à la composition des logogriphes, et qu'il était devenu d'une telle force dans la confection de ces puérilités que personne ne pouvait lui être comparé. C'était, à ce que dit Baber, un homme fort pauvre, et auquel tout ce qu'il entreprenait ne réussissait guère, sans que l'adversité ait aigri son caractère et l'ait fait sortir des voies de la plus rigoureuse honnêteté : عالمىا معمّائى أيجه هى كم ايتقان ايماس هيشه اوقاتى معمّا il فكريغنه مصروف ايكاندور چّب فقير و نامراد و ى بد كيش ايكاندور: mourut en Zilkaada 904 de l'hégire, et il fut inhumé dans le collège où il avait fait ses études (Hébib el-siyer, *ibid.*, fol. 305 r°).

La date de la mort de Mir Hoseïn est indiquée au folio 55 recto sous forme de logogriphe تعمّه بطريق, ainsi qu'il suit :

كامل نكته كشا مير حسين   آنكه در جست بعراى فـنا

چونكه جسم زخرد تاريخـى   غويشى‌را ديد خرد ى سر و يا

soit 816 de l'hégire, total de l'addition de وى et de خر (16 + 800), ce qui est en contradiction absolue avec ce que l'on sait de l'auteur par le Hébib el-siyer, Baber et le Heft Iklim.

La date à laquelle fut composé le présent traité est indiquée par un chronogramme en vers qui se lit tout à fait à la fin (fol. 54 v°) :

اکر از تو بپرسند تاریخ ان   بج رفتن کعبۀ دین بکو

ce qui donne l'année 904, en ne comptant ج que pour ح.

Début :

بنام آنکه از تألیف و ترکیب   معمّای جهان‌را داد ترکیب

کشاینده از معمّا نام امّا   شد از اسمش کشاد هر معمّا

همین نامیست عالم باق آن ذات   که التوحید اسقاط الاضافات

Il existe de ce traité de logogriphes un commentaire écrit en turc osmanli par Mouslih ed-Din Moustafa ibn Shaaban Sorouri, qui fut composé en 965 de l'hégire sous le titre de رسالۀ میر حسین در معمّی (Hadji Khalifa, *ibid.*, et Rieu, *Catalogue*, p. 649).

Hadji Khalifa (*Dict. bibl.*, t. V, p. 638) donne à l'auteur les deux nisba d'el-Shirazi et d'el-Nishapouri, et il cite un commentaire de son traité par Zia ed-Din el-Ourdoubadi, connu en poésie sous le nom de Shéfiki, qui fut à son tour commenté par Abd el-Wahhab el-Sabouni. Émin Ahmed Razi cite dans le Heft Iklim un traité d'énigmes composé par ce même Mir Hoseïn, qui fut dédié par lui au prince Mohammed Moumin Mirza (*ibid.*). Djami est également l'auteur d'un traité sur les énigmes intitulé حلیة حلل, lequel, comme on l'a vu plus haut, est basé sur le مطرز حلل de Shéref ed-Din Ali Yezdi.

9° Traité en prose, sans titre, sur les logogriphes, par Seïfi Boukhari.

Le nom de l'auteur est donné dans un incipit en vers ainsi rédigé :

بنام ایزد دانای بی‌منا   که اسم اوست حلّ هر معمّا

نوشت این نامه سیفی بخاری   که باشد دوستان‌را یادکاری

Maulana Seïfi Boukhari, né à Boukhara, et connu sous le tékhallous de عروضی, cultiva à la fois la poésie et la science de la prosodie. Il vint sous le règne de Sultan Hoseïn Mirza à Hérat, appelé par Mir Ali Shir Névaï qui le favorisa de sa protection. Il s'en retourna ensuite dans sa ville natale, et il devint pendant trois ans le précepteur du Timouride Baïsonkor Mirza, second fils de Sultan Mahmoud Mirza, alors que ce prince était gouverneur de Boukhara; Baïsonkor devint, quelque temps après, souverain de Samarkand, à l'âge de 18 ans (900 H.). Après la dépossession de ce prince par Baber et son assassinat par l'émir Khosrav Shah (905 H.), Seïfi Boukhari se retira définitivement à Boukhara, où il mourut en 909. L'auteur de l'Ateshkédè dit que Seïfi étudia à Hérat du temps de Sultan Abou Saïd, et qu'il mourut dans cette ville en 909 : ابو سلطان روزگار در

سعید در هرات تحصیل کمالات کرده و در هرات برای کودکان اهل حرفه
شعر بسیاری گفته و بیشتر دیوانش مشتمل بر هین مطلب است
ودرسـتـه در هرات وفات یافت. D'après le Hébib el-siyer, Seïfi Boukhari a composé un divan en employant le langage des artisans, et il fut le premier qui fit un tel ouvrage. Khondémir et l'auteur du Heft iklim (man. 643, fol. 546 v°) en citent le vers suivant :

تا بنقد جان بت خبّاز من نان ی دهـد
عاشق بیچاره نان میگوید و جان ی دهـد

L'auteur de l'Ateshkédè dit qu'il écrivit pour les enfants des artisans, et que beaucoup des vers de son divan sont de ce genre (Mémoires de Baber, fac-simile, fol. 180 v°; Hébib el-siyer, man. 320, fol. 306 r°; Ateshkédè, ms. 1156, fol. 235 r°; Rieu, Catalogue, p. 525). Le présent opuscule, qui est divisé (fol. 60 v° et suiv.) en une préface, quarante sections nommées قاعده, plusieurs paragraphes تنبیه, et une conclusion, est basé sur les travaux de Maulana Shéref ed-Din Ali Yezdi (n° 1067) qui sont indiqués par le sigle ش dans les citations, de Maulana Abd er-Rahman Djami, qui sont indiqués par ع, de Maulana Hadji Aboul Hasan Endidjani, indiqués par ج. La date de sa composition n'est pas mentionnée (fol. 60 v°).

3° Commentaire en persan sur le traité de logogriphes de Hoseïn ibn Mohammed el-Hoseïni qui est décrit sous le numéro 1. Cet ouvrage commence par la même pièce de vers que le traité de Hoseïn ibn Mohammed, et il ne porte point de titre; l'auteur paraît être Béhari Néséfi, car on lit dans l'introduction, après la copie de la préface du numéro 1 : اکنون

بدانکه چند چیز باعث شد بهاری نسفی را بطریق مسموع بر حل
..... معمای میر حسین علیه الرحمة (fol. 114 r°). L'auteur de ce commentaire dit que les énigmes composées par Mir Hoseïn sont tout ce qu'il y a de plus difficile dans ce genre littéraire, et que beaucoup de personnes n'arrivent pas à les résoudre. Un autre commentaire du traité de Mir Hoseïn, composé par un de ses disciples nommé Rokni رکنی, en 912-916, est décrit dans le Supplément de Rieu, page 126 (fol. 116 v°). On trouve sur les feuillets restés en blanc de ce manuscrit un takhmis sur une poésie de Balighi(?), plusieurs énigmes (fol. 55 r°), et des vers (fol. 109 r° et suiv.).

Le n° 1 est écrit dans un assez bon nestalik persan, daté de Redjeb de l'année 976 de l'hégire (déc. 1568 de J.-C.); le n° 2, dans un nestalik cursif et négligé, évidemment de la même main, daté de même (fol. 108 r°), le copiste ayant signé dans la souscription صفى الرب الحسى, soit Séfi ed-Din el-Hasani, ou el-Hoseïni; le n° 3 est d'un bon nestalik non daté, et qui est vraisemblablement l'écriture appliquée du même scribe. 246 feuillets. 18 sur 12 centimètres. Reliure en maroquin brun avec fers. — (Supplément 395.)

1071

Recueil de traités de philologie.

1° Traité sur les énigmes en langue persane, anonyme et sans titre, divisé en une préface, vingt-quatre chapitres et une conclusion; le détail en est donné au commencement du traité; ces chapitres sont extrêmement courts et l'opuscule n'a pas une grande importance; on en trouve un autre exemplaire dans le manuscrit 1069, n° 4.

Début : بدانك ترتيب كرده شد اين رساله بر يك مقدمه و بيست و چهار اصل و خاتمه مقدمه در بيان معا اصل اول در حساب جهل

2° لب النحو. Traité de grammaire arabe, par Abd Allah el-Beïdhawi, en arabe.

Le titre de cet ouvrage, d'après Hadji Khalifa (t. V, p. 306), est لب الالباب فى علم الاعراب; c'est un abrégé très bien fait, avec des additions, de la Kafiya d'Ibn el-Hadjib. Il a été plusieurs fois commenté : par Molla Mohammed ibn Pir Ali, surnommé Birguili, qui donna à son commentaire le titre de امتحان الاذكيا; par Bayézid ibn Abd el-Ghaffar el-Kounévi (originaire de la ville de Konia), l'un des savants du règne du sultan osmanli Mohammed ibn Mourad ibn Sélim Khan; cet excellent commentaire, dans lequel le texte de Beïdhawi se trouve mélangé ممزوج à la glose de Bayézid, est intitulé مدرج الفوايد لما الحق به من الزوايد, son auteur y combat souvent les opinions émises par Birguili. Un troisième commentaire du traité de Beïdhawi fut composé sous le titre de خلاصة الكتب par Mohammed ibn Ali el-Koubayani qui résidait à la Mecque et qui mourut en 941 de l'hégire. La copie de cet exemplaire du Lebb el-albab fi ilm el-i'rab a été exécutée pour lui-même par un certain Ahmed ibn Osman el-Karahissari, qui était mufti de Karahissar en 1211 de l'hégire (1797 de J.-C.) [fol. 23 v°].

Bonnes écritures neskhi du xvii° et du xviii° siècle. 41 feuillets. 17,5 sur 10 centimètres. Reliure turque en toile. — (Supplément 1661.)

IMPRIMERIE NATIONALE.

DIALECTES.

1072

رباعيات بابا طاهر لورى. Recueil de 174 quatrains en dialecte du Louristan, par Baba Taher Louri, également
nommé Baba Taher Hamadani.

Ce petit recueil est précédé d'une courte préface en prose intitulée
ديباجة رباعيات بابا طاهر همدانى; la personne qui l'a rédigée, Ali ibn
Abou Talib Bakhshkouli Karabaghi بخشتلى قراباغى (fol. 2 r°), raconte
que les œuvres de Baba Taher sont perdues et qu'elle les a fait rechercher dans toutes les provinces de la Perse. Ces 174 quatrains qu'Ali
ibn Abou Talib a rassemblés et mis en ordre sont tout ce qu'il a trouvé. Il
avait l'intention de continuer ses recherches et d'ajouter les autres quatrains qu'il trouverait à la suite de la présente édition, mais il est vraisemblable que ces 174 quatrains, dont il vante la valeur artistique dans des
termes certainement exagérés, sont tout ce qui subsiste de l'œuvre de Baba
Taher Hamadani. Cette recension a été exécutée sous le règne du roi Mohammed Shah Kadjar : ابو الفتح والظفر السلطان بحر و برّ السلطان ابن
(fol. 2 v°), en l'année 1260 de l'hégire : السلطان محمد شاه قاجار
چون ابن بن بضاعت...... براين نكاشت كه رباعيات تدوة
الحققين مفخّر العاشقين سيّد العارفين ديوانة همه دان و فرزانة همدان
طاهر عريان راكه مفقود كرديده جمع آورى نمايد تا تأريخ حال كه هزار
و دويست شصت بجرى است آنچه كه توانست از ولايت دور و نزديك جمع
نمود بعد از اينهم بعون الله ملك متعال اكر باز از رباعيات الحضرت
...... پيدا شود درين رساله درج خواهد كردانيد (fol. 3 r°).

Les titres qu'Ali ibn Abou Talib Bakhshkouli donne à Baba Taher, ceux
de همه دان تدوّة الحققين مفخّر العاشقين سيّد العارفين ديوانة,
par un jeu de mots avec le nom de la ville de همدان, et de حضرت,
montrent que l'auteur de ces quatrains appartenait au Soufisme. mais
quelques renseignements biographiques précis sur cet Ésotériste seraient
préférables au verbiage de la préface. L'auteur de l'Ateshkéde donne
aussi peu de détails sur lui, et il se borne à dire que la vie de ce poète,

qui était connu sous le surnom de عریان, se trouve racontée dans les livres des Mystiques : اسم شریفش بابا طاهر دیوانه ایست از همدان و فرزانه ایست که دان احوالش در پارة کتب علمآء و اخلاقش بین العرفآء مشهور عاشق است (ms. 1156, fol. 139 v°).

Il existe dans le fonds arabe, sous le titre de الفتوحات الرّبّانیّة فی مزج الاشارات الهمدانیّة (ms. arabe 1903, fol. 74 r°), un traité qui est un commentaire des sentences d'un Ésotériste nommé Baba Taher Hamadani, et qui fut rédigé par un auteur qui ne se nomme point, sur les instances d'un sheïkh soufi, nommé Aboul Baka el-Ahmédi : فان السبب المحرك لدواعی العبد لابراز هذا الخطاب من عالم السّرّ الغیبی الی عالم الادراك العینی هوان الاخ...... تحفة الزّمان وریحانة الاخوان الشیخ ابا المقا الاحدی...... مكث زمانًا یسالنی ویكرر علی القول فی تعلیق یستعین به علی فهم معانی للحِكم المنسوبة الی الاستاد المحقّق الرّبانی بابا طاهر ......الهمدانی. La date de la rédaction de ce traité n'est point indiquée, mais il est dit dans sa souscription (fol. 100 r°) que la copie en fut terminée au mois de Shaaban 890 par un Turc, nommé Tchani Beg جانی بك ibn Abd Allah el-Azizi. Comme dans beaucoup de traités analogues, ce commentaire est suivi du texte des sentences de Baba Taher Hamadani (fol. 100 v°). Il est clair que l'auteur des quatrains en dialecte louri, et le عریان de l'Atesh-kédè, qui a été écrit vers 1174, sont identiques au Baba Taher Hamadani dont les sentences se trouvent dans le manuscrit arabe 1903. En tout cas, le fait que l'Ateshkédè mentionne ce personnage montre suffisamment qu'il est différent de Mohammed Taher Hamadani, qui, ainsi que beaucoup de poètes ses contemporains, écrivit un éloge en vers du général persan Mo-tamed ed-Daulèh Minoutchéher Khan, lequel s'illustra dans la première moitié du xiii° siècle de l'hégire; ces poésies ont été réunies par les soins de Mohammed Ali ibn Agha Abou Talib Mouzahhib Reshti sous le titre de المدایح للمحمدیّة (Rieu, Supplément, p. 92). La date précise à la-quelle vécut Baba Taher n'est indiquée ni dans le Médjalis el-mouminin, ni dans les ouvrages biographiques antérieurs, mais on sait par le Rahet el-soudour de Ravendi (ms. 438, fol. 43 v°) que ce personnage, auquel il donne le titre soufi de «Saint», était le contemporain du sultan Rokn ed-Din Abou Talib Toghroul Beg Mohammed ibn Mikhaïl ibn Seldjouk, qui le rencontra, en compagnie de deux autres Soufis, Baba Djaafer et Sheïkh Hamasha, à une date que l'on peut fixer à peu près à 447-450 de l'hégire : شنیذم كه چون سلطان طغرلبك بهمذان آمذ از اولیآء سه پیر بوذند

بابا طاهر و بابا جعفر و شیخ جشا کوهکیست بر در هـذان آنـرا خـضـر
خوانند بر انجا ایستادة بودند. .....

Shikestèh persan de la seconde moitié du xix° siècle, écrit sur papier bleu.
25 feuillets. 20 sur 13 centimètres. Reliure persane en étoffe découpée. —
(Schefer 230. — Supplément 1542.)

1073

L'Évangile selon saint Matthieu en kurde, et le commencement de l'Évangile selon saint Marc.

Cette traduction porte le titre de : هذا كتاب الانجیل ام ابتداء بیدكین
بعون خودی تعالی هم توفیقا قیه حسن کوامد نویشین .....

Le texte n'occupe guère qu'un peu plus du tiers des pages, le reste
étant resté en blanc, sans doute pour recevoir des notes.

Assez bon neskhi persan du commencement du xix° siècle. 168 pages. 24 sur
18 centimètres. Cartonnage. — (Schultz. — Supplément 1178.)

1074

Panégyrique en vers d'Ali, de son fils Mohammed, fils
de la Hanéfite, et de sa famille, par Mohammed Hanifa
Vezvaui Gourani, en dialecte du pays de Gouran.

Le titre de ce poème est donné au folio 1 verso, sous la forme : هذا كتاب
بتمّد حنیفه بلسان الكورانی , et, dans la souscription, sous celle plus complète de : تمام بی كتاب بتمّد حنیفه وزوانی كورانی جه مـدح امـام عـلـی
مرتضا و روی و فرزمدی وش بتمّد حنیفه .....

Gouran est le nom donné aux habitants du Kurdistan persan dont la
capitale, Sina, fut visitée par Rich en 1820 (Narrative of a Residence in
Koordistan, London, 188..). On trouvera dans le Catalogue de Rieu
(p. 728 et suiv.) une excellente analyse grammaticale de ce dialecte et
l'indication de poèmes de la même facture que le panégyrique d'Ali.

L'étymologie de كوران est obscure; en tout cas, il est certain que ce
n'est pas la localité dont il est parlé dans le Modjem el-bouldan (t. IV,
p. 319); Yakout dit que Gouran est un des villages qui dépendent de

Esféraïn اسفرایین. Esféraïn est (*ibid.*, t. I, p. 246) une belle ville dans le pays de Nishapour, à moitié chemin entre cette ville et Djourdjan.

Nestalik passable, daté du mois de Shaaban de l'année 1228 de l'hégire (août 1813 de J.-C). 35 feuillets. 23 sur 16 centimètres. Cartonnage. — (Supplément 777.)

1075

دیوان خوشحال خطّك. Recueil des œuvres poétiques de Khoshhal Khattak.

Khoshhal, chef de la tribu des Khattak, naquit en 1022 de l'hégire et succéda dans le commandement des Khattak à son père Shahbaz Khan, qui fut tué en 1050 dans une bataille qu'il livra à la puissante tribu des Yousoufzis. Khoshhal, qui avait été grièvement blessé dans ce combat, n'échappa que par miracle à la mort, et il fut confirmé dans la possession de son fief par l'empereur timouride Shah Djihan Padishah, avec, entre autres obligations, la charge de garder la route d'Attak sur l'Indus à Péshaver. Ses services lui attirèrent l'estime de l'empereur et, en 1055, il accompagna Sultan Mourad Bakhsh, fils de Shah Djihan, dans sa campagne contre le Badakhshan. L'avènement d'Aurengzeb ruina le crédit du chef afghan ; par suite des intrigues d'Émir Khan, soubadar de la province de Kaboul, il tomba dans une disgrâce complète, et il fut emprisonné dans l'inaccessible forteresse de Goualior, où il resta enfermé durant près de sept ans ; ce fut pendant cette dure captivité qu'il composa le plus grand nombre de ses poésies. Il fut rendu à la liberté sur les instances de Mohabbet Khan et envoyé dans le district de Péshaver avec la mission de le pacifier ; mais il y fut à peine arrivé que, pour se venger de l'affront qui lui avait été infligé, il se révolta contre Aurengzeb, entraînant avec la tribu des Khattak, le clan puissant des Afridis qui avait avec elle des alliances lointaines. La guerre dura sept à huit ans, et elle se serait certainement terminée par l'expulsion de l'Afghanistan des troupes des Timourides, si les Yousoufzis n'avaient refusé, par haine contre Khoshhal, de se joindre à toutes les tribus afghanes qui, de Banou à Djélalabad, avaient fait cause commune avec les Khattak et les Afridis. La situation devint assez inquiétante pour qu'Aurengzeb se décidât à partir pour le théâtre des hostilités, mais il s'enferma bientôt dans Attak et, renonçant à poursuivre les Afghans dans leurs montagnes, il préféra acheter à prix d'or la conscience de leurs chefs. Khoshhal, abandonné par la plupart de ses compagnons d'armes, et ne sachant jusqu'à quel point il pouvait compter sur la fidélité de ceux qui restaient autour de lui, abandonna la lutte, et il renonça même à exercer le commandement des Khattak qu'il laissa à son fils aîné, Ashraf.

Les dernières années du chef afghan furent cruellement attristées par les malheurs de sa famille, par la rébellion de se.. fils Bahram qui voulut s'emparer de la souveraineté du clan des Khattak et qui livra son frère Ashraf aux Timourides (1093), et par les attentats que ce même Bahram essaya de perpétrer contre lui. Aussi, il quitta, sans espoir de retour, le pays de ses ancêtres, et il alla s'établir dans celui de ses anciens alliés, les Afridis, où il mourut à l'âge de 78 ans.

D'après une tradition courante en Afghanistan, Khoshhal aurait écrit, tant en persan que dans sa langue, 350 ouvrages sur toutes sortes de sujets, mais ses descendants négligèrent de les recueillir, et le plus grand nombre s'en est perdu (Captain H. G. Raverty, *Selections from the Poetry of the Afghans*, 1862, p. 142 et suiv.).

Assez bon talik non daté, probablement de la première moitié du xviii° siècle. 290 feuillets. 14 sur 20 centimètres. Reliure en demi-parchemin. — (Leitner; Indien 236. — Supplément 1743.)

1076

ديوان عبد الرحمان. Les deux divans d'Abd er-Rahman.

Molla Abd er-Rahman, le plus populaire de tous les poètes afghans, signe ses œuvres du tékhallous de Rahman; ses poésies sont empreintes des plus ardentes tendances soufies, quoique d'une facture très simple, qui ne connaît, ni les recherches, ni les subtilités de la poésie mystique persane. Il appartenait au clan des Ghoriah Khel de la grande tribu afghane des Mohmands, et il passa une grande partie de sa vie dans le village de Hazar Khani, qui dépend de la province de Péshaver. Abd er-Rahman, qui était très versé dans toutes les sciences musulmanes, vécut de la vie stricte du Soufi, n'interrompant la pratique de ses exercices religieux que pour composer ses poésies. Quelques autorités font d'Abd er-Rahman le contemporain du poète guerrier Khoshhal Khan, mais il est plus exact de dire qu'il fut le contemporain de son petit-fils, Afzal Khan, et qu'il ne connut Khoshhal qu'alors qu'il était très vieux. Abd er-Rahman mourut postérieurement à l'année 1123 de l'hégire (H. G. Raverty, *Selections from the Poetry of the Afghans*, p. 1 et suiv.). L'un des possesseurs du manuscrit 1077, le commissaire de la marine Filleau de Saint-Hilaire, a rédigé une note datée de février 1856, d'après laquelle «Abd al-Ramhan (*sic*) est un espèce de barde et poète grand-prêtre qui prit une grande part à la propagation dans l'Asie centrale d'une religion tout à fait singulière dans laquelle on mêlait l'épicurisme à une sorte de spiritualisme. Cette religion servait également à pousser jusqu'au fanatisme cet esprit d'indépendance nationale et religieuse qui anime encore jusqu'à ce jour les peuplades du nord de l'Inde et principalement les Affgans ».

Abd er-Rahman donnait des copies de ses poésies, au fur et à mesure qu'il les écrivait, à plusieurs de ses amis, et ce furent eux qui les réunirent indépendamment les uns des autres après la mort de leur auteur. Il semble qu'il s'est glissé des interpolations dans ce travail; en tout cas, il existe deux recueils différents de ces poésies qui forment le premier et le second divan de Rahman, ces deux divans étant réunis dans le présent exemplaire. La copie du premier divan est incomplète.

Assez bon neskhi afghan de la fin du xviiᵉ ou du commencement du xixᵉ siècle. 138 feuillets. 22 sur 14 centimètres. Reliure en demi-parchemin. — (Supplément 990.)

1077

ديوان عبد الرحمان. Les deux recueils des œuvres poétiques d'Abd er-Rahman.

Manuscrit de luxe orné de peintures dont on trouvera la description dans la *Revue des Bibliothèques*, année 1898, page 413.

Bon neskhi afghan, copié au Kashmir par Molla Véli Mohammed, pour Molla Ghaus Mohammed غوث محمد en l'année 1209 de l'hégire (1794 de J.-C.), dans le manuscrit, 1290 de l'hégire = 1873, ce qui est impossible, puisqu'il porte une note datée de 1856. 185 feuillets. 21 sur 14 centimètres. Reliure en maroquin brun estampé. — (Filleau de Saint-Hilaire. — Supplément 991.)

1078

ديوان شيدا. Divan du poète afghan Shaïda, précédé d'une introduction biographique.

Mohammed Kazem, ou Kazem Khan Shaïda Hanéfi Nakshibendi, surnommé Khattak خطك, qui appartenait au rite hanéfite (fol. 1 v°), était le fils de Mohammed Afzal Khan, chef des Khattaks, et auteur de plusieurs ouvrages en prose afghane; il était par conséquent le petit-fils du poète Ashraf Khan et l'arrière-petit-fils du célèbre Khoshhal Khan; il naquit entre 1135 et 1140 de l'hégire. Après des démêlés avec son frère aîné, Asad Allah Khan, qui succéda à Mohammed Afzal Khan comme chef des Khattak, Shaïda quitta l'Afghanistan; il se rendit dans le Kashmir où il étudia les sciences musulmanes et où il s'affilia à l'ordre soufi des Nakshibendis; puis il vécut à Sirhind, dans l'Inde du Nord, et ensuite dans la principauté de Rampour, sans jamais vouloir revenir dans son pays natal. Ce fut sur les instances de Miyan Mohammédi, fils de Miyan Abd Allah Sirhindi, ou fils de Miyan Mohammed Omar, d'après le présent manuscrit, qui appartenait à la famille du maître spirituel de Shaïda, que ce dernier consentit à réunir ses œuvres en un divan (introd., fol. 6 v°). La rédaction de ce divan se place en l'année 1181 de l'hégire; les exemplaires en sont excessivement rares; le capitaine Raverty n'en connaissait qu'un seul, celui qui avait été copié pour Miyan Mohammed et qui était ensuite passé en sa possession.

Les poésies de Shaïda présentent un caractère mystique très marqué, elles sont écrites dans une langue beaucoup plus savante que celle d'Abd er-Rahman, et leur auteur a visiblement cherché à imiter les poètes soufis de la littérature persane (Raverty, *Selections from the Poetry of the Afghans*, p. 304, et Introduction au divan).

Début : اى دكل جهان ضيع　اى دهر آسمان بديع

كامله قدرت دتادى　نادره صنعت دتادى

Beau talik indien, copié à Shah Djihan Abad par Véled, fils de Kasem Beg, au mois de Rabi I⁰ʳ d'une année qui n'est pas indiquée, mais qui est donnée comme étant la 18° du règne d'un empereur qui n'est pas nommé, et qui est probablement Djélal ed-Din Mohammed Shah Alem II, soit 1190 de l'hégire (mai 1776). 199 feuillets. 26 sur 18 centimètres. Reliure en demi-maroquin rouge. — (Supplément 1056.)

1079-1106

Contes en langue afghane.

Le premier volume de cette collection est donné comme étant la traduction des fables de Lokman امثال لقمان الحكم; il commence par ces mots : اودا اوّل مثال دادى دزمرى او ددوغوى دى او نور دازمرى وت

يووار و غوى وت نور سريوجاى شو دوى رله اودا دوى سر و هل پررزكر

بادنور دداخل دامكان ڬه.....

Le numéro 1081 débute par : اود كتاب امثال و حكايات ب اوبي او

قصد ب او غرايب او محجايب وايي او دلر ك ويلاى دا قنبره اتخذ ادحيمة

او نورى ڭال و كرپر كرپر او پر كرپرى وكر:.....

Il existe dans cette collection des contes également traduits des fables de Lokman, qui sont écrits dans des idiomes autres que l'afghan, particulièrement dans le dialecte malais de l'île de Sumatra et en madécasse. Une traduction en afghan des fables d'Ésope a été publiée par le capitaine Raverty sous le titre de : *The fables of Æsop al-Hakim*, en 1872. L'origine de ces volumes est complètement inconnue, ils sont entrés à la Bibliothèque sous le second empire (1852-1870) dont plusieurs portent l'estampille.

28 volumes généralement d'une grosse écriture neskhi assez négligée, du milieu du xix⁰ siècle, variant comme format du grand in-12 au petit in-8°, et comprenant respectivement 48, 58, 207, 358, 300, 166, 249, 210, 150, 191, 210, 234, 91, 340, 100, 340, 200, 351, 348, 230, 350, 150, 345, 180, 101, 60, 210 et 320 feuillets. Reliure en demi-parchemin. — (Supplément 1224-1250, 1270.)

1107

كتاب سيف الملوك و بديع الجمال، Histoire en vers afghans de Seïf el-Moulouk et de la princesse Bédi el-Djémal.

Le titre complet n'est donné que dans la souscription, sous la forme erronée كتاب سيف الملوك و بدرى جماله. L'histoire de Seïf el-Moulouk est un épisode des Mille et Une nuits; il en existe une rédaction en prose persane au British Museum et à la Bibliothèque impériale de Vienne (Rieu, *Catalogue*, t. II, p. 764; Fluegel, *Catalogue*, t. II, p. 27). Elle a été traduite en langue turque par un auteur qui est resté inconnu; un exemplaire de cette version existe à Vienne (Fluegel, *ibid.*, p. 28). Le présent ouvrage a été traduit du persan en afghan par un auteur nommé Véli Mohammed :

دا قصه وه په فارسى ولى محمده

راشه جوركړه په پوخنو څنى بيان

ته وأيم دا قصه څو حكايت

چه خبر شى تمام له حقيقت

دا قصه ده شهزاده سيف الملوك ده

راويان روايت كه له محنت   (fol. 3 r°).

Le nom de l'auteur, Véli Mohammed, se retrouve aux folios 5 recto et 56 recto.

On voit par ce qui est dit dans la préface (fol. 3 v° et 4 r°) que cette traduction a été faite sur la recension en prose dont un exemplaire existe au

British Museum; il y est raconté que le vizir du sultan de Ghazna, Mahmoud, fils de Sébouktégin, Khadjè Hasan Momandi خواجه حسن ممندى,
recherchant des histoires pour amuser son souverain, trouva le roman de
Seïf el-moulouk dans un livre nommé افزا روح, qui était conservé dans la bibliothèque du roi de Damas. On connaît de ce conte afghan une autre
recension en vers par Ghoulam Mohammed (Raverty, *Grammar of the
Pushto*, p. 31), et une version en prose.

Talik indien médiocre, vraisemblablement du commencement du xixe siècle
copié par un nommé Mohammed, pour un personnage nommé Abd el-Hakem.
56 feuillets, 24 sur 19 centimètres. Demi-reliure. — (Darmesteter. — Supplément 1205.)

1108

Recueil de trois ouvrages poétiques en langue afghane.

1° ديوان عبد الرحمن. Recueil des deux divans du poète Abd er-
Rahman (voir nos 1076 et 1077) [folios 1 verso et 69 verso].

2° ديوان عبد الحميد. Recueil des œuvres poétiques d'Abd el-Hamid.

Abd el-Hamid, qui signe ses poésies du tékhallous de Hamid, était originaire du clan des Koudrizis de la tribu afghane des Mohmand; il naquit
dans un petit village, nommé Mashou Khel, vers 1675 de l'ère chrétienne.
Sa famille lui fit embrasser la vie religieuse, et il acquit une grande connaissance des sciences théologiques. Les Afghans regardent Abd el-Hamid
comme le Saadi de leur littérature, mais ses poésies sont plus profondé-
ment mystiques et d'une fin plus morale que celles du sheïkh de Shiraz; il
a laissé trois poèmes intitulés نیرنك عشق, شاه كداى et در و مرجان, ce
dernier étant un recueil de kasidas. Abd el-Hamid mourut aux environs
de l'année 1732 (Raverty, *Selections from the Poetry of the Afghans*, p. 85)
[fol. 153 v°].

3° قصّة شاه كداى. Poème mystique, par Abd el-Hamid (voir n° 2).

Début :   دا اغاز مى يـنـامـه دهغـه حـداى دى
                چه بى لرم كرو كشاى دشاه كداى دى

(fol. 1 v°, dans les marges du premier divan d'Abd er-Rahman).

4° قصّة يوسف و زليخا. Histoire des amours de Yousouf et Zouleïkha,
par Abd el-Kadir, en vers afghans, traduite du roman de Yousouf et Zouleïkha qui fut écrit en persan par Djami.

Le nom de l'auteur se trouve indiqué au folio 7ª recto; il a composé un autre petit poème, sous le titre de مختصر (Raverty, *Grammar of the Pushto*, p. 31). Abd el-Kadir, fils du célèbre Khoshhal Khan Khattak (n° 1075), naquit en 1063 de l'hégire; il était le mieux doué de tous les fils de Khoshhal, qui, pour cette raison, lui témoigna toujours une affection particulière. Il se montra aussi vaillant guerrier que poète inspiré, et ce fut à sa bravoure que les Afghans durent de remporter la victoire sur l'armée du Grand Mogol à Kotta, près de Péshaver. Après l'abdication de son père, Abd el-Kadir chercha, mais en vain, à s'emparer de la souveraineté du clan des Khattak. Il fut mis à mort sur l'ordre de son neveu, Afzal Khan, fils d'Ashraf Khan, ainsi qu'un grand nombre de ses parents, dans un village nommé Zaman Garraey. Cette sauvage exécution mit fin aux troubles qui divisaient la famille régnante.

Les poèmes d'Abd el-Kadir sont écrits dans une langue très châtiée, et ils sont empreints d'un mysticisme ardent; cette version du roman de Yousouf et Zouleïkha de Djami passe en Afghanistan pour l'œuvre la plus parfaite de toute la littérature afghane, au point de vue de la langue. Abd el-Kadir a également traduit le Goulistan et le Boustan de Saadi.

. . . .

ذو الجـــلال دى و الاكـرام

چه بى خدايه دى عيان

كل مـن عـلـيـهـا فـان

نور هرخه عبد القادرة

را بيرون كرو له خاطره

(fol. 69 v°, dans les marges du second divan d'Abd er-Rahman).

Nestalik afghan médiocre, copié sur les ordres de Yar Mohammed Khan Abi Zéï par un certain Miyan Shems ed-Din, dans une ville où est inhumé un sheïkh soufi qui était arrivé à la grande Polarité, comme l'indiquent les titres que lui donne le scribe, Sheikhar Hamkar Khattak : در عهر مبارك زيارت حضرت قطب عالم قطب مدار حضرت عيضر چكار خغك قدس سره ....., vraisemblablement au commencement du xviii° siècle. 236 feuillets. 28 sur 15 centimètres. Reliure en cuir rouge. — (Supplément 1057.)

1109

كتاب مخزن الاسرار. Traité de théologie pratique et des obligations canoniques auxquelles sont tenus les Musul-

mans, en langue afghane, par Akhound Darvéza اخوند
درویزه.

Ce traité de théologie porte dans ses divers manuscrits les titres variés
de مخزن بښتو, de مخزن الاسلام et de مخزن افغانی. Le titre de مخزن
الاسلام est formellement indiqué dans le manuscrit 1110, folio 126 recto,
ainsi que sur le premier feuillet du présent volume. Akhound Darvéza, l'un
des grands saints de l'Islam afghan, a écrit le Makhzen el-esrar pour ré-
futer les doctrines de son antagoniste, Bayézid-i Ansari, surnommé Pir-i
Roushan, le fondateur de la secte des Roushaniens, et surtout ses deux
traités de théologie, le خیر البیان, qui était écrit en afghan, en arabe,
en persan et en hindoustani, que Akhound Darvéza nommait par anti-
phrase le شرّ البیان, et le خریان. Akhound Darvéza avait transformé le
surnom de son adversaire en celui de Pir-i Tarik «le sheïkh de l'Obscuran-
tisme»; il écrivit, avec la collaboration de son fils Kérim-Dad, dont l'autorité
est invoquée à plusieurs reprises dans le Makhzen, plus de cinquante traités, qui, à l'exception du présent ouvrage de théologie, et d'un livre persan
intitulé تذكرة الابرار, sont tous perdus.

Le Makhzen el-esrar est composé presque uniquement d'après des sources
persanes, en particulier d'après le مقصد اقصی de l'imam Omar el-Néséfi
(n° 99), fol. 4 v°, 5 r°; la Borda de Bousiri y est citée au fol. 47 v°. Ce
traité commence par un exposé succinct des sectes musulmanes. La date de
sa composition n'est pas indiquée; il semble qu'il a été écrit après la mort
de l'empereur Akbar qui y est nommé اکبر پادشاه tout court, dans le récit
d'une singulière histoire qui est narrée aux folios 140 r° et v°.

Début :

بنامه دحقّ اغازکـرم   اوس لحـقّ سـر بـرازکـرم
دی رحمن رحیم خدای دی   دطاعت قدم بـسازکـرم
لحمد للّه کل ثنا پرحقّ ثابت ن مباسه لجت خود ساه او صورت جوردی

Bon neskhi afghan du milieu du xviiiᵉ siècle. 155 feuillets. 26 sur 14 centimètres. Demi-reliure. — (Supplément 1220.)

1110

Le même ouvrage.

Exemplaire incomplet du commencement et de la fin.

Bonne écriture talik indienne à filet rouge de la fin du xviiiᵉ siècle. 127 feuillets. 22 sur 15 centimètres. Reliure en demi-parchemin. — (Supplément 1593.)

1111

Le même ouvrage.

Exemplaire présentant des différences de rédaction avec le numéro 1109, et commençant par : لحمد لله الغنى الذى افتقر للحيوانات باسرهم الى التفهم بينهم من احوال ضمايرهم اخص الانسان ......

Le papier de ce manuscrit est criblé de trous de vers.

Bon nestalik indien vraisemblablement du milieu du xviiiᵉ siècle. 112 feuillets. 21 sur 16 centimètres. Cartonnage. — (Leitner. — Supplément 1616.)

1112

رشيد البيان. Traité en vers afghans sur les prescriptions religieuses de l'Islamisme, par Akhound Réshid.

Début :

داريك وايم زه و تاته   يس له حمد له صلوة

ده دين علم لكه قرض دى   چه طلب دعلم فرض دى

ستاده پاره ى اسانكر   په پښتو ى دين بيان كر

خاتمه ى به خيرت كه   كنره خداى اجابت كا

La date à laquelle fut terminée la composition du Réshid el-bayan est indiquée tout à fait à la fin de l'ouvrage :

نه ويشت نورهم كمالا له   له هجرته ز رسل كاله

به پنځم ده عزم شه   چه دا تير شو كتاب تم شه

soit le cinq du mois de Moharram 929 de l'hégire.

Ce volume a été copié pour d'Ochoa à Aurengabad en 1843; on lit, au recto du premier feuillet, une note ainsi rédigée, de la main du voyageur français : «De la langue et de la littérature des Affgans suivi d'une copie d'un Poème Pouchto M. SS. intitulé Reschid ulbayan رد شيد البيان (sic).» Les cahiers qui contenaient la dissertation de d'Ochoa sur la littérature afghane ont été arrachés du volume à une époque qu'il n'est pas possible de déterminer.

Gros nestalik inélégant d'une main afghane de 1843. 73 feuillets. 20 sur 14 centimètres. Cartonnage. — (D'Ochoa. — Supplément 989.)

CALLIGRAPHIE.

1113

تحفة الكتبين . Traité sur la calligraphie, par Aboul Da'i Yakoub ibn Hasan ibn Sheïkh, surnommé Siradj el-Hasani el-Shirazi ابو الدّاعى يعقوب بن حسن بن شيخ الملقّب بسراج لحسنى الشيرازى.

Le titre n'est donné qu'au folio 12 verso et le nom de l'auteur au folio 6 recto. Aboul Da'i Yakoub était un calligraphe de profession (fol. 6 v°), et il fut formé par les leçons d'un maître dans l'art d'écrire, Maulana Sadr ed-Din Rouzbéhan, qui appartenait aux stades avancés du Soufisme, comme on le voit par les titres que lui donne son disciple : حضرت مخدوم سعيد

بغية اوليآء الله المتقين العارفين خاتمة الكتاب والخطّاطين مولانا صدر الملّة والتّقوى والدّين روزبهان... , et qui était mort à l'époque de la rédaction du Tohfet el-mouhibbin. Il prit également des leçons de personnes expertes dans l'art de la calligraphie qu'il rencontra au cours de ses voyages; à cette époque (fol. 6 v°), il eut l'occasion de lire les traités dogmatiques رسائل écrits sur cette science par le célèbre sheïkh Djémal ed-Din Yakout el-Mostaasimi, qu'il nomme avec raison قبلة الكتّاب , par Khadjè Abd Allah Seïrafi صيرفى (n° 1050), et par un disciple de Yakout el-Mostaasimi, Moubarek Shah (fol. 7 r°). Ses lectures, jointes aux conseils que lui donnèrent son maître Sadr ed-Din Rouzbéhan et d'autres savants, lui inspirèrent le désir de composer à son tour un traité de calligraphie; en l'année 858 de l'hégire, Aboul Da'i se rendit à Mohammed-Abad Baïdar, où il se mit en devoir de réaliser son projet (fol. 8 v°). Le Tohfet el-mouhibbin est dédié à un personnage fort important de l'ordre soufi, Hébib ed-Din Émir Zadè Mouhibb Allah, fils de Bourhan ed-Din Émir Zadè Khalil Allah, fils de Nour ed-Din Nimet Allah : معدن العلم والحلم والجود والكرم حبيب

الملّة والتّقوى والدّين امير زاده محبّ الله ابن قطب فلك المعارف والعرفان ..... مرتّ اكابر السلاطين واعاظم الخواقين فريد الدّهر ووحيد العصر الواصل الى رحمة الله الصمد برهان لحقّ والدّين امير زاده خليل الله ابن..... قبلة العرفآء والاوليآء نور الانوار ومظهر

الاسرار مظهر الكمائب الاطوار خلاصة الازمان والادوار نور للحق والشريعة

والطريقة وللحقيقة والتقوى والدين نعة الله.. (fol. 11 v°). Nour ed-Din Nimet Allah est le descendant de l'imam alide Mohammed Baker, et il est considéré par les Shiïtes comme un de leurs grands saints. Il naquit à Alep en 730 de l'hégire, se rendit dans l'Irak, puis à la Mecque, à l'âge de vingt-quatre ans. Il resta durant sept années dans la ville sainte, comme disciple et khalifa du sheïkh Abd Allah Yaféi († 768 H.); il visita succes- sivement Samarkand, Hérat, Yezd, et il se fixa à Mahan, à huit farsakhs de Kirman. Il mourut en 834, laissant de nombreux ouvrages littéraires, dont le plus important est un recueil de poésies. Shah Hébib Allah et Shah Mouhibb Allah, petits-fils de Nimet Allah, vinrent de Perse dans le Dekkan avec leur père Khalil Allah, et ils arrivèrent à une haute situation à la cour des souverains bahmanides (Rieu, *Catalogue*, p. 635).

Cet ouvrage, auquel le titre de Tohfet el-mouhibbin a été donné en l'hon- neur de Hébib ed-Din Mouhibb Allah, petit-fils de Nimet Allah, est divisé en un discours préliminaire توشیح, une préface مقدمه, deux livres مقاله, et une conclusion خاتمه. Le discours préliminaire (fol. 12 v°) est intitulé

در بیان فضیلت خطّ و تبیین آنکه خطّ اشرف صنایع است; la préface,

در بیان وضع خطّ (fol. 16 v°); le premier livre, qui comprend cinq cha- pitres subdivisés en sections (fol. 22 v°), porte le titre de در بیان احوال قلم و اوصان آن وباز نمودن تراشیدن قلم وذكر تـرکـیـب مـداد و آلات در بیان اصول (fol. 145 r°), و اسباب کتابت و آداب کاتب; le second livre; ترکیبی کـه زیـادات از دو حـرف بـاشـد و در ترکیب آن کـلمات مـدّات در بیان صورتِ چند (fol. 173 r°); la conclusion, porte le titre de وقع شود از الفاظ وکلمات که برسم للخطّ می باید نوشت

Comme il fallait s'y attendre de la part du disciple d'ésotéristes aussi éminents, cet ouvrage est rempli d'allusions mystiques comme un livre soufi.

Bon nestalik d'une main indienne, vraisemblablement du commencement du XVIII° siècle. 22 sur 14 centimètres. Reliure en basane pleine au chiffre de Louis- Philippe. — (Anquetil 38. — Supplément 386.)

1114

Feuillets contenant des spécimens de l'écriture d'Ikh- tiyar el-Mounshi ibn Ali el-Djounabédi.

Ces feuillets, qui ne se suivent pas, contiennent le commencement d'un ouvrage dédié au prince timouride Mohammed Zéman Béhadour Khan ; on y trouve également une adresse à un grand personnage qui appartenait au Soufisme, comme le montrent les titres qui lui sont donnés. L'écriture de ces feuillets, qui est difficile à lire, est un talik qui tend fortement au shikestè. D'après une note en persan du folio 8 verso, écrite par Mohammed Ali Khan, et qui a été traduite en français par Desgranges, Ikhtiyar el-Hoseïni est, de tous les calligraphes persans, celui qui a le mieux écrit le talik ; ce personnage était le secrétaire du sultan Shah Rokh Béhadour, fils de l'émir Témour Keurguen. Ce manuscrit a été donné à la Bibliothèque par Mohammed Ali Khan, substitut du ministre des affaires étrangères et ambassadeur extraordinaire de Perse : محمّد علی خان نایب الوزارة دول خارجه و ایلچی مخصوص مختار دولت علیّة ایران le 22 novembre 1847.

<small>Très belle écriture de la première moitié du xvᵉ siècle, 8 feuillets de papier à fond semé d'or et 1 feuillet pour la traduction de la notice persane. 21 sur 14 centimètres. Reliure en carton laqué. — (Supplément 485.)</small>

1115

مرقّع. Recueil de modèles de calligraphie persane en neskhi, talik, nestalik et shikestè.

Ce recueil est très considérable, et il contient des fragments d'une très belle exécution, surtout en écriture nestalik dont il y a d'admirables spécimens ; on y remarque, au folio 1, une peinture persane de facture séfévie d'un travail passable, et, au folio 2, une peinture de même style représentant deux femmes qui dansent, l'une s'accompagnant de castagnettes, pendant qu'une troisième joue d'une sorte de théorbe. Les calligraphes dont on trouve des œuvres dans ce recueil sont : Abd Allah (fol. 13 r°); Abd er-Reshid (fol. 58 r°); Ali Naki نقی (fol. 8 r°, 10 r°, 11 r°, 23 r°, 41 r°); Goulzar Rakim Khan, avec la date de 1169 (fol. 38 r°, 50 r°); هبرامد کور (sic), avec la date de 1188 (fol. 16 r°); Khan Mirza Béhadour, avec la date de 1185 (fol. 28 r°, 29 v°); Khanèzad Mohammed Mehdi, avec la date de 1106 (fol. 62 r°); Mahmoud Katib (fol. 43 r°); Mir Ali el-Katib (fol. 3 r°, 39 r°); Mohammed A'zem (fol. 6 r°); Mirza Mohammed Baker (fol. 32 r°); Mohammed Kashmiri (fol. 120 r°); Mohammed Kazem کاظم el-Mousévi, avec la date de 1097 (fol. 14 v°); Mohammed Moumin (fol. 34 r°); Mohammed Riza (fol. 66 v°); Mohammed Saïd (fol. 31 r°); Mohammed Saïd el-Lahédji (fol. 33 r°); Mohammed Salih el-Hoseïni (fol. 25 r°); Mohammed Shérif (fol. 26 r°, 27 r°); Nedjm ed-Din Haïder

Khan Béhadour, avec la date de 1186 (fol. 64 r°, 68 r°); Mir Nisar نثار
Ali Haïder (fol. 57 r°); Nour ed-Din Mahmoud el-Shirazi (fol. 55 r°);
Saad ed-Din Rizavi رضوى (fol. 12 r°); Saadet Ali Khan Béhadour, avec la
date de 1182 (fol. 26 v°, 28 v°, 29 r°, 3o r°, 42 r°, 52 v°, 66 r°); Mirza
Seïf Ali (fol. 22 r°, 48 r°); Shah Mahmoud (fol. 51 r°); Sultan Ali el-
Meshhédi (fol. 15 r°); Sultan Bayézid (fol. 2 v°).

On remarque principalement dans ce recueil, qui a été formé aux
Indes de pièces diverses, un corps de talik indien (fol. 17-19), une
partie d'un corps nestalik (fol. 37 r°), un très beau corps nestalik
complet (fol. 70-80), écrit par Mohammed Sadik چنـد قطعـه, مفردات اقل العباد محمّد صادق بطريق استعمال تحرير نمود, un corps
neskhi également très beau (fol. 81-91), et un autre très beau corps nes-
talik d'une main persane (fol. 115-119).

Très beau manuscrit de 122 feuillets. 34 sur 23 centimètres. Demi-reliure. —
(Gentil 93. — Supplément 392.)

1116

Recueil de modèles d'écriture et de peintures.

La plupart des pièces de ce recueil factice sont en nestalik persan; les
meilleures sont signées : Abd er-Rahim ibn Mohammed Kasem, avec la
date de 967 de l'hégire (fol. 17 r°); Ahmed el-Hoseïni (fol. 2 v°, 7 v°,
33 r°, 51 r°); Ali (fol. 6 r°, 27 v°, 5o r°); Daverkia داوركيا (fol. 21 v°);
Fakhri el-Rousouvi الرسوى (fol. 46 v°); Férid (fol. 36 r°); Haïder el-
Hoseïni (fol. 26 r°); Isa (fol. 13 r°); Imam Kouli (fol. 3 v°); Kotb ed-Din
Mohammed Tébrizi, avec la date de 988 (fol. 22 r°); Malik (fol. 11 r°,
48 r°); Mir Ali (fol. 8 r°, 29 v°, 3o r°, 31 v°); Mahmoud ibn Sultan Ali
(fol. 25 v°); Moezz ed-Din Mohammed el-Hoseïni, avec la date de 987 de
l'hégire (fol. 6 v°), de 981 de l'hégire (fol. 42 v°), sans date (fol. 48 r°),
avec la date de 988 (fol. 5o v°); Mohammed Hoseïn el-Tébrizi (fol. 3 r°);
Mohammed Zéman el-Tébrizi (fol. 52 r°); Nimet Allah (fol. 19 r°, 44 r°);
Sadik (fol. 32 r°, 44 v°, 47 r°, 49 v°); Shah Kouli (fol. 16 v°); Shah
Mohammed el-Meshhédi (fol. 14 r°, 24 r°); Shahanshahi (fol. 20 v°);
Sultan Ali el-Meshhédi (fol. 35 r°); Sultan Mohammed Nour (fol. 7 r°,
19 v°).

Les attributions à Mir Ali sont d'une main turque très postérieure, et
elles ne présentent aucune garantie d'authenticité. Quelques-unes de ces
pièces sont formées de lettres découpées et collées sur des cartons. On

trouvera la description des peintures qui sont contenues dans ce recueil dans la *Revue des Bibliothèques*, année 1899, p. 70.

Manuscrit de luxe comprenant 52 feuillets encartés dans des feuilles de papier à bordures dorées, ornées de dessins d'animaux, xvi°-xvii° siècles. 36 sur 24 centimètres. Belle reliure en laque représentant des animaux dans une forêt. — (Supplément 1171.)

1117

Recueil de modèles d'écriture et de peintures.

Ces modèles d'écriture, qui sont pour la très grande majorité en nestalik, sont signés par Mir Ali, Mahmoud ibn Ishak, Sultan Ali el-Meshhedi, Ali el-Katib. Quelques-unes des pièces sont en turk oriental, et la plus grande partie est formée d'extraits de Djami. On trouvera la description des miniatures qui ornent ce recueil dans la *Revue des Bibliothèques*, année 1898, p. 22. La reliure de ce manuscrit est en laque et d'un style sino-persan très curieux.

Exemplaire de grand luxe dont les pièces sont encartées dans de larges feuilles de papier de diverses couleurs. 36 feuillets. 36 sur 23 centimètres. Reliure en laque dorée. — (Ancien fonds 129.)

1118

جُمع. Recueil de modèles d'écriture en nestalik.

Ces modèles sont d'une grande perfection, et quelques-uns sont inscrits dans des encadrements en or et en couleurs ; on y trouve les signatures de Abd er-Reshid (p. 5, 6, 10) ; Ali el-Katib et Mir Ali (p. 1, 3, 4, 7 et 8) ; Imad el-Hoseïni (p. 2).

Chacune des pièces qui composent ce recueil est encadrée dans une feuille de papier saupoudrée d'or. Il porte les cachets d'un officier des Grands Mogols de l'Indoustan, Rahmet Khan Alamguir Shahi, avec la date de 1078, et de l'émir indien Fakhr ed-Din Hoseïn Khan Béhadour.

Volume comprenant 10 pièces reliées en éventail. 42 sur 27 centimètres. Demi-reliure. — (Supplément 1257.)

1119

جُمع. Recueil de modèles d'écriture et de peintures.

Ces modèles d'écriture sont principalement en nestalik ; une partie est formée par des mots découpés dans du papier de couleur et collés sur des cartons; on y trouve notamment la figure d'un oiseau formé par l'enchevêtrement des lettres de la formule بسم الله الرحمن الرحيم, écrite à l'envers, une page de Mir Ali (fol. 4 v°), de Abd Allah (fol. 10 v°), de Hoseïn Kashmiri (fol. 12 r°).

Les peintures qui se trouvent dans ce manuscrit sont décrites dans la *Revue des Bibliothèques*, année 1898, p. 247.

Manuscrit d'exécution passable des xvii° et xviii° siècles. 22 feuillets. 40 sur 29 centimètres. Reliure en maroquin rouge estampé et doré. — (Supplément 388.)

1120

مرقع بخط نواب مريد خان. Recueil de modèles d'écriture en talik indien, par le navvab Mourid Khan.

Ces modèles, qui sont d'une très belle exécution, mais assez difficiles à lire, ont été écrits par Mourid Khan Tabataba مريد خان طباطبا, dont la signature se trouve aux feuillets 3 v°, 4 r°, 10 r°, 12 r°, avec la date de Shaaban 1150 (fol. 16 r° et 23 v°), avec la date de Djoumada premier 1147 (fol. 30 r°), avec la date de Shaaban 1151 (fol. 33 v°), avec la date de Rébi second 1148, etc.

On lit, au recto du premier feuillet, une note, d'une mauvaise écriture nestalik indienne, qui contient la généalogie d'un certain Seyyid Shahmir, fils de Seyyid Mohammed Sadik, fils de Seyyid Abou1 Hasan, et descendant de l'imam Hasan, fils d'Ali, le cachet du calligraphe Mourid Khan Béhadour, avec la date de 1161 H., et la signature du colonel Polier avec la date de 1787 de J.-C. Le Méasir el-ouméra ne mentionne pas le navvab Mourid Khan.

Exemplaire de luxe formé de feuilles de papier dont quelques-unes è fond d'or collées sur des cartons. 50 feuillets. 28 sur 19 centimètres. Reliure indienne en maroquin brun. — (Polier 18. — Supplément 391.)

1121

مرقع. Recueil de modèles d'écriture en neskhi.

D'après une note qui se lit au folio 22 verso, ces modèles sont de la main de Ghoulam Ali, petit-fils de Abd el-Baki Haddad; on trouve au même feuillet le cachet de Mourid Khan Béhadour, avec la date de 1161 de l'hégire, et la signature du colonel Polier, avec la date de 1787. Ce vo-

lume a été paginé à l'envers. Mourid Khan Béhadour est vraisemblablement le Mourid Khan Tabataba qui a écrit les modèles de calligraphie
contenus dans le n° 1120.

Très belle écriture indienne, de la fin du xvii° ou du commencement du
xviii° siècle, tracée sur des feuillets de papier colorié collés sur des cartons.
22 feuillets. 27 sur 17 centimètres. Cartonnage indien. — (Polier 17. — Supplément 390.)

1122

Recueil de modèles d'écritures persanes, en nestalik et
en shikestè, copiés en Redjeb 1235 pour Langlès لنكلير
(fol. 3 v°), par Mirza Mohammed Ali, surnommé Pertev

ميرزا محمّد على متخلص به پرتو.

Ces modèles sont d'une main plutôt négligée; ils contiennent la copie de
poésies de Mirza Mohammed Ali Pertev; la première est intitulée در مدح
اكليمان تن, ce nom étant vraisemblablement la transcription de Clémentin;
l'auteur y parle du prince de Metternich, chancelier de l'empire d'Autriche :

يكى بزم اراسته چون بهشتى   پرنس متـرنـيخ دستـنور راتـب

La seconde (fol. 2 r°) porte le titre de در مدح صرى نـام; une autre
(fol. 8 r°) est consacrée au panégyrique de Paris. On y trouve, au folio 9
recto, des modèles de l'écriture presque illisible nommée سياق.

Manuscrit de 17 feuillets. 23 sur 18 centimètres. Reliure en basane pleine
portant imprimé sur l'un des plats le mot « Souvenir». — (Langlès. — Supplément 389.)

1123

Recueil de modèles d'écriture.

Ce recueil ne contient que des pièces en écriture nestalik collées sur des
feuillets de carton de couleur; il a été formé en Turquie, et il ne présente
que peu d'intérêt.

Bon nestalik du xvii° siècle. 15 feuillets. 21 sur 13 centimètres. Reliure en
maroquin rouge aux armes du roi. — (Galland 62; Regius 1569, 2. —
Ancien fonds 211.)

1124

Recueil de modèles d'écriture.

Les pièces qui composent ce petit recueil sont formées de deux vers écrits dans un assez bon caractère nestalik, et elles sont encartées dans des feuillets de carton de couleur ornés de dorures. Ce volume a été vraisemblablement formé en Turquie.

Bonne écriture non datée, probablement du xvii° siècle. 10 feuillets. 18 sur 10 centimètres. Reliure turque en toile verte. — (Schefer 95. — Supplément 1403.)

1125

 مرقع. Recueil de peintures persanes et indiennes des xvi°-xviii° siècles.

On trouvera la description des peintures de ce recueil dans la *Revue des Bibliothèques*, année 1900, p. 299.

Volume contenant 29 pièces encartées dans des feuillets de papier orné de dessins en or. 39 sur 25 centimètres. Reliure persane moderne en laque rouge ornée de fleurs. — (Schefer. — Supplément 1572.)

1126

Recueil de modèles d'écriture persane en neskhi, talik et nestalik.

Les meilleurs morceaux de ce recueil sont signés par Imad el-Hoseïni, Mir Ali, Asad Allah Shirazi.

60 feuillets collés sur carton et contenus dans un portefeuille en carton de 35 sur 24 centimètres. xvi-xix° siècles. — (Decourdemanche. — Supplément 1635.)

1127

Recueil de modèles d'écriture en caractère neskhi de la main du grand vizir Méhémet Kibrizli Pacha.

Une prière en arabe, de la main de Méhémet Kibrizli, se trouve dans le manuscrit arabe 6174 (fol. 333 et suiv.), qui fut le Koran de ce grand vizir.

Très belle écriture copiée sur du papier de diverses couleurs en l'année 1272 de l'hégire (1855 de J.-C.). 9 feuillets. 27 sur 21 centimètres. Reliure en demi-maroquin rouge. — (Decourdemanche. — Supplément 1634.)

1128

Recueil de modèles d'écriture persane.

Ce recueil, qui est d'une bonne main persane moderne, commence par l'alphabet, l'aboudjed, les combinaisons des lettres deux par deux, et il se continue par des textes en prose et en vers, notamment par une partie des چهار مقاله et des اللوامع de Djami; il comprend, comme il est dit dans la souscription, des modèles en neskhi, rikaa, soulous, nestalik, shikesté et talik.

Belles écritures copiées au mois de Zilhidjdja de l'année de la Panthère, soit 1292 de l'hégire (janvier 1876) par Ibn Fazl el-Savédji Aboul Fazl el-Tébib. Frontispice en or et en couleurs et encadrements en or à chaque page. 49 feuillets. 21 sur 16 centimètres. Reliure persane en cuir vert doré. — (Schefer 179. — Supplément 1489.)

POÉSIE.

HISTOIRE DES POÈTES PERSANS.

1129

تذکرة الشعرآء. Biographies anthologiques des poètes persans, par Dauletshah ibn Ala ed-Dauléh Bakhtishah (dans certains exemplaires, el-Bakhtishah) el-Ghazi el-Samarkandi.

Le Tezkéret el-shoara est dédié à Nizam ed-Din Mir Ali Shir Névaï qui le nomme جمع الشعرآء, et qui dit, dans son traité d'histoire de la poésie

persane et turke, intitulé مجالس ٱلتّفايس (man. supplém. turc 317,
fol. 324 v°), que Dauletshah était le fils de l'émir Ala ed-Daulèh Esféraïni,
cousin de l'émir Firouzshah Beg : امير دولتشاه فيروز شاه بيك نيمك عم

امير دولتشاه اسفربيني نيمك اوغلى دور امير علاء الدوله, زاده سى, et qu'il renonça
au rang que lui assignait sa naissance pour se consacrer à la littérature;
Dauletshah s'est d'ailleurs assez longuement expliqué sur ces faits dans sa
préface. Firouzshah Beg fut, comme le dit Baber dans ses Mémoires, l'un des
généraux du sultan Shah Rokh Béhadour, qui lui témoignait la plus grande
estime; son petit-fils, Abd el-Khalil, surnommé Firouzshah, fut l'un des émirs
de Sultan Hoseïn Mirza (facsimile des Gibb Trustees, fol. 172 r°). Dans son
Hébib el-siyer (man. 320, fol. 209 v°), Khondémir a inséré, tout à fait à la fin
de l'histoire de Shah Rokh, une notice sur l'émir Firouzshah. Il était le
fils d'un certain Arghounshah, et, depuis sa jeunesse jusqu'aux derniers
temps de sa vie, il vécut au service de Shah Rokh Béhadour خاقان
سعيد, auquel il témoigna toujours une inébranlable fidélité. Son influence
devint considérable, et il acquit dans l'état une grande puissance, dont il
ne se servit jamais que pour le bien des sujets de son maître. Il construisit,
tant dans la capitale de l'empire des Timourides, Hérat, que partout dans
les provinces, des mosquées, des collèges, des couvents, et il pourvut à
leur entretien. Arghounshah fut l'un des émirs de Mirza Sultan Hoseïn,
petit-fils par sa mère de Témour Keurguen, et on le voit, tout au commencement du règne de Shah Rokh Béhadour, figurer dans une posture
assez piteuse au cours d'une histoire racontée par l'auteur du Matla el-saadeïn
(Notices et Extraits, XIV, p. 72). Le Tezkéret el-shoara fut terminé en 892
de l'hégire, vraisemblablement le 28 du mois de Shavval de cette année,
comme on le voit par les souscriptions des exemplaires décrits sous les numéros 1131, 1132, 1133, 1136. Son auteur mourut, d'après le Mirat
el-séfa, en l'année 900 de l'hégire (Rieu, Catalogue, t. I, p. 364). Cet
ouvrage paraît avoir été fait rapidement, car on y trouve beaucoup d'erreurs,
telle, celle caractéristique qui consiste à faire d'Imroulkaïs le contemporain de Mahomet, et Dauletshah n'a pas suffisamment coordonné les renseignements qui lui étaient fournis par les documents qu'il eut à sa disposition; de plus, il a consigné dans son livre des racontars de derviches
qui n'ont aucune authenticité. Malgré ses défauts qui lui ont valu auprès des
érudits de la Perse une pitoyable réputation, et qui font comparer son
inexactitude légendaire à celle de M. de Hammer, il est encore l'une des
sources importantes de l'histoire de la poésie persane, car les autres
traités similaires, même le Lobab el-albab, ne sont guère que des anthologies sans renseignements biographiques. Il est divisé en une préface
qui traite, d'une façon très médiocre, de la poésie arabe, sept sections,
et un appendice qui contient les biographies de poètes contemporains de
l'auteur, ainsi qu'un abrégé de l'histoire du sultan timouride du Khorasan,

Aboul Ghazi Sultan Hoseïn, jusqu'en l'année 885 de l'hégire. Le texte du
Tezkéret el-shoara, qui est généralement connu en Perse sous le titre
de تذكرو دولتنشاهى, a été publié plusieurs fois.

Exemplaire de luxe, bon nestalik persan très menu avec des encadrements et
des frontispices en or et en couleurs, daté du mois de Djoumada second de
l'année 967 de l'hégire (mars 1560 de J.-C.), 125 feuillets, 23 sur 13 centimètres. Reliure en basane au chiffre du roi. — (J. Weddesburn; Jolif. — Supplément 984.)

1130

Le même ouvrage.

Exemplaire de grand luxe, très beau nestalik persan à encadrements et à frontispices en or et en couleurs, copié en 974 de l'hégire (1566 de J.-C.) par un
nommé Baba Shah Isfahani بابا شاه اصفهانى. 202 feuillets. 24 sur 15 centimètres. Très belle reliure en laque. — (Supplément 1170.)

1131

Le même ouvrage.

On lit à la fin de cet exemplaire que le Tezkéret el-shoara a été terminé
le 28 Shavval 892 de l'hégire. Il a été décrit par Sylvestre de Sacy dans le
tome IV des *Notices et Extraits des manuscrits*; il a appartenu au grand
collectionneur Abou Bekr ibn Roustem ibn Ahmed el-Shirvani, dont il porte
l'ex-libris au recto du folio 1; on trouve au folio 251 r° l'ex-libris d'un certain Dervish Mouzaffer et le cachet assez mal imprimé de Ziya ed-Din....
avec la date de 1021 de l'hégire.

Assez bon nestalik persan, à encadrements et à frontispices en or et en couleurs, copié, d'après la souscription, en 581, évidemment une erreur pour 981,
de l'hégire (1573 de J.-C.), par un nommé Sheïkh Haider ibn Sheïkh Mohammed.
251 feuillets. 24 sur 16 centimètres. Reliure persane en maroquin rouge estampé
et doré. — (Ancien fonds 246.)

1132

Le même ouvrage.

On trouve sur les premières et les dernières pages de ce manuscrit des
extraits en vers et en prose, en particulier, la prière en arabe de Khidr et
Élias [*sic*] (fol. 261 v°), plusieurs prières également en langue arabe
(fol. 262-263), et la prière du mois de Safar (fol. 263 v°); l'ex-libris d'un

nommé Seyyid Mohammed se trouve au recto du folio 2. On lit dans sa souscription que le Tezkéret el-shoara a été terminé le 28 Shavval 892.

Assez bon talik turc, copié en 983 de l'hégire (1575 de J.-C.) par un certain Mustafa ibn Mohammed, 263 feuillets. 20 sur 12 centimètres. Reliure en basane pleine au chiffre de Louis-Philippe. — (Ducaurroy 27. — Supplément 832.)

1133

Le même ouvrage.

On trouve à la fin du volume (fol. 199 r° et suiv.) la table des noms des poètes qui y figurent, un poème mystique intitulé نامه عنقا, par un docteur soufi nommé Sheïkh Ibrahim Goulshéni : قطب همدانی و غوث

سبحانی مغتنی شاه راه نی مدن حضرت شیخ ابراهیم کلشنی..........

(fol. 194 v°), et des quatrains d'Afzal افضل (fol. 197 r°). Le texte du Tezkéré se termine également par la mention que cet ouvrage a été fini le 28 (man. 27) Shavval de l'année 892 de l'hégire.

Assez bon nestalik turc copié en Djoumada second de l'année 987 de l'hégire (1579 de J.-C.). 201 feuillets. 21 sur 14 centimètres. Reliure en basane pleine au chiffre de Louis XVI. — (Ancien fonds 250.)

1134

Le même ouvrage.

Exemplaire d'une rédaction abrégée, ne comprenant pas, en particulier, l'histoire de Sultan Hoseïn, et précédé d'une table alphabétique, de la main de Renaudot, qui renvoie à la pagination du manuscrit.

Assez bon neskhi turc daté de 993 de l'hégire (1585 de J.-C.). 158 feuillets. 21 sur 15 centimètres. Reliure en basane pleine au chiffre de Louis-Philippe. — (Renaudot; Saint-Germain 412. — Supplément 831.)

1135

Le même ouvrage.

Au recto du folio 2 se trouve une poésie en langue turque composée par le prince de Crimée, Ghazi Guiraï Khan.

Très bon nestalik turc à filet rouge, copié en 1006 de l'hégire (1597 de J.-C.), par un nommé Hasan ibn Nour ed-Din. 251 feuillets. 21 sur 14 centimètres.

Reliure en maroquin rouge aux armes du roi. — (Thévenot; Regius 1016, 3. — Ancien fonds 249.)

1136

· Le même ouvrage.

D'après la souscription qui se trouve au feuillet 207 v° : تمّت

الكتاب وربّنا لهود له المكارم والجود والعلى بتأليف تحرير هذه التذكرة
اقل عباد الله دولت شاه بن علاء الدّولة (man. علادوله) الغازى اصلح
الله شانه فى بيست هشتم شهر شوال ختم بالخمر والاقبال سنه ٨٩٢ فرغ من
تسويد هذه التحفة الشريفة فى شهر ربيع الثانى سنه ستة عشرين والف
من هجرة النبوية ...., ce manuscrit a été copié sur l'autographe
de Dauletshah, ou plutôt sur un manuscrit dérivant directement de
l'autographe, car cette souscription peut avoir été recopiée. La date du
28 Shavval 892 est également indiquée dans la souscription des manuscrits
1131, 1132, 1133. Cet exemplaire porte au folio 207 verso l'ex-libris
de Molla Mohammed Salih, fils de Mohammed Kasem, le cachet de Mirza
Mohammed Ala (ed)-Din Sam, avec la date de 1024 de l'hégire, au
folio 208 recto, deux carrés magiques, et au folio 208 verso, une note
en turc sur l'emploi du بسم الله comme amulette.

Bon nestalik persan daté du mois de Rabi second de l'année 1026 de l'hégire
(avril 1617 de J.-C.). 208 feuillets. 25 sur 17 centimètres. Reliure en peau
brune souple gaufrée. — (Supplément 829.)

1137

Le même ouvrage.

On lit au recto du folio 1 une note ainsi rédigée : بتاريخ چهاردهم
شهر شعبان سنه ١١٣١ شاهجهان ثانى در بلدة لكهنو عرض ديده شد.
D'après cette note, qui est écrite tout entière sans points diacritiques, et qui
est évidemment autographe, cet exemplaire a été lu le 14° jour du mois
de Shaaban de l'année 1131 de l'hégire, dans la ville de Lakhnau, par
l'empereur timouride Rafi ed-Daulèh Shah Djihan II. On lit au même
feuillet un autre arzdidé non daté.

Exemplaire de luxe, beau nestalik persan à encadrements et frontispices en or et
en couleurs, daté du mois de Ramadhan de l'année 1107 de l'hégire (avril 1696
de J.-C.). 142 feuillets. 36 sur 24 centimètres. Reliure indienne en maroquin
noir estampé et doré. — (Supplément 828.)

1138

Le même ouvrage.

Cet exemplaire porte au recto du folio 1 une notice de la main du mounshi de Brueys, Mirza Kanbar Ali Goudjarati.

Bon nestalik indien du commencement du XVII° siècle, 231 feuillets, 27 sur 16 centimètres. Reliure indienne en maroquin noir estampé et doré. — (Brueys 21. — Supplément 830.)

1139

Le même ouvrage.

Les 9 premiers feuillets de cet exemplaire ont été refaits à la fin du XVIII° siècle, ou au commencement du XIX°, et ils sont écrits dans un assez bon neskhi turc.

Assez bon nestalik persan à filet rouge vraisemblablement du XVII° siècle, 204 feuillets, 24 sur 14 centimètres. Reliure persane recouverte d'étoffe verte. — (Schefer 115. — Supplément 1493.)

1140

Le même ouvrage.

Copie très défectueuse et sans aucune valeur de l'exemplaire décrit sous le numéro 1134, exécutée bien avant que le manuscrit n'entrât à la Bibliothèque, et probablement du vivant de Renaudot. Cet exemplaire a été décrit par Sylvestre de Sacy dans les *Notices et Extraits*, t. IV, p. 250.

Bon neskhi copié au XVII° siècle, à Paris, par un Arménien d'Alep, nommé Joseph Lazare. 118 feuillets, 23 sur 16 centimètres. Reliure en maroquin rouge aux armes du roi. — (Regius 1516, 4. — Ancien fonds 248.)

1141

Le même ouvrage.

Nestalik indien médiocre daté de l'année indienne 1909 et de l'année 1853 de l'ère chrétienne, copié par un scribe nommé صاحبان انکردر سام, 297 feuillets, 25 sur 16 centimètres. Très belle reliure indienne en cuir noir gaufré, signée Réha ed-Din de Péshaver قل بها الحبر. يهاورى — (Darmesteter. — Supplément 1195.)

1142

روضة السلاطين. Histoire des sultans persans et turks et des émirs qui ont cultivé la poésie, par Fakhri ibn Mohammed Émir el-Hérévi.

Ce tezkéré est dédié au sultan du Bengale, Aboul Fath Shah Hoseïn Ghazi († 925 H.). L'auteur rapporte dans une préface de quelques lignes (fol. 3 r°) qu'il assista un jour à une réception chez le sultan Shah Hoseïn Ghazi, et que, peu de temps auparavant, ce prince avait reçu le divan du célèbre sultan timouride Hoseïn Mirza († 912 H.); Shah Hoseïn fit apporter cet exemplaire, et il en lut aux assistants quelques passages qu'il loua sans réserves, exprimant même le désir que quelqu'un de ses invités écrivît un tezkéré dans lequel seraient cités, avec des extraits de leurs œuvres, tous les souverains musulmans qui, depuis les origines de l'Islam, avaient écrit des poésies. Ce fut pour répondre à ce désir que Fakhri ibn Mohammed Émir el-Hérévi composa le présent ouvrage dont l'importance littéraire est assez secondaire.

Le Rauzet el-sélatin est divisé en sept chapitres dont le sommaire est ainsi donné dans la préface (fol. 3 v°) : ١° وجه تسمية شعر واحوال بهرام

كور وابتداى نظم فارسى واحوال سلطان سنجر ماضى و طغرل بيك در بيان احوال ٢° :سلجوق كه كاهى بنظم التفات ى فرموده اند پادشاهان چغتاى اوزبك وسلاطين ايشان كه اشعار خوب كفته اند و در بيان احوال پادشاهان چغتاى ٣° :ميان مردم شهرت تمام دارند از اولاد امجاد امير تيمور صاحب قران كه در سمرقند و خراسان بوده در ٤° :و ابيات و اشعار نيك فرموده اند و ديوان غزل ترتيب داده اند در بيان احوال ٥° :بيان احوال پادشاهان عراق و روم كه نظم كفته اند در بيان احوال ٦° :بعضى از ملوك هندوستان و ديكر اطراف كرده شد امراى عالى شان پادشاه نشان سر اطلاعت بكس فرو نياورده اند و ابيات در ذكر بجيل حضرت نواب وختم كتاب ٧° :خوب دارند.

Fakhri, qui est également nommé Fakhri Sultan Mohammed ibn Émiri, fut un des panégyristes du roi séfévi Shah Tahmasp Ier (930-984 H.). Le dernier sultan osmanli dont il est question dans le Rauzet el-sélatin est Shah

Sultan Soleïman, fils de Sultan Sélim (ms. 1142, fol. 18 r°), qui monta sur le trône en 1520, et le dernier souverain séfévi (fol. 25 r°), Shah Tahmasp. Fakhri est l'auteur de plusieurs ouvrages traitant de l'histoire poétique : un tezkéré contenant les vies des femmes poètes, intitulé جواهر العجايب , qu'il composa dans le Sind, à la cour de Mohammed Isa Tarkhan ; une traduction persane du مجالس النفايس de Mir Ali Shir Névaï (supp. turc 317), intitulée لطايف نامه , dont un exemplaire est conservé au British Museum (Add. 7669), et qui fut exécutée à l'époque à laquelle Dourmish Khan gouvernait le Khorasan au nom du jeune prince séfévi Sam Mirza, l'auteur du تحفة سامي , c'est-à-dire un peu postérieurement à l'année 928 de l'hégire (n° 1144). Fakhri a également composé deux recueils de ghazels intitulés بستان الخيال et تحفة الحبيب , ce dernier ouvrage dédié au vizir Hébib Allah Shirazi, et une anthologie de ghazels (Rieu, Catalogue, t. I, p. 366 et Supplément, p. 233).

On trouve à la fin, d'une main turque très négligée, des extraits de poésies, le commencement d'une kasida de l'auteur du Rauzet el-sélatin, un quatrain de Djélal ed-Din Boukhari (fol. 33 r°), une kasida du même (fol. 33 v°), une kasida intitulée قصيدة نعت النبي و مناقب خلفا الرشيدين (fol. 35 v°), et une autre pièce de vers sur le même sujet (fol. 37 v°).

Bon neskhi persan de la première moitié du xvii° siècle. 39 feuillets. 21 sur 14 centimètres. Mauvais cartonnage turc. — (Supplément 320.)

1143

Le même ouvrage.

La copie du Rauzet el-sélatin est suivie (fol. 50 v°) d'un mesnévi mystique en turc, intitulé مهر و ماه , comprenant 7,000 vers, que Hadji Khalifa attribue à un certain Ali, qui a composé, sous le titre de مهر و وفا , un autre mesnévi, et dont le nom est Moustafa ibn Abd el-Maula Ahmed ibn Ali el-Gallipoli الكاليبولي , surnommé Ali (Hadji Khalifa, Dict. bibl., t. VI, p. 278). Le Mihir u Mah commence par :

تاجدار عساكر موجود   اى كشايندة مالك جود

ميوة ساز نهال باغ زمين   كوكب اراى چرخ عبرت بين

روح بخشاى انس و جنّ و ملك   صور نقش كارگاه فلك

D'après un chronogramme qui se lit à la fin du poème :

عاليا مهربله مه اولدى تمام   اولدى تاريخى كو شومه الهام

Le Mihir u Mah a été terminé en l'année 979 de l'hégire, c'est-à-dire à l'époque à laquelle l'auteur était en pleine production littéraire.

Moustafa ibn Ahmed Deftéri Tchélébi, auteur du Mihir u Véfa, était originaire de Gallipoli, et il signait ses vers du tékhallous de Ali ; il mourut en 1008 de l'hégire, après avoir rempli des fonctions officielles dans l'administration, en Asie Mineure et au Hédjaz, laissant un nombre considérable d'ouvrages, parmi lesquels Hadji Khalifa cite la traduction en langue turque de la chronique intitulée اشرف التواريخ du kadi Adhod ed-Din Abd er-Rahman ibn Ahmed el-Idji [† 756 H.] (*Dict. bibl.*, t. I, p. 320 et t. III, p. 535) ; le انيس القلوب, traité d'Insha (*ibid.*, p. 488) ; une traduction du célèbre opuscule de Ghazali intitulé ايّها الولد, avec le titre de تحفة الصلحآء (*ibid.*, p. 520) ; un traité intitulé بدايع المطالع (*ibid.*, t. II, p. 28) ; une histoire en vers de la lutte entre Sultan Sélim et le prince Bayézid, intitulée نادرة الحارب فى وقعة السلطان سلم مع اخيه بايزيد (*ibid.*, p. 113 et t. VI, p. 288) ; un poème mystique, probablement en mesnévis, intitulé تحفة العشّاق (*ibid.*, p. 233) ; le جامع الجمور, sur lequel Hadji Khalifa (*ibid.*, p. 507) ne donne pas de détails ; le حلية الرجال, traité sur la hiérarchie du Soufisme (*ibid.*, t. III, p. 111 et Rieu, *Catalogue of the Turkish Manuscripts*, p. 19) ; un divan persan et turc (*ibid.*, p. 293 et Rieu, *ibid.*, p. 261) ; une traduction de l'ouvrage érotique راحة النفوس, intitulée رجوع الشيخ الى صباه, qu'il composa en 977, à la demande de Sultan Mohammed Khan III, alors émir à Magnésie, au lieu-dit بوزطاغ, dans le vilayet d'Aïdin (*ibid.*, p. 340) ; une imitation de l'Houmayoun namè, intitulée صد قضّه و صد حكمّه (*ibid.*, t. IV, p. 101) ; le traité sur les calligraphes intitulé مناقب هنروران et طبقات الخطّاطين (*ibid.*, p. 138 et t. VI, p. 156) ; un فرصت نامه (*ibid.*, p. 414) ; une histoire générale en turc, intitulée فصول لحل و العقد (*ibid.*, p. 439), ce dernier ouvrage étant l'abrégé du كنز الاخبار و لاقح الافكار du même auteur (*ibid.*, t. V, p. 246) ; une autre histoire générale en turc, intitulée كنه الاخبار (*ibid.*, p. 260) ; une histoire des princes danishmendites descendants de Seyyid Battal Ghazi, qu'il écrivit en 997, sous le titre de مرقاة لجهاد, à Maraatchoroum (*ibid.*, p. 496) ; un traité d'Insha intitulé منشا الانشا (*ibid.*, t. VI, p. 184) ; le نصرة نامه, histoire de la conquête de la Géorgie par Lala Moustafa Pacha en 986 de l'hégire (*ibid.*, p. 349 et Rieu, *Catalogue of the Turkish Manuscripts*, p. 61) ; un traité de politique intitulé نصيحة السلاطين (*ibid.*, p. 352) ; un traité d'administration qu'il composa en 997, alors qu'il était defterdar en Asie Mineure, sous le titre de نوادر لحكم, et qui lui valut d'être nommé, par Sultan Mourad Khan, gouverneur du Hédjaz (*ibid.*, p. 386) ; un recueil de contes intitulé هشت

مجلس‎, qu'il composa au cours de la campagne contre Sektévar سكتوار‎
(*ibid.*, p. 5o3).

Les feuillets de garde de ce manuscrit sont couverts de notes pour la
plupart sans importance; on y trouve un extrait en turc intitulé الباب‎
الثاني في الاسما والحروف‎. quelques vers de Bédi, de Katibi, le commencement d'une chronologie des prophètes rapportée à l'hégire comme origine,
et une kasida dans laquelle on lit ce vers bizarre :

تيكجيشغصبشبغى‎ بيليهطقلقينجبرسكا‎

Assez bon neskhi turc de la fin du xvii° siècle, copié sur du papier de plusieurs couleurs. 77 feuillets. 18 sur 10 centimètres. Reliure occidentale en parchemin blanc. — (Gaulmin. — Ancien fonds 3a1.)

1144

تحفهٔ سامى‎, Biographies anthologiques des poètes persans
de la fin du ix° siècle et de la première moitié du x° siècle
de l'hégire, par Sam Mirza, fils de Shah Ismaïl Séfévi.

Le Tohfè-i Sami, qui fut composé en 957 de l'hégire, est en quelque
sorte la continuation du Tezkéret el-shoara de Douletshah, du Béharistan
de Nour ed-Din Abd er-Rahman Djami et du Médjalis el-néfaïs de Mir
Ali Shir Névaï. Il est également connu sous le titre de تذكرة الشعراء‎
سام ميرزا‎, Sylvestre de Sacy a publié une notice très détaillée de cet
ouvrage dans les *Notices et Extraits* (t. IV, p. 273). Sam Mirza naquit en
9a3 de l'hégire, et il fut nommé en 9a8, à l'âge de cinq ans, gouverneur
du Khorasan sous la tutelle de Dourmish Khan; il fut destitué en 93o, à la
mort de son père. Il se révolta en 969 contre son frère Shah Tahmasp, qui
le vainquit et qui le fit emprisonner; il fut mis à mort, ainsi que les autres
princes de la dynastie séfévie, en 984, à l'avènement de Shah Ismaïl II.

Le Tohfè-i Sami, qui n'est pas une simple anthologie, et qui donne des
renseignements biographiques sur les poètes dont il cite les œuvres, est
divisé en 7 livres intitulés صحيفه‎, détaillés ainsi dans la préface des mss :

در ذكر شمهٔ از احوال فرخنده آمال حضرت صاحب قران مغفور ۱۰‎
در ذكر سادات عظام و عظامى ۲۰ ؛و اولاد و احفاد سلاطين معاصر ايشان‎
در ذكر اسامى سامى حضرات واجب التعظم كه ۳۰ ؛ افادت اعلام‎

اکر چه شاعر نبوده اند اما کاهی از عالم شوق زبان بکفتن شعر میکشوده
در ذکر شاهران ٥° ؛در ذکر وزرای مکرم و سایر ارباب قلم ٤° ؛انـد
در ذکر طبقهٔ ترکان و شعرای مغیّز ٦° ؛مقیّز و فصحای بلاغت کسنـر
.در ذکر سایر عوام و احشام کلام ٧° ؛ایشان

Au verso du premier feuillet, on lit, de la main de Galland : «Antonius Gallandius, linguæ arabicæ professor regius 1709. — De poetis Persarum autore principe Mirza Samo Schah Ismaelis regis Persarum filio.»

Neskhi turc médiocre à filet rouge, copié en Redjeb 1001 de l'hégire (Avril 1593) par un certain Dervish Mohammed, connu sous le nom de Abdi Beg Zadè. 133 feuillets, 21 sur 12 centimètres. — (Galland 55; Regius 1516, 3. — Ancien fonds 247.)

1145

Le même ouvrage.

Exemplaire présentant quelques lacunes.

On lit au verso du second feuillet de cet exemplaire la note suivante :

بتاریخ روز جمعهٔ یازدهم شهر ربیع الثانی سنـة ١٠٣٣ در دار السلام بغداد که
نوّاب کامیاب اشرف اقدس ارفع همیون اعلی که هزار جان کرامی فدای
خاك پای مبارکش باد فتح نموده بودند شخصی از مردم بغداد این کتاب
را آورد که میفروشم آخر الامر بمبلغی معیّن خریداری نمود حمزه صاحب
هذا الکتاب الفقیر المذنب العاصی محمدیخان ولد علی اوچی شاملو

(ms. اوچی ساملو), d'après laquelle l'un de ses possesseurs, Mohammédi-Khan, fils de Ali Outchi Shamlou, déclare que le vendredi 11 du mois de Rébi second de l'année 1033 de l'hégire, date à laquelle le roi de Perse, Shah Abbas Iᵉʳ (985-1038), s'empara de Baghdad, un homme de cette ville lui apporta le présent manuscrit et le lui vendit. Les titres donnés au conquérant de l'ancienne métropole de l'Islam montrent suffisamment que Mohammédi-Khan, fils de Outchi Shamlou, faisait partie des troupes du roi de Perse Shah Abbas Iᵉʳ.

On trouve sur les premiers et les derniers feuillets du manuscrit des notes et des extraits sans importance.

Neskhi persan vraisemblablement de la fin du xvıᵉ siècle. 57 feuillets. 20 sur 15 centimètres. Cartonnage turc médiocre. — (Ancien fonds 102.)

1146

Le même ouvrage.

Cet exemplaire est précédé d'une table des noms des poètes qui renvoie à la pagination orientale du manuscrit.

Assez bon neskhi persan, vraisemblablement du xvii° siècle, avec encadrements et frontispices en or et en couleurs. 139 feuillets, 20 sur 12 centimètres. Reliure en maroquin noir estampé et doré. — (Schefer 182. — Supplément 1492.)

1147

Le même ouvrage.

Les feuillets de garde de cet exemplaire sont couverts de notes diverses, la plupart sans importance, parmi lesquelles un fragment d'une kasida en turc de Rouhi Baghdadi.

Assez bon neskhi turc à filet rouge et à frontispice en or et en couleurs, probablement du commencement du xviii° siècle. 112 feuillets, 21 sur 13 centimètres. Reliure turque en cuir brun estampé. — (Schefer 151. — Supplément 1460.)

1148

تذكرة طاهر نصرابادى. Notices biographiques et anthologiques des poètes qui écrivirent en persan au xi° siècle de l'hégire, par Mohammed Taher Nasrabadi.

Mohammed Taher Nasrabadi (fol. 3 r° et 180 r°), Nasirabadi, d'après la leçon fautive du manuscrit de Londres, naquit à Nasrabad, dans la province d'Isfahan (fol. 180 r° et Yakout, *Modjem*, t. IV, p. 786), en 1027 de l'hégire, et il perdit son père, Mirza Hasan Ali, en 1044 (Rieu, *Catalogue*, t. I, p. 368); il fut le disciple du célèbre Agha Hoseïn Khvansari, et devint le panégyriste du roi séfévi Shah Soleïman, auquel le présent ouvrage est dédié (fol. 3 v°). L'auteur connaissait le tezkéré de Mohammed Aufi, le Lobab el-albab, qu'il cite sous la forme d'ailleurs inexacte de لب الالباب, le Médjalis el-néfaïs de Mir Ali Shir Névaï, probablement dans sa traduction persane (voir n° 1142), le Tohfé-i Sami de Sam Mirza, le Tezkéret el-shoara de Dauletshah, le tezkéré de Molla Mohammed Soufi, intitulé ميخانه و پيخانه, et celui de Mir Taki Kashi (fol. 3 r°). Son tezkéré fut commencé en 1083 (fol. 3 r°), et reçut des additions jusqu'en 1089, si l'on en croit une date qui est donnée dans la biographie du poète indien Mir Loutf Allah (fol. 176 v°), date qui paraît également dans le passage correspondant du manuscrit de Londres; il est divisé en une préface traitant des rois et des princes qui ont cultivé la poésie, cinq livres صف traitant : le premier, subdivisé en trois sections, des émirs, des grandes dames خواتین, des fils d'émirs, et en général des personnes qui vécurent dans les cours en occupant leurs loisirs à composer des vers; le second, des seyyids et des nobles; le troisième, divisé en trois sections, des savants et des gens pieux qui ont écrit des poésies; le quatrième, également subdivisé en trois sections, traite des poètes de métier originaires de l'Irak, du Khorasan, de la Transoxiane et de l'Hindoustan; le cinquième, intitulé در ذکر اشعار اقوام کینة ابنی موجود, est un résumé de l'histoire de la famille de Mohammed Taher et de sa vie. Une conclusion خاتمة, subdivisée en deux دفعه, contient des chronogrammes et des énigmes (fol. 3 v°).

D'après la souscription : تمّ الکتاب بید مؤلّفه الفقیری سنه من ۱۰۸۳ الهجرة, le présent exemplaire du tezkéré de Mohammed Taher Nasrabadi est autographe, mais cette date est en contradiction absolue avec celle qui est donnée dans la biographie de Loutf Allah.

Bon nestalik cursif, copié, d'après la souscription, par Mohammed Taher Nasrabadi, en 1083 de l'hégire (1672 de J.-C.), peut-être lire 1093. 211 feuillets. 23 sur 12 centimètres. Reliure en maroquin gaufré qui fut jadis entièrement doré. — (Schefer 195. — Supplément 1505.)

1149

کلمات الشعرآء. Notices biographiques et littéraires sur les poètes indiens de l'époque de Djihangir, Shah Djihan et Alemgir, par Mohammed Afzal Serkhosh محمّد افضل سرخوش.

Serkhosh était un poète de Lahore, d'origine mongole, qui appartint à la domesticité de l'empereur Alemgir, et qui fut en relations avec beaucoup des poètes dont il est fait mention dans le Kélimat el-shoara. Cet ouvrage, dans lequel les notices sont rangées d'après l'ordre alphabétique des tékhallous, fut terminé, comme l'indique la valeur numérique du titre کلمات الشعرآء, en l'année 1093 de l'hégire. Mohammed Afzal Serkhosh mourut en 1125 ou 1127 de l'hégire (Mohammed Taher Nasrabadi, Tezkéré, man. 1148, fol. 177 r°; Rieu, Catalogue, t. I, p. 369). Ce tezkéré est plus connu dans l'Inde sous le nom de سرخوش تذكرهٔ, que sous son véritable titre de Kélimat el-shoara.

Neskhi indien cursif du xviiiᵉ siècle. 108 feuillets. 20 sur 12 centimètres. Reliure indienne en cuir brun. (Anquetil 118. — Supplément 836.)

1150

Le même ouvrage.

Bon neskhi indien encadré d'un double filet rouge, copié en l'année 1179 de l'hégire (1765 de J.-C.) par un nommé Mohammed, fils de Mouzaffer ed-Din. 76 feuillets. 20 sur 11 centimètres. Reliure indienne en cuir rouge doré. — (Brueys 37. — Supplément 835.)

1151

مرآت لخیال. Biographies anthologiques des poètes persans, et principalement des poètes indiens qui ont écrit en persan, par Shir Khan ibn Ali Amdjad Khan Lodi شیر خان ابن علی امجد خان لودی.

L'auteur de ce tezkérè fut, au Bengale, le disciple du poète Farah Hoseïn Nazim, qui vivait à Djihangir Nagar; après la mort de ce dernier, en 1068, il continua ses études sous la direction de son père, et, en 1090, il entra au service de Shokr Allah Khan, faudjdar de Dehli (Rieu, *Catalogue*, t. I, p. 370). On trouve dans le Mirat el-khéyal des dissertations fort étendues qui n'ont que peu de rapport avec les matières que l'auteur prétendait traiter dans ce tezkérè, en particulier (fol. 9 rᵒ), un traité sur l'écriture et les différentes sortes de caractères employés dans l'Inde, نسخ ، ثلث.

در نستعلیق ، تعلیق ، رقاع ، ریحان ، محقّق ، توقیع; un petit traité intitulé عروض (fol. 10 vᵒ) بیان حروف و نقاط و اعراب; un traité de prosodie, divisé en cinq sections intitulées : 1ᵒ در بیان حاجت بعلم عروض و واضع و وجه; 2ᵒ در بیان ارکان اصلی و عارضی; 3ᵒ در بیان اجزای میزان و تسمیهٔ آن; 4ᵒ در بیان بحور و مثالهای آن; 5ᵒ در بیان رکن سالم و غیر سالم و بحور (fol. 58 vᵒ); un opuscule sur la علم نفس et sur les miracles des djoguis et des fakirs indiens; cette science mystique est, d'après l'auteur du Mirat el-khéyal, l'apanage mystérieux des Ésotéristes de l'Inde, et les anciens livres font remonter son invention à Mahâdéva महादेव : این علم از سرایر و مخفیات حکای هندست.... و در کتب قدیم آمده که این علم از

21.

مختنرعات مهادیو است (fol. 74 r°); un traité sur la musique (fol. 89 v°);
un traité sur l'interprétation des songes (fol. 102 r°), suivi d'un petit
traité sur la فراست ou قیافه, dont l'objet est très clairement indiqué par :
عبارتست از یافتنی اخلاق در دل و صفـات بـاطـن انـسـان از اعـضـای
ظاهرة و اشكال محسوسه (fol. 114 r°); une dissertation sur les ressem-
blances شیهات entre le vin et l'amour, au sens où les poètes mystiques
entendent ces deux termes (fol. 124 r°); — sur la façon d'écrire les formules
de congratulation à l'occasion de la fête de la rupture du jeûne (fol. 142 r°);
une notice sur les sept climats, leurs noms anciens et leur situation
astrologique (fol. 149 v°); — sur les talismans (fol. 160 r°); on trouve
cités dans cette notice la مسالك الممالك, le تاریخ مغرب l'عَـایب; — نزهة القلوب, le الخلوقات; — sur les merveilles qui existent dans la
mer (fol. 162 v°); — sur la شون الانسان et les principes de l'éthique
(fol. 175). On trouve dans ces dissertations la preuve que Shir Khan Lodi
professait les doctrines du Soufisme, en particulier les citations du Keshf
el-mahdjoub d'el-Djoullabi et de la Kimia-i saadet de Ghazali (fol. 90 r°).

Cet ouvrage a été terminé en l'année 1102 de l'hégire, comme l'indique
un chronogramme différentiel, qui se trouve à la fin de tous les exemplaires :

تاریخ اتمام این تالیف ازین ابیات بر سبیل تعمیه معلوم میتوان نمود....
این چمن زاری که مرات الخیالش خوانده ام
دارد از حسن معانی یکجهان رنك كمال
صورت تاریخ اتمامش توان بی پرده دید
کر تاسل پرده بر دارد زمرات الخیال

ce que le copiste du manuscrit 1151 interprète d'une façon exacte par
مرات الخیال = 1313 − پرده 53 = 211 = 1102.

Exemplaire en nestalik indien cursif copié sur du papier de fabrication européenne, vraisemblablement vers la moitié du xviiie siècle. 194 feuillets. 31 sur
19 centimètres. Reliure indienne en maroquin rouge estampé et doré. — (Supplément 323.)

1152

Le même ouvrage.

Nestalik indien cursif du commencement du xviiie siècle. 284 feuillets. 21
sur 15 centimètres. Reliure en cuir rouge avec gaufrages. — (Gentil 21. —
Supplément 834.)

1153

آتشکده. Anthologie biographique des poètes persans anciens et modernes, par Hadji Loutf Ali Beg ibn Agha Khan, connu sous le surnom poétique de Ador آذر.

Loutf Ali naquit à Isfahan, le samedi 20 du mois de Rabi second de l'année 1134 de l'hégire (man. 1154, fol. 217 r°); il commença la rédaction de l'Ateshkédè vers l'âge de 40 ans (man. 1154, fol. 4 r°), aux environs de l'année 1174, et l'année 1180 est citée comme celle de la composition, par exemple dans la biographie d'Envéri. Il a composé un poème intitulé یوسف و زلیخا, dont il donne de longs extraits à la fin de l'Ateshkédè, et qui est daté de 1176 de l'hégire (Rieu, *Catalogue*, t. I, p. 375). Moshafi, qui écrivait en 1199, parle de Loutf Ali comme du plus grand poète de son époque. Les 842 notices qui composent ce tezkérè sont rangées d'après l'ordre géographique des provinces et des villes dont sont originaires les poètes qu'elles concernent; elles sont assez pauvres au point de vue historique. Le contenu de cet ouvrage a été donné dans le plus grand détail par Éthé dans le Catalogue des manuscrits persans de l'India Office.

L'Ateshkédè est un ouvrage très peu considéré en Perse, quoiqu'il ait dû coûter beaucoup de travail à Loutf Ali. Les lettrés persans prétendent que le choix des vers cités a été très mal fait, et ils vont même jusqu'à dire que Loutf Ali a choisi intentionnellement les pièces les plus mauvaises des poètes dont il parle pour mieux faire ressortir les qualités de ses propres poésies, et en particulier de son یوسف و زلیخا. D'autres l'accusent d'avoir manqué de goût littéraire, et d'avoir cité à tort et à travers, donnant comme bon ce qui est mauvais, et réciproquement, d'avoir possédé tout juste l'intruction d'un mirza, de telle sorte que son livre est fort médiocre. Ces imputations sont quelque peu exagérées, et l'Ateshkédè est une bonne source de l'histoire de la poésie à l'époque des Séfévis, sans compter que le goût de Loutf Ali valait peut-être mieux que ce qu'en pensent ses détracteurs.

Bon neskhi persan, copié sur quatre colonnes par Mohammed Ali ibn Hadji Mohammed Djaafer Tébrizi, et terminé en Redjeb 1213 (décembre 1799). 275 feuillets. 29 sur 19 centimètres. Reliure en cuir rouge. — (Supplément 1636.)

1154

Le même ouvrage.

Assez bon neskhi persan, copié en Djoumada 1er 1217 de l'hégire (septembre 1802) par Ibn Mohammed Taki Beg, surnommé Nazir نظیم, à Isfahan. 241 feuillets. 31 sur 20 centimètres. Reliure en cuir noir. — (Supplément 833.)

1155

Le même ouvrage.

Bon nestalik persan tendant au shikestè, à frontispice et encadrements en or et en couleurs, terminé en Shavval 1231 (septembre 1816), à Isfahan, dans la Médrèsè des quatre jardins مدرسة چهار باغ دار السلطنة اصفهان, par Mohammed Djaafer Hamadani. 230 feuillets. 28 sur 18 centimètres. Reliure en maroquin noir estampé et doré. — (Supplément 1638.)

1156

Le même ouvrage.

Comme l'indique la souscription qui se lit au feuillet 275 recto, cet exemplaire a été collationné, du commencement à la fin, avec le manuscrit autographe de Loutf Ali Beg : تمت الكتاب بعون الله الملك الوهّاب فى ١٢٢٣ مجدّم شهر جمادى الاوّل سنه در مدرسه ايلچى محلّه احمد اباد اصفهان و مقابله با اصل شد از اوّل تا آخر. C'est donc, malgré sa date, le meilleur des quatre exemplaires de l'Ateshkédè qui sont décrits ici.

Exemplaire de luxe en très bon nestalik persan à frontispices et à encadrements en or et en couleurs, copié en Djoumada premier de l'année 1234 de l'hégire (mars 1819), dans la Médrésè-i Eltchi, dans le quartier d'Ahmed Abad, à Isfahan. 275 feuillets. 31 sur 19 centimètres. Reliure en laque ornée de peintures représentant des fleurs et des oiseaux. — (Schefer 24. — Supplément 1327.)

1157

خزانة عامره. Biographies des poètes persans et de quelques généraux célèbres des souverains timourides de l'Indoustan au xiie siècle de l'hégire, par Azad Hoseïni Wasiti Belgrami.

L'auteur a inséré dans le Khizanè-i amirè une longue notice biographique sur sa personne (fol. 90 v° et suiv.); il se nommait Mir Ghoulam Ali Khan Hoseïni Wasiti Belgrami, et il prenait en poésie le surnom de Azad; il fut le premier éditeur du مآثر الامرآء (voir nos 639-640). Il naquit à Maïdanpoura, dans le district de Belgram (Srinagar), dépendant de la province d'Aoude, le dimanche 25 Safar de l'année 1116, d'une famille de seyyids descendants de l'imam Zeïn el-Abidin, originaires de Wasit, qui étaient venus s'établir dans le Népal; son père, Seyyid Mohammed Nouh, fut, durant sept ans, naïb à Bhakar et à Sivastan. Mir Ghoulam Ali Khan entreprit dans sa jeunesse trois grands voyages dont il a laissé la mention dans la préface du Khizanè : 1° Le voyage de Shahdjihanabad, qu'il fit dans l'intention, autant qu'on en peut juger d'après les termes assez obscurs de ce passage, de se rendre auprès de Mir Seyyid Loutf Allah qui résidait dans cette ville. Il partit en 1134 pour Shahdjihanabad, accompagné de Mir Azamat Allah Bikhabar Belgrami, qui est l'auteur d'un tezkérè que Mir Ghoulam Ali cite parmi les sources de son Khizanè. Il demeura dans cette ville durant deux années sous la direction de son maître, puis il s'en revint à Belgram. 2° Le voyage de Sivastan dans le Sind. Il partit, au mois de Zilhidjdja 1142, de Belgram, passa par Shahdjihanabad, Lahore, Moultan, Outch et Bhakar, et, dans la première décade de Rébi premier de l'année suivante, 1143, il arriva à Sivastan, où il alla se mettre au service de Mir Seyyid Mohammed, qui y résidait, au nom de l'empereur timouride, en qualité de mir-bakhshi et de wakaï'-nigar. Mir Seyyid Mohammed lui confia la suppléance de ces deux charges et s'en fut à Belgram. Après quatre années, il s'en revint, et, au milieu de l'année 1147, Mir Ghoulam Ali reprit le chemin du retour. Arrivé à Shahdjihanabad, il apprit que son père, son grand-père et les autres membres de sa famille se trouvaient à Ilahabad, qui est située à dix stations dans l'est de Belgram; il s'y rendit immédiatement en passant par Akbarabad, et il y arriva au moment où se levait la nouvelle lune du mois de Ramadhan; il s'en retourna ensuite à Belgram. 3° Le pèlerinage de la Mecque, pour lequel il partit de Belgram, le 3 du mois de Redjeb 1150; il resta deux ans en Arabie, puis il vint se fixer à Aurengabad, où il devint l'intime de Nizam ed-Daulèh Nasir Djeng, dont il ne voulut jamais accepter la moindre faveur. Mir Ghoulam Ali Khan, qui cultiva avec un succès égal les lettres arabes et persanes, eut cinq maîtres auxquels il a consacré un souvenir plein de respect dans son tezkérè : le premier, Mir Tofaïl Mohammed, qui commença son instruction; le second, Mir Abd el-Djélil, qui lui enseigna la langue arabe, les traditions, la vie du Prophète et la philologie arabe; le troisième, Mir Seyyid Mohammed, qui lui apprit la prosodie, la versification et d'autres parties de la philologie; le quatrième fut Sheïkh Mohammed Hayat, dont il suivit les cours à Médine, et qui lui expliqua le Sahih de Boukhari; le cinquième, Sheïkh Abd el-Wahhab Tabatavi, qu'il fréquenta à la Mecque, et qui lui enseigna la science des traditions; un autre, Seyyid Loutf Allah Belgrami, l'initia au Soufisme; il a donné la biographie de ces hommes éminents dans le Méasir el-kiram et dans le Serv-i Azad (fol. 88 r° et 91 r°). Il a composé, en arabe, sous le titre de سبحة المرجان فى آثار هندوستان, un tezkérè géographique analogue au Heft-iklim. Azad mourut, au dire d'un de ses

contemporains, le poète Djauher, en 1199 (Rieu, *Catalogue*, t. I, p. 373);
d'autres autorités indiquent 1200, et même 1203, comme date de sa mort.

La composition du Khizanè-i amirè fut entreprise en 1176 par Mir
Ghoulam Ali Khan à la prière de son neveu, Mir Aulad Mohammed, pour
lequel il avait une vive affection, et qui désirait lui voir écrire un tezkérè
des poètes célèbres qui avaient loué les grands personnages et qui en
avaient tiré de l'argent, mais il y fit entrer les biographies des poètes qui,
au contraire, n'avaient cherché dans leur art qu'une satisfaction morale
(fol. 16 r°); la date de la composition du Khizanè-i amirè est indiquée par
un chronogramme en vers très médiocres, ainsi conçu (*ibid.*) :

در جيب ورق ريخت نقود سره   ازاد رقم نمـود نـو تـذكـره

حق داده عجب خزانۀ عامـره   كنجور خرد كوهر تاريخ نشـان

c'est-à-dire l'année 1176 de l'hégire.

Mir Ghoulam Ali indique ainsi ses sources dans sa préface : 1° le لب
اللباب de Mohammed Aufi, dont il ne put se procurer qu'un exemplaire
défectueux qui s'étendait de la notice de Roudégi à celle de Nizami Gandjévi;
cet ouvrage, dont le titre est cité d'une façon inexacte par Mir Ghoulam
Ali, est le لباب الالباب, et les exemplaires en sont fort rares; 2° le تذكرۀ
de Dauletshah (voir n° 1129); 3° le تحفۀ سامی du prince séfévi Sam Mirza
(n° 1144); 4° la خلاصة الاشعار, خاتمۀ الاشعار, étant un tezkérè
qui fut composé par Mohammed Taki Kashi, et qui fut terminé en 993;
5° le هفت اقليم, par Mirza Émin Razi, qui fut terminé en 1002 (n° 642);
6° le منتخب التواريخ, par Sheïkh Abd el-Kader Bédaouni (n° 534), qui
s'étend jusqu'au commencement de 1004, et dans l'appendice duquel se
trouvent des renseignements sur les poètes contemporains d'Akbar; 7° le

مجمع الفضلاء, par Molla Bikaii, qui contient l'histoire de la poésie persane
de ses origines à l'époque d'Akbar; 8° le tezkérè de Mirza Tahir Nasirabadi (*sic*), dans la préface duquel l'auteur dit qu'il le commença en 1083
(n° 1148); en rédigeant le سرو ازاد, Mir Ghoulam Ali se servit d'une
copie dans laquelle se trouvaient seulement quelques biographies et quelques
vers extraits de ce tezkérè; à l'époque de la rédaction du Khizanè-i amirè,
il en possédait un exemplaire complet, mais ce livre lui fut d'une très
faible utilité pour le travail qu'il s'était imposé (fol. 18 v°); 9° le مرآة
الخيال, qui a pour auteur Shir Khan (n° 1151); 10° le كلمات الشعراء,
qui a pour auteur Serkhosh (n° 1149); 11° le همیشه بهار, par Ikhlas
Shahdjihanabadi, qui fut écrit en 1136; 12° le حيات الشعراء, par Mohammed Ali Khan Mastin Kashmiri, qui comprend les biographies des
poètes qui vécurent depuis l'époque de Béhadour Shah jusqu'au règne de

Mohammed Shah; 13° le صفينة بيگبر, par Mir Azamat Allah Bikhahar
Belgrami, qui fut composé aux environs de l'année 1141; 14° le يد
بيضا, qui a pour auteur Mir Ghoulam Ali lui-même, et dans lequel
il traite de la biographie des poètes anciens et modernes; il composa ce
tezkéré à Sivastan dans le Sind, par conséquent à une date antérieure
à 1147. Après être revenu du Sind سند dans le pays de Hind هند
(Sind, dans les auteurs musulmans et chinois, désigne l'Inde de l'Ouest,
Hind étant au contraire l'Inde de l'Est), Mir Ghoulam Ali refondit entièrement ce travail, et il en donna une édition toute différente en 1148,
avant d'entreprendre le pèlerinage de la Mecque, comme l'indique un
chronogramme rédigé sous la forme d'un hémistiche persan :

طبع كلم يد بيضا محمود

A l'époque de la rédaction du Khizanè-i amirè, Mir Ghoulam Ali Khan
n'avait plus à sa disposition plusieurs des ouvrages qui lui avaient servi à
la composition du Yed-i baïza, tels le نفايس المآثر, le صبح صادق, les tezkérès de Nazim Tébrizi et de Molla Kata'i, et cette circonstance le con-
traignit à emprunter une partie des prolégomènes du Khizanè-i amirè au
Yed-i baïza; 15° le رياض الشعرآء, qui fut composé par Ali Kouli Khan
Daghestani, surnommé Vala والا, et terminé en 1161, comme l'indique ce
chronogramme rédigé sous la forme élégante d'un quatrain qu'il a inséré
dans sa biographie :

اين تذكره چون طرب فزاى دل شد
تاريخش را دل از حرد سايل شد
كفتا زرياض الشعرآ رفت خزان
در وى چو بهار سرزده داخل شد   (fol. 19 r°)

16° le مجمع النفايس, par Siradj ed-Din Ali Khan Arzou, qui fut terminé en
1164, et dont la principale source, pour les époques anciennes, furent le
tezkéré de Mirza Taher Nasrabadi et le tezkéré de Taki Auhadi Sifahani, le
عرفات, dont Arzou utilisa un exemplaire qui s'étendait jusqu'à la fin de la
lettre قاف, comme il en avertit le lecteur dans la biographie de Soufi-i Shirazi; les exemplaires du tezkéré de Taki Auhadi Sifahani étaient très
rares, car Mir Ghoulam Ali Khan, après en avoir vu un qui s'étendait du
صاد à la fin de l'alphabet, ne put en trouver quand il entreprit la rédaction du Khizanè-i amirè; 17° le tezkéré de Sheïkh Mohammed Ali
Hazin Isfahani, qui traitait des poètes contemporains de son auteur, qui le
termina en 1165; 18° le Serv-i Azad de Mir Ghoulam Ali Khan, composé en
1166; 19° le نظير ى de Mir Abd el-Wahhab Daulétabadi, qui fut terminé
en 1172, et dont le titre indique cette date; 20° le مردم ديده, composé

par Shah Abd el-Hakim Lahauri, à Aurengabad, en 1175, et dans lequel il traite des poètes qu'il a vus et connus.

Le Khizanè-i amirè, qui est disposé d'après l'ordre alphabétique des premières lettres des noms, sans que cet ordre soit suivi dans l'intérieur des sections ainsi formées, comprend 106 biographies; c'est un ouvrage extrêmement bien fait, d'une très grande importance historique, comme le مرت العالم de Mohammed Bakhtaver Khan (man. 350) et le مآثر الامرآء de Mir Abd er-Rezzak (man. 639-640), qui rappellent par leur perfection les livres qui furent écrits à la belle époque du règne des Abbassides; les manuscrits en sont rares, et cet ouvrage mériterait d'être publié.

Le présent exemplaire, qui est très correct, est précédé de tables renvoyant à la pagination orientale du manuscrit; elles comprennent la table des prolégomènes du livre avec les titres de ses sources (fol. 1), la liste des noms des grands émirs (fol. 2 r°), avec la table analytique des événements auxquels ils ont pris part, et la table des poètes (fol. 8 r°). Il porte au recto du folio 14 l'empreinte du cachet du colonel Polier, Imtiaz el-Daulèh Major Polier Arslan Djeng Béhadour, avec la date de 1181.

Bon nestalik indien avec encadrements à l'encre rouge et bleue, copié dans la seconde moitié du XVIIIᵉ siècle. 272 feuillets. 27 sur 16 centimètres. Reliure indienne en carton. — (Polier 2. — Supplément 946.)

1158

Le même ouvrage.

Extraits contenant les biographies du célèbre Asaf Djah آصفجاه. fol. 1 v°; de l'émir el-ouméra Firouz Djeng Ghazi Khan Béhadour, fils d'Asaf Djah (fol. 16 r°); d'Imad el-Moulk, fils de Firouz Djeng (fol. 17 r°); de Mouzaffer Djeng Navvab Hidayet Mohyi ed-Din Khan (fol. 25 r°); d'Émir el-Mémalik (fol. 26 v°); de Navvab Bourhan el-Moulk Saadet Khan Nishapouri (fol. 37 v°); d'Arzou (fol. 70 r°), etc. Ces extraits du Khizanè-i amirè sont intitulés dans la souscription du présent exemplaire : تسمیة

تواریخ خزانة عامره

Assez bon nestalik indien, copié à l'extrême fin du XVIIIᵉ siècle par Fakhri el-Hoseini Belgrami, à Tchhaouni چهاوني. 71 feuillets. 25 sur 16 centimètres. Reliure orientale en cuir brun. — (Ochoa 12. — Supplément 955.)

1159

منتخبه ۱۴۲۰. Biographies anthologiques des poètes hindoustanis, par le navvab Azam ed-Daulèh Mir Mohammed Khan, connu sous le pseudonyme poétique de Server سرور.

Le titre ne se trouve donné que dans un chronogramme en vers hindoustanis (fol. 368 v°). Dans la souscription (fol. 371 r°), l'auteur est nommé نواب اعظم الدوله بهادر et نواب شهرمان بهادر; ce tezkéré est précédé d'une préface insignifiante, et il se termine par une série de chronogrammes, tant en persan qu'en hindoustani, par Seyyid-i Ghalib Ali Khan Seyyid (fol. 368 r°), Seyyid Razi Khan Béhadour, Séna Allah Kh... ... (fol. 368 v°), Seyyid Nizam ed-Din Khan Memnoun, Abd er-Rahm... Kh... Ahsan (fol. 369 r°), Mir Koudret Allah Khan Kasim, Miyan Mohammed Nasir, دهولاناته عاشق, Ghoulam Hoseïn Khan Béhadour (fol. 369 v°), Kalender Bakhsh-Afrin, et par une note de l'auteur (fol. 370 r°), fixant la date à laquelle il a été terminé à l'année 1224 (sic) de l'hégire, au cours de laquelle l'empereur timouride de l'Hindoustan, Mohammed Akbar Padishah Ghazi, soit Akbar II, monta sur le trône (fol. 370 r°). La date de la rédaction de ce tezkéré, dans lequel on trouve assez peu de renseignements historiques, varie d'ailleurs suivant les chronogrammes cités plus haut (cf. Sprenger, *A Catalogue of the Arabic, Persian and Hindoustany Manuscripts of the libraries of the King of Oudh*, Calcutta, 1854, p. 185).

Assez bon nestalik indien copié au mois de janvier 1829. 371 feuillets. 27 sur 13 centimètres. Reliure indienne en maroquin brun gaufré. — (Supplément 1032.)

1160

مصطبة خراب. Biographies anthologiques des poètes qui ont écrit en persan et en turc, tant en Perse que dans l'Inde et en Turquie, à l'époque du règne de Feth Ali Shah Kadjar, par Ahmed, surnommé Houlagou, ou, suivant la pronouciation moderne, Halakou.

On lit, au verso du premier feuillet, le titre de cet ouvrage et le nom de son auteur sous la forme : تذكرة المسمى مصطبة خراب لأحمد الشهير بهلاكو. Ahmed, surnommé Halakou, appartenait au clan des Kadjars qui donne des rois à la Perse depuis l'année 1779 (fol. 2 r°). Il cultivait lui-même la poésie, et il avait pris le surnom poétique de Kharab, parce qu'il s'intéressait surtout à la poésie légère (fol. 3 r°). Il raconte, dans la préface du Mastaba-i Kharab, qu'ayant entrepris le pèlerinage de la Mecque, il fut obligé de se mettre en route sans être accompagné d'aucun de ses amis avec qui il pût parler persan, et que, pour s'occuper, il se donna la tâche de mettre par écrit tous les vers, tant anciens que modernes, qu'il savait par cœur; ses extraits remplirent un cahier. Quand il se fut acquitté des devoirs du pèlerinage, il alla en ambassade à Constantinople, où il resta un an :

چنین گوید راقم حروف که من بندهٔ مسکین اهم از : ....
طایفهٔ قاجار و اسمم احمد الشهیر بهلاکو.........................

چون بعزم شریفیان بیت الله حرکت شد و بهیچ وجه از آشنایان
و دوستان هزبان کسی هراه نبود بجهت دفع دلتنگی باین خیال افتادم
که آنچه از اشعار متقدّمین و معاصرین در خاطر ضبط دارم در دفتر
ثبت آورم که مشغولیاتی حاصل کردد بتدریج از نظم و نثر دفتری مرتّب
شد تا اینکه بعد از مشرف شدن بحج بیت الله و زیارت حضرت رسول
صلعم بجهت مهم امورات ظاهری خود وارد مرز قسطنطین و ادراك
شریفیان آستانهٔ اعلی حضرت میسّر شد (fol. ٢ v°).

Les obligations de son ambassade ayant occupé tous ses instants, Ahmed Halakou ne retrouva son manuscrit qu'un an environ après sa composition; il estima que ces extraits ne manquaient ni d'originalité ni de piquant; toutefois, après une mûre réflexion, jugeant que les œuvres des poètes ses contemporains, c'est-à-dire de ceux qui vivaient sous le règne de Feth Ali Shah Kadjar, étaient plus agréables que les vers des anciens, il ne conserva dans le Mastaba-i Kharab que les extraits de leurs divans :

بعضمون کل جدید لذة در مذاق ادراكم سخنان جدید لذیذتر ...
است مرا سخنان معاصرین خوشتر آید بنابر این فرموده اشعار معاصرین را
از جمع خرابات درین کتاب که مسمّی بمصطبهٔ خرابست ثبت نمود
(fol. 3 v°).

Ce tezkéré est rangé suivant l'ordre alphabétique; les notices biographiques des poètes se réduisent à très peu de chose, et les extraits de leurs œuvres, qui ne consistent qu'en quelques vers, sont le plus souvent insuffisants pour donner une idée exacte de leur caractère. La date de sa composition, l'année 1253 de l'hégire, est indiquée par le chronogramme suivant :

....	....
جویا کردند خاص و عامش	از مصرع آخرین چو تاریخ
شد مصطبهٔ خراب نامش	نامش بیرون کنند گویند
....	....

On trouve, après les biographies des poètes persans (fol. 71 v°), un chapitre d'une rédaction identique, dans lequel il est parlé des poètes arabes
et des Persans qui ont, à cette époque, écrit des vers arabes, et (fol. 73 r°)
un chapitre sur les poètes turcs : Pertev Pacha, Akif Pacha, Fehmiya, Rashid Éfendi, Arif, Khalifa Mohammed, Kémal Éfendi, Ali Pacha, Ibrahim
Éfendi, Kashif Éfendi, Mahmoud Beg. A la fin du volume, on trouve une
longue poésie de Kharab-i Kadjar, c'est-à-dire de l'auteur du tezkéré,
Ahmed Halakou, qui la composa durant son ambassade. Les poésies
turques, qui se trouvent à la fin du Mastaba-i Kharab, avaient été recueillies
par Ahmed Halakou au cours de son voyage dans l'empire osmanli.

Bon neskhi persan, copié par Mohammed Yousouf, qui prenait en poésie le
surnom de Mou-hlis ملعى, au mois de Djoumada premier de l'année 1271 (février
1855). 82 feuillets. 21 sur 15 centimètres. Reliure recouverte d'étoffe verte. —
(Schefer 191. — Supplément 1501.)